逆向投資策略

90％機率**勝過大盤**的投資新典範

Contrarian Investment Strategies

The Psychological Edge

價值投資✕股市心理學

投資人並非全然理性，常追高殺低、過度反應，
作者將這些人性缺失，翻轉為投資施力點，
開啓一門經長期數據驗證的獲利科學！

DAVID DREMAN

大衛‧卓曼──────著
陳鴻旻、柯文敏──────譯

目 錄

投資市場中的變與不變

Mr. Market市場先生／財經作家

在金融市場中，人們總是在問：明天會怎麼變動？會上漲還是會下跌？有些人則是會關心更長遠一點，他們的問題會是：明年股市會怎麼變動？10年後股市會怎麼變動？

關注長期是好事，我們可以得到可信度相對較佳的結果，也對我們的人生比較有意義。

不過即便對10年後的預期相對可靠性較高，但依然充滿著不確定性，其實我們應該關注另一個更重要的問題是：

有什麼是10年後一定不會改變的？

從這方向思考後你會發現，在金融市場中，「人性」從古至今始終不變。

人性的貪婪與恐懼不會隨時間改變，人們的過度樂觀與過度悲觀不會隨時間改變，人們不擅長正確評估價值也不會隨時間改變。

在人性不改變的前提下，我們幾乎可以確定的事情是，在未來，泡沫與崩盤依然會持續發生，即便我們不知道它發生的時機、間隔，但會持續發生這件事是確定的。

　　傳統經濟學透過假設人是資訊充分且理性，來進一步推論出效率市場假說以及用於印證相關的訂價機制。但傳統的理論有許多缺陷，市場並非絕對效率，也並非完全隨機。

　　本書前半段，作者用許多例子證明從散戶到專業分析師，其實都無法像傳統經濟學所說的那樣足夠理性，也不具備預測能力。市場上的泡沫與崩盤更加印證了傳統經濟理論的許多缺陷。

　　行為經濟學是繼傳統經濟學之後用來解讀市場的理論，現實中人們有時理性、有時卻不理性，這種心理因素的影響也許無法幫助我們預測未來股價，但這樣的行為模式卻可以作為一種長期得到更佳報酬的基礎。

人性造成的普遍行為是問題，也是一種機會

　　作者認為人們過度樂觀與過度悲觀的情緒，實際上都會帶來錯誤的訂價，透過本益比、股價現金流量比、股價淨值比，這三個衡量股價價格與不同企業價值的方式，區分出被過於高估的標的，以及被過於低估的標的。

　　數據證明，價格過於低估的冷門股也許本身有些缺陷，但人們對它的價值預估往往也會過度悲觀，導致實際上它可能產生超額利潤。而價格普遍高估、被眾人追捧的熱門股，雖然可能有良好的營運基礎、漂亮的成長率，但人們普遍卻在購買時付出過高的代價，導致整體報酬偏低。

　　利用人們這種過度樂觀與過度悲觀的過度反應，逆向投資操作，就是作者認為可以得到超額報酬的核心觀點。

　　當然它也有些限制，比方說並非所有低估的股票長期都有超額報酬，實際上作者在驗證時仍是從營運良好的大型股中尋找標的、從中區分出熱門與冷門標的，作者在書中也提供額外的選股評斷指標作為輔助加強。

　　此外，選股投資的問題在於無法解決系統性風險，當整體指數在下跌時，即便是精選的股票依然可能會得到負報酬。對於風險，作者否定資產配

置理論，他並不認為傳統對於風險的評估方式是正確的，作者考量的仍是追求長期而言更佳的相對報酬，我認為這觀點適用於基金經理人，因為基金經理人即便是負報酬，但只要仍相對領先指數就能保住工作，甚至被認為是表現優秀。但這不一定適用於個人，如同凱因斯的名言：長期而言我們已經死了。

被低估的冷門股，如今是否依然有超額報酬？

本書出版於2012年，綜觀歷史，在作者統計數據的期間，冷門股的確長期而言略為戰勝大盤，也勝過熱門股。

但從書籍出版至今已經將近10年，這10年間是否也符合作者的預測呢？其實並非如此，近10年可以說是熱門股，也就是成長股當道的年代，從2010年到2016年間，成長股（高本益比熱門股）與價值股（低本益比冷門股）大致表現持平一致，最主要是從2017年開始，高本益比、高價格的熱門股票表現有顯著勝過冷門股的現象，也戰勝了指數。

尤其2020年更是特別的一年，成長股（高本益比的熱門股）年度報酬接近40%，同年，標普500（S&P500）指數的報酬約為18%，而低本益比的價值股則僅有約2%的報酬率。

這是否說明作者提的概念已經失效了呢？我認為並非如此。

實際上人們對於價格過度反應這項假設並未有證據說明已經改變，畢竟人性是難以改變的。此外，利率條件的變化也可能是促成如今價格與價值關係改變的因素，這點在作者的統計中並未納入考慮，因此並不能說明過度反應的逆向投資方法已經失效。

目前時間經歷也依然很短，未來低估的價值股是否會重新擁有超額報酬，我想也會是一項非常有趣的觀察。

最後，書中對於理論的詳盡解釋、說明傳統學術理論的缺陷，以及對於

投資方法從假說建立到實際應用的嚴謹驗證，作者都做得非常詳盡。書中的
投資方法也許我們最終不一定可以執行，但作者的思考脈絡對每個理性的投
資人一定都會有幫助，期待你能從本書中有所收穫。

為什麼您的投資策略常常不靈光？

安納金／《散戶的50道難題》、《高手的養成》系列暢銷書作者

20年前我曾選修台大財務金融研究所「投資管理」課程，當時研讀了大量有關投資組合管理以及選股技巧的經典論文，有關「逆向投資策略」（contrarian strategy）在1960至1990年代之間已有大量的實證研究探討，也有不少學者因此獲得諾貝爾經濟學獎殊榮。儘管在不同市場週期之下，「逆向投資策略」與「動能投資策略」（momentum strategy）互有領先，然而就長期而言，「逆向投資策略」勝過「動能投資策略」受到較多學術界的實證研究支持。

我好奇的是，為何當今台灣市場上支持「逆向投資策略」的聲量較小，而「動能投資策略」（後來被較多人稱為「順勢交易策略」）聲量較大呢？我在此書當中找到了一些答案，「逆向投資策略」並非一般人直覺認為「跌深買進，漲多賣出」這麼簡單，而是有其選股邏輯以及既定標準的，此書提供了五種被實證為績效卓著的逆向投資相關策略，作者論述的邏輯清晰、數據佐證完整，讓此書相當具有說服力。

執行「逆向投資策略」需要相對透明的財報以及公開數據資料相輔助，因此，在成熟的市場（例如美國股市）效果更佳；若是財報相對不透明的新興市場（例如中國A股）則有待商榷；至於台灣，隨著近幾年有越來越多的系統業者以及資訊平台建置了相當完整、即時的上市櫃公司資料庫系統，

使得一般民眾也能夠輕鬆取得所需資料進行選股分析，這使得「逆向投資策略」的方法在台股的實用性將大為提高。

至於究竟該採取「逆向投資策略」還是「動能投資策略」呢？其實除了市場週期位置的差異之外，我認為更重要的是必須適合自己的投資哲學和信念，因為不會有任何一套策略適合於所有人。金融市場夠大，永遠容得下各種投資者，每個人都能夠透過一定的紀律和原則來獲取利潤，因此，沒有最好，只有適不適合罷了。

每一位投資人都應該先深切了解自己的風險偏好，尋求能完全認同的投資哲學和交易邏輯、交易頻率、交易工具，擘劃出整套相輔相成的投資交易系統，這就是我常引述的武學三境界「見自己、見天地、見眾生」當中的「見自己」，也是一切投資入門的基礎。市場永遠會以不同的走勢，來考驗你是哪一種投資者？有沒有一套屬於自己的完整系統？還是人云亦云、隨波逐流？

此書不僅提供了五種具實證支持的逆向投資策略，更將相關的心理學以及行為財務學立論基礎有相當完整的論述。倘若您過去在股市殺進殺出並沒有獲得滿意的績效，或許該是好好研究「逆向投資策略」的時候了！祝福您透過此書，開啟投資領域的新篇章，同時提升績效。

願善良、紀律、智慧與你我同在！

引言

　　2011年8月下旬我在寫這篇引言時，有些事似乎明朗了起來。我們雖然才從大蕭條（Great Depression）以來最糟糕的經濟與市場時期撐了過來，目前的情況絕對稱不上是穩當。很多市場專家把2000至2009年這期間稱為「虧損的十年」，2000至2002年的網路泡沫，還有2007至2008年的次貸泡沫，讓許多人賠掉積蓄，也把住家的房價打趴。我們都有現代投資學方法跟瞬時傳遞的消息資訊了，怎麼還會這樣。

　　股價從2009年3月谷底起漲，到了2011年6月已翻倍，然後難以為繼。市場自2009年3月低點上漲111%後，經歷數十年難得一見的跌勢，標普500（S&P 500）指數在7月來到高點，但到了9月底，已跌掉將近20%，市值縮水逾3兆美元。這次驚跌伴隨商業活動顯著放緩，被許多老經驗的投資業者視為新一輪熊市的開端。原本幾乎所有投資人都同意全球經濟與市場正在改善，轉為對經濟不景氣的憂心並快速滋長。大多數的投資人手足無措，不少人嚇壞了，這不能怪他們，畢竟如此跌勢令人想到2008年9月至12月的情況；低沉18個月的波動率，在2011年8月的四個交易日狂飆，道瓊工業平均指數（Dow Jones Industrial Average）先是下跌635點，又漲回430點，再下跌520點，然後上漲423點。

　　結果是難得一見的混亂和恐慌。因為擔心經濟衰退，美國人和外國人湧入信評遭到標準普爾（Standard & Poor's）這家信評業者龍頭調降的美國國債，這是美國國債史上第一次被調降評等，但投資人還是紛紛投入它跟黃金這唯二安全投資標的的懷抱。美國國債自2011年7月初股市走跌後大漲15%。

　　大批的投資人買進黃金，金價在6個月內從1,400美元大漲至1,900美元。買美國國債是怕經濟走入大衰退，買黃金則是怕經濟過熱令通膨高漲，同一個市況，卻出現兩個大相逕庭的投資人反應。打個比方，這就像同時押注一匹賽馬勝出又墊底，加上賭場會抽成，如此投注的投資人，不管結果為何，幾乎只有虧錢的份。

　　2011年7、8月間，提高美國舉債上限以免美國政府違約的攻防延燒最後一刻，動搖了包括俄羅斯、中國和日本在內不少外國投資人對美國國債的信心，令情況雪上加霜，讓世人更擔憂美國市場。由於州和地方政府無法取得融通道路和公路建設維護，及其他重要基礎建設的聯邦經費，債務凍結據估計最終讓美國付出逾100萬個本國工作崗位的代價；政客表現的口碑肯定乏善可陳，民調顯示，國會的支持度只有百分之二十幾，可惜這還不是利空出盡。

　　美國國內各種政治派別有為數不少的民眾，對於財政部與「超然獨立」的聯準會（Federal Reserve）帶頭拚經濟的能力抱持懷疑態度，這方面的疑慮從以前的比爾·柯林頓（Bill Clinton）、小布希（George W. Bush）政府，到現在巴拉克·歐巴馬（Barack Obama）政府第一任前二年半都存在。除此之外，還有對於在2007年和2008年間摧殘美國國內和全球金融體系的投資銀行與銀行業的高度不信任。*例如，聯準會在2008年悄悄借了1.2兆美元給大型問題銀行，排名前面的借款人近半是外國銀行，這些貸款金額跟當時650萬筆拖欠與遭法拍的美國房貸借款人差不多。[1]拖欠房貸的債主當然什麼都沒有，反觀大型問題銀行的高層卻可入袋豐厚的獎金和遣散費。

　　那麼市場和經濟現在究竟是什麼情況？老實說，沒人知道。糟糕透頂的外在事件，可能令人拋下後市看多的念頭。誰預料得到日本2011年3月會發

---

* 本書中「華爾街」一詞僅指導致金融危機的投資銀行及銀行業者和部分避險基金，而非大多數的金融公司、分析師、共同基金，還有與金融崩潰和令客戶深受其害無關的其他眾多金融業者。

生芮氏規模9.0的大地震或尾隨的海嘯所帶來的破壞，以及成千上萬的人命損失？沒幾天後，附近的東京電力四座核電廠瀕臨熔毀，威脅更多人民的生命安全；由於擔心這場災難會拖累全球經濟成長很長一段時間，世界各地的市場紛紛重挫。

不意外地，許多人擔心不久後會有更大的浪頭打來，但有些人，像我，則是認為大浪差不多結束了，市場以後會繼續上漲。有件事倒是可以肯定：現在的情況跟10年前有些不同。我們多年來習以為常的投資準則，看來像踢到了鐵板；我們所學的金融教誨有不少內容其實對投資組合有害。投資人從以前到現在將資金配置在債券，自以為審慎，反而是在陷自己於不利，本應是安全投資標的首選的國庫債券，1946年來讓投資人的購買力縮水77%。

我們能靠著專家和知識淵博的投資業者擺脫這個窘境嗎？答案是行不通。這批人績效一直落後市場大盤。先鋒集團（Vanguard Group）前董事長約翰‧柏格（John Bogle）對基金的績效瞭若指掌，他帶領的金融市場研究中心指出，1970年市面上355支股票型基金，在1970至2005年的36年間，只有2.5%的績效超過標普500指數2個百分點以上，高達87%的基金表現落後市場或下市了。[2]

我們還能怎麼辦？柏拉圖（Plato）在2,400多年前說了，需要是發明之母。天空沒有塌下來，對於某些不執著於過去的人，眼前仍有絕佳的機會。我確信我們國家強大到足以超越上個十年的多災多難。政策當局的錯誤與無能，以及釀成次貸大禍的貪婪，當然不能一筆勾銷，置之腦後，但本書主要重點是如何讓大家手上重新握有積蓄，如何建構將來禁得起類似情況的投資組合，以及以後如何採取會讓投資組合蒸蒸日上的行動。

這是困難的任務，得要大家反覆檢討並且對世代相傳且多數人習以為常的投資理論做出深刻的質問，而且我們要根據紮實的實證績效資料，而非傳聞的內容去蕪存菁。這絕非易事。

我在本書頭幾章要論證，從最近幾次市場崩盤還有許多傑出的研究，可知具主宰地位的效率市場假說（efficient-market hypothesis, EMH），指出精明投資人的存在會使價格不致錯估的投資典範，不能準確解釋現行投資理論為什麼失效，往往失之毫釐，差之千里。我們會分析效率市場假說的基本假設，分析時即可清楚地反駁這些假設。效率市場假說根本上的失誤，是沒有體認到心理層面在投資決定中發揮的作用。效率市場派及多數的經濟學家，不認為在做投資決定或經濟決策時，應該讓「軟化」人類理性的心理面插上一腳。這派像是用複雜的數學為抽象的學理塗脂抹粉方便叫賣理論。這不是故意欺騙社會，縱使假設前提遭受諸多駁斥，這派的支持者是真的相信這一套。科學總是有為數不少的錯得很忠實的研究者，怎麼樣都放不下寶貴的理論。本書是新一派的投資方法，新的典派總是在舊的再也說不通原本可以完全解釋的事件時，才會為人所接受。我們現在就來到了這樣的關卡。

　　本於效率市場假說的投資策略有根本上的破綻，讓我們關注投資偏誤的一個主要來源：那個每天早上盥洗時在鏡中看到的人。我想大家將會承認，心理學讓我們對一個人獨自或從眾的投資行為的理解，即是啟發開竅，對制定最佳的投資策略也出奇地管用。提出一套解釋投資人為何常做出錯誤決定，以及市場怎麼老是超漲超跌的有力心理洞察，能幫助我們抵制許多明明失敗卻仍位居當代主流的投資做法；讓你成為一位深諳投資心理學的投資者。你會換上一副配戴新的逆向心理鏡片（申請專利中）的眼鏡來看曲折的投資世界。

本書的編排

　　我想讀者現在就會想知道，本書不會著墨在枯燥乏味的學理辯論或學說，大家可以放心，我會用易懂的方式鋪陳研究發現，不會有複雜的數學公式。

　　如目錄所示，本書依涵蓋的主題，分成五個部分。第一部分「現代心理學的啟發」檢視若干歷史上最不尋常的投資熱潮，從危機之中我們可以得到新的投資人行為心理洞察。從18世紀初重視修養的法國貴族，到2006年金融危機前夕一身傑尼亞（Zegna）西裝的現代投資銀行家，都相信大筆財富操之在自己的指掌之間，這樣的故事雖引人入勝，本書意不在此，我們想指出，如何將歷史回顧轉化為可用以預測未來泡沫特徵的心理洞察，以免再度誤上賊船。

已熟悉心理與股市交互作用的讀者，會在本書中發現若干熟悉的主題與告誡，但有些大幅推進人們理解投資策略的最新研究發現，會令每個讀者都感到新鮮。情感埋論與神經經濟學這二個特別令研究人員有興趣的主題，尚未被華爾街收進概念工具箱。

研究情感（Affect）的運作，對於人們何以如此動輒一頭栽進泡沫，以致下場血本無歸，提供有力的理解方式。情感在正常很多的市況下同樣也有作用。我們會探討情感的影響、如何透過心理研究發現情感，以及情感在扭曲「理性」市場行為方面的各種推論。

接著我們來看一些等著不察的投資人一腳踏入的心理陷阱。例如，人天生不是上乘的處理統計數據的料子，這個稟性會讓人一直出現可預測的投資偏誤。我們也發現，人對投資越一頭熱，會不管風險密布，反而覺得投資越沒風險；某些眾所皆知的情境，我們會一再於重大不利於己的機率下犯錯。我們也會看到，某些心理層面如何令人上當（在股票漲翻即將暴跌時買進），以及為什麼那麼多人屢屢在機會不好時賭一把。

這部分最後介紹代表性捷思和易得性捷思這二個造成系統性判斷偏誤，並使多數投資人漏財的捷思法（心理捷徑）。我們會看到這類心理捷徑的推力，以及與人們大腦牽扯不清的糾葛，學會從行為中辨認，讓我們不至於插翅難飛。

第二部分「黑暗時代新章」檢視效率市場假說，讓大家明瞭近來的市場崩盤為何如此慘烈，最近這次為何持續這麼久。

我們也會探討效率市場的好搭檔：風險分析，即想要賺取高報酬，就要承擔高風險（波動率）的說法。較低的波動率帶來較低的報酬率，但這項多年來聽說會讓你的儲蓄高枕無憂的投資組合基本保障沒用也從未有效。我們會看到今日所用的風險評估方法敗下陣來，投資人數十年來所仰賴以保障投資組合的風險理論，是建構在似是而非的推論之上。我們今天並沒有一個護身的管用風險理論，將近40年來也沒有過，難怪落入熊市後績效表現會那麼不堪。我們會詳述這套風險理論是1987年以來三次大崩盤的禍首，解釋背後的原因，來看更好又管用，立論完善，納入許多今日面臨到的重要風險因子的新風險理論，以及若干投資教育尚未引進但可能有害的新理論。

我們會直視若干的無情教訓。例如，2008年那時，系統的流動性完全枯竭，只有部分回流；美國60%的新工作出自100人以下的雇主之手，但坐收上兆元由納稅人（直接或間接）支付的紓困款項的銀行，卻拒絕借錢給這類創造工作的企業，縱使爛頭寸過剩到要拿去投資非流動性的次級貸款也不肯。猜猜看，哪個學說鼓吹只需保有這麼少的流動準備金？答對了，是市場效率派再度上場打擊。

第二部分結尾會將效率市場假說與古代的托勒密行星運動理論兩者，做個幽默但不離譜的相提並論。效率市場派人士，不就是靠著大量方程式與高超的數學，堅稱太陽沿著軌道繞著地球轉的一言堂古代天文學家。

第三部分「預測的缺陷與投資報酬低落」談到，這些年來，不管信心水準多高，分析師的預測很不準。外界預期分析師所做的盈餘預估，跟實際財報數字的差距要在3%以下，以免發布後市場因失準遭受奇襲。第三部分證明，分析40年來的分析師預估表現，可知盈餘預估失準的幅度，比分析師認為不致衝擊市場的3%高出好幾倍，而且很頻繁。

更多證據指出，幅度極微小的盈餘預估失準，都可能對股價產生重大影響。重點在於，研究發現充分顯示，預估失準後來有利逆向操作股票，不利廣受愛戴的股票，為運用逆向策略提供了堅實的新證據，證據雖紮實，分析師與投資業者仍無視這些發現，我們不可重蹈覆轍。

第四部分「市場過度反應：新投資典範」介紹的逆向策略，對這些心理上的癥結與預測失誤有所交代，這些策略禁得起時間考驗，在「失落的十年」表現亦佳，在21世紀前十年，績效超越市場和受愛戴的「追捧」股。（報酬因期間二次大崩盤落在低正數，但未血本無歸或嚴重虧本。）逆向投資人在熊市的深淵，仍有相當大的信心堅持下去，我們尤其關注在1996至2000年的網路泡沫，以及2007至2008年的金融危機的情況。鑑於2007至2008年的崩盤，本書做了相應的調整，加入若干投資方針與安全裝置。

接著會提出投資人過度反應假說（investor overreaction hypothesis, IOH）這個投資人行為的有力假說，來解釋投資人經常錯估投資價值的情況與原因。投資人過度反應假說是說，投資人幾乎總是對中意的股票支付過高的價格，對不青睞的股票，則總是支付過低的價格。投資人過度反應假說目前有12個可檢驗之處，數字可望隨著後續研究而增加。

第五部分「未來的挑戰與機會」要來看接下來幾年，我們應該對市場有何預期，也會提到投資人為因應所說的高機率情境，需要具備的工具。

本書對金融界的嶄新全覽，眼光將觸及可能來臨的部分。雖說我們正在脫離「大衰退」，從通膨中脫身的時日還早。前瞻眼光的投資人，最好對將來隨時會席捲而來的金融議題有備以待，高瞻遠矚。

最重要的情境是2至5年內，不光是美國，全球各地都很有可能出現嚴重通膨。我們會思考在通膨環境中，可望保本甚至煥發興盛的最佳投資。我們也會檢視其他面對相似通膨挑戰的國家的投資人用以安度及成功的方法。

個人經驗談

書中不時穿插我個人或職場上的簡短筆記，有些希望大家看了覺得有趣，有些則是我寧可你們別重蹈覆轍的狀況。我認為在這樣一本借重心理學的著作，這些個人的經驗談，稍稍提醒我們都只是凡人。

　　我固然做了不少要重新來過的投資選擇，也不是每次選股最後都獲利了結，有幾次我發覺自己如同不知不覺的人一樣被心理左右。但如華倫・巴菲特（Warren Buffett）所說，一個經理人若有六成的打擊率（十次揮棒有六支安打），到頭來肯定是大贏家。我很幸運在漫長的期間後，躋身為數不多績效贏過市場的人士之列。

　　最終，你從全書獲得的最大心得是：意識到心理面的投資人握有絕佳的優勢，不光是理論知識，還有貨真價實的投資操作優勢。我希望這點是讀下去的誘因。

　　當然不是每個市場分析師都會同意我的分析。新的觀念即使獲得投資實證與心理研究大力支持，因為牴觸及威脅到當道理論的地位，仍不會為多數人接受，無關新來者實際上多好，或當道者實際上多失敗；信者恆信，且會敝帚自珍，直到一窮二白，典範轉變就是這樣，也許從古到今情況都是如此。好在，這場交鋒跟讀者無關，作者才是會被點名的那人。

　　三十幾年來，我應付過來自學界與業界的批評，有些夾帶尖銳的人身攻擊；招致千夫所指雖會讓我有點不安寧，有時還害我血壓飆高，卻從未損及成果。

　　我認為大家萬萬不可低估心理在市場扮演的角色。遵循證據確鑿的逆向策略，以免踩到心理陷阱，市場的心理面能載舟，反之，像是心存「市場泡沫要破了是沒錯，我再一下下就安全下車」，或是，「搞什麼鬼，竟然10壘打了，等11壘打再賣好了」，大概難逃翻船的下場。不管鑽研有多深或只是想當然爾，投資心理都可能讓你的自我意識和財富淨值快速縮水。

大衛・卓曼（David Dreman）

科羅拉多州亞斯本（Aspen）

2011年9月30日

第一部分

現代心理學對投資的啟發

第1章

泡沫星球

　　還記得投資讓你感到興味盎然的日子嗎？對我而言是1960年代後期的紐約市，25歲左右，年紀正好，開始上班當分析師，距暴發（Go-Go）泡沫吹起還有一年，買什麼漲什麼，20%或30%只是小意思，不，這稱不上有漲，不配我們出手。電腦服務業、保健醫療、半導體，多得是漲10倍、20倍，甚至上百倍的股票。我們變得超有錢，我跟年輕的同事在接下來的18個月滿腦子這麼想。

　　人是新的世代，市場是空前的盛況，我們嘲笑買藍籌股，還有比出警告手勢要我們賣出股票以免出問題的老派。他們看不出來才正要開始？越來越多分析師推薦這些當紅炸子雞，所有熱門的基金一邊搶進，基金淨值一邊飆高。就像1920年代那樣，大家都在買股票。股票持續上漲，我們沒法從陶醉中醒過來。

　　我有個朋友（姑且叫他提姆）那時候去做團體治療，說是要讓自己振作，但從談話中，比較像是想要找有新鮮感的女性，總之，最後那個團體也淪陷了。聰明、口才又好的提姆，不吝於表達看法，很快成為注目的焦點；帶領課程的心理分析師本身也熱衷此道，於是團體治療逐漸變為股票經同好會。有個成員是個缺乏自信，聽父親吩咐的中年生意人，自認為在金錢上沒出息，聽提姆推薦去買Recognition Equipment，結果漲翻天，獲利數百萬。他自信上的轉變令人驚奇，甚至威脅到提姆在那個團體的權威地位。

但那個生意人新建立的金融帝國，注定國祚短暫。市場突然急轉直下，加上運用太多信用交易，Recognition Equipment股價跳水後，他很快破產了，要提姆把之前致謝所送的伯爵錶還他。提姆改為光顧第一大道的酒吧，希望換個氣象。我們還是有信心，市場重挫只是急促修正，我們很肯定，不像其他投資客的持股，我們手上的股票很實在，必定會上漲……

我們之中沒人逃跑。

我的朋友大多賠掉全部獲利與大部分的本金。當市場一路向下，我慢慢想起自己是價值投資分析師，於是將股票脫手後保住少許獲利，以為得了潰瘍，結果是重度的神經質。不過我學到一課。上車一路狂飆感覺很好，但結局很討厭。我學過並具備泡沫的知識，還是被它打敗。

泡沫在吹漲階段，股海歡騰，戳破時則像落入但丁的第八層地獄。而且泡沫不只是市場反常，偶爾發作，相反，泡沫更像是市場整體的一部分，之後你就會知道。泡沫急遽放大市場出現的過度修正，不斷地與投資人的最大利益作對。泡沫與泡沫戳破後市場反應的動態發展，歷來表現出相當明顯的一致性，可惜我們並沒有好好從錯誤中學習。

設想以下情境。

市場上2個月來成交量持續放大，廣大投資人原本以為只要修正，之後會繼續創新高，但逐漸變得沒那麼確信，反攻一而再，再而衰，不肯定變得焦躁，這次是哪裡不對勁？

接著被追繳保證金，促成舉國欣欣向榮的金融工具，原本好端端的卻重挫，跌幅還不是2%或3%，常一天跌逾10%，這是怎麼回事？

紛紛傳出消息說，原本只有一家大型機構，現在又有另一家大型機構快不行了。勢必要有人做點什麼，避免情勢兵敗如山倒。最高顧問請求無意出手干預市場的總統發表聲明，表示經濟前景佳，請國人放心，這次不過是短暫不確定的非再現問題，大繁榮完好無損。

在旁協助總統安撫市場不安情緒的財政部長大有來頭，原本是華爾街大型投資銀行的首腦，望重當世。多位市場大咖跟隨在旁替部長還有總統做面子。

部長與若干國內大型銀行與頂尖投資銀行的領導層，共同出面阻止似乎快爆發的金融災難，大型紓困方案由銀行業者擬好立即執行。新聞讓股市雀躍。苦悶的投資人希望這項行動能挽救市場和金融業，但反攻一個禮拜就結束，股價開始跳水。銀行跟大型機構出手都沒救，能指望誰？許多專家這時看到潛在的金融全面崩潰，真的可能發生。

這些確實是在說2008年崩盤前夕，對吧？神奇的是，這些描述同樣適用1929年10月崩盤前夕風雨飄搖的情況，總統與部長的搭檔，可以是小布希配亨利‧鮑爾森（Henry "Hank" Paulson），也可能是赫伯特‧胡佛（Herbert Hoover）配安德魯‧梅隆〔Andrew Mellon，曾任三個美國總統的部長，原為梅隆銀行（Mellon Bank）首腦，一代銀行家與實業家巨擘，收入僅次約翰‧洛克斐勒（John D. Rockefeller）和亨利‧福特（Henry Ford）〕。

這些市場崩盤事件影響多深遠？1929年大崩盤與隨後的大蕭條，波及美國與全球經濟，令美國人對華爾街的寬容態度丕變，接著幾年通過重大立法，諸多太超過的行徑紛紛喊停。改革是改革，可是金融體系的信心，經過數十年仍無法恢復；二戰前夕，1940年重新實施選徵服役時，證券經紀人被列在100項豁免徵召重要類別的倒數第99項。1930年代大多時候，失業率都接近20%甚至超過，道瓊工業平均指數成分股的企業價值，1929年是1,500億美元，1932年剩下170億美元，縮水89%。

2007至2008年的崩盤同樣禍延數年，不過21個月多一點的時間（略長於1932年落底所花時間的一半），就讓金融股縮水83%。資產價值跳水，有錢人不借錢給需要的銀行，長久以來推動商業順利進行必須的金融信用凍結了。歐洲央行總裁尚—克勞德‧特瑞謝（Jean-Claude Trichet）形容這是工業革命以來最嚴重的信用衰退。黑暗時代結束後，工業化國家還沒經歷過這麼糟糕的信用冰封。

泡沫與恐慌有什麼好在意？

1997年將定稿交給西蒙與舒斯特（Simon & Schuster）的編輯佛瑞德‧希爾思（Fred Hills）時，他問了我這問題，他接著說：「我20歲的女兒都知道泡沫與恐慌。」希爾思一語道破，哪個讀者不知道投機熱潮與崩盤，你可能知道1630年代荷蘭的投資人瘋買鬱金香，鬱金香狂熱（Tulip Mania）那時，稀有的Semper Augustus球莖，一顆飆漲至相當於75,000美元。你可能也知道1720年英國南海泡沫（South Sea Bubble）的印刷工人故事。有個印刷工人因為羨慕別人靠著「用地熱供暖」或「用蘿蔔榨油」之類的假公司撈錢，於是策劃自己的騙局：「一家事業利潤豐厚，但默默無聞的公司。」[1]隔天上午9點開門營業時，門外大排長龍，等著申購股票。這名工人把錢收下，當晚就跑路到歐陸，從此人間蒸發。*

你可能知道1720年法國的密西西比泡沫（Mississippi Bubble）。密西西比公司（Mississippi Company）創辦人約翰‧羅（John Law）是畫大餅的高手，他炒股的豐功偉業之一，是找了數十名穿金戴鑽、配戴紅藍寶石的印第安人在巴黎遊行，這些黃金與寶石據說是從路易斯安那蘊藏量極豐富的礦山挖到的。1720年跳水之前，股價漲了4,000倍。

我們祖先啟程前往新世界，希望逃離暴政與迫害，追尋更好的生活時，也將泡沫帶來，並發揚光大。美國開國以來，便與泡沫和市場崩盤如影隨形：1785、1792、1819、1837、1857、1873、1893和1907年的恐慌，1929、1967、1987、2000和2008年的崩盤。看怎麼定義事件，數字可能更高。

這些事件情節確實都很像，但我們不是要用經濟史家的角度重新審視，或是重講一遍投資人多愚蠢、多會自我欺騙；這不是本書的旨意，我們討論

---

* 神奇的是，1996至2000年網路泡沫時，有人成功完成了一場幾乎一模一樣，但規模大很多的騙局。

泡沫是為了接下來要講解的投資方法。

　　蔓延和崩盤事實上是了解市場心理行為的起點。這麼說好了，要是大家都知道金融泡沫，那麼它怎麼會不斷發生？經濟學家不該早就破解，像在看引擎警示燈那樣注意它？

　　我們知道精準確定過熱的金融市場何時會在金融體系爆發的難度非常高，雖然明白股票可能漲過頭，但多數人還是不會見好就收，落袋為安，我們似乎就是沒辦法抓準時機。經濟學家宣揚的學問對這情況也沒幫上什麼忙。

　　效率市場假說派的經濟學家說，預測泡沫是不可能的，說市場泡沫就像隱形轟炸機，雷達上找不到，等投資遭殃你就知道了。號稱繁榮「先知」的權威人士，前聯準會主席艾倫・葛林斯潘（Alan Greenspan），同感於這套經濟思想，表示：「泡沫很難在有事實之前確認，也就是說，只有泡沫破了才能證實有過泡沫。」[2] 經濟學界普遍同意他的說法。更糟的是，通說泡沫是理性的，簡言之，價格固然離譜，但全體而言，因為理性、非情緒性的投資人的行動總是會使價格落在應當的價位，不能說它沒道理。之後會知道，這說法真省事，有保全聯準會和學界名聲的功用。接受這說法，表示我們從來沒能準確評價任何標的，不管買房子、買股票、建新廠，要那些評價的理論幹嘛，什麼價格都在好與不好之間。稍後我們會進一步檢視這個頗曲折的邏輯，但顯然投資人往往並沒有讓價格落在應當的水準。

　　本書旨在揭示這樣的傻念頭，藉以改變這種想法，或至少幫助讀者換個想法，連帶還有你的投資決定。本章漫談歷史上的泡沫為數不少的主要成因，讓大家有所覺悟，要對看出泡沫這件事有更好的理解，以免死傷慘重。多數人回顧以前的投機狂熱，會覺得自己怎麼可能幹這種蠢事，1960 年代後期我剛進華爾街時也這麼覺得。準備第一本書時，我泡在紐約市圖，翻閱找到的每本泡沫與恐慌主題的書籍，接著讀了 1929 年崩盤前幾年的《紐約時報》（*The New York Times*）和《華爾街日報》（*The Wall Street Journal*）財經版,讓自己設身處地事發當時的情況。起初覺得,跟這種非法夜總會狷獗、會坐在旗桿上、短裙男孩身材的「爵士女郎」(jazz baby)時代的笨蛋投資人對做,輕輕鬆鬆就能海削一筆。他們不知道市場不會漲個不停?占這種人便宜是小事一件。

並不是。我進華爾街工作不到一年,就幹起一樣的蠢事,一腳踏進1966至1969年的暴發泡沫,這個個人體悟,讓我覺悟到,唯有徹底理解投機狂熱的成因,加上屢次高估熱門股票估值,才能讓你保住老本,甚至壯大資本。

投機狂熱的共同特徵

前面提到,投機熱潮最明顯的特徵之一是在不同時期的相似性,即使時移世易數百年仍是如此。多數泡沫有諸多破壞性特徵,第一個是過度運用信用。

快速回顧1929年和2007至2008年的大崩盤,這兩個時期運用槓桿的情況都很誇張,歷史上許多泡沫期間都是如此。1929年時,投資人買股票融資成數是10%,當時投資客愛買的投資信託,本身也有大量信用交易,融資的水準其實還要更高。1929年初,聯準會顧慮投機,將融資利率調高到20%,不過只對信用操作造成片刻的衝擊,畢竟,年利率20%,一個月不過1.67%,鑑於股票最近的績效,投資客預期用不了幾個月就能賺到10%、20%或更高的獲利。市場肯定會迅速地上攻。

引發2007至2008年崩盤的房市泡沫,銀行的槓桿來到25至30倍之譜;貝爾斯登(Bear Stearns)、雷曼兄弟(Lehman Brothers)、高盛(Goldman Sachs)、摩根士丹利(Morgan Stanley)之類的投資銀行,槓桿開更大,高達30至40倍,很多是流動性很不好的抵押貸款工具,這些人相信,不動產市場不會跌。槓桿這麼高,次級房貸只要稍微跌下來,就會把泡沫戳破。

　　在投資人信心高漲的穩固經濟條件下發育，是投機熱潮另一個相似之處。每次投機熱潮一開始都很合理，出自簡單卻有趣的念頭，後來則會把長年奉行的謹慎原則通通拋在腦後。

　　世人相信每次泡沫都是空前的機會。在南海公司（South Sea）和密西西比公司的前例，吸引力是新世界有讓投機客做夢都難以想像的無盡寶藏。1960、1970和1980年代的科技泡沫，則是販售半導體、電腦和其他尖端科技產品帶來的無窮利潤。投機客著迷於巨額獲利的前景，很快就把所有估值的標準拋在腦後。

　　1929年崩盤前的股價水漲船高稱為「新時代」，這次真的很不一樣，盈餘成長據說會讓投資人想把過時的價值標準通通扔掉。在咆哮的二十年代，發生許多重要而且可以化為無窮商品和服務的突破，像是無線電、商業航空的前景，和新興且非常有賺頭的汽車與工業製造技術，在國內外市場供不應求，將企業股票的獲利推高到超凡的水準。1996至2000年網路泡沫那時候，投資客斷定網路公司已開創「新經濟」，合理化超高的價格。合理的股價不用再看世代遵循的估值標準，新一波提升的科技獲利能力，理當要有更高的估值。

　　每次泡沫都有專家上鉤，漲不停不僅沒事，還會預測將來價位更高。歸根究柢，每次人們都認為這次是空前的大好良機。

　　投機熱潮另一個共同的念頭是「有人更傻」。遇到泡沫，有些獨立有想法的人，不會跟著一頭熱，他們認為價格怎麼會高成這樣，不知道是在瘋什麼，但認為情況還會更瘋狂，如果價格漲了10倍，熱潮繼續漲，難道不會漲到15倍、20倍？1720年有個在南海泡沫中破產的英國國會議員寫道：「我的確曾說過，倒塌必將到來，但我要坦言，時間比我預期早了二個月。」[3]

　　投機熱潮會讓高風險的行動看起來審慎有理，沒有趕上潮流會被當成老骨頭，貼上「恐龍」的標籤，每天在CNBC主持節目的市場名嘴吉姆·克瑞莫（Jim Cramer）就這麼叫過我。網路泡沫破滅的幾個月前，他說我不了解網路股的巨大潛力。好在那時候不是我，而是克瑞莫對泡沫的看法才變成了化石。

每次泡沫時，等到世人開始明瞭自己追高的股票被高估地多誇張，就會出現跳船潮，當形象從蒸蒸日上，變成要完蛋了，接著就是恐慌；不管是一開始的發財夢或好消息，或是後來的完蛋預言，傳言始終發揮重要的作用；最後，價格跌回起漲點或更低的價位，好戲落幕。

最有意思的共同點也許是自高點起算的跳水幅度，大抵落在80%至90%或更高，見表1-1和1-2。

泡沫有改變嗎？

我會嘗試論證泡沫沒改變，真有什麼變化，那就是1960年代後，頻率變高；價格的起落更激烈，對金融體系和經濟造成更大的傷害，這種顯著性在美國和其他各國皆然。

表1-1　各時期市場泡沫

	高點	低點	自高點下跌（％）
1637年荷蘭 Semper Augustus 鬱金香球莖	5,500[a]	50[a]	99%
1720年英國 南海公司	1,050[b]	129[b]	88%
1720年法國 密西西比公司	18,000[c]	200[c]	99%
1929-1932年大崩盤 道瓊工業平均指數	381.2	41.2	89%

資料來源：大衛・卓曼，2011年。貨幣為當時各國貨幣：[a]弗羅林（florin）、[b]英鎊、[c]里弗爾（livre）。

表1-2　當代鬱金香泡沫

	高點（美元）	低點（美元）	自高點下跌（%）
1961-1962年首次公開募股泡沫			
AMF	63.31	15.63	75%
Automatic Canteen	44.52	9.75	78%
Brunswick	9.36	0.63	93%
Lionel	30.81	3.86	87%
Texas Instruments	0.85	0.20	76%
Transitron	42.38	6.25	85%
Adler Electronics	24.00	8.50	65%
Universal Electric Labs	18.00	1.38	92%
1966-1969年暴發市場			
Control Data	29.12	4.81	83%
Electronic Data Systems	162.00	24.00	85%
Leasco Data Processing	53.96	6.60	88%
Ling-Temco-Vought	164.36	6.91	96%
Mohawk Data	111.00	18.13	84%
National Student Marketing	143.00	3.50	98%
Polaroid	72.88	25.19	65%
Recognition Equipment	102.00	12.00	88%
University Computing	442.92	52.63	88%
Itek	160.47	20.12	87%
Kalvar	73.00	11.00	85%
1971-1974年兩層市場			
Kidder Peabody Nifty Fifty	—	—	81%
Avon	17.50	2.33	87%
Clorox	6.63	0.69	90%
Curtiss-Wright	7.41	0.63	92%
Data General	24.75	5.25	79%
Polaroid	74.75	7.06	91%
Rite Aid	3.55	0.16	96%
Simplicity	4.88	0.88	82%
Tropicana	60.38	6.50	89%
Wal-mart	0.07	0.01	79%
IBM	22.83	9.41	59%
Eastman Kodak	54.13	20.56	62%
1979-1990年科技業			
Ask Corp	32.67	0.06	100%
Cullinet Software	33.38	4.13	88%
Floating Point Systems	46.00	0.44	99%
1996-2002年網路泡沫			
那斯達克100指數	4,704.73	804.64	83%
2007-2009年不動產泡沫			
標普500指數金融類股SPDR	38.02	6.18	83%

資料來源：大衛·卓曼，2011年。數據來源：證券價格研究中心（Center for Research in Security Prices, CRSP）。

　　表1-1顯示四個泡沫經典教案的價格跳水幅度：鬱金香狂熱（1637年）、密西西比泡沫（1720年）、南海泡沫（1720年），和1929年的崩盤。Semper Augustus鬱金香價格的高點跳水幅度達99%，密西西比公司股價跳水的幅度相同，南海公司則是88%，最後，道瓊工業平均指數在1929至1932年的金融災難中，從1929年的高點381，跌到1932年的41，下跌了89%。

　　表1-2顯示美國在1960至2009年之間的六次重大泡沫，1932至1960年未出現投機熱潮，可能是因為投資人仍保有1929年與大蕭條的切身慘痛回憶的緣故。

　　這期間至少有三次重大不動產投機熱潮，包括1980年代中期的儲貸危機、1980年代後期和1990年代初期（未列入）的商業不動產崩盤，當然還有幾年前引爆全球金融風暴的次貸危機。還有一大票不動產泡沫沒列在表上，像是1920年代佛羅里達南部的沼澤地炒作，當時《邁阿密新聞》（*Miami News*）甚至特別印製一份504頁的房地產廣告版來服務有興趣的買家，後來不動產價格在1930年代崩盤。

　　表上也沒列出為數眾多的較小泡沫，如數起藝術品熱潮〔巴勃羅‧畢卡索（Pablo Picasso）的畫作在1980年代後期有幾個月曾天天增值約1%〕，郵票、收藏品、貴金屬、黃金、鑽石和錢幣也被炒作過，1990年代初期推翻共產黨執政後，東歐國家也經歷多次泡沫，結果表1-2納入數十次1960年以來的投機熱潮，相較之下，表1-1列出四個，在1929年崩盤之前將近300年間，只有三個。

　　不少表上未收錄的晚近泡沫，規模以美元來看與表上的股市泡沫有過之而無不及。

　　表1-2也顯示，1960年代以來的6次股市泡沫，背後興風作浪的主力，正是地位日崇的科技類股，並以釀成1996至2000年網路泡沫這場迄今規模仍最大的科技泡沫，達到高潮。科技股有股不尋常的魅力，大家好像都知道IBM曾是多棒的標的，1945至1968年這部位的報酬超過11,000%，繼續

賺錢當中。何不物色下一個 IBM ？搧風點火的投資銀行，打造了數以千計的科技新股，讓買家好好物色。例如，買家「被聽說」，做電腦租賃的公司，光是靠向 IBM 採購再轉手以稍便宜費用的出租，可望賺進 4 倍或 5 倍。Leasco Data Processing Equipment Corporation 和 Levin-Townsend Computer Corporation 的業主和投資銀行就這樣賺進數十億美元，直到東窗事發。10年後這些明日 IBM 們大多一敗塗地。

　　炒作的點子在泡沫期大行其道。投機熱潮中的投資人相信並且尾隨吹笛人，其中一個帶領大家，跳上全國學生行銷公司（National Student Marketing Corporation, NSM）這檔 1960 年代後期暴發市場的飆股。全國學生行銷公司說要發動大學生們的集體市場力量，本益比一度來到快 100 倍，至於葫蘆裡賣什麼或賣得多好沒人知道。全國學生行銷公司的集體行銷力量，最高峰的時候，大概是數十萬個打工的大學生，但這大餅畫得不錯，所以股票在面對現實之前，一股漲到 143 美元，接著像是高空彈跳，跌到剩下 3 塊多，只是沒彈回去。

當代的崩盤更劇烈

　　市場泡沫有異乎尋常的相似之處，雖說如此，最近的超漲超跌，有個重大的不同點。荷蘭、法國、英國的泡沫「內爆」後，整體的繁榮並未改變，縱使許多投機客賠掉房子、事業、寶石或其他資產，但國家的經濟一樣強健，國勢繼續蒸蒸日上；1960 年代至 1990 年代初期的泡沫固然吹很大，但對經濟未造成長期的傷害，國家持續蓬勃成長。不過，表 1-2 列的最後二個泡沫相當異類，越晚的泡沫頻率較密集，造成的傷害也更大。網路泡沫和 1996 至 2002 年的崩盤，估計讓投資人損失 7 兆美元，退休年齡人口有上百萬人，由於退休金慘賠，不得不繼續工作。

　　財富縮水一部分也要怪聯準會主席葛林斯潘和接任的班‧柏南奇（Ben

Bernanke），將利率壓得太低，期間又太長。這個政策有促成最近的金融危機之效，估計光是證券價值的損失，就達25至30兆美元，加上損失的國內生產毛額（gross domestic product, GDP）、失業跟其他代價後，災情遠高於此。比起百年前，當代投資狂潮災情至少一樣慘重，有時規模大出許多。南海公司股價在高點增值720%，鬱金香價格上漲1,500%，反觀高通（Qualcomm）的股價漲了22,000%，Yahoo!漲了18,000%，亞馬遜（Amazon.com）漲了7,500%，增值數十倍的網路股有好幾打。

這種情況還是發生在投資人教育水準最高的時代。投資人有尖端科技的電腦，即時的通訊，取得的數據落差僅在毫秒之間，還有研究功力深厚的基金可買，這些工具讓做出合理決定空前可行，結果卻是下場空前慘不忍睹，這情況說明了，了解投資人和市場心理的重要性。投資人過度反應的心理，現在有認知心理和神經經濟學領域的科學家在深入研究，這項成果為泡沫的發生和發展提出新的解答，回答吹起泡沫的相同力量如何影響人們在各種市場的投資決定。這個研究讓若干宣揚投資人行為不理性的早期先驅者獲得甚多初步正確評價。

理解泡沫：早年

現代市場心理面的見解，發展時間逾170年，絕非一時流行。科學方法初步是準確觀測，這點在心理學或化學、醫學或其他領域皆準。早在1840年代，蘇格蘭記者查爾斯‧麥凱（Charles Mackay）將其敏銳的觀察力用於金融的行為面，寫下並於1841年出版著名的《異常流行幻象與群眾瘋狂》（*Extraordinary Popular Delusions and the Madness of Crowds*），至今世人仍在傳閱。

麥凱檢視了本書也有討論的三次泡沫：荷蘭的鬱金香（1630年代）、英國的南海（1720年），和法國的密西西比泡沫（1720年），還有其他群眾瘋狂的例子，像是煉金術和將女巫與巫師綁在火刑柱上燒死。他說：「我們發現，整個社群突然專注在一個對象，瘋狂地追求；上百萬人同時懷有一個妄想，緊追不捨⋯⋯清醒的國人突然淪為爛賭之人，為了一張開牌幾乎豁出一切⋯⋯有道是，眾人皆醉⋯⋯眾人皆瘋，要回過神卻是遲緩、一個接一個地。」[4]麥凱反覆觀察到，當投機狂潮到了末路，泡破戳破時，群眾的恐慌之情，一如當初的陶醉，一股腦拋售，顧不得什麼投資告誡或理性；市場崩盤時，投資客驚慌失措，如同買時不管基本面價值。[5]麥凱與後來的作家掌握到了投機熱潮與恐慌箇中三味。

麥凱之後，法國社會心理學家、社會學家和業餘物理學家古斯塔夫・勒龐（Gustave Le Bon）寫下《烏合之眾》（*The Crowd: A Study of the Popular Mind*）一書，在1896年以英文出版，這本書出色地掌握到麥凱描述的群眾行動與情緒。勒龐寫道：「集會中所有人的情緒與想法都指向同一個方向⋯⋯一個集體心智形成了⋯⋯表現出非常分明的特徵。集會於是化為⋯⋯一個群眾心理。」[6]

群眾無法區分虛實是勒龐注意到的一個非常突出的特徵：「群眾心中有個印象，這印象就會立即聯想到一連串的其他印象，但看不出與一開始的合理關聯性⋯⋯被印象打動就當真，但明明大多與事實的觀察關係遙遠⋯⋯只憑印象的群眾，也只容得下印象。」[7]

群眾的印象之中，沒有哪個比一夕致富更有魅力；運氣好的話，幾天或幾個月內就能到手照理說要打拚一輩子累積的財富的念頭，誰能抗拒？想想2000年代初期買房的投資客身上根本還不起的大筆房貸，麥凱與勒龐所做的觀察，無疑遠超乎時代，不過他們那時無法取得深入解釋群眾為何遭不理性浪潮席捲的研究。

一言帶過現代心理學

解釋頗多這類具一致性和可預測性的行為偏誤的心理學研究始於1970年代，後來由2002年諾貝爾經濟學獎得主丹尼爾·康納曼（Daniel Kahneman）和佛南·史密斯（Vernon Smith）集大成；1998年我出版《逆向投資策略：下一代》（*Contrarian Investment Strategies: The Next Generation*）一書後，有更多尖端的研究問世。新的研究在認知心理與神經經濟學的見解，解釋了泡沫的威力、為何頻頻復發，以及逆向操作策略經過時間考驗的成功之處，將來應會持續在績效上贏過其他投資方法。

如同精神科醫師透過心理失常的病患了解人類心智的運作，研究者探討投資狂熱與崩盤，藉以深悉金融決策的內涵。投資泡沫由於呈現了最誇張的價值與價格差距，因而是投資人過度反應的明證。

我相信本書只是這個令人振奮的領域的起頭。

這方面的研究對於解釋人們為何踩到投資狂熱與崩盤的地雷，還有為什麼很難看清楚所置身的局勢很有幫助，所以，我們不妨將嘲諷18世紀滑稽英國女性貴族，或21世紀臉紅脖子粗的投資銀行家追著錢跑的印象放下，將視線轉向驅使他們變成這樣的七情六慾。

第2章

情感的危害

上一章介紹投資人爭相把錢丟進泡沫的歷史盛況，那些始作俑者可能連伯納‧馬多夫（Bernard Madoff）都會羨慕，一來要設的騙局單純很多，二來被抓包不用坐牢，私人物品還不會被拍賣償債，但想到有上百萬民眾的退休金和老本陪葬，讓人一點都不覺得這是在共襄盛舉。

我們即將介紹的投資和市場心理學發現，雖說注意的投資人越來越多，多數經濟學家、金融學者和華爾街市場人士，仍摒棄心理學在投資決定中有所作用的想法。我從1970年代後期就在認知心理、社會心理與實驗心理學領域有所著墨，這方面的發現，對理解我們一再重蹈覆轍的市場現象無疑是重要的，所以我在接下來二章會對此多加介紹。

直到幾年前，有些重大市場事件仍讓我大惑不解，雖已拼上很多片拼圖，有個關鍵處仍待拼湊，上一章也有提到：為什麼在投機熱潮和恐慌中的群眾如此瘋狂？這群人本來爭相掏出75,000美元（現在的購買力）搶買一株稀罕的鬱金香，幾個月後，卻覺得它連750美元都不值，這是怎麼回事？紅帽公司（Red Hat）這家當紅炸子雞軟體公司，在2000年初投資客本來情願掏出150美元買一股，事隔不到2年卻只肯付3美元？

什麼致使20世紀末和21世紀初照理說已臻理性的投資人，捲進更甚於數個世紀前的投機狂潮？

認知心理學、社會心理學，以及其他更多相關學門，對指出投資人犯下的諸多心理偏誤，都有一針見血之效，了解這些錯誤能幫你保住老本，甚至賺大錢。話雖如此，這些心理學研究無一解答我對何以價格走勢如此極端，以及眾人皆醉的氛圍瞬間變為恐慌的疑問。

情感：作用強大的心理面

好在現在可以解答了。發端於1980年代早期的研究，20年來逐漸吸引研究者投入，終於出現了深入人心的新興研究發現，除了回答泡沫頻頻發生、投機熱潮和恐慌期間極端價格走勢的原因，還能解答不少其他市場謎題，有的謎題攸關我們的投資決定，有的則對當代的風險分析一針見血。

最重要的發現是最近才被認定是人們判斷和決策成分的「情感」〔有時稱為情感捷思（affect heuristic）〕。*情感學說指出，人們的強烈喜好、厭惡和意見，形於快樂、難過、興奮、恐懼之類的體驗，會有意識或無意識地左右我們的決策過程。

情感可以單獨或與理性決策過程相輔相成，在市場上或市場之外發揮作用。情感是情緒，而非認知，所以是自動、迅速地反應。情緒性的反應不用出於理性，通常也不是出於理性。

認知心理學大師保羅‧史洛維奇（Paul Slovic）教授，與經濟學家康納曼的研究成果，是我們探討情感與捷思時的二大核心。史洛維奇寫道：「夾藏正面和負面感情的意象，令判斷與決策變成感情用事。」[1]意思是，人們心懷的客體及事件表徵，帶有程度不一的正面或負面情感標籤。舉例來說，一個熱血的球迷對支持的球隊心懷正面的表徵，但若是對手的球隊，則會心懷負面的表徵。史洛維奇在論文上繼續寫道：「人們利用情感捷思下判斷……人們徵詢或參照『情感庫』（包含所有有意識或無意識與表徵有關聯

---

* 認知捷思會在第3章介紹。

的正面與負面標籤）。」[2]

大家對於自己動不動就會因強烈好惡而擾亂判斷一事心知肚明。我敢說你也知道，想要改變某個心懷堅定政治或宗教觀點的人的心意很難，即使你說詞中的論點再怎麼有力，都沒什麼機會；其實，有證據顯示，你的這番論點反而鞏固了你對話對象的己見，例如，對方可能把你的論點看作某一類陳腔濫調。同理，你越中意一個投資決定，你對它會懷有越強的正面情感；反之，你越是不中意一檔股票或某個產業，會對它產生越強的負面情感，如同在政治觀點的情況，獲悉正面消息會加強對中意者的正面情感，反之，負面消息會強化對不中意者的負面情感。

人們處理資訊的心理歷程，有個雙重歷程模式，情感在其中發揮核心作用。[3]心理學家西摩・艾波思坦（Seymour Epstein）說，人透過二個交互作用的平行歷程系統來理解現實：審慎分析的理性分析系統，按確立的規則與證據運作（如數學和工程）；另一個心理學家所謂的經驗系統，則屬直覺且非語言性的。經驗系統從經驗和情緒回溯汲取資訊，將現實編排成夾帶感情的意象、隱喻和敘事。[4]

非認知式而屬情緒性的經驗系統，運作速度比理性分析系統快，後者可能費時數日或數週的時間來拼湊全貌。想想，把念頭轉到賺大錢的投資點子（正面情感），或慘賠的中意股票（負面情感）時，或僅僅是聽到「綁票案」或「飛車槍擊掃射」這些字眼，心中多麼快就有所反應。情感可能排山倒海湧現，令我們在市場上經歷的訓練和經驗毫無用武之地，後面很快會提到，情感可以很成功地解釋極端的股價錯估。

出於過去、當前和希望如此經驗中的意象和聯想，在人們清醒的腦袋中登堂入室，當正面或負面的感覺越強烈，不管是針對概念或人群、股票、產業或市場，相關決定受到情感左右的力量越強。

事件或犯罪的目擊者，也會受到情感的影響，由於專注在某一情緒性的枝節，因此目擊者的說詞常會出問題，而且不能夠重建事件。情感系統仰賴情緒，有時會與理性非常脫節。

　　分析在許多決策場合固然重要，但在複雜、不確定，有時還危機重重的世界，靠情感和情緒度日是個更迅速、更容易，更有效率的法子。在焦慮和不確定的時期，讓常被情感左右的經驗系統來接手是人之常情。

　　一個主因是，情感經常強大到淹沒人們的理性分析記憶庫，以獨立的相關事件記憶庫和情緒附件取而代之。動情固然容易，但有時是極度危險的舉動。上一章介紹的每個泡沫，都有情感的支撐。

　　不難猜想，當湧入資訊尚不完全或分歧，卻必須下決定時，情感是一股足以支配投資人判斷的強大下意識力量。市場正好的時候，投資人滿腦子都是已經入袋的大筆獲利跟接下來賺更多的意象，經驗系統輕鬆壓倒理性分析系統較為謹慎的意象；情感在泡沫戳破接踵而來的恐慌中天翻地覆，沒人再想從飆股獲利，掉入負面情感的漩渦中。情感系統閃現這下要大賠了的意象，股價跌越多，負面情感越強烈，多數投資人心中只想到要在跌更多之前「快跑、快跑」，不用多久，這意象就會演變成末日即將到來。

　　情感之為用，不以商場為止境。從賣車到時尚界，數十年來各行各業的行銷人，都知道要善用情感來操弄買家對自家商品的偏好；研究人員開始著手研究它在其他行為領域，對刺激團體採取某些愚蠢或致命行動的作用，如球迷暴動到謀殺乃至於種族滅絕。雖有 1945 至 1946 年紐倫堡審判，和 1945 年海牙國際法庭的嚴懲，自納粹大屠殺以來，世間發生了不下數十起令人髮指的事件。仇恨以情感為媒介，發展到極致的情況，令加害人不把受害者當人看，而視之為洪水猛獸，必欲除之否則無法自保。情感可能致使行為與人之常情之間的差距不可以道里計。

　　情感的作用也可能非常隱微。例如，你看好默克（Merck）集團，製藥類股欲振乏力，你想要好好做些功課，但股價開始上漲，沒時間了，於是你訴諸情感（通常沒有自覺），而這麼做正投你意，強化你出手買進的意願。

　　情感可能讓人上當，有時下場會很慘。要是感覺一來聽從自己直覺，發展總是很理想，那麼人類就不必演化出理性分析系統，並據以處理事務。[5]
該好好端詳情感帶給市場的致命缺失了。配備情感這個強大動力來源的經驗
系統，會強化獲利的強烈意象。屬情緒性而非認知式的情感，是藥也是毒。

　　接下來我們要來看四個令投資人部位失血的重要情感形式：(1)對機率
不敏感；(2)險益負相關的判斷；(3)持續性偏誤；(4)時間性構念。

1. 對機率不敏感

　　情感有好幾個讓人上當，導致判斷失誤的途徑，其中最重要的莫過於讓
人對投資漲價或跌價的真實機率不敏感，而未將這個「萬一」的情況納入考
量。當可能的結果，像是買股的巨額獲利，夾帶了濃烈的感情成分，則結果
的實際機率，或是情況生變導致的機率變化，相形之下便微不足道。[6]

　　對機率不敏感的現象有紮實的研究支持。[7]學者喬治‧魯文斯坦（George
Loewenstein）、艾爾克‧韋伯（Elke Weber）、奚愷元（Christopher Hsee）和
內德‧韋爾奇（Ned Welch）[8]曾做過研究，結果顯示，買彩券的人若認為自己
會中獎，則無論在萬分之一或千萬分之一機率的中獎條件下，下注金額和中
獎的期望會差不多。買彩券的人若覺得自己會中獎，在相同的開獎機率下，
願意掏出高達1,000倍的金額！有意思的是，這數字與投機客在投機熱潮時願
意為飆股掏出的錢一致。魯文斯坦等人注意到在這種情況，結果大好的可能
性，並非機率，更能打動賭徒；結果表明，非常小的機率卻有很高的權重。

　　另一份有趣的研究發現，泡沫膨脹時，投資人顯然不在意自己為一檔熱
烈的首次公開募股（initial public offering, IPO）付的價錢。知名經濟學家勞
勃‧席勒（Robert Shiller）論證了，若投資人想買進100股某家公司（在10美
元價位），則這家公司本來就只有100萬股可賣，或是公司剛在首次公開募股
前分割了股票，拿500萬股出來賣，對投資人來說沒差。席勒發現，流通股票
的價格變五倍，對首次公開募股的買家來說不重要，即使持股只值本來的五

分之一，這人還是想在10美元買他要的那100股，因為他相信股價會上漲。

對機率不敏感，還獲得其他紮實研究的支持。尤瓦爾·羅藤史特萊希（Yuval Rottenstreich）和奚愷元教授[9]論證了，若賭博可能結果會讓人情緒高漲，則賭博的吸引力（或不具吸引力）對於.99至.01，高達100倍的機率變化相對不敏感。這項研究發現一語道破泡沫中的價值高估。若我們對一檔股票或某項投資的前景心懷強烈的感覺，我們有時會掏出比真實價值高100倍或更多的錢，這結果道破了股價在泡沫吹脹時會漲上天的主因。

圖2-1顯示這些研究結果說得多準。高估的價值甚至可能超過盈餘的100倍，主要是大型網路和高科技股的那斯達克（NASDAQ）100指數，從1996年初至2000年3月的高點，上漲了717%；接著從2000年3月高點，跌掉83%，來到2002年10月的低點，這一段是美股重要指數自1929至1932年

圖2-1　市場泡沫的情感面

那斯達克100指數的績效
1996年1月1日至2002年12月31日

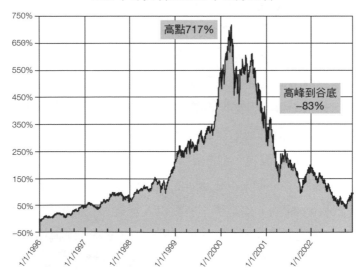

資料來源：大衛·卓曼，2011年。數據來源：FactSet Research Systems Inc.

以來最慘烈的跌勢，那時是道瓊工業平均指數跌掉89%。那斯達克100指數在泡沫高點時，本益比（P/E）逾200倍，幾乎所有成分股都給人快速成長的意象，但往往離譜到現實上沒什麼機會達成。

以下有二個投資人對這種股票熱中程度的典型例子。

例A：美國線上（America Online, AOL）在2000年3月的歷史本益比為200倍，公司六年來成長幅度驚人，分析師認為美國線上的熱門線上服務每年新增百萬名新用戶，可望讓成長率提高。我用一般的盈餘折現模型，計算當時價格的合理訂閱用戶數字，結果得出將近180億這個數字，相當於3倍的地球總人口。我的結論是，要趕緊開發外星人族群市場，才有望達成這個「適度」的成長率目標。

過沒多久，美國線上與時代華納（Time Warner）合併，由於競爭激烈遠超乎預期，線上服務成長急遽萎縮，加上須下修會計方法浮報的盈餘，導致合併後的股價自2000年第一季100美元開始大跌，低點時，新公司美國線上部分的價值縮水約九成。

例B：eToys.com是在線上銷售各種玩具的網路商家，公司理念除了提供購物者流行玩具，更要為用戶節省大把時間；公司以優於眾多其他主要競爭對手的折扣嘉惠用戶。

事實上，已經有或正在建立自己網站的大型競爭對手多的是，多數分析師和投資人卻視而不見；由於銷量不夠大，拿不到製造商的折讓，折扣政策讓公司虧損連連。eToys.com股價在1999年10月站上高點，市值高達107億美元，勝過全國擁有數百家門市的玩具零售業者龍頭玩具"反"斗城（Toys 'R' Us），銷量卻只有人家的1%不到。eToys.com賠錢經營，玩具"反"斗城年年獲利；eToys.com的創辦和經營者是一般條件的零售團隊，管理層不強，頂多算是堪用。

公司沒像樣的事業營運計畫，虧損連連，終於在2001年關門大吉。這些事實當時都有，不過分析師、基金業者和投資人選擇裝瞎，因為對公司懷有非常正面的意象，相信這檔股票是大好投資機會，直到輸光，個中道理不難看出，當正面情感打到高檔時，經驗系統往往壓倒性凌駕理性和邏輯分析。

這二檔個股特徵不同，但都是那斯達克綜合指數成分股，如同那陣子其他高科技和網路股，這兩檔個股的價值大幅高估。1996至2000年網路泡沫期間，在網路和高科技類股賺取暴利可能性（而非機率）的敏感度，似乎對這些股票價值高估發揮很大的作用。

我在1999年11月接近網路泡沫高點的時候製作的表2-1，顯示當時10檔最紅網路股的本益比。1971至1974年針對快速成長大型公司的兩層市場，前50強的成長股在高點時平均本益比是51倍，高出一般成長股的25至35倍不少。這些股票在1973至1974年熊市大跌後，長期被當作投資人為成長前景出價過高的教案。

1996至2000年網路泡沫時，表2-1的本益比最高為1,930倍，平均是739倍。這顆泡沫誇張的程度，從表上十大網路股的平均本益比，是兩層市場那時眾人追捧的漂亮50（Nifty Fifty）平均本益比（51）的14倍，可見一斑。1996至2000年泡沫的飆股不是什麼名不見經傳的小公司，而是市值落在16億至301億美元，規模大於標普500平均值的企業。

我們決定一探表上飆股在1999年10月接近泡沫高點那時的真實基本面價值。用分析師的1999年盈餘預測共識作為起點，接下來的21年套用美國企業史最高成長率，接著套用標普500的正常成長率。表上這些飆股套用的成長率高得離譜（見表2-1的假設），意思是即使真的達到這種不可能的任務，股價還是大幅高估。

第三欄我用簡單折現模型這個股票評價法來折現企業盈餘，所算出的股價雖然較低，仍是非常看好後市的估值。*

---

* 盈餘折現模型用分析師對公司長期未來盈餘的預估（通常長達30年或更久），以及計入當時長期公債利率（5.9%）和風險因子（9.1%，考量這是預估非常早期企業的成長性，還有可能限制成長的未來競爭或其他因子，作者認為這數字算保守）的折現率，對每年的盈餘進行折現。

表 2-1　投機狂潮的足跡

網路泡沫，1996 至 2000 年

企業	1999年10月31日 股價	1999年10月31日 本益比	未來EPS折現值： 15%[1,2]	2002年8月31日 股價
eBay	$67.57	1,930	$4.75	$56.52
RealNetworks	54.85	1,219	5.31	4.58
Yahoo!	89.53	1,194	10.18	10.29
DoubleClick	70.00	933	6.70	5.63
Priceline.com	60.25	603	8.92	2.35
Amazon.com	70.63	353	17.87	14.94
Lycos[3]	53.38	334	18.87	11.19
Qwest	36.00	327	13.00	3.28
MindSpring[3]	25.60	257	11.80	6.10
E*Trade	23.81	238	10.27	4.34

1999年11月至2002年8月31日平均跌幅＝−79.1%

1. 頭三年盈餘成長率假設為50%，接著五年為25%，接著六年為20%，接著七年為15%，之後為7.5%。
2. 折現率算法如下：15%包含長期公債5.9%加風險溢酬9.1%。
3. Lycos在2000年10月30日被Terra Networks SA以1股Lycos換2.15股買下。Mindspring是後來的Earthlink。

資料來源：大衛‧卓曼，2011年。

比較第三欄的數字和第一欄的當時股價，估值最高相差14倍，最低相差2倍多一點。雖然我們已在第三欄套用很誇張的成長假設，實際交易價格在2000年3月時又漲了快1倍，網路股又吹脹許多。

表2-1第四欄（1999年後加上的）顯示2002年8月31日泡沫破滅後的股價，表上平均跌幅是79.1%，只有eBay遠高於第三欄折現模型算出的折現值，有另一檔比折現值高不到1%，其餘八檔則低於折現值，有些低很多，估計有7兆美元在這顆高科技泡沫消失不見，相比之下，1987年崩盤市場從高峰到谷底損失了1兆美元。

2. 險益負相關的判斷

情感也會讓我們看不見證券或整個部位的風險嗎？投資學說不會，風險理論經過50年的時間淬鍊，投資組合有的是抵擋風險的法子。投資人、投資顧問與基金業者使用的效率市場假說與主流的現代風險理論，認為風險就是波動率而已，可是，近來在情感的研究工作則提出有力證據，指出多數人用來「化險為夷」的法子是不管用的。

效率市場假說顯示，做投資承擔越大的風險，是想獲得更高的報酬，但情感理論說不是這麼回事。巴魯克・費許霍夫（Baruch Fischhoff）等[10]學者發現，人對風險與報酬的判斷是負相關的，實際風險越大讓人覺得獲利會越小，反之，風險越小時覺得獲利會越高；一言以蔽之，跟現代風險理論剛好顛倒，之所以會這樣，原因還是出在情感身上。

這方面的發現，獲得許多後續研究支持。研究人員詢問受試者各種活動的風險程度，受試者針對多個危險或有害的情況作答，結果是獲利或報酬越大，覺得風險越低。基本上風險存在於每個狀況，但感受會隨利益而改變。相反地，報酬獲利越低，覺得風險越大。舉例來說，研究人員發現大家覺得酒精飲料與食品添加劑的利益低，風險高，疫苗、抗生素和X光的利益高，風險低。在投資領域，高風險咸認與高報酬高度相關，依目前的投資學說，這樣的心理行為根本站不住腳。

史洛維奇等人[11]調查英國毒物學會（British Toxicological Society）的會員，發現這群專家也懷有相同的險益負相關心理面。*[12]研究行為的人員表

---

* 不意外地，這群專家的情感反應強度，強烈影響危險項目的負相關判斷。後續研究中，同一群毒物學家被要求用情感量表（從好到壞），對30個化學物質做「快速直覺評分」（如苯、阿斯匹靈、二手菸、食物殘留的戴奧辛），接著這群專家要判斷暴露在極小量這些化學物質下的相關危險程度，暴露的濃度不到安全法規的1%。照理說，暴露在這麼低的濃度之下，判斷的風險應該一律、一致很低，與情感量表評分的相關性不顯著或沒有。結果，對化學物質的情感，與極小量暴露風險的判斷之間，兩者卻呈現出顯著相關性。情感評分很負面，但判斷有很高的極小量暴露風險，反之，情感評分正面，判斷的風險則低。幾乎每位受測者（97人中有95人）的作答都是這個模式。

示，即使獲利或利益性質上不同於風險，風險與回報之間仍存在負相關性。投資人難以理解的是，從心理面來看，風險報酬兩者往往負相關，但來到市場，我們卻要理性地認為兩者正相關。

　　一篇阿里‧阿爾哈卡米（Ali Alhakami）和史洛維奇[13]的論文指出，對一項活動（如噴殺蟲劑）的風險與利益意識，與在這項活動的正面或負面情感有關係，結果顯示，人越是喜歡一項活動，像是參與試驗中的癌症療法或買網路股，越會做出風險低，利益高的判斷。相反地，越不喜歡一項活動，如燒煤加熱、飲酒或買牛皮股，則會對其賦予較高的風險。

　　阿爾哈卡米和史洛維奇的研究結果意思是說，人除了根據思考，還會憑感覺來判斷一項活動或計數的風險與利益。人若是很喜歡一個點子或概念，會憑感覺判斷它的風險不高；情感再度出動，這次是讓感覺插手並更動理性的決策與風險選擇，這在金融領域獲得約夫‧甘扎赫（Yoav Ganzach）[14]的研究支持。甘扎赫發現，對於觀感好的股票，人們會判斷它報酬高風險低，對於觀感差的股票，會判斷它報酬低風險高，不過，對於很熟悉的股票，則不會用這樣的態度，而是覺得風險報酬兩者正相關。

　　這項重要研究解釋了圖2-1和表2-1背後情感扮演的角色。由於投資夾帶非常正面的情感，股票的價位比真實價值高很多倍，投資這些股票的風險可能淹沒在強烈的情感之中，不顧眾所遵循的投資原理。分析或邏輯的比較，雖顯示1999年末那斯達克飆股的估值灌水嚴重（表2-1），卻未改變投資人認為持有風險不高的看法。

　　情感影響所及，分析師也許真的不認為風險因子相對預期報酬來說太高，這現象對估計當情感之類的情緒面被牽扯進來，現代證券分析或廣義的理性分析過程的效果很重要。網路泡沫最盛那陣子，我讀了很多分析師的報告，很少對重大風險進行分析的內容。風險往往顯而易見，如在 eToys.com 的例子，或數百家財務狀況乏善可陳、管理堪憂、事業營運計畫不怎麼樣，股價卻飆漲的企業。只要是稱職的研究員，都能快速抓住這些因素，但要嘛沒做，要嘛沒放在心上，結果絕大多數的報告，講的都是龐大的潛在獲利，還有為什麼獲利應該勝券在握。

反過來說，1996至2000年泡沫那時，按正常評價標準風險小很多的價值股，通常會招致很負面的情感，情感影響所及，當時多數投資人認為這類股票，風險比評價標準所指引的水準高出許多，風險往往被認為顯著高於首次公開募股與後來跳水的網路或高科技股；風險報酬的關係在網路泡沫期間顯然顛倒過來了。泡沫固然更清楚闡明，但這個關係其實一直都在，而且提供莫大的可趁之機。

2000年春季網路泡沫爆掉時，本來咸認高風險低報酬的價值股，如同網路和其他被吹捧的股票，經歷了驚人的修正，只不過是評價上調，又一個情感在投資領域壓倒理性分析的例子，這也是無法靠做實驗觀察到的景象。沒多久，人們就開始重新用比較正常的方法來評價網路股和價值股，大幅逆轉了1996至2000年泡沫期間的情況。

遺憾的是，在逆轉發生之前，情感對包含準退休族在內的眾多投資人的影響，已造成天大的損失，媒體報導數以百萬人得要將退休延後很久。我們介紹的情感領域研究，對這害慘人的現象，提供了言之有理的解釋。

正面情感與低風險，還有負面情感與高風險在投資人心目中的關聯性，在泡沫環境中更為明顯，但這現象似乎也存在於其他市場環境中，後面會討論。風險和情感的相關性，對當代風險管理與財務理論意義深長。

3. 持續性偏誤

情感讓人對市場判斷走偏的另一個表現，是人傾向高估正面、負面事件或盈餘預估失準影響股票、產業或市場大盤的時間長度。吉爾伯特（G. T. Gilbert）教授等人觀察到，市場人士在經歷開心或討厭的事件後，會一致性地高估正面或負面情感持續時間長度的情況，[15]稱之為「持續性偏誤」

效應。

　　這項研究發現對於理解正面或負面盈餘預估意外，以及其他正面或負面市場事件帶來的過度反應很有用。舉例來說，2010年春季英國石油公司（BP）鑽油平台爆炸造成重大漏油事故後，石油探勘開發業者的股價一落千丈，因為大家當時覺得墨西哥灣甚至其他美國內陸水域，很長一段時間都不會再開放深鑽了，另外，當時還覺得清理成本會壓垮英國石油公司與其商業夥伴。結果不到一年，美國沿岸就重新開放深海鑽井，這起事故的代價雖然高昂，各家公司仍負擔得起，有些大家覺得受創最深的股票，一年內股價漲了不只一倍。

　　這項發現有助於解釋接下來第三和第四部分要介紹的「最糟」相對「最佳」股票的優越績效，以及這兩種股票對意外事件一致卻相反的反應。

4. 時間性構念

　　情感讓我們做出時間性的誤判。較近期發生的事件，會以更具體明確的細節來呈現，短期事件包括銷售和盈餘結果，高於或低於預估值等各種分析師報告的數字。[16]同時，事件發生在越遠的未來，傾向以若干抽象或一般特徵的方式表現，像是對標的股概念的感想，這現象稱為「時間性構念」。不管是不是被追捧的股票，這個情感特徵都會造成投資人把股票有希望的看法，延伸到遙遠的未來。若未來沒希望，結果則顛倒過來。

　　情感有修勻長期希望的效果，比起盯著多起短期事件，其中多數正面，有些負面，比起根據短期事件，專注在長期前景的概念，更容易得出中意的預測。

　　一檔股票、一個產業甚至大盤的價位，可能因強烈的正面或負面情感之故而過高或過低。特羅普（Trope）和李柏曼（Liberman）教授指出，這個情感特徵或許能解釋為什麼人對長期報酬抱持很樂觀的態度。

時間性構念有助解釋逆向操作策略後來績效總是會勝出，以及科技股在泡沫期間大幅高估的現象。前者（第四部分會詳述）是投資人對冷門的逆勢股票有最壞的期待，連帶將長久的前景通通打了折扣；而在後者，投資人則將快速擴張的概念股的正面期待，延伸到太遙遠的未來。我們看到很多例子，投資人高估熱門股正面情感持續的時間，如網路泡沫中的網路概念股，以致這類概念股漲到離譜的價位。特羅普教授與同儕做了許多實驗，證明長期和短期估計值在建構方式上的差異。

一個很好的例子是 Yahoo! 在網路泡沫破滅前大家對它的預期。在1996年4月上市的 Yahoo! 是當時首次公開募股盛況中最受矚目的一檔。

這檔股票從1996年7月底到2000年1月的高點119美元，增值了18,000%（調整股票分割後），投資人認為它是網站中的網站，廣告潛力無限，營收強勁，用戶源源不絕。Yahoo! 的成長潛力天下無雙。

這家公司在1996至2000年期間銷售成長幅度驚人，從2,380萬美元來到11億美元（每年複合成長率116%），不過，盈餘並沒跟上來，1996至1998年虧損，1999和2000年獲利甚微，1996至2000年每股盈餘才幾分錢，但股價高點時來到快120美元，概念最重要。

2000年初 Yahoo! 的本益比是5,938，多數投資人預期未來10年盈餘成長會很可觀，一年成長50%都算太少，公司雖好，但這樣的長期估計太誇張了。2000至2002年的崩盤期間，市場大幅重估 Yahoo! 未來成長率，加上盈餘成長始終遠低於預期，這檔股票一瀉千里，2001年秋季低點時，股價已跌掉97%，這時網路泡沫也接近谷底。

另一個有意思的時間性構念情況，是要投資人估計持有的投資組合，在1996至2000年泡沫期間的未來績效。1998年泡沫正盛時，美國投資人對股票的未來報酬非常樂觀，當年我和史洛維奇等人合作一篇研究，想確定為數眾多的基金投資人，對接下來10年的預估情形，根據我們的研究，[17]受試者被問到未來10年的平均報酬預測數字時，表現得非常樂觀，平均估計每年成長 14%，事實上，1920 年代以來，股票報酬每年約 10%，投資人期盼這段期間的市場回報，要比過去 70 年多個 40% 左右。

情感對證券分析的意義

上一章介紹的泡沫和投機熱潮，我們在本章介紹情感如何在過程中火上添油，還有當泡沫吹破時，如何助長驚嚇與恐慌。情感捷思既奇妙又嚇人：兼具令人吃驚的速度、微妙和複雜性，還有令眾人一失足成千古恨的莫大威力。史洛維奇說：「意義之難以捉摸，在於擺脫不了情感。」[18]

我們應該先思考一下，我們理所當然認為值得投入大量時間和費用蒐集資訊的意義。使用像是深入的證券或市場分析等「有意義的資訊」，在很多情況下，往往由於攙雜情感，是不是反而知道了假象？

顯然，要免於陷入這種危險的難度很高，所以本書會介紹讓大家遵守的紀律，好在情感又來壞事時，讓大家知道按下電擊的控制開關，說起來簡單，真正的問題是這種時候你能不能按下開關。總之，知道有情感在作怪這麼一回事，是精進投資策略的好的開始。

基本面與價格分離

情感誘發的泡沫有一個顯著特徵是讓分析師、基金經理人還有其他訓練有素的金融專業人士心中的基本面與價格變得各不相干。理性分析系統是評估一家公司前景典型方法的起源。

特許金融分析師（CFA）協會和各大金融分析師培訓機構，都會教學員在判斷價格時要保持理性，不要漏掉一家公司的重要基本面。班傑明・葛拉漢（Benjamin Graham）和大衛・陶德（David Dodd）所著的《證券分析》（*Security Analysis*）是這方面的聖經，[19]市面上信奉類似方法的著作汗牛充

棟。葛拉漢和陶德使用大量的財務比率，加上詳細的公司資訊，來決定一檔
股票的價值，但這種評估一家公司前景的典型方法最常被放在腦後。

專業人士縱使訓練有素，握有最先進的資訊和最上乘的研究，多數表現
不比一般投資人好，有時還比較差，情感實際上的威力如何可見一斑。

對機率不敏感，執著於公司當前成長跟獲利潛力無限的誇大價值看法，
似乎是讓金融專業人士與一般投資人重複同樣的錯誤最重要的情感特徵，還
有提到過的險益負相關的判斷、持續性偏誤，以及時間性構念，都可能讓投
資組合一敗塗地。情感動輒讓人翻船，專業投資人雖有淵博的知識且訓練有
素，這方面的處境跟散戶其實差不了多少。

對價格水漲船高，有大好題材可說的公司來說，股價永遠不嫌高。貫注
到網路或首次公開募股的新股發大財意象中的強勁正面情感，掩沒了理性分
析系統，導致嚴重偏離最佳決策的航道。

證券分析的後果

有機會應該問問分析師或基金經理人，當面對極端的超漲價位，理性評
價模式是不是有用武之地。多數人雖然嘴巴上說有，但是從基本面模式容許
的最高價值，與遠高於此的市價之間的差距，如表2-1所示，可見所謂的理
性評價模式背後不可能是什麼放之四海皆準的評價方法。

看見近年來許多分析師支付的超高價格，葛拉漢想必會搖頭以對，尚未
作古的葛拉漢同輩人士的反應我倒是知道一些。葛拉漢對本益比和其他股票
評價比率的觀念超保守，不管多看好前景，通常認為本益比高出20一截的
股票就不要買，他認為「市場先生」動輒會走上極端。

前景一般的股票通常本益比落在12到15倍，獲利成長前景高於平均的
股票，本益比會落在25到35倍，成長性超乎尋常的股票，可能來到40到50
倍，即便如此，不少分析師仍推薦100倍到1,000倍，甚至更高本益比的股

票，個中道理為何？

情感使證券分析無用武之地？

這情形透露出，投資專家其實無法準確衡量基本面理論價值加減25%至35%左右的區間，即財務理論指出可以放心進場買低賣高獲利的價位。從1960年代以來的科技股或網路泡沫中可知，分析師對網路或高科技股的評價，往往可能跟市場相差50至100倍，結果是（至少暫時）出現了相較於任何公認的證券分析理論的超高估值。*

於是在泡沫之類的極端市況中，遵從當代證券分析理論的分析師力有未逮，正面情感取而代之，將價格推高到遠超出長期評價方法支持的水準；恐慌時，負面情感以相反的作用力，讓投資人願以任何價位拋售。遺憾的是，苗頭不對時，我們仰賴的對象，會先中箭落馬。

找尋出路

理性分析系統是評價一家公司前景的典型方法的基礎，前面提過，特許金融分析師協會和各大金融分析師培訓機構，都會教分析師與基金經理人在判斷價格時要保持理性，不要漏掉一家公司的重要基本面，這方面的聖經是葛拉漢和陶德的《證券分析》，這類著作很多，當然不能漏掉特許金融分析師協會的資深投資專業人士撰寫的厚厚的官方教材。

值得重申，證券分析在基本面價值加減25至35%左右的區間有用。所以如果有家公司被低估，如本益比10倍，手腳快的分析師買進後說不定可以賺1倍，不過，價格升天後基本面分析就不管用了，遇到泡沫時，本益

---

* 這也是第7章的重點之一。

比或股價現金流量比可能從10漲到100，甚至1,000以上，4倍的股價淨值比可能變成40甚至400倍，基本面分析在這種價位無用武之地。

在泡沫或極端超漲的期間，大家眼中只有分析師或基金經理人對公司或產業當前成長跟獲利潛力無限的誇大前景預測，重點是在這種情況下，典型的基本面分析工具，如獲利折現模型會對未來數十年做出高度樂觀的獲利預估，仍顯示泡沫股票的現價太高，如表2-1所示。

分析師與多數人不知道，情感還有其他心理面，常使人將理性分析投資方法置之腦後。經驗系統全速運作之下，分析師和基金經理人很難憑理性分析系統行事。多數專業人士會嘗試回到正軌，但強大的正面或負面情感，任誰都很難搞定。三十幾年來，我在多場特許金融分析師協會全國大會，也在各大證券分析師協會和頂尖商學院講述投資人心理學，我知道專業人士是真的努力照所學的基本面方法行事。

可惜，縱使廣為各大團體所知，心理學和當前的投資理論仍無法水乳交融，因為後者有根深柢固的理性分析方法，但苗頭不對時，分析師和基金經理人動輒將這方法拋在腦後，投向經驗系統的懷抱，這時我們知道在極端的情況，情感會讓理性分析過程全軍覆沒。

沒有分析師，也沒有基金經理人，能用理性分析方法來推薦或買進一檔泡沫股，分析師和基金經理人不必用到全球定位系統（GPS），只要用六分儀，就能推敲出這時股價偏離的程度。

分析師和基金經理人反遭自己貫注了強烈正面情感的預期劫持。我們會介紹，專業人士其實無法準確掌握財務理論可以買低賣高獲利的有限區間。*

泡沫期間，分析師很多時候估值可能與適當的水準相差50到100倍，他們創造出評價範例，好讓遠遠超出任何採用典型分析方法得到的數字說得通。運用當今的理性分析方法所做的證券分析有用嗎？可能在平穩的短暫時

---

* 如前述，區間的範圍約是基本面價值加減25%至35%左右。

期內有用，但可別太深入，畢竟，你是划著12英尺長的獨木舟，而不是搭乘700英尺的油輪。

　　我會介紹一些心理面指引，若聽得進去，應該可以限制誤入本書接下來會說的心理陷阱時的損失。遵從這些指引可以避免落入某些多數投資人會犯下的錯誤。我們也會設法利用這些可預測的失誤，讓自己稍占上風。以下是第一則投資心法：

　　　　操作心理導航1：審慎的證券分析所做的價格預測，即使暫時跟目前市價天差地遠，也不要棄之不理，以後市價將回歸到與原本預測相近的水準。

　　接著，我們要來看其他日常會用到，可以讓日子變得簡單的重要捷思（心理捷徑），雖然它們對生活很有幫助，卻可能誤導投資決定，或導致其他誤人不淺的重大失策，把它們的運作方式弄懂，有助於構想某些有用的防備手段。

第3章

決策中的危險捷徑

一個人比較可能碰到以下哪種死因：鯊魚攻擊致死？或被天上掉下來的飛機零件砸死？[1] 這兩種情況多數人終其一生都不會碰到，但被問到時多半會選擇前者，可惜，他們選錯了。實際上在美國，被天上掉落的飛機零件砸死的機率是鯊魚攻擊致死的30倍。[2]

怎麼回事？鯊魚攻擊致死事件雖然超級罕見，但媒體愛報，而且慘烈的場面容易引發遐想，想想經典電影《大白鯊》（*Jaws*），[3] 反倒是誰記得自己什麼時候讀過被天上掉落的飛機零件砸死的新聞報導？飛航中的飛機邊飛邊掉零件，砸死地上的路人，好像是電影或卡通才有的畫面，在日常生活中匪夷所思。我們對飛機出問題的想像，不外乎是失事墜機，乘客無一生還的悲劇事件。缺乏第一手的目睹經驗，也沒有讀過相關的報導，我們於是選擇形象較廣為人知的鯊魚攻擊，作為發生機率較高的事件。

上面的例子說明**易得性捷思**，這是一種讓人下意識強調心中容易浮現的意象，而不取較為模糊的回憶的認知捷思（cogntive heuristic），[4] 以下我們會進一步介紹各種認知捷思。

心理捷徑

1970年代以來，研究人員發現人們在日常決定的過程採用許多心理捷徑，或直覺摸索的法則，而不是依據對結果實際或然率的嚴謹計算，這方面的先驅是目前在普林斯頓大學（Princeton University）任職的康納曼，及已故的史丹佛大學（Stanford University）教授阿莫斯・特沃斯基（Amos Tversky），之前提到，康納曼因此贏得2002年的諾貝爾經濟學獎，要不是獎項規定得主必須在世，否則特沃斯基必然會共享這份榮譽。*我們在管理大量資訊時會利用這類似乎烙印在人們心智、正常情況下難以察覺的判斷捷思或認知捷思。多數人對此根本不知不覺，尤其是亟需行動的時刻。

這樣的判斷捷徑是從漫長的人類經驗中演化而來，如同情感的情緒決策，大多數的時候運作得很好，幫人們省下大量的時間。

例如，想像在高速公路上開車，你運用各種心理捷徑，邊開車邊注意車流量、路標、前方路況，還有鄰車的動靜，車上還開著音樂，你順利駕馭上千項令人分心的雜訊，而之所以能夠「幾乎不用想也做得到」，要歸功於心理捷思的效率。

我們利用這些捷思來處理各種決定和判斷，過程中有點像在扮演一個「直覺統計學家」。例如，我們以為在時速55英里開車時，出事生還的機率高於時速90英里，但很少人真的去查真正的數字，以為業餘選手水準不夠，肯定比不上職業選手，或搭飛機一定比陸上運輸更快抵達目的。†

我們運用過往的經驗，對這類情境的概率，快速做出判斷，一天當中有上百項工作，是靠捷思搞定。

不過，扮演「直覺統計學家」有利有弊，簡化除了省時和效率，也會讓人系統性地犯下決策錯誤，因此捷思總是會讓投資人顧此失彼，即使專業人士也難以避免。若非得要指出一個捷思導致投資人犯下的重大錯誤，我認為是：投資人在做投資決策時，對機率的計算不正確。憑捷思的計算往往會

---

* 特沃斯基曾是卓曼基金會（Dreman Foundation）董事會的成員。
† 雖說有些航空的確老是誤點。

產生系統性、大幅度的扭曲，以致最精明的投資人，都會犯下離譜的失誤。
而且，團體壓力會鞏固這類認知偏誤，[5]專家和同儕團體會強化人懷有的誤
解，加劇不得不追隨的壓力。

　　研究也指出，即使一個人接獲這類偏誤的告誡，似乎也無法做出因應調
整，因此要花非常大的心力才能避開陷阱，熟悉各種捷思是第一步，當掌握
捷思的性質，就能為擬定規則來輔助決策，防範鑄成大錯，或許還能得到好
處，當然，說比做容易，知不知道都一樣。

危險的易得性

　　首先來看易得性捷思。特沃斯基與康納曼指出，這種心理捷徑會造成
「憑著心中容易浮現的例子或發生情況來評估類別的頻率或事件的機率」，[6]
這解釋為何我們以為鯊魚攻擊致死事件，比被天上掉落的飛機零件砸死常
見。

　　因為心智通常浮現最常發生的事件，我們憑易得性捷思獲得的解答，大
多數時候會是正確的，但偶爾會錯得很離譜。我們以為某件事比較有可能，
是因為心裡對具有特殊意義的事件有所期盼，也就是說，它深深影響了我
們的想法，而且又發生不久，[7]這牽涉到兩種心理謬誤：突顯性，以及新近
效應。突顯性會不知不覺讓人不成比例地偏離真實頻率想到「好」或「不
好」的事件，[8]例如在野外，國家公園裡棕熊傷害遊客的機率是百萬分之一
或二，致死的機率更低，在岸邊被鯊魚攻擊傷亡的泳客占罹難泳客的百分比
更低，但因為攻擊場面怵目驚心，讓人誤以為發生頻率較真實數字高，記憶
誤導我們快速想起恐怖的畫面。

　　幾年前我到巴哈馬埃克蘇馬國家公園（Exuma National Park）浮潛，突
然有條600磅的鯊魚越游越近，明知被攻擊的機率微乎其微，牠從我身旁經
過時，仍壓得我喘不過氣來，但願牠也知道鯊魚很少攻擊人，當牠游到我身

　　後時，我登時覺得被鯊魚攻擊的機率變得好高，幸好這尾鯊魚當天心情不錯，不過接下來一陣子，依舊讓我對鯊魚攻擊機率的看法改觀了。

　　至於新近效應，不妨想像天災過後，例如水災或地震後，購買水險或地震險的情況會增加，儘管客觀的發生機率沒變，新近效應仍使人覺得再碰到天災的機會變高了，[9]新近、突顯的事件往往下意識地影響股市和債市的投資決策，引發或加劇價格震盪。

　　投資人以為最近的趨勢是新的長期趨勢，舉例來說，眼見近期短期報酬率飆高，超過長期股票報酬率，*即使投資人知道個股或類股的報酬率會回歸到長期水準，心中仍會認定這次不一樣，新近效應讓人相信一時的情況是長期的。

　　一個例子是PIMCO的債券天王比爾・葛洛斯（Bill Gross）和執行長穆罕默德・埃里安（Mohamed El-Erian）在2007和2008年期間提出「新常態」的說法，預測全球經濟會長期下探，以致盈餘和股價雙低變成未來的常態，這說法為基金經理人和媒體採信，變成之後2年多市場盛行的看法。

　　結果股市無視專家的看法，開始逆風高飛，到2011年中，已從2009年3月的常態新低，上漲超過100%，新常態一詞在股市翻倍後變得無人聞問。類似情況在歷史上屢見不鮮，想想1920年代股市狂飆的「新紀元」，或網路泡沫時的「新經濟」，想必以後還有機會看到新的用語。

　　再來看一個例子，傳統的看法認為，為了確保全數認購，首次公開募股應該比實際價值小幅折價（約10%左右）。

　　圖3-1則顯示1996至2000年3月網路泡沫期間的首次公開募股大幅溢酬，看圖可知，1987至1994的8年期間，首次公開募股的首日收盤價約有10%或稍低的平均溢酬，接下來4年，溢酬程度顯著增加，平均快20%，但很少一天20%，但如此獲利已足以吸引眾多投資人投入投機性質更高的首

---

* 基本長期行情被近期行情反客為主的情況也出現在其他認知捷思。

圖3-1　狂熱的過度反應可能導致泡沫或恐慌

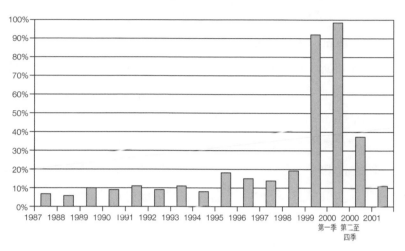

首次公開募股的市場最能彰顯1990年代後期的泡沫心理，如此的盛況短期內很難重演。
資料來源：大衛・卓曼，2011年。

次公開募股市場。1999至2000年第一季投機當道，交易首日收盤價的首次
公開募股平均溢酬站上90%（即運氣好的投資人若以發行價買到首次公開募
股的股票，第一天收盤時即可獲利90%至95%），而且圖上沒顯示的是，在
2000年第一季網路泡沫高點時，網路股首日收盤價的溢酬高達135%。首次
公開募股的溢酬在網路泡沫期間是正常的10倍以上，新近效應和突顯性使
投資人滿腦子都是鉅額的獲利，輕忽了這類股票的可觀風險。

　　後來研究指出，這期間首次公開募股沒有比較好，倒閉的情況其實比早
期的首次公開募股差很多。

　　第1章提到，1960年代以來有過四個大型科技泡沫，其中1996至2000
年的投機熱潮，不管在規模、溢酬與崩盤的幅度都是空前的。

　　例如投資研究公司價值線（Value Line）調查1980年代初期那次泡沫的
首次公開募股發現，許多上市公司屬新創業者，其中只有5%有產品，95%
只有概念，不少公司只有一、二名全職員工，有些甚至沒有，多數公司上市

時尚未獲利，估值就高達淨值的20至100倍。[10]

　　1994年，行為財務學領域的先驅，美國伊利諾大學香檳分校（University of Illinois at Urbana-Champaign）教授傑‧李特（Jay Ritter）與愛荷華大學（University of Iowa）教授提姆‧洛格倫（Tim Loughran）對新股市場做了全面性的研究，調查1970至1990年期間在紐約證券交易所（New York Stock Exchange, NYSE）、美國證券交易所（American Stock Exchange, AMEX）和那斯達克交易的4,753檔首次公開募股，[11]發現首次公開募股的平均年報酬為5%，標普500則是10.8%，易言之，這21年期間投資標普500和首次公開募股的獲利分別是762%和179%，標準普爾的成分股不僅比首次公開募股安全，還繳出不只4倍的回報。

　　若看這近5,000檔首次公開募股的5年報酬率中位數，則是比發行價跌了39%，若投資人運氣沒那麼好，或沒有大型基金、避險基金和投資大戶的門路，沒買到首日就翻倍、漲3倍的首次公開募股，免不了會虧損。

　　類似價值線的調查，洛格倫和李特的研究顯示，多數首次公開募股屬夢想無限、實際營收和獲利有限、掛零的新創業者，而且多半特地挑在首次公開募股市場最好時上市，這時市場對首次公開募股的需求最高，投資人對題材好的股票投懷送抱，另一個突顯性及新近效應的佐證。

　　李特在1991年的研究顯示，[12] 1977至1983年的投資熱潮期間，61%的首次公開募股選在1983年上市，選在前5年上市的比例只有6%。

　　卓曼基金會的弗拉基米拉‧伊列娃（Vladimira Ilieva）和我在2011年進行的研究報告中，對1997年1月1日至2000年3月10日網路泡沫起始到高點期間上市的1,547檔首次公開募股（價格在2.00美元以上），調查每檔首次公開募股從高點到2002年12月31日為止的低點，結果如圖3-2顯示，平均跌幅高達97%，[13]相對發行價跌幅的中位數，比李特和洛格倫的結果高了73%，顯示這次崩盤更為嚴重。

　　這期間的首次公開募股品質普遍欠佳。到了2011年中，這1,547檔新股

圖3-2　易得性捷思的影響

1997至2002年首次公開募股泡沫與崩盤

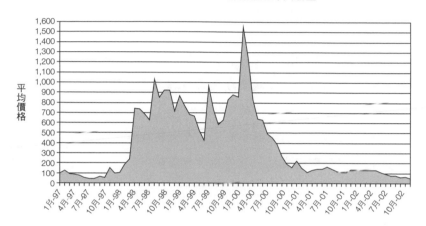

1997年1月至2000年3月10日期間每股2.00美元以上的初次上市櫃。

資料來源：大衛·卓曼，2011年。數據來源：FactSet Research Systems Inc.

中只有524家繼續掛牌交易，66%已遭併購或停業。

連同李特和洛格倫的研究，我們從逾40年的首次公開募股調查分析中可知，投資首次公開募股不是多好的主意，對此，突顯性及新近效應看來「功不可沒」。更多研究支持類似結果，內賈特·西橫（H. Nejat Seyhun）研究2,298檔首次公開募股，發現首次公開募股績效落後市場6年，[14]馬里奧·李維斯（Mario Levis）發現英國的首次公開募股落後平均報酬3年，[15]其他研究發現首次公開募股基本面在上市後變差，顯示投資人被這些股票澆了一頭冷水。[16]

洛格倫和李特（1995）在結論中指出：「我們的證據說明公司會在市場平均估值水準大幅膨脹時，利用好景不常的機會窗口，趁機發行股票。」[17]言下之意是說，榮景除了靠一窩蜂的投資人，還需要像投資銀行這樣的吹泡泡老手一起來營造。數個世紀以來，投資銀行似乎早就非常擅長這一套賺錢手法，而且祕而不宣，不向投資人或學界透露。

從研究可知，突顯性及新近效應的下意識影響力，絕對不是空穴來風。無論世人是否已經淡忘1996至2000年網路泡沫的股鑑，市場上都已經正在醞釀新一波的首次公開募股泡沫，發展可想而知。以下是另一則投資心法：

操作心理導航2(a)：眼中不要只有近期行情，要納入長期行情，也就是以前的獲利機率。重現長期股票報酬率（長期行情）的機會高出許多。

操作心理導航2(b)：不要被個股或大盤最近大幅偏離水準的行情誘騙，若報酬率特別高或低，很可能事有蹊蹺。

誰的影響？

上一章我介紹了情感對投機狂熱和市場崩盤的影響力，本章目前為止介紹了突顯性及新近效應這兩個易得性捷徑讓人落入的圈套，有人可能好奇，這三者可能出現在同一個泡沫或投資人的失誤中嗎？關於這問題，我們要好好來看看最前沿的認知心理學家在做的研究。

雖然比認知捷思更晚提出，許多研究人員認為情感是驅動價格起伏的力量，不過，此時試圖精準回答新近效應、突顯性，還有情感三者在背後做何推波助瀾，會有點像在搬弄「魔王讓公主叫破喉嚨」的文字遊戲橋段（而且是沒完沒了的超級加長版）。但跟相對推波助瀾究竟為何無關的是，我們仍很容易從這三者領會到其中潛藏著蓄勢待發的危險。

雖說這些心理捷思彼此之間的帳最後要怎麼算，可能還要許多年才會拍板，但現在先個別上有所認識，可讓我們建立防線，好看清泡沫並及時脫身，當然，同理也可以在股票跌跌不休，變得離奇地便宜時，想想可以怎麼做。

認清長期的行情是對付突顯性及新近效應的最佳防禦。雖說並沒有一個絕對的座標，供人參照最近或難忘的經驗，但是若遇到極度樂觀或悲觀的期間，最好回過頭來做些功課。市場慘跌時，不妨讀一讀市場上次重大轉折期間的金融刊物，可以的話，找出2009年2月底的《華爾街日報》，翻到股市版，看看專家們在市場展開史上最急劇的反彈前夕說了些什麼，同理，市場陷入狂熱時，看看報紙在1996至2000年或2005至2006年泡沫時的報導，重看報紙雖不是百無一失的方法，但多少會有幫助。

我會提出一些有用的自保方法，讓你搭配後面要介紹的投資策略，雖然無法讓你的投資策略變得滴水不漏，不妨將它們想成是抵禦目前討論過的捷思的簡單工事。

一葉不能知秋

康納曼與特沃斯基提出的第二個重要認知偏誤是代表性，他們用嚴謹的實驗證明，人天生就有在不成立之時類推、等而視之的傾向。

代表性偏誤可能導致投資人將其實不一樣的二家公司、二種市況，當成相同的情況。[18]人們掌握部分資訊，心裡浮現熟悉的景象，實際上可能跟實情相差很遠。代表性偏誤有二條使人錯估情勢的途徑，一是它使我們太著重於事件的相似性，對事件發生的真實機率不以為意，二是它降低了對於影響事件機率的重要變數的重要性。

例如，1987年市場崩盤後，道瓊指數4天跌掉769點，在1987年10月19日的黑色星期一大跌508點，近1兆美元市值蒸發，媒體的頭條是「1929年重演？」，許多投資人看見黑影就開槍，將兩者混為一談，紛紛拋售變現。

當下情況異常相似，距上次股市崩盤已58年，大家相信股市崩盤接著就是經濟蕭條，華爾街、媒體與投資大眾多的是這麼想的人，但兩次崩盤天差地別，1929年其實是特殊案例，美國在19世紀和20世紀初多次經歷恐慌和市場崩盤，但並沒有伴隨蕭條，而且不管有無崩盤，經濟不久後就會復甦，市場崩盤跟蕭條是二回事。

況且，從我手上的1988年5月2日《富比士》（*Forbes*）專欄剪報明顯可看出，1988年春的經濟與投資氛圍已截然不同，專欄說，雖然市場專家和媒體指出1987年崩盤後的股市走勢和1929年很像，但這只是表面上，1929年時市場有先反彈，然後1930年春才又跳水，許多專家認為歷史會重演，不過，一葉不但不能知秋，反而會蔽目而看不見泰山。

結論是：1988年的經濟和投資基本面與1930年判如天壤。1987年崩盤後，經濟表現勝過崩盤前的預估，沒有落入大家以為的衰退水準，企業盈餘遠高於10月19日股災後的預測數字；標普500的本益比從崩盤前夕的20倍，大跌為略高於13倍，低於長期平均值15至16倍，完全不同於1929年崩盤後，企業盈餘、金融體系一蹶不振、失業率飆升的情況。

1987年跟1929年絕對是兩回事，但投資人昧於代表性偏誤，錯失大舉進場買進的良機，1997年7月市場已從低點漲了4倍。

另一個例子是2007至2008年崩盤直到2010年「大衰退」初期的油價和大宗商品價格。油價從1992年起，從每桶20美元穩定攀升，2008年初漲到100美元，石油的基本面沒問題，全球需求從1982年一直到2007年，年年都超過新的供給，即使2008年底經濟開始出問題，2009年的石油需求仍只下跌1.1%，此外，探勘石油的成本大幅攀高，發現大油田變得遙不可及，最後一次發現日產百萬桶等級的油田是1970年代後期的事情，而且中國還有遠東等地的低度開發經濟體工業化後，對石油的需求快速增加。

油價在2008年初站上每桶100美元後，漲勢持續，2008年中來到145美元，2007至2008年春這段期間，投資人紛紛將公債以外的金融資產脫手，改投石油和其他大宗商品的懷抱，接著，大家突然慌了起來，冒出許多拿2008至2009年與大蕭條期間相比的數據，不只石油，什麼都變得搖搖欲墜，跟基本面脫節。不用幾個月，油價跳水，從每桶145美元跌到35美元，跌幅高達76%，遠不及新探勘的成本。2009年中市場冷靜下來，油價回穩，2011年6月來到每桶95美元，從谷底上漲將近170%。

　　這個例子可看出認知偏誤與情感聯手發威的威力。害怕賠慘的心理使人一心以為2008年油價大跌，會重演1929年的後市發展，無法正視石油需求跌幅其實很小，而且只要經濟稍微復甦，石油的榮景就會再來。情緒與偏誤交乘的威力有如在市場上引爆核融合。

　　類似1996至2000年那時的嚴重高估，有沒有可能看出某些股票或商品被嚴重低估？我的答案是肯定的。2009年6月初我在一篇專欄指出，油價被嚴重低估，理由就是前面講的。[19]油價那時候落在68美元左右，接著一路漲價，到了2011年6月漲了大約40%。

　　代表性捷思可以解釋公司、產業和大盤。2007至2008年有許多優異產業的好股票，被驚慌失措的投資人推落深谷。銀行和金融股跳水之外，許多投資人想說工業股的產品需求也會出問題，像伊頓（Eaton Corporation）和艾默生電氣（Emerson Electric）的股價分別從2007年底的高點跌了69%和56%，當市場恐慌加劇，原本清醒的投資人也堅持不住了，大家都覺得這些公司未來10年都會慘澹經營，許多公司將撐不下去。

　　結果到了2009年3月初，原本的預言變成危言聳聽，伊頓和艾默生電氣各漲了265%和142%，2011年6月底時，重裝機具、礦業、鑽油在內，不少景氣循環工業股股價都已好轉，像是費利浦‧麥克莫蘭銅金公司（Freeport-McMoRan Copper & Gold）大漲315%，聯合技術公司（United Technologies Corporation）上漲149%，事實就是如此。

　　對代表性偏誤有所察覺可得出另一則有用的投資心法：

　　　操作心理導航3：放下對於當前與過去雷同的投資情況之間相似性的看法，思考其他可能讓結果大不相同的重要因素。

小數法則

「小數法則」是特沃斯基與康納曼指出的一項代表性偏誤。[20]兩人檢視心理學和教育領域的期刊後，發現研究人員系統性地高估以小樣本所得結果的重要性。原本「大數法則」是說大樣本能代表母體，例如從廣大且具代表性的群體所做的民調通常相當準確，反之，樣本越小（或期間越短），結果的可信度越有可能是碰運氣。

特沃斯基與康納曼的研究顯示，心理學或教育領域在檢定理論時，實驗的樣本一般都很小，以致結果很可能只是運氣使然。[21]心理學家和教育學者雖然訓練有素，卻依據太少的觀測，或過短的期間，對結果的顯著性抱有過高的信心。「小數法則」是重要的認知偏誤，很多市場情境中都可發現。

例如，研究指出某段時間績效出色基金往往好景不常，投資人仍動輒搶購某一年或某幾年績效好的基金，看1996至2000年網路泡沫期間搶手基金的下場，就知道這可能是大錯特錯的決定。當時市場有上百億的資金湧入短期績效顯赫的駿利資產管理集團（Janus Capital Group），駿利的旗艦基金在泡沫破滅前的1998和1999年，績效比同時的標普500高出10.3%和26.1%，但其實在截至2003年為止的10年期間，駿利平均報酬率只有8.7%，亦即在包含泡沫到崩盤後的這段期間，駿利績效落後市場22%。

駿利的問題不光是在統計數字上。駿利基金的資產規模在1993年僅90億美元，2000年3月31日泡沫最盛時，已來到490億美元，大批投資客並沒享受到1990年代的回報，而是接下來的熊市陪葬，可想而知，許多人連這10年的平均報酬8.7%都拿不到。

追捧手氣好的標的這種現象，大多數時候下場都很慘，駿利的同行有些在這場競逐飆股大賽中，繳出同樣糟糕的績效。只看1998和1999這兩年，富達精選電信設備（Fidelity Select Telecommunications Equipment）基金績效比標普500高了12.4%和45.5%，聯博科技基金（AllianceBernstein

Technology Fund）則高了34.6%和50.7%，雖說如此，截至2003年12月31日為止的10年，富達的基金年報酬落後6%，聯博的基金則持平。這次泡沫期間，投資人在熱門的科技和網路基金還有股票上面虧損的金額何止千億，到頭來當紅炸子雞的基金還是要在不少保守的藍籌股基金的長期績效面前俯首稱臣。[22]

半瓶水響叮噹

太相信有名的分析師，是另一個投資人習慣依據小樣本做決定的例子。投資人和媒體總是被一時的優異績效吸引，看準一兩檔飆股的基金經理人或分析師，或說中一次市場行情走勢的技術分析人士，就被當成是可以永遠追隨的股海明燈。

事實上，這個分析師之前準不準根本沒關係，只要有個代表作就好了。一個時機對了的建議，會讓文章作者名利雙收。前財務學者，後來在紀律投顧（Disciplined Investment Advisors）任職的尤金‧勒納（Eugene Lerner），提到在下跌的市場喊空的功用是：「如果未來三年市場走跌，你會非常有錢⋯⋯下次大家都會聽你的。」[23]市場上有那麼多的文章，總有篇會說中，這是機率；彩券的頭獎一定會被哪個人贏走，問題是究竟會有多少人來買。

說中1987年股市要崩盤的伊萊恩‧岡薩雷利（Elaine Garzarelli），大名可說永垂不朽，其實她在薛爾森雷曼公司（Shearson Lehman）當市場策略師時，從未在研究報告發表預測，也沒對公司的客戶做過提報，依舊因為一場CNBC的電視簡短訪問而一戰成名，名聞天下。

這次「鐵口直斷」之後，據一位策略師同行的說法，她後來的表現「算是不好不壞，普通而已」。[24] 1996年7月23日，她上CNBC說道瓊指數會從當時5,300點左右大幅拉回，以致市場心生動搖，指數從原本上漲57點，變成下跌44點作收，多少要歸咎於她的影響，但明明幾天前，岡薩雷利才說道瓊指數會從那時的5,400漲到6,400點。即使如此,大家還是會聽她的。

　　我與曾當過避險基金經理人的CNBC股市名嘴克瑞莫交手過,這人在網路泡沫時最會向投資人喊進。1999年12月27日他在文章中,說不買進價格高漲的網路股的基金經理人,是「最好改變心意,否則明年會繼續輸的輸家」,[25]結果不到3週後市場就崩盤了。

　　之後不久,當時晨星(Morningstar)總裁兼執行長唐・菲利普斯(Don Phillips)抨擊克瑞莫表面上大張旗鼓鼓吹泡沫,提到他的公開建議90%都是喊跌。《霸榮週刊》(*Barron's*)追蹤克瑞莫後來的表現,指出高科技泡沫後,他績效落後大盤多年。克瑞莫的表現或許不亮眼,根據平均數定律,他必定有些建議是喊漲,他就是很會拿這些不成比例的建議出來說嘴的名嘴。

　　說中幾次,就可以當好一陣子吃香喝辣的股神,當個半瓶水在其他圈子不見得吃得開,但對現在的投資人和媒體倒是還行得通。投資心法如下:

　　　　操作心理導航4:別被基金經理人、分析師、市場名嘴或經濟學家的偶有佳作或鐵口直斷所影響,無論多麼讓人印象深刻,別輕信無法好好舉證的輕浮經濟或投資節目報導。

慎思官方數據

　　人們有時會因為小數法則而接受離譜的證據,一個例子是投資人近乎盲目相信聯準會或政府發布的失業率、工業生產、銀行體系、消費者物價指數、庫存等統計數據,所造成的過度反應。

　　發布這些數據時,常常會使股市和債市劇烈震盪,壞消息的情況更是如此。例如,當月失業率比預期高出0.1個百分比,或工業生產不如專家預期,股市可能就會應聲下跌,甚至重挫。有必要嗎?當然沒有。統計數據像是跑馬燈,大多數時候沒什麼價值,充其量說明小數法則如何誤導決策。政府和聯準會的原始數據發布數週、數月後，常常會因為新資訊而大幅修正，本來上升的失業率、消費採購，或工廠訂單數據，後來可能改為下跌或大減。鑑於事後修正乃家常便飯，一般人可能以為投資人，尤其是專業人士，會理所當然投以懷疑的眼光，其實以為官方片面之詞真的明察重要趨勢發展的投資人多的是。

　　同樣不理性的還有柏南奇、葛林斯潘等聯準會主席每次金口一開所引發的市場過度反應。明明也對2005至2007年中的次貸問題看走眼，但市場仍聚精會神恭聽柏南奇以及12家聯邦儲備銀行總裁和高層的發言，即使可能是不假思索，甚至互打嘴巴的說法，也無視這些人過去預測的表現可能不怎麼樣。

　　就像古代祭司以獸骨裂痕預言未來，不少專家會仔細檢視官方高層的言行，即使往往摸不著頭緒。有人問世界西洋棋冠軍要怎麼避免下出差勁的棋步，棋手回答：「不要有動作。」

　　但太多投資人按捺不住，聽到一丁點消息，就隨之起舞，好像掌握了什麼確鑿的趨勢。按照平均數定律，本來就會有不少行家會繳出不錯的績效，通常是跟到大行情，但過了幾個月或幾年就會吐回來，投資人從歷史可以學到這樣的教訓，而且還會繼續從未來的市場行情中學到。

漠視事前機率

　　看見相似之處的習性，也會讓人對過往的教訓不以為意，不去對過去非常相似的情況，也就是「事前機率」做功課，照理說，應該要注意到，且據以引導當下的決定，可惜這方面人們能力欠佳。[26]這也是另一個人往往眼中只有近期行情，而忘卻長期基本行情的原因。

　　憑著直覺預測做決定時會低估或忽視事前機率，在金融分析、會計、地理、工程、國防情資等領域，都是一個重要的問題。[27]

　　有個有趣的實驗，[28]有人找來一群心理系研究生，為他們簡單介紹一名研究生的性格，內容其實不是攸關的資訊，但要他們據以回答：這名研究生讀什麼科。這份描寫據說是某位心理學家幾年前為一名受試者寫的內容，不僅過時，而且也不含受試者的學術偏好。（注意：心理系學生接受的訓練是這種側寫可能高度失準。）

　　這群學生讀到的內容如下：

　　　湯姆智商高，欠缺創造力，條理分明、系統層次方面的能力有待加強；他寫的東西頗為單調、呆板，但偶爾會有老套的雙關語或科幻想像的神來一筆；他很想表現出自己是有能力的；對別人似乎沒什麼感情或同情心，不喜歡與人互動，自我中心，道德感普通。

　　　湯姆目前是一名研究生，請依照湯姆就讀的可能性，為下列九個學科選項排序，1 表示最有可能。

　　　企管
　　　電腦科學
　　　工程
　　　人文教育
　　　法律
　　　圖書館學
　　　醫學
　　　物理與生命科學
　　　社會科學與社工

　　因為沒什麼實質的內容，這群學生應該是乾脆不理會介紹，憑邏輯做決定，按照各領域的就讀熱門程度排列，也就是根據基本的情況。學生也有收到這樣的資訊，實驗者以為這群學生會把這項資料當真。這群學生接受的訓練是，對於個案若可用的描述越不可靠，則應該越依靠先前確立的資訊，換句話說，個案（湯姆的描述）不應該與基本情況（已知的研究所就學數據）混為一談。實驗的對象有領悟到基本數據是自己手上唯有的準確資訊嗎？答案是沒有。

這群學生都憑著不太相關的介紹作答，覺得湯姆讀電腦科學和工程的可能性最高，其實這兩個反而是就讀人數相對少的研究所。

大家先不必苛責這群學生，股市中的投資人在這方面表現半斤八兩，眼中動輒只有短期、特殊的行情，不把支撐的數據不怎麼樣當一回事，許多在網路泡沫期間搶買飆股的投資客，就沒把以前科技股熱潮退去後，平均股價跌幅達八成的數據放在心上。沒看錯，跌八成就是理當要想到的長期基本行情。

針對這情況可以提出另一則投資心法：

操作心理導航5：論近期報酬多麼好看，市場越複雜、不確定性越大，越不應該重視短期的行情，而是要更重視長期的基本行情。[29]

均值迴歸

前面介紹了源自代表性的認知偏誤，會持續導致投資人犯錯。投資人充當直覺統計學家的一個盲點，是不會好好將均值迴歸的原則放在心上，這個由早期優生學專家法蘭西斯・高爾頓（Francis Galton）在一個多世紀前發現的統計現象，對於避免在市場上犯錯非常重要。高爾頓研究父親的身高，發現身材最高的父親，兒子身材反而較矮。許多身材高的父親，出身於平均身高的家庭，兒子的身高很可能比自己矮；反之，矮個子的父親，兒子的身高很可能比自己高。也就是說，小孩的身高比父輩較不趨向極端，子女的身高會歸於人口的平均情況。

　　這項研究誕生了「迴歸」這個術語。迴歸的效應屢見不鮮,例如,高成就家長的下一代表現不如雙親,一開始低落的表現會漸入佳境,好運總有用完的一天等。[30]

　　以棒球來說,一個球員整季的打擊率可能有三成,但不是每天都是這個數字,也不會固定每十次打擊就打出三支安打,可能一陣子高達五成,一陣子剩下一成,但在162場季賽中,不管表現一時火燙或低潮,到頭來會歸於打者的平均水準。不過,球迷或主播不見得會放過打者當週或當月的狀況起伏,他們傾向於強調最近的紀錄,形容打者棒子火熱或陷入低潮,若選手自己也被影響,對短期的表現得失心太重,就會忘了成績長期會回到自己該有的平均水準。

　　迴歸的例子屢見不鮮,即使是你沒想到的地方也一樣。以色列空軍的飛行教官發現,最好別誇獎成功完成高難度演習的學員,否則下一次的表現會不好,反之,若批評一次演習做得不好,下一次通常會改善。其實,學員平日訓練的表現,就跟棒球選手的打擊率一樣,每天狀況都會有起伏,但飛行表現會歸於平均水準。這次降落地漂亮,下次跌跌撞撞,這次中靶,下次脫靶,這次隊形完美,下次歪掉。飛行教官誤以為褒貶跟演習品質有關,以為批評比誇獎好,正好違反了教學專家的普遍共識。[31]

　　這跟股市有什麼關係?羅傑‧伊伯森(Roger Ibbotson)和雷克斯‧辛克菲爾德(Rex Sinquefield)在芝加哥大學(University of Chicago)時期對股票報酬的經典研究指出,[32]股票在2010年為止的85年間,平均年報酬為9.9%(漲價與股利),債券則約5.5%,跟更早的考爾斯經濟研究委員會(Cowles Commission for Research in Economics)回溯至1880年代的研究結果差不多。

　　圖3-3顯示,就像看生涯打擊率三成的選手在某陣子的表現,股票報酬也絕不是始終如一。很多時期的股票報酬遠高於9.9%,但細看這些期間,股票可能某年大漲四成,另一陣子跳水。股票會帶來平均水準的報酬,但就

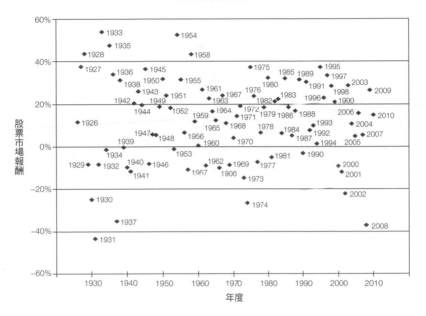

圖3-3　股票年報酬

1926至2010年

資料來源：大衛·卓曼，2011年。數據來源：Ibbotson® SBBI® Classic Yearbook 2011.

像棒球打者，也會有表現火燙或低潮的時候。

　　就像最偉大的棒球選手總是看生涯成績，對投資人來說，長期的普通股報酬率是重點，但憑直覺算統計的投資人很少將這件事放在心上。我們從市場看到的是，人總是以為偏離常態的一時失常，會成為新的常態。

　　1927年和1928年或1995至1999年的投資人以為25%至35%的報酬率不是問題，其實離平均水準很多；1930年、1931年、1973年、1974年和2007至2008年的投資人以為進場一定賠很慘，但從圖3-3就可看出，其實這時市況也偏離長期行情很多。1982年中的投資人看到道瓊指數沒什麼行情（當時價位低於1965年），覺得股票不再是有搞頭的投資工具，1982年7月大行情起飛前，《商業週刊》（*Business Week*）有篇封面報導的標題是「股票之死」,[33]但1987年時道瓊漲了快四倍;1990年代後期,華爾街人士覺得大空頭是歷史事件,聯準會對景氣循環的拿捏已經駕輕就熟,這些樂觀看法的有效期都不長。

相同的劇本一再於市場高峰或低谷時上演。研究投資顧問的買賣行為發現,多數專業人士都追隨目前市場行情,隨波逐流,無論市況好壞,當前的看法總是認為極端報酬會持續下去,不太可能像圖3-3說的那樣,只是一時的離群值,終究會歸於平均。

認真研究趨勢或非常投入,反而可能讓人看不見長期報酬的重要性。[34]由於眼中都是短期的行情,即使知道長期水準,也不一定把持得住。長期市場報酬像是平均身高,如同身材特別高的人不保證會生下更高的子女,長時間出現異常高的報酬之後,繼續攀高的機會就變小了。

比起一般人,股市的行家並沒有把迴歸的原理更放在心上,所以每次看到價格偏離常態,就會想一個新的理論來自圓其說。

資訊過量

氾濫的資訊是我們做投資抉擇時,動輒會把長期真相拋在腦後的另一個原因。資訊過量(too much information, TMI)在2000年代早期變成流行語,雖然多半是在輕鬆的場合,用來打斷不想繼續或不相干的話題,一個資訊過量實質影響的層面是:因為有海量的資訊、強大的電腦處理能力,及無處不在的通訊工具,投資人腦袋塞滿了太多資訊。

資訊過量不是什麼新問題。有占卜師在幾個月前,根據重大占星觀測,對倫敦人預言泰晤士河將在1524年2月1日暴漲數百英尺,城中逗留的人將難逃滅頂之災,許多人選擇在預言之日前逃離城市,後來當然發現這預言不準,泰晤士河仍舊太平。

市民怒不可遏,想把占卜師丟進河裡餵魚,占卜師為了平息眾怒,改成宣稱星象沒錯，而是他們算錯日子，洪水正確降臨的時間是1624年2月1日，不是1524年2月1日，天佑倫敦，大家可以回家了，至少這100年可以安心了。

資訊過量或者說訊息過量這問題，到底對我們有什麼影響？

資訊過量造成的偏誤

1959年博學的諾貝爾經濟學獎得主司馬賀（Herbert Simon）很早就認真探討了資訊過量問題，並且證實，因為人類無法有效處理大量的資訊，更多的資訊不見得會得到較好的決定，有可能反而比較差。司馬賀的說法是：「人類這種生物所在的環境，每秒會產生數百萬位元的新資訊，但感知器官有其瓶頸，每秒頂多容納1,000位元，甚至更少，我們只能對一丁點的資訊做出有意識的反應。」[35]

另外，司馬賀指出，過濾的動作不是被動的過程，而是「將注意力用在整體極小部分，並從一開始排除注意力範圍之外的部分的主動過程」，[36]也就是說，這個過程本身也是有偏見的，據他的觀察，當人接獲大量資訊，眼中只會有自己感興趣的部分，其餘則排除在外。後來的研究支持這項發現，像是1999年巴巴·希夫（Baba Shiv）與亞歷山大·費多里金（Alexander Fedorikhin）[37]以及2000年尼爾森·考恩（Nelson Cowan）[38]的研究。

在股市（和其他交易市場），很難說資訊過量對專業投資人或散戶哪個危害更大。資訊真的太多了，想想證券分析師的數量，有時一檔股票有好幾十篇研究報告、即時訊息，還不包括企業、產業、市場、經濟、財務資料等研究報告資訊來源。資訊多到讓人難以招架，投資人要分析眾多因素，從競爭力、毛利、產品線，到市場發展對產業和公司獲利的影響，考慮的層面可說千頭萬緒。

面對如此巨量、複雜而且互相矛盾的市場資訊，要全面掌握可說是不可能的任務，這也是第2章說基金經理人和分析師的長期績效多半不怎麼樣，真的能長期打敗大盤者可說鳳毛麟角的重要理由。儘管學經歷豐富、坐擁豐富的企業資源，要在這種情況下做決策，情感和捷思顯然能派上用場。（如果仔細研讀投資建議報告，可看出字裡行間透露的情感和認知捷思。）

　　市場資訊過量是必然的，對於這情況我們只能接受，但第四部分會介紹克服負面效果的方法。現在，讓我們來看看大腦在處理其他捷思偏誤時出錯的其他幾種方式。

認知算數

　　代表性還會引起一個嚴重的認知失誤，就是人會直覺以為接受的資訊跟產生的結果之間應該緊密相關，舉例來說，認為銷售成長強勁的公司（接受的資訊），獲利跟毛利理所當然要上漲（產生的結果），或者認為接受的資訊變動少，預測能力就會比較好；研究顯示，人們認為拿過兩個B的學生，比拿一個A一個C的學生，最終成績更可能是B，但統計上這並不成立。[39]在股市的情況，每年規律成長10%的公司，比同期間年成長15%，但各年成長率起伏較大，比如第一年18%，接著3%、15%……的公司，更讓投資人感到安心。[40]

　　這個現象的直接應用是投資人將好股票與價格上漲、爛股票與價格下跌畫上等號。令分析師、基金經理人和股票經紀人常常百思不解的問題像是：「這檔股票這麼好，怎麼還不漲上去？」或「逆勢操作這麼神，現在怎麼很難用？」答案是價值（接受的資訊）往往在一段期間內未能反映於價格（產生的結果），而逆勢操作幾十年來績效勝過大盤，不等於一年或幾年間不會輸給大盤。回想均數迴歸的現象，即使不正確，投資人經常想要立刻看到結果，結果反而犯錯。

　　另一個情況是投資人對收到的極端資訊或產生的極端結果，抱持過高的信心。1990年代後期網路泡沫時，大家認為網路股前景非常好（接受的資訊），看到股價水漲船高（產生的結果），更是深信不疑。像1990年代中期的HMO股票，和1968及1973年的電腦軟體和醫療科技股，公司的強勁基本面在泡沫期間會與節節攀升的股價互相呼應，網路公司的高速成長與一飛衝天的股價不正是絕配，大家心甘情願覺得這可以信賴，但歷史教訓指出，這種關係難以維持。

市場崩盤與恐慌期間，分析師和基金經理人在股價（產生的結果）下跌時，下修盈餘估計和展望（接受的資訊），也是相同的道理。葛拉漢和陶德敏銳地看出這樣的關係，寫道：「市場上，普通股估值怎麼產生，跟價格變動頗有關係。」[41]

想要立即有所斬獲必定會挑熱門或目前表現強勢的下手，而不是根據穩固的基本面。醞釀好的投資流程，要有發酵的時間，但想立即收穫，殺進殺出的投資人，會阻礙這樣的目標，而且研究指出，企業人士和投資人厭惡不確定性，[42]對多數的市場人士來說，接受資訊並得到相應的結果是預期投資會成功的條件，而利用這個投資人經常犯的捷思偏誤，是第四部分要介紹的策略的重要內容。根據這個行為我們提出另一則投資心法：

操作心理導航6：不要預期所用的策略很快就會在市場上有所斬獲，容許合理的時間再來看結果。

定錨與後見之明偏誤

本節所介紹的兩個容易導致投資出錯的系統性捷思，不僅很難改正，還會互相強化彼此。首先是稱為「定錨」[43]的思考捷徑，會讓投資人將股價定在記憶猶新的交易價格。市場人士自然而然會選定一個價位，當作進場交易的起點，並根據這個價位來調整看法，但做的調整通常不夠。例如，

1997年的投資人可能覺得91美元這股價對個人電腦網路資通大廠Cascade Communications來說太貴，80美元就還好，但91美元其實是天價，後來這檔一度跌到22美元。定錨效果會將錨點定在太接近現價，投資人往往也不覺得以後會是在離譜的價位脫手股票，結果錯失出場良機。

第二個思考捷徑很有意思。研究人員發現，人在反省過錯時，會認為如果當時換個角度，結局就會改觀。事後來看，下場似乎冥冥中已注定。後見之明偏誤會嚴重影響事後的反省，大大限制從過錯學到的教訓。[44]

回顧2007至2008年的房市泡沫與崩盤，許多投資人納悶自己怎麼看不出來，當時衍生性商品氾濫，不過有些人看到NovaStar Financial、New Century Financial Corporation等次貸放款業者槓桿浮濫，並在2007年初及早因應。

但多數人等到金融市場開始跳水了，才知道原來整體槓桿因為複雜的衍生性商品及銀行業浮濫承作次級貸款，變得那麼誇張，這方面的資訊要在2009年底至2010年金融崩盤，國會傳喚銀行業者、評等機構和投資銀行調查之後，才為眾人知曉。多數投資人也沒想到監管會這麼不堪一擊，放任槓桿失控，讓穆迪（Moody's）、標準普爾、惠譽（Fitch）這三大信評機構對次貸評等灌水。*2011年初，參議院的華爾街暨金融危機委員會〔主席是常設調查委員會的卡爾・李文（Carl Levin）〕及金融危機調查委員會〔主席是菲爾・安吉利代斯（Phil Angelides）〕發布了兩黨共同調查報告，證實是風險借貸、監管及信評機構債券評估不當，以及若干華爾街大公司的重大利益衝突，共同釀成了美國歷來最嚴重的金融災難。委員會在報告中嚴詞描述高盛和華盛頓互惠銀行（Washington Mutual）等龍頭業者的作為，將報告送交司法部調查其中的不法情事。事後來看總是一目了然，但這個例子說明，要在當下看穿簡直是不可能的任務。人總以為知過能改以免重蹈覆轍不難，結

* 房貸業者大幅調高擔保品評等是這次金融危機的重要成因。

果就是一錯再錯。後見之明偏誤非常難纏，以史為鑑做些功課，不失為一個好辦法，好好看看時人是如何對後來再清楚不過的錯誤不知不覺。

捷思與決策偏誤

幾個世紀來，世人一再陷入市場的誘惑，謹慎的投資人，面對投資狂潮的暴利也難以自拔，如今終於可以藉由易得性、代表性與其他決策偏誤的知識，明白何以投資大眾還有專家會一再重蹈覆轍，深陷其中。

無論哪種市況，專家都能想出一套說詞，指出統計顯示某項投資的近期甚至中期報酬，都比其他投資好（短期行情勝過長期基本行情）。這次情況真的不一樣！

上演的戲碼都差不多。1830年代的運河債券或1929年的藍籌股買家，可能都會替自己辯解說，雖然投資價格不菲，但從近期的績效來看物超所值。1929年崩盤和大蕭條後的15年，幾乎零息的政府債券成為搶手貨，受挫的市場投資人，顧不得只賺到蠅頭小利，湧入安全的避風港，2007至2008年崩盤、2011年8月大跌後，同樣的戲碼又上演。

投資體質好的普通股在1950和1960年代蔚為風氣，到了1960年代末期，戰後以來的股票績效令投資債券看起來像做傻事，1969年2月號的《機構投資人》（*Institutional Investor*）雜誌封面畫了一隻恐龍，標題是：「債市有活路嗎？」並在文章中說：「長期來看，普通債券的公開市場恐難逃淘汰的命運。」[45]

股票在1970年代初期水漲船高，這時報酬率卻開始下跌，債券立刻就登上了舞台。識時務者為專家，其他再說。網路泡沫高點時，一名基金經理人形容天價的高科技和網路股績效是「黑夜中的明燈」，當然大家都知道跟著明燈走的下場。

雖然歷史的明鑑指出，過高或過低的報酬是一時的現象，但一代又一代的投資人眼中還是只有當下。每個行情都能自圓其說，行情趨勢顯眼又容易回想，價格節節高升更是最好的確認，背後反映情感和捷思的一面，投資人在這些偏誤的交互作用之下，自然而然就會將眼前的行情投射到遙遠的未來，雖說股市或債市的行情可能持續數月甚至數年，卻不能代表長期的行情，而且往往偏離很多，可惜我們往往在事後一邊反省，一邊納悶為什麼問題這麼明顯，事前卻沒發現。

　　本章的重點是希望讀者牢記，處理資訊的捷徑時時刻刻都在運作，雖然用在日常工作上很有效率，卻會系統性地阻撓市場操作。從很多方面來看，我們都不是好的資訊處理員，決策受認知偏誤的影響非常大，不僅只於做投資，經營、管理等幾乎所有方面的決策都是如此。

　　雖說如此，這部分的發現幾乎完全被主流學術冷落，市場上通行效率市場假說，不會去考慮我們介紹的市場心理面，而是假定投資人基本上是一具理性的資訊處理器，為了認識這個假說的誤導性和危害，我們接著要來看看這個假說，解釋為什麼它才應該要被眾人（或至少你做投資時）冷落。

第二部分
新黑暗時代

第4章

外表斯文的征服者

16世紀的西班牙征服者對黃金念念不忘,這群匪類探險者聽說祕魯有一個由全身塗滿金粉的國王統治的黃金城,但四處尋找仍未發現它的下落。

時隔近五個世紀後,信念再度湧向更巨大的機遇,征服者不用再打仗,改築起了學術的壁壘,穿著得體,但別被這群人謙謙君子的外表騙了,他們持有投資圈當中最強大的武裝:高等數學和統計學搭載先進的電腦與程式,而且做出了驚天的發現。一批任職於全美(很快就在全世界開枝散葉)各大學的理論家,想出一個聲威天下的新理論,令華爾街與整個投資界的思維為之一變。這些人心如鐵石,心中學術信念之強烈,不下於數世紀前探險者的宗教熱情,而且本事高強足以嚇阻任何膽敢挑戰的愚者。

我認識很多追隨這批理論家尋訪新黃金城的信徒,他們有寫滿數學的地圖,以及解說投資人決策和市場運作的高妙理論,而且仍想更上一層樓,掌握解開市場奧祕的大門鑰匙。

這些人的論證讓人想起溫斯頓・邱吉爾(Winston Churchill)對俄羅斯的形容:「一團迷霧中的謎中之謎。」[1]為了理解論證的問題所在,我們先來檢視他們的論證如何在科學上取信於人。

革命性的財務假說

新的數學分析征服者真的以科學讓衰敗的金融文化氣象一新嗎？什麼問題都沒有？還是其實另外起了一個新的黑暗時代的頭？我們知道歷史上的黑暗時代，是指一段文化和經濟每況愈下的時期，西歐在羅馬淪陷後陷入分裂和衰退，並持續到中世紀初，相較希臘羅馬和文藝復興時代的文化與文明發展，這段期間可說沒什麼突破。18世紀歷史學家愛德華·吉朋（Edward Gibbon）就在《羅馬帝國衰亡史》（*The History of the Decline and Fall of the Roman Empire*）中表露出對於「糟糕的黑暗時代」[2]的輕蔑。

我很好奇吉朋會怎麼看待我們這時代。在這個科技、醫療、科學、文化突飛猛進的時代，他會不會質疑為什麼人們的思考能力反而退步了？這種後退並非普世的文化或科技發展，正好相反，它侷限在一個社會科學領域：經濟學。

過去65年來，經濟學的勢力範圍跳脫象牙塔，影響力大增。經濟學和財務學家秉持的理論，力量大到足以影響全球數以億計人口的福祉，而且助長了人們從20世紀前半所學退步。

簡史

征服者的新聖經：效率市場假說，是影響數個世代的財務學說。幾十年來效率市場假說已跳脫學術的框架，變成全球金融界最孚眾望的理論。效率市場假說的假設招來批評者異議，相關的研究也多尚未證實，有人進一步指出其前提，連同眾多數學技巧高超的研究論文，遭到許多社會科學的發現和市場本身駁斥，但效率市場假說仍當者披靡，贏得不計其數投資人信奉，或透過基金或投顧間接追隨。

效率市場假說還有它的兩個分靈體：資本資產訂價模型（capital asset

pricing model, CAPM）和現代投資組合理論（modern portfolio theory, MPT），*是如何成為投資界的典範？†你如何受到它的教化，它又是如何形塑當代市場？我們透過認識與了解來避免情感與其他認知捷思導致的市場心理偏誤，同理，認識了解效率市場假說與它的問題能保護投資人遠離其害。

假說的開端

這場革命一開始寧靜的不得了。20世紀初法國數學系博士生路易斯·巴舍利耶（Louis Bachelier）在畢業論文研究商品的價格起伏，[3]發現商品價格變動是隨機的，沒有任何可預測的模式，也就是後來的「隨機漫步」假說。

但巴舍利耶的發現直到1960年才獲得重視。1960年代，研究人員開始研究股價變動，一項早期研究發現隨機挑選數字畫出來的圖，看起來跟股價變化很接近，[4]另一項研究發現股價變動很像是物理學稱為「布朗運動」的微粒隨機動向，這個現象早在1827年就由蘇格蘭植物學家羅伯特·布朗（Robert Brown）提出。[5]

有關股價隨機變動的證據在1960年代初期湧現，統計上幾乎全都支持後來的股價變動跟前面獨立的假說。‡

股價行為的隨機漫步假說是說，股價走勢和交易量的紀錄當中，沒有含有任何可以讓投資人把績效變得比買進持有策略高的資訊，[6]簡單說就是，因為市場什麼都不記得了，你沒機會循線打敗大盤，就像你扶著一位喝醉酒

---

* 也稱為馬科維茲—夏普—林納—莫辛理論（Markowitz-Sharpe-Lintner-Mossin theory）。

† 現代投資組合理論是在給定風險下求得最佳的報酬；資本資產訂價模型是說要賺取更高的報酬只能靠承擔更大的風險，低風險只能賺取低報酬。

‡ 已故的諾貝爾經濟學獎得主保羅·薩繆森（Paul Samuelson）對此曾做出極重要的貢獻："Proof That Properly Anticipated Prices Fluctuate Randomly," *Industrial Management Review* (Spring 1945).

的朋友上車，你無法預料他下一個腳步會怎麼跨。

市場上另一大門派，技術分析派當然不買單這樣的說法，他們明明就是靠預料股價走勢討生活的不是嗎。技術分析的範圍很廣，包括許多技巧，但都是基於行家高手可從過去的價格資訊與交易量看出市場後續走勢的前提。比起偏重公司盈餘、財務面和營運前景的基本面分析，技術分析試圖只憑鑽研市場數據預測股價。

這群市場老手只能聽著振振有辭的學界人士說：你們的方法其實沒用，若學界是對的，意謂不該沿用技術分析。

兩派衝突一觸即發。技術分析派不是省油的燈，舉凡圖表形式到壓力支撐，多半都身懷多種價量絕技，並視情況判斷如何派上用場，大展身手，而且隨著電腦的發展，在線圖、統計、回溯分析等方面都進化了。

學界前仆後繼

學界基本上用兩招來回應，首先是隨機股價變動的證據。*許多1960年代早期的研究表明股價的隨機性，重申前人的發現，並證明技術面的「趨勢」其實不存在，例如阿諾德‧摩爾（Arnold Moore, 1964）、[7]克萊夫‧格蘭傑和奧斯卡‧莫根施特恩（Clive Granger & Oskar Morgenstern, 1963），[8]和尤金‧法瑪（Eugene Fama, 1965）。[9]例如法瑪的博士論文分析道瓊指數30檔成分股逾5年的單日到雙週股價後，結果支持隨機漫步假說。

若股價是隨機的，那麼不管手上握有什麼價量資訊，或線型看起來有多明顯，都不能用做預測工具，畢竟股價下一步跟上一步獨立。如果股價連漲七天，也不會影響第八天的走勢結果，隔天可能漲、跌或持平，意思就跟連續擲出銅板正面，下次正反的機率各是五十五十一樣。

---

* 巴舍利耶的研究顯示商品價格的隨機走勢接近布朗運動，但未指出股價是隨機的。

　　經過嚴格統計方法廣泛測試後，日、週和月的價格變動，偏離隨機性的情況相對輕微，[10]將技術分析派分析主張市場和股價顯示了顯著可識趨勢，可作為預測未來走向之用的核心論點駁倒了。

　　技術分析派的第二個論點比較棘手。沒錯，每天、每週甚至每月的股價變動，也許可以證明是隨機的，但衡量方法都沒問題？說不定研究的期間，價格變動本來就不含有用的趨勢？或價量趨勢只能用康德拉季耶夫長波（Kondratieff Waves）*才能看出來？這其實就是要學者去研究技術分析者真的在用的技巧或方法，而不是只研究全部的價格，然後說，技術分析沒用。好，有人研究了多種「濾嘴系統」，這本來要能夠看出股價趨勢正在反轉，若一檔股票一直跌，濾嘴可能顯示它到底了，要下多單，但做出來的結果顯示，扣除佣金後，濾嘴的報酬並沒有比較高，[11]買進持有策略沒比較不好，投資人乾脆買來放著就好了。挑一段期間表現較佳的股票來買的相對強弱指標，測試後也發現績效沒有比較高。[12]道氏理論（Dow Theory）也接受科學檢查，也沒發現波峰、波谷、支撐、壓力這些重要技術面有做預測的價值，價格的行為在「賣出」和「買進」訊號的條件下仍是隨機的。

　　電腦雖然幫了圖表專家大忙，有時也會倒打一耙。有個研究用程式分析紐約證券交易所548檔股票5年的表現，想看出頭肩頂、三頂圖在內的32個常用技術面型態，其實就是要模仿技術分析的做法，例如在出現突破三頂頭部的強烈多頭訊號時買進，或在跌破三頂支撐時賣出。電腦統計大盤和根據訊號做交易的績效，發現買賣訊號和後來的走勢沒有相關性，買進持有策略再次向你招手。

---

* 技術分析指標非常多。價量統計看股價是量增價跌或價漲，量增價漲就是走多，量增價跌則是走空。康德拉季耶夫長波源自俄羅斯經濟學家尼古拉·康德拉季耶夫（Nikolai Kondratieff）發現，歐洲經濟約每50年一次似乎會經歷重大的自動修正經濟週期。俄國革命弗拉基米爾·列寧（Vladimir Lenin）上台後，康德拉季耶夫曾一度位居要津，後來被關入古拉格（Gulag），從此人間蒸發。

價量型態結果差不多。價量固然是重要的技術面，價格或交易量變動的大小，都沒有顯示出對未來股價的方向或幅度有什麼左右能力。股票不管是爆量下跌，或爆量上漲，改天可能就反轉了。[13]

所有研究都指出，技術面的機械式規則無法得到比買進持有更好的報酬，[14]越來越多證據支持隨機漫步假說。不過有個小地方需要注意，有些研究發現了一些相依性（即非隨機的價格變動），表示有些蠅頭小利的交易規則和濾嘴確有其事，但這樣的交易還有被佣金吃光預期獲利這個大問題。[15]

在眾多研究的擁戴之下，隨機漫步假說可說是穩如泰山，儘管如此，技術分析派還是很鐵齒，舉出煞有介事的成功例子，雖說大家都清楚這不過是機運，依照平均數定律本來就會這樣。當然，技術分析派的方法事後來看會特別準，他們也是人，會忘掉做錯的回憶，強調有做對的時候，做錯了，問題不是出在方法本身，而是用錯手法，或漏看某些資訊。技術分析派的說法還有宣稱某個方法在特定期間用電腦跑的結果是成立的，他們說得沒錯，問題是換一個樣本期間，或擴充數據再跑一次，本來的相關性可能就消失不見了，不過就是證明這方法真的很講運氣。

退一萬步言，其實沒有人窮舉所有隨機漫步假說不成立的情況，否則豈不是要真的把現有的上百種技術分析方法拿來排列組合跑一次並判讀結果，於是技術分析派大可以說，一來沒人全都檢查過一遍，二來最好要多種方法並用，而且怎麼解讀其實很看人的功力火候。總之那麼多證據出爐，技術分析的方法還是沒能讓隨機漫步蒙塵。

雖說學術上一敗塗地，股市線仙之類的技術分析派還是大行其道，畢竟學界的研究就當不知道就好，希望會員或學生也不要去知道，而且自己的方法也有些不同之處。偶有遇到拆台的情況，通常也提不出事實的根據。

學術派要投資人提防技術分析時，似乎是把它當成某種落後巫醫或相命術士（姑且先不提占星）。這個金融預言的宗派多年來遭受來自學界和基本分析派的貶責，比較不客氣的基本分析派，會向學界進言把技術分析派抓來研究，看跟其他市場人士有什麼差別，並且打從心底覺得結果會讓技術分析派更不堪，反正這些人多半在自說自話。

雖說如此，不少基本分析派多少還是會學幾招技術分析。基本分析是華爾街的主流，但多數圈內人偶爾會看一下技術分析圖表，特別是在轉折點當作買進的最後參考。即使五十幾年來累積大量技術分析無益的證據，現實就是它在投資人之間仍很普及。

進擊的學界

對大部分基金經理人還有分析師來說，壞消息是學界並沒有沾沾自滿，1960年代中期後，研究人員開始將矛頭指向絕大多數業界人士信奉的基本分析，想知道這一套方法是不是能夠獲得高於平均的報酬。

基本分析派相信透過嚴謹分析公司的銷售、盈餘、股利前景、財務狀況、競爭力及其他攸關的面向，可以得知一家公司的價值。大學和研究所會鉅細靡遺地傳授基本分析的知識和應用，*並透過實務進一步擴大其內涵，基金經理人、銀行業者、退休基金、投顧和券商無不將這套分析奉為圭臬。

雖然深得眾人擁戴，基金經理人的歷史績效卻不太捧場。美國證券交易委員會（Securities and Exchange Commission, SEC）早期研究過1920年代後期到1930年代中期這段期間的基金經理人，指出：「從結果來說，我們相當確信投資管理業界（封閉型基金）的全體表現沒有勝過主要的普通股指數，在1927至1935年期間表現可能不如指數。」[16]創辦考爾斯經濟研究委員會並出版會刊《計量經濟學》（*Econometrica*）的美國經濟學家和企業家阿爾弗雷德・考爾斯（Alfred Cowles），1933年分析投資專業人士的績效，結論是股市基金經理人表現沒有打敗大盤，1944年的延續研究做出來的結果一樣。[17]

---

* 為數眾多的學界人士仍相信或至少受聘任教這門課程。

　　1960和1970年代發表很多指出基金經理人績效普普的學術研究，其中以1970年三位華頓商學院（Wharton School）的學者艾爾文・佛蘭德（Irwin Friend）、馬歇爾・布魯姆（Marshall Blume）、尚・克羅克特（Jean Crockett）發表的研究[18]最詳盡，並獲學界和業界廣泛傳閱討論，這份報告研究的136支基金，在1960年1月至1968年6月30日期間的平均年報酬為10.6%，同期間紐約證券交易所大盤指數則是12.4%。

　　基本分析派也許對績效沒比較好的結果百思不解，學界可不是，並於1960年代中期開始將砲口從技術分析轉向基本分析，詳細研究了基金和其他專業人士的表現，其中大多數是證券分析方面，結果再次顯示，基金與其他基金業者的大型帳戶的表現未超越大盤。[19]

　　效率市場假說的進擊是由一群厲害的財務學者帶領，包括後來的諾貝爾獎得主默頓・米勒（Merton Miller）、威廉・夏普（William Sharpe）、麥倫・休斯（Myron Scholes）、法瑪，以及布魯姆、理查德・羅爾（Richard Roll）等鼎鼎大名的教授。

　　結果學者的研究對基本分析派與技術分析派一樣不留情面，其他盛行看法的遭遇也差不多，如很多人以為投資組合週轉率較高，績效就比較好的看法，研究並未發現兩者有關，快速週轉不會比較好，反而似乎稍微不利績效；也沒發現績效和銷售費用兩者的關係，但銷售費用較高的基金卻經常以績效作為亮點。[20]總而言之，這份研究斷然指出基金表現未勝過大盤。

　　對習慣承諾客戶卓越回報的基金經理人而言，這樣的研究一點幫助都沒有，更慘的是，學者調整風險的做法，往往會進一步拉低本就落後大盤的表現。那時基金經理人就像遭遇法蘭西斯克・皮薩羅（Francisco Pizarro）火炮和騎兵而潰逃的印加帝國軍隊，*不過用電腦運算推翻原本盤據的觀念，還是比不上在理論世界一統江山。

---

*　美洲當時沒有火炮和騎兵。

效率市場軍容更盛

我們之前已簡單介紹過學界研究者提出的效率市場假說，這假說認為，精明內行的投資人互相爭利，會讓股價落在理當有的價位。為數眾多的明智投資人會分析決定股價的所有事實，市場會迅速吸收消化諸如企業更動盈餘展望或削減股利之類的新資訊，並立即反映至股票的價格。大量市場人士競相逐利，令市場超乎個人的好惡，股價會反映出最佳的真實價值估計值，縱使訂價有誤，仍無偏誤，而且價格過猶不及的機會一樣大。

有用的資訊問世的事件難以預料，價格會隨機反應，以致技術分析派無用武之地。沒有人知道會出現什麼新數據，效果是正面或負面，會影響大盤或僅限個股。

效率市場假說的重要前提是市場幾乎是即時且無誤地反應資訊，讓投資人沒辦法從中得利。研究人員做了不少論文並宣稱這個說法是站得住腳的。

有一項研究探討市場對股票分割的反應。股票分割後，原股東仍維持相同的持股比例，不多也不少，但學者說，若有人莫名其妙炒高股價，精明的投資人會賣高，直到股價回到正常水準，證明市場有效率。研究結果指出確實如此，股價在分割後，長期的報酬分布仍與分割前相差無幾。[21]

另一項研究衡量1946至1966年之間261家大公司的盈餘，指出報表當月有預測中的盈餘數據僅占10%至15%，顯示市場對這項資訊不知情。[22]其他研究結論差不多，情況確實如學界所稱，市場飛快地將資訊消化反映完畢。

這些研究真的證明了市場即時反映新資訊的說法嗎？我們姑且先知道有此一說就好，後續會揭曉這些研究會不會被打臉。

資本資產訂價模型：效率市場假說的勝利或隱憂？

由於市場有效率，理論上，投資人只能賺取公平報酬，也就是剛好補償買股風險的合理報酬，這是效率市場假說的分靈體之一：資本資產訂價模型的論點。根據資本資產訂價模型的定義，風險是指價格波動率；相對市場來說，證券或投資組合的波動率越大的話，風險就越高。

貝他（beta）*是最常見的波動率數值，可以應用在基金和投資組合的淨值，或上市公司的股價上，算法是挑一個參考指標，例如股市大盤指數，當作基準指標，股票投資組合或大型股基金通常會挑標普500指數，將後者的貝他訂為1。學理上，若基金的貝他大於1，則風險高於大盤，反之，貝他越小風險較低。理論上，長期而言，風險和報酬一定是相稱的。風險較高的證券或投資組合，理當賺取較高的報酬，反之亦然，若基金經理人的年報酬比大盤高3%，表示這檔基金的貝他應該比大盤高。由於學界斷言風險（波動率）與報酬兩者直接相關，所以將風險納入考量後，也就是改看「風險調整後報酬」時，原本高出的3%報酬可能沒表面上那麼好。

效率市場假說非常簡潔優雅，並且回答了一個老生常談：為什麼股票市場上那麼多聰明又勤快的高手，部位到頭來老是翻船，望市場興嘆？

要翻出效率市場假說的手掌心比隨機漫步假說†更難，後者不過是說，技術分析對投資人沒用，但效率市場假說更上一層樓，乾脆說基本分析做得再多、找誰來做，明星分析師也一樣，投資人都不會因此在市場上占得上風。當消化吸收新資訊的買賣雙方人數多到一個程度，哪還找得到價格被低估和高估的股票呢。[23]

打擊面非常廣。這理論說，在市場上，買來放著就是了，別白費心思殺進殺出，報酬沒有比較好，不過是讓券商多賺手續費罷了；這理論還說，若有人自誇過去績效比大盤好，理所當然要歸諸於運氣，別以為日後有辦法重現。[24]

---

* 貝他是用迴歸分析算得，直觀上可將貝他想成是某支股票對於大盤的相對波動率。
† 後來稱為弱式效率市場假說。

半強式效率市場假說聲稱，無論功力多高的基金、經理人或散戶，都無法靠著公開資訊，賺到超過大盤的報酬，這是市場上當道的主流說法。

強式效率市場假說則是將弱式效率市場假說，也就是隨機漫步假說的鐵齒程度加倍。強式效率市場假說聲稱，連同企業的內部人士或操盤手在內，沒有任何資訊能幫投資人繳出超越大盤的績效。雖說少數研究指出，內部人士[25]和操盤手[26]能打敗大盤，但強式效率市場假說通常被認為過於嚴格，缺乏廣泛的共識。

效率市場假說的進一步學界奧援

效率市場假說的旗手法瑪教授*〔《財星》（Fortune）曾將他譽為股票的所羅門王〕檢視文獻，並在1991年12月[27]和1998年[28]二度提出效率市場假說。法瑪的論文非常詳盡，檢視了自他上次回顧以來20年間的上百篇發表論文，結果非常支持半強式效率市場假說的論點。

儘管45年來有成千上萬篇的效率市場假說論文出爐，除了二個領域外，可說看不出有什麼新的研究。首先，有些新研究顯示日和週的價格變動具可預測性，但考慮到交易成本，並無實際的用處。

法瑪指出的第二個新領域是事件研究，也就是研究特定事件與後續的股價或市場效應，這方面近20年來出爐上百份研究，法瑪發現：「平均而言，股價迅速對投資決定、股利調整、資本結構改變、公司控制權交易的資訊有所反映。」[29]他也提及另一項大型的事件研究論文調查，做出相反的結論：價格對新資訊的調整既慢又沒效率，並未快速調整。但他最後在回顧論文說：「事件研究是市場效率的最佳明證，尤其是事件對日報酬的研究。」[30]

法瑪1998年的論文補充說，市場效率不死，他花了極大心力探討動搖

---

* 目前在芝加哥大學布斯商學院擔任羅伯特・麥考密克（Robert R. McCormick）傑出貢獻教授。

效率市場假說效力的市場異常，指出這些都是碰巧，不過這麼做等同是不把數十年來其他學者還有他自己的發現放在眼中，這位大教授和一大票追隨者甚至有點否定實際存在的市場異常。我們後面會對這些市場異常有所介紹。

1960年代後，效率市場假說研究人員可說是藉著批評其他同道的研究方法或針對論證雞蛋裡挑骨頭，表露出對市場異常不值一哂的態度，我們還會在第6章介紹。[*][†]

觀念的力量

不管效率市場假說、資本資產訂價模型或現代投資組合理論是一家之言或是一派胡言，都已經讓學界和市場人士的眼睛為之一亮。這些理論問世前，投資經理人和基金的績效都是跟標普500或道瓊指數比，並不會另外再調整風險。資本資產訂價模型橫空出世，讓學者和投顧在決定投資組合表現時，多放進風險這個數值，若投資組合多承擔風險卻只賺到市場報酬，那麼調整風險後，表現仍是輸給大盤，反之少擔風險仍賺得市場報酬，表現就超越了大盤。

風險衡量如今是一個大發利市的產業，直接或例如透過退休基金，間接影響無數投資人的決定。比如說，你到某家業者開戶買基金，立刻會收到業者或其他經銷商根據風險和績效做出的基金評比；業界的賣方也會用類似評比內容向基金業者、券商兜售，最後流通在一般投資人之手。上兆元的資金服膺於無法打敗大盤的理論而流向了各式各樣的指數基金。

我在本章說明學界是如何拆技術分析和基本分析這二個重要市場理論的

---

[*] 法瑪教授在1992年「發現」逆向操作策略確實有用，一改自己在20年前基於研究方法有錯的貶抑說詞，將這個現象稱為「市場異常」。

[†] 事實上，包括針對逆勢操作在內，有很多研究因為某項研究方法的問題而被雞蛋裡挑骨頭，但重做研究，改正研究方法的批評後，結果仍成立。

台，然後另立門戶，至少知性上是如此。新的理論攻占各大學，進逼金融媒體，深入散戶和法人投資人腦海，專業人士自己也淪陷了。許多專業人士出於無法打敗大盤的假設，大舉改變自己的手法與風險觀，向這個問世不到50年的觀念拱手稱臣。

這股思潮的重要貢獻者之一邁可‧詹森（Michael Jensen）有次回顧道：「情況快演變到沒有研究生敢發篇批評這假說的論文了。」[31]對基金經理人來說，慘的是自己的存在理由：替客戶賺取超額報酬，變成天方夜譚了。

這場新觀念的散播，跟皮薩羅帶著180名手下征服廣袤的印加帝國沒什麼不同，學者像外來征服者，用信仰還有手中的利器，削弱舊有異教徒的信念，冥頑不靈者將難逃高深統計的制裁，直到原本的信念蕩然無存為止。回顧這段征服的歷程，最有意思的地方是廣大的投資人，竟屈服於比當初西班牙征服者人數更少的理論領袖跟前。

要害

但現在就向效率市場舉白旗言之過早，當我們更仔細考究重大市場事件，或考察較晚近的時期，這個優雅的說法其實問題不少。除了學者們假定投資人跟做研究用的電腦一樣不帶情緒，一樣有效率，完全無視包括我們前幾章所介紹，種種引發重大投資偏誤在內的心理偏誤來執行運算，對效率市場假說構成挑戰之外，下兩章還會介紹更嚴重的缺陷。

雖說效率市場假說似乎解開了某些投資謎團，像是投資專業人士整體來看，為何績效沒有比大盤出色？無法回答的地方更多，例如，投資大眾可能長期打敗大盤嗎？市場轉折點時，為什麼老是有很多專家看錯？或是，若投資人真的那麼理性，怎麼還會有前幾章描述的陶醉和恐慌景象？如果市場效率卓著，1996至2002年還有2003至2009年間隔不過短短幾年，怎麼吹起空前泡沫又破掉？這時訓練有素的投資圈早就服膺於效率市場假說，並嫻熟的操作大筆資金。

實情是，包含數十位諾貝爾獎得主在內，學界創作出來支持效率市場假說和現代投資組合理論的研究成果，在過去25年來諸多泡沫中重創了市場。

這套發源自象牙塔的創新觀念，沒有讓你在市場上占上風，甚至連想打平都很難，而如今駁斥許多效率市場假說基本學說的，正是同樣一套高深的統計分析。但當代投資實務仍是建立在效率市場的觀念之上，為數眾多的投資人雖然認為理論棄之無妨，卻苦於不知道下一步。

效率市場假說是經濟學理論二個世紀來的自然發展，經濟學家們將實驗選在股市等金融市場進行，終於完成人類理性的世紀大作，經濟學家如同找到了聖杯一樣，揭示這些市場上人如何展現理性。

只能說，法瑪、布魯姆、詹森、休斯等人原創的市場效率「證明」，廣受經濟學家們愛戴一點都不奇怪，特別是在自由放任的殿堂芝加哥大學，很快就成為這股研究新思潮的大本營。

市場派經濟學家擺好擂台，一個學者提到：「你看〔股市投資人完全掌握資訊〕這概念多有意思，這麼理想的地方經濟學家打著燈籠沒處找，就是這裡了。」[32] 但這個擂台越來越像是最後一搏。

統計讓經濟學家如此確信這套理論會帶來市場（即使不是經濟學）的盛世，其實不然。

為了避免誤入效率市場假說的圈套，首先要了解這套學說的教誨，政府不會規定投資股票前要閱讀「效率市場假說—資本資產訂價模型—現代投資組合理論」的警告標籤，缺乏知識很容易一腳踩到地雷。有問題的投資理論不是讓投資人有賺有賠，而是讓高手和散戶一樣賠掉大錢，除了望著市場興嘆，好好與這套理論保持距離，才有望穩操勝算。

那麼勝算在哪？真的有穩操勝算這回事嗎？我們稍後會回答這些問題，現在先來看看為什麼效率市場假說失靈，以及效率市場假說失靈對投資人的影響。

第5章

不過是皮肉傷

當我思考支持效率市場假說的陣營時，腦中會浮現英國惡搞電影《聖杯傳奇》（*Monty Python and the Holy Grail*）的一個場景，戲中亞瑟王和侍衛假裝騎在馬上，一蹬一蹬地穿越樹林，突然遇到黑武士，要求死鬥獲勝才能過路，雙方於是拔劍對決，亞瑟王接連將對手雙臂砍斷，但對手堅不投降，亞瑟王好心說：「你都沒手了。」

「沒手又怎樣，不過是皮肉傷！」黑武士回嘴，改用腳踢，決鬥繼續，接著雙腿又被砍斷，黑武士變成人彘了還是不投降，大喊：「黑武士戰無不勝！」「回來，我要給你好看，看我咬斷你的腿！」

其實效率市場假說的情況跟這有點像，不管怎樣不認輸就對了。

巧合的是，亞瑟王的故事其實不是正史，但在宏大的小說、詩歌、戲劇，或是童話甚至是惡搞電影中，亞瑟王的傳說真有其事。效率市場假說有成堆的數據，照理說真偽應該不難確立才是，但效率市場假說的歷史就是不斷在修改，每次更新結果都是換上更不牢靠的統計根基。

上一章提到效率市場假說在1960年代勢如破竹，在投資圈摧枯拉朽，有如1945年喬治·巴頓將軍（George Patton）長驅直入德國，效率市場假說以言之成理的統計分析和高深數學，掃蕩了華爾街上的技術和基本分析陣營。學界言之鑿鑿基金經理人績效沒有比大盤好，於是上兆的資金轉向以各種指數為準的基金，例如標普500或羅素2000（Russell 2000）。*學界甚至開始擔心，要是經理人和分析師因為績效沒辦法比較好的事實而找不到工作，說不定會讓市場失去效率，畢竟效率市場假說也說，基金經理人和分析師對維持市場效率有用，要是一下子少掉太多這類人士，反而有礙市場效率。投資圈大概覺得聽起來很嚇人，好在從結果來說，真的聽聽就好。本章和下一章會解釋效率市場假說其實就像地基不穩固的房子，並破解理論上看似牢固的統計證明，這些研究工具要嘛言過其實，要嘛就是流於研究人員對正反數據的偏廢取捨。

真實世界的結果和效率市場假說奠基優秀學者的預測不算有搭上線。本章先以重大市場事件駁斥效率市場假說基本前提，接著再檢視理論上的基本謬誤，讀者會發現，脫下效率市場假說的眼鏡後，收穫會讓人豁然開朗。

如同開頭的橋段，黑武士斷手後繼續揶戰，連腳也丟了，效率市場假說也即將逐一失去憑恃的支柱。

現在我們來檢視三個效率市場假說追隨者口中不可能發生的市場事件。如此慘烈的事件照理說要讓人學到教訓，但大家還是重蹈覆轍了，這些事件包括：

1. 1987年股市崩盤。
2. 1998年長期資本管理公司破產。
3. 2006至2008年房市泡沫與市場崩盤。

1. 1987年股市崩盤

1987年那時的恐慌程度是自1929至1932年來僅見，但這次崩盤早在1980年代初期的芝加哥就透露端倪。當時芝加哥的大宗商品交易所一心想

---

* 羅素2000指數是最多人參照的小型公司指數。

從原本的麵粉、大豆、牛、牲畜等產品，進一步擴大業務範圍，其中最積極的是以壟斷市場和灰色地帶行徑聞名，歷來曾數度險遭當局關閉的芝加哥商業交易所（Chicago Mercantile Exchange, CME），芝加哥商業交易所可說是醜聞纏身，特別是洋蔥的交易。洋蔥是交易量活絡的主要農產品，但因為壟斷、敲詐等不法活動頻傳，國會後來立法禁止交易洋蔥期貨，1960和1970年代，芝加哥商業交易所的交易座位只收個意思意思的價錢。

在里歐・梅拉梅德（Leo Melamed）強而有力的帶領下，芝加哥的交易所，不過用了10餘年，又風生水起起來，版圖從穀物、牛、豬腩期貨，擴大到美股和債市，而這場大改造背後有一群效率市場假說大咖學者的身影，不意外地，多名教授任教自由放任學說重鎮芝加哥大學。這群學者認為金融期貨擴大市場流動性，更大的市場伴隨交易成本降低，進而提高市場效率。

1982年4月在芝加哥商業交易所上市的標普500期貨可說是這場大戲的主秀，當時多數商品交易商認為這不可行，大家那時對期貨交易的看法是跟賭博差不多，怎麼可以跟股票交易掛勾？投資人大多認為此舉將導致股市震盪加劇，大型期貨業者也抱持這樣的看法。當時芝加哥選擇權交易所（Chicago Board Options Exchange, CBOE）董事長兼執行長華特・奧士（Walter E. Auch）致信主管機關商品期貨交易委員會（Commodity Futures Trading Commission, CFTC），提醒此舉日後恐招致「精心操弄並使指數期貨淪為好看的賭博」。[1]

這番危言很實在。我們知道1929年崩盤的一個主因是保證金交易太超過，可以借到九成；1930年代初國會改革，便授權聯準會可調高買股的保證金以杜絕後患。聯準會不辱使命，從此保證金未低於五成，二戰後在較投機的市場甚至高達100%。如今股票期貨的保證金成數比股市低了不少，1987年崩盤前是5%，本書寫作時則約7%。

1987年那時商品保證金約是股票保證金的十分之一，水準遠不及1929年崩盤禍首，當初國會改革的立意可說蕩然無存。商品交易所獲學者教授大力支持，因為教授們咸信市場流動性越高越好，不怎麼把高度槓桿的危險放在心上。

　　大跌或崩盤歷來往往發生在商品和股市的保證金要求低到不行的時候。大開金融期貨的巧門，加上效率市場假說信眾的鼎力相助，芝加哥商業交易所和芝加哥選擇權交易所實質上允許用比1929年還低的保證金成數買進或放空股票。包含為數眾多的華爾街業者和避險基金在內，商品交易所玩家可以邊買現股，邊建立高達10倍槓桿的股票期貨部位，由於股票期貨的交易量大約是紐約證券交易所的2倍，標普500期貨的風吹草動，足以回過頭來對股市本身反客為主。但教授們不顧過去多起商品市場崩壞，說不用擔心，現在不會有這種事情了。市場是效率的，而且效率只會隨指數套利和衍生的期貨交易而提升。*

　　芝加哥商業交易所向商品期貨交易委員會申請標普500期貨上市許可時，交易所和學界堅稱標普500期貨的走勢不會帶動成分股起伏，當投資大眾看懂商品交易所天性投機，而股票交易所保守得多，已為這套說詞付出高昂的代價。

　　芝加哥商業交易所知道能從股票期貨發大財，大力推廣標普500期貨，在《華爾街日報》刊登全頁廣告，請來主持《華爾街週報》（*Wall Street Week*）電視節目的名人路易斯‧盧凱瑟（Louis Rukeyser）推銷，在全國各地舉辦研討會，請效率市場假說的頭臉學者當講者，向市場大咖業者解說標普500期貨的好處。

　　努力是有收穫的。到了1987年底，標普500期貨每個月交易量，超過3,000億美元，約是紐約證券交易所交易量1,530億美元的2倍，芝加哥選擇權交易所交易標普100（標普500指數的大型股限縮版）的金額則為24億美元。[2]

---

* 定義和細節見後文。

芝加哥原本是交易雞蛋和豬腩的集散地，一躍成為世界上最大的金融市場，芝加哥商業交易所握有75%的股票指數市場，[3]金融工具部門可說虎虎生風，交易座位的價值在11年間，從意思意思飛升到19萬美元一席。[4]

接著出現了指數套利（也叫做程式交易），讓標普指數基金和各家大型機構，買進賣出現貨期貨價格不對勁的現股和期貨。舉例來說，假設標普500股票整體來看值250，標普期貨價格卻是252，那麼機構投資人就能利用電腦，趕快放空標普期貨並買進現股，不看手續費的話，鎖住0.8%的獲利，等期貨現貨價格回到正常水準再反手交易。這麼小的報酬率看似不足道，但若進出金額很大，例如1億美元，保證金成本又很低，那麼每個月多次進出下來，獲利可能就很可觀。

投資組合保險：崩盤的最後一塊拼圖

投資組合保險是一種讓機構投資人在市場走跌時可以保本，但在市場走漲時照常獲利的商品，簡單說，就是魚與熊掌兼得，雖說打著保險的名號，但究其實，這商品根本不是保險，它打的算盤是賣空標普500期貨，就能在市場走跌時得到保障，市場跌幅越大，賣空的期貨數是累進的，以降低機構持股的曝險。[*]舉例來說，投資組合跌3%，Leland O'Brien Rubinstein Associates（LOR）或其他家用LOR模型的投資組合保險公司，算出相當於組合10%的期貨空頭部位，再跌3%的話，再賣10%的期貨空頭部位，若標普反彈3%，就將10%的空頭部位平掉，並損失一筆小錢。

若標普500價位走跌，基金等法人是賣空期貨，不是賣持股。照效率市場假說的看法，期貨的流動性很好，市場也非常有效率，出清不過是彈指之間。效率市場假說的信眾認為，這方法除了一筆小費用外，漲時全賺，跌時

---

[*] 賣空標普500期貨的效果等同投資組合直接賣掉持股，但更容易操作。若基金經理人決定降低股票部位10%，可以放空10%等值的標普500期貨，結果一樣。

保本，堪稱盡善。

怎麼說？因為標普期貨的流動性沒有止境是效率市場派的信念，也是投資組合保險的理念。當市場走跌，精明的買家會以較低價位買進期貨，若市場續跌，會冒出更多逢低買進的買家，說穿了，效率市場假說基本上認定既然市場理性，買家只會多不會少，就是這樣。

「流動性會有如滔滔江水連綿不絕。」學者這麼景仰，可奇怪的是，事情還真的不是這樣。

投資組合保險真的保護了投資組合嗎？沒有。一來，若運用得當，機構的損失會減輕沒錯，但不會因而免於損失；二來，市場若起伏頗烈，成本會大增，頻繁操作會讓虧的小錢和手續費雙雙擴大。

目光如炬的《霸榮週刊》編輯阿倫・艾博森（Alan Abelson）立刻說到重點：「這是換湯不換藥的散戶停損單。」撇開高深的數學，這不過是另一樣抓對時間點的工具，上一章簡單介紹過這類抓對時機的擇時商品，實績乏善可陳，但獲得效率市場假說派學界背書的投資組合保險，依然大行其道。學界對擇時的一心一意令人費解。

投資組合保險背後的數學布雷克—休斯選擇權評價模型（Black-Scholes Option Pricing Model），這條公式的難度跟發射太空梭差不多。費雪・布雷克（Fischer Black）和諾貝爾獎得主休斯提出公式後，這方法很快成為選擇權訂價的標準，後來被加州大學柏克萊分校（University of California, Berkeley）的海恩・李蘭德（Hayne Leland）和馬克・魯賓斯坦（Mark Rubinstein）應用在投資組合保險。李蘭德因為1980年在《財務學期刊》（*Journal of Finance*）這本效率市場假說派重要學術期刊上發表的論文，被稱為投資組合保險之父。[5]撇開高深的數學，背後的謬論很簡單：藉由消除風險可以讓客戶在市場走跌時獲得下檔的保護，同時在市場上漲時，續抱投資組合的大部分持股而獲利。

大型退休基金和機構法人，無不想插一腳從中分一杯羹。1986年夏天，紐約一場投資研討會上，因為想出席投資組合保險討論會的機構投資人太多，於是整場會議都拿來辦這場討論會，LOR的約翰‧歐布萊恩（John O'Brien）形容說，「那場面真誇張」，[6]但這光景正合他的意，那時他開的公司正鯨吞數百億美元的機構管理資產。根據布萊地委員會（Brady Commission）的1987年崩盤報告，在崩盤前夕投保投資組合保險計畫的基金高達600到900億美元。

左耳進右耳出

　　有地方不對勁。起先以為是碰巧，但結果指數套利、投資組合保險、指數和股票選擇權大行其道，並沒有實現效率市場陣營對主管機關和投資大眾的說詞：降低市場波動性。反而達成反效果：1986年7月7日和8日股市先下洗近100點，同年9月11日和12日出現小型股市崩盤，接著在1987年3月下旬發生平均跌幅近100點的近乎崩盤景象。若干投資界資深人士開始發覺苗頭不對，像紐約證券交易所總裁約翰‧費蘭（John Phelan）。我在《富比士》寫的專欄，標題是「末日機器」，小標題是「金融指數期貨＋程式交易*＋低保證金＝在劫難逃」，並在1987年3月23日發表文章說明，指數套利和投資組合保險搭配運用會造成崩盤。可惜，6個月真的應驗了。

　　因為《富比士》的文章，我獲邀成為一個小組的成員，好幾個成員是知名學者，多數大力支持投資組合保險和指數套利交易，證券交易委員會有三位委員加入，全都相信效率市場的說法。1987年6月在效率市場假說重鎮紐約羅徹斯特大學（University of Rochester）舉行的研討會上，在陳述為何覺得會發生市場崩盤時，高高在上的學者們對我嗤之以鼻。有些大咖暗中譏笑，客氣的就打呵欠。像他們這種程度的教授，跟區區一個基金經理人是有什麼好辯的。

---

* 指數套利另一個名稱。

　　兩個與我看法雷同的小組成員情況更慘。早認識的席勒被當成異端圍剿，有個聽眾盤問他：「以你的訓練背景，怎麼會同意這麼可笑的看法？」麻省理工學院金融學教授傑伊‧巴特爾（Jay Patel）遭遇差不多。即使指數套利搭配投資組合保險肆虐之下，已三度令市場重挫，這場會議認為這些工具沒問題，而且對維持市場效率不可或缺。然後就大事不妙了。

理論上不可能的崩盤

　　明知投資組合保險加上指數套利的危害，還有捲入的資金規模之大，我沒料到1987年的崩盤會如此猛烈，我以為最糟的情境根本是小兒科。

　　事後冒出很多套解釋，卻找不到直接的推手，市場行情也不算失控。當然有聽到一些風聲，沒有才奇怪，但是擔憂的程度還沒破表。麻煩的地方是老早就該來臨的修正，因為新的標準普爾衍生工具火上澆油，演變成一場災難，也就是大家都知道的「黑色星期一」，1987年10月19日那天，道瓊指數小幅修正卻變成508點的跳水。

　　道瓊指數光是那天就跌掉22.6%，跌幅幾乎是1929年10月29日「黑色星期二」的2倍。1987年10月14日星期三苗頭開始不對，當時道瓊指數剛站上2,500點，隔週星期二，也就是1987年10月20日，指數剩1,600多一點，跌幅超過三分之一，是當時空前的慘況。（10月19日跌508點占全部的60%。）

　　災難怎麼造成的？這得要來好好看看投資組合保險和指數套利在那5天幹了什麼好事。其實在前面提到的數起跌100點的事件之後，商品交易所花了大錢找顧問做了幾份市場波動的「公正」研究，但結果有誤，所用的樣本期間短而且平穩。*（回想小數法則。）研究人員的結論是投資組合保險和指數套利沒有影響市場波動性，當然很快就被打臉。

　　誰先動手拋售？電腦，然後是嚇到的人類。實驗室裡看起來明明好端

---

* 研究的問題出在樣本期間太短，又沒有涵蓋到不同市場週期行為的特徵。

端，一上場就暴投，然後就挨轟了。

標準普爾在 10 月 14 日跌 3%，投資組合保險開始發功，LOR 和富國銀行在 14 和 15 日兩天進場賣期貨，這時標普期貨還維持小幅正價差。* 10 月 16 日星期五，標普 500 指數大跌逾 5%，期貨價格出現小幅逆價差，不到 0.2%。

大家以為出來開投資組合保險資產管理公司的效率市場假說大師，在這種時候還是一派輕鬆，趁機大發利市，其實他們嚇壞了。他們口口聲聲說「流動性會有如滔滔江水連綿不絕」，結果開始山窮水盡。期貨買方越來越少，眼見標普期貨價格走跌，買價跟著走跌，這在效率市場假說理論上不可能出現，但就是發生了。結果投資組合保險業者只賣得掉一小部分的理論期貨數量，到了 10 月 16 日星期五，估計投資組合保險有 600 至 900 億美元，但避險期貨數量遠低於這個數字，要是下禮拜市場續跌就麻煩了，而且，萬一效率市場假說說錯了，流動性乾掉呢？那麼問題真的就大條了。

這時另一個同樣大條的問題，但出來開投資組合保險業者的教授們不見得有意識到。如同二戰時英國用恩尼格碼（Enigma）密碼機解譯德軍的情資，並得知德軍的動向，市場上的大型券商和期貨交易商，難道不知道投資組合保險業者的缺口？這難度比破解軍事密碼低多了。前面提過，若市場跌 3%，保險業者照理要賣 10% 的期貨部位拋補，降低市場曝險，維持 delta 中性（公式要求的股債水準）。

學者轉行的投資組合保險業者犯了一個小錯誤，他們沒有想到經紀和交易商的反應如此不仁，反正這本來也不在效率市場假說的管轄範圍內，但這時每個有插上一腳的市場人士，誰不知道投資組合保險業者賣不到想要的數量，若能在下星期一趁早賣出期貨或放空股票，就能搶先投資組合保險業者一步，用更低的價格回補，趁機大賺一票。就這麼幹。

到了 1987 年 10 月 19 日的黑色星期一，不可能的景象發生了：流動性山

---

* 依照效率市場假說，期貨價格不會跌到低於同到期日現貨的價格。

窮水盡。市場開盤後開始下挫，標普500期貨賣壓沉重，開盤便跳空3.5%。
每個算盤打得精的專業人士都在放空標普期貨。期貨走跌，電腦程式交易員
（指數套利者）進場一手逢低接手，一手賣出股票，股價大跌，導致投資組
合保險業者得賣更多期貨，逆價差越來越大，客戶部位需要避險的缺口也越
來越大，死亡陷阱越陷越深。大型投資機構與商品交易商知道投資組合保險
業者有如熱鍋上的螞蟻，繼續帶頭放空期貨，投資組合保險業者眼見指數跳
水，得要不計代價賣出才能軋平部位，理論遠水難救近火。標普期貨逆價差
如此之大，投資組合保險業者破天荒地被迫出脫客戶的股票，進一步摜低股
價。

　　這個投資組合保險與程式交易互相踐踏的慘劇在當天持續上演，機構和
散戶投資人發現苗頭不對，也加入了戰局，趕緊出場，使股價空前大跌。

　　恐慌像是燎原的野火，從芝加哥的期貨交易所延燒到股市，擴大了災
情。股票交易所沾染上商品期貨交易所的堅強賭性，後果非常嚴重。

不可能的事成真

　　10月19日收盤時標普500大跌20.5%，標普500指數則大跌28.6%，逆
價差23.3點（10.4%）。照效率市場假說來說，期貨絕不會跌破相同到期日
的現貨價位（這裡指1987年12月），道理很簡單：投資人用保證金交易買
進股票或標普500指數，必須負擔融資利息，這筆利息（當時融資利率約
5%）會算進期貨契約，所以說，期貨就是要出現正價差，即使市場恐慌，
理性的投資人也不能忘記這點。交易員發現標普500期貨契約出現逆價差，
只要一手賣出標普500股票一手買進期貨，2個月不到後契約到期了，就能
躺著收錢。*

　　算盤打得精的投資人，像是指數基金等投資業者，注意到標普500期貨

---

* 見下例。

出現10.4%的逆價差，像鯊魚聞到血腥味，這時只要一手買進期貨，一手賣出或放空標普500股票就好。

由於期貨的保證金成數低得不像話，下探5%，這批人實質上獲利高達228%，而且這項操作絕對安全、完全有避險，只要在1987年12月底契約到期時，脫手標普股票部位即可，這是入門班等級的指數套利操作。期貨契約到期時，出現大幅逆價差的標普500期貨的價格，會回到標普500指數的價格，補回10.4%的逆價差缺口。

若有家機構或券商自營部買進1,000萬美元的期貨，只要拿出50萬美元的保證金，契約到期時即可獲利113.79萬美元，報酬率為228%。*這是一項讓效率市場假說理性投資人理屈詞窮的操作。

這是效率市場假說理論人士口中絕對不可能在效率市場中出現的無風險、高報酬交易，而且還發生在世界上交易量最大、最多人參與的市場，可說徹底打臉效率市場假說，據我所知，我還沒聽到誰提出什麼效率市場假說理論上的解釋，這次事件也讓羅爾和法瑪教授的理性崩盤理論蒙塵，我們稍後會講到。

依我看來，效率市場假說有幾根支柱在1987年崩盤中傾倒了，其中五個要注意：

1. 流動性枯竭。效率市場假說假設市場上的流動性總是不虞匱乏，事實顯然不是這樣，不了解這點的學者和投資組合保險業者，是1987年崩盤的重要推手。

2. 效率市場假說對於理性投資人會讓股價符合真實價值的假設也有很大的問題。市場什麼時候有效率？是標普500在五個交易日從315點跌到216點（31%）時，或是基本面大致相同的條件下，卻在19個月後

---

* 當天價差一直在變，此處假設採用標普500指數和期貨的收盤價，獲利是扣除收取的佣金，有好幾種方式可以利用這項價差。

漲回來之時？

3. 另外，10月19日標普500期貨跌幅28.6%，現貨跌幅20.5%，讓精明的投資人有機會在2個月內賺取暴利，而照效率市場假說來說，沒有理性投資人會自動根據理性這麼操作。

4. 效率市場假說的分靈體資本資產訂價模型說風險就是波動性，要降低風險只能降低波動性，但釀成1987年崩盤的風險卻不是波動性；恐慌是源自期貨市場枯竭，流動性嚴重不足，還有過度槓桿，兩者都不是效率市場假說理論的風險因子，被大家排除在外。這個衡量風險的問題對投資決定影響深遠（解決辦法在第14章介紹）。

5. 效率市場假說理論上認為，低保證金要求促進期貨交易，也就是槓桿對市場效率有益，因此學界強力建議調降股票期貨保證金，獲得主管機關美國證券交易委員會和商品期貨交易委員會同意，比股票保證金低了90%，此舉顯然沒有考慮到，市場大跌時，低保證金可能會引發嚴重賣壓，重挫市場，1929年和1987年都是如此。

效率市場假說陣營，包括當時聯準會主席葛林斯潘，從這次事件學到什麼教訓？沒有。效率市場假說派試圖辯解，但聽來要嘛敷衍要嘛可笑，因而後來重蹈覆轍，兩度釀成市場崩盤。

2. 1998年長期資本管理公司破產

你以為1987年崩盤後，業界人士即使不離不棄，也會好好修正效率市場假說，或者讓效率市場假說的追隨者好好檢討，那就想得太美了。1998年又有一場新的危機瀕臨爆發，這次禍首是一家大型避險基金的招牌策略。早在「大到不能倒」這個詞流行之前，這家公司就得了這張護身符。效率市場假說學說、投資圈的造神，加上資金浮濫，共同釀成一場速度和災情都驚天動地的危機。

　　長期資本管理公司（Long-Term Capital Management, LTCM）是世上最大的避險基金，1994年3月開張，1998年初，已持有超過1,000億美元資產，及逾1兆美元的衍生工具，即使條件嚴苛，國內外逾50家大型商業銀行和投資銀行搶破頭想跟它有生意往來，為它降貴紆尊。1998年時長期資本管理公司已是市場的當紅炸子雞，資產不到4年·翻了4倍以上。

　　長期資本管理公司在董事長約翰・梅利韋勒（John Meriwether）帶領下，人才濟濟，並網羅了以羅伯特・墨頓（Robert Merton）和提出布雷克—休斯選擇權評價模型的休斯為首的一幫效率市場派高手，共享1997年諾貝爾獎的兩人，麾下的優秀博士團隊之中不乏交易高手，陣容可說舉世無雙，一時績效也證實這點。

　　長期資本管理公司主打本國和全球債市的「相對價值」交易。例如有二檔優質債券，到期日相仿，一檔收益率比另一檔高25個基本點（1碼），那麼長期資本管理公司就會買進較高收益者，同時放空較低收益者，或同樣到期日，評等較高的西班牙債券收益也比英國的債券高，就買進西班牙、放空英國的債券，這種操作稱為「配對交易」。

　　長期資本管理公司的部位分散程度極高，持有和放空的證券高達上千檔，長期資本管理公司的策略另一個特點是，買進的債券風險和流動性，都不如放空的債券，由於風險稍高且流動性較差的債券收益率較高，此舉可擴大價差，提高每筆配對交易的報酬。因為利率通常齊漲齊跌，配對交易價差的變動幅度，僅是債券本身價格變動的一小部分，長期資本管理公司認為這樣的操作風險很低；不管債券漲或跌，甚至市場崩跌，長期資本管理公司照理說都不會出問題，根據一位學者的算法，價差交易的風險，僅有買斷債券的4%。

　　配對交易策略好的一面，對長期資本管理公司的事業來說只是蠅頭小利，其實是公司活招牌的學界大咖休斯說：「公司像專挑地上大家看不到的地方撿錢，從上千筆交易賺點小錢。」[7]就像是一台巨大的吃角子老虎機，擺在賭場大廳靠源源不絕的賭客銅板聚沙成塔。

　　眾人對這個策略的信心要歸功於墨頓，這位風險大師為效率市場假說做出了重大突破，後來榮獲諾貝爾獎的桂冠。如同眾多效率市場假說追隨者，墨頓相信波動性是唯一要衡量的風險，這也變成了長期資本管理公司方法的基礎，而且他還確信波動性大致保持穩定，有一定波動性的股票或債券，雖然波動率一時高一時低，但總會回到設算的水準，如此一來，波動性就能為長期資本管理公司所用，若配對交易中買進的債券，波動率一時偏高，放空的債券波動率一時偏低，照理說都會回到正常的水準。買進債券的波動性越高，賣出債券的波動性越低，當風險趨於正常，對這筆交易的報酬越有利。這門有好無壞的生意便是基於這項未經證明的假設。

　　這策略另一個前提是波動性的估算要具有可預測性。對波動性還有可能出問題的情況進行大量的測試後，長期資本管理公司根據墨頓的原理，也就是波動性不會改變，認定自己有辦法算出最好、普通和最壞情境出現，以及投資組合大虧或倒閉的機會，結果顯示，即使在惡劣情境遇到最慘重的金融風暴，這家公司都能撐過去。

　　不只有長期資本管理公司認為波動性的算法在數學上可以得到可預測性，整個圈子內都這麼想；布雷克—休斯選擇權評價模型假定波動性可以預測，世界上各大金融中心的交易室，緊盯波動性不放，彷彿它能傳達神諭。各大交易所紛紛聘用法瑪、墨頓、休斯或其他效率市場假說宗師的徒子徒孫，也不會質疑這些年輕博士所學，諸如昨天價格是今天價格的可靠預測指標之類的前提假設。在探討長期資本管理公司失敗案例的《跌落神壇：長期資本管理公司的盛衰》（*When Genius Failed*）一書中，作者羅傑·羅溫斯坦（Roger Lowenstein）引述該公司媒體發言人彼得·羅森塔爾（Peter Rosenthal）的說法：「風險是一條波動率的函數，是可以量化的。」[8]「梅利韋勒、墨頓、休斯和公司當局對此沒有半點虛言。」[9]長期資本管理公司投資組合裡有上千筆波動率和預期報酬率數據精準確實的配對交易。

萬全的策略

這些教授和交易員不是很關注槓桿或流動性，畢竟唯一的風險來源波動性，已經完全受到掌控，著實沒必要那麼在乎槓桿或流動性。對波動性念茲在茲，加上深信波動性就是風險，槓桿或流動性不過是孤掌難鳴、無關大局的風險因素，連在長期資本管理公司用的效率市場假說流派公式當標點符號的資格都沒有。

長期資本管理公司的學者和經理人最常掛在嘴邊的問題是：多少波動率能讓報酬極大？答覆通常是可以再高，加不了多少風險。將槓桿從20比1提高到30比1，同時認為波動率還有加碼的空間。

幸運之神持續眷顧著長期資本管理公司。1994年長期資本管理公司賺了20%，1995年淨報酬率高達43%，1996年春季，長期資本管理公司管理的資產來到1,400億美元，資本膨脹3倍來到36億美元，開張不過2年，資產竟超越了雷曼兄弟和摩根士丹利，直追業界龍頭所羅門兄弟（Salomon Brothers）。1996年，長期資本管理公司費用後報酬率高達41%，賺進21億美元，將迪士尼（Walt Disney）、麥當勞（McDonald's）、美國運通（American Express）等優質成長股拋在腦後。

但有些方面可能讓人捏一把冷汗。1996年初，長期資本管理公司的槓桿已高達30比1，市場漲的時候，槓桿是好事，例如1929和1987年崩盤之前，不過等到市場走跌，槓桿變成毒藥。槓桿高達30比1，意謂市值虧損3.3%，就會虧光資本，而且，長期資本管理公司的總資產報酬率其實不到2.5%，若把數千億的龐大衍生工具部位算進來，甚至可能不到1%，[10]當時90天國庫券殖利率就有4.5%了，是長期資本管理公司總資產報酬率的4.5倍，何況長期資本管理公司的報酬還是槓桿的功勞。

1997年中亞洲經濟開始出問題，柬埔寨開了第一槍，接著是菲律賓、馬來西亞、南韓,然後是新加坡和印尼,伴隨股票拋售、幣值跳水、市場崩盤。亞洲四小龍變成落湯雞,形勢蔓延到南美洲、東歐和俄羅斯。

這時長期資本管理公司決定拿出招牌絕活。眼見波動率飛漲,長期資本管理公司決定放空波動率選擇權,標的包括標普500跟歐洲等各大市場的指數。*墨頓和公司都有把握波動性會回到平均,跟著波動率期貨就會大跌,這次誤判風險成為了公司的致命傷。

墨頓其實在走鋼索。效率市場假說理論、布雷克—休斯模型,和墨頓自己的模型說的是,股票的波動率長時間會保持一致,可沒說什麼時候會如願回歸平均。打個比方,你背著重裝備,渡過一條已知平均4英尺深的河:途中有時是3英尺深,有時深達15英尺。你一看就覺得不太妙,但墨頓跟他那一票數學高手選擇「撩落去」。

如果是市場崩盤或走入熊市,波動率要花上多長的時間,才能應驗墨頓之類的效率市場假說派人士的預言?六個月?一年?好幾年?效率市場理論也說不準,想也知道,畢竟這種想法似乎是效率市場假說的一家之言,而非基於嚴謹的檢定。但長期資本管理公司的槓桿來到30比1了,波動性非得要在短時間內恢復正常水準不可,否則槓桿這個效率市場假說沒放在眼裡的風險因子,會隨著行情每況愈下,飛快地將資本侵蝕殆盡,可惜,長期資本管理公司可能落到這一步。

也許幸運之神終究不怎麼買單效率市場假說。長期資本管理公司配對交易的價差並未縮小,反而擴大。1998年幾乎每處的資金都在逃亡,尋找安全港,偏偏這家公司總是揀風險較高的債券來投資,手上沒什麼安全的債券。屋漏偏逢連夜雨,市場動盪,長期資本管理公司放空的波動率指數飛漲;5月時,亞洲四小龍風聲再起,6月初,俄羅斯金融體系瀕臨崩潰,全球市場急轉直下,波動性升高,趨吉避凶的資金逃難潮,擴大了長期資本管

---

* 當時市面上並沒有這種選擇權,長期資本管理公司賣的是自己做的客製化衍生工具。

理公司買多放空部位的價差，讓公司受創更深。

1998年上半年長期資本管理公司虧損18%，資本縮水讓槓桿大增，漸漸拿不出追繳的保證金。1998年8月，俄羅斯倒債，市場一片驚恐。1997年底時，長期資本管理公司資本水準還逾50億美元，不到4個月內剩沒幾億。流動性和槓桿這兩個效率市場假說理論，還有墨頓、休斯等人看來連當公式標點符號都不配的風險，一展身手，如同1987年崩盤那時。

市場大跌，長期資本管理公司因手上龐大的空頭部位損失慘重；資金逃難潮繼續摜低長期資本管理公司手上較不安全的多頭債券，而長期資本管理公司交換的空頭債券因投資等級較高，跌幅顯著較小。墨頓團隊因應波動性超漲而大舉放空的波動率交換合約漲得更兇，追繳的保證金越來越多，公司的資本大失血。

追繳保證金，加上部位流動性差賣不掉，長期資本管理公司的槓桿站上100比1，也就是資產只要虧損1%，公司就會倒掉，問題是，為了自救得賣掉的龐大部位，流動性就是比放空的部位差，就是賣不掉。行情對的時候，槓桿讓資本實現巨大獲利，行情不對時，即使賣掉一小部分持有的部位，就會摜低價格（於是流動性更差了）。長期資本管理公司氣數已盡。

8月非常難熬，這個月長期資本管理公司虧損19億美元，占資本的45%，對照1,550億美元資產，槓桿達55倍。數學上，長期資本管理公司出現8月這種虧損的頻率，宇宙要輪迴好幾次才會遇到一次。[11]＊長期資本管理公司的資本是風中殘燭，因為交易規模太大，流動性太差，無法去槓桿化，想賣掉一點都怕壓垮整個市場，十幾年後的次貸風暴情況也是這樣。

市場近乎恐慌。長期資本管理公司這時遭受一批乘人之危的銀行、券商環伺，這些人知道流動性和槓桿問題正在煎熬這家公司，開始放空長期資

＊ 算出這數字的數學家顯然是替長期資本管理公司幫腔，畢竟以如此不利的槓桿和流動性，碰到這種災難的機會被保守估計了數百萬倍。

本管理公司的部位，料準等到強迫清算，就可以用跌得更兇的價格回補。把1987年投資組合保險業者和長期資本管理公司對照來看很有意思，兩者都是在空頭市場時因為流動性栽了大跟頭。

1998年9月，以威廉·麥多諾（William McDonough）為首的紐約聯邦儲備銀行（Federal Reserve Bank of New York）當局，關注長期資本管理公司的處境，雖說非其權責，長期資本管理公司仍允許紐約聯邦儲備銀行當局調閱公司帳務，而內容令人大驚，麥多諾發現，除了即將倒閉之外，長期資本管理公司若不計代價脫手手上的龐大部位，可能進一步擾亂原即風雨飄搖的金融體系，令全天下大亂。他跟得力助手召集國內的大型銀行和投資銀行，還有持有長期資本管理公司交換合約等部位的重大外國交易對手的銀行首長共商辦法。

幾乎所有大銀行和投資銀行都要支持，才有辦法達成全數接管長期資本管理公司部位的協議；經過一番討價還價，長期資本管理公司的部位被賣給由各攤付2.6億美元的16家銀行所組成的銀行團，長期資本管理公司股東的投資在5個月內縮水了92%。相較之下，標普500在長期資本管理公司存續的4年間漲了一倍。

經歷這次天翻地覆，兩位帶領長期資本管理公司策略的諾貝爾獎得主，仍對效率市場假說不離不棄。雖然承認長期資本管理公司衡量的風險行不通，墨頓指出，並不是原理有問題，而是需要更精緻的模型。他回到哈佛教書，不無諷刺的是，摩根大通（JPMorgan Chase）還聘他擔任風險顧問。

休斯幾年後在一場演講提到，波動性改變了，一定是肇因於投資人永久改變對於長期資本管理公司風險的溢酬，言下之意是所有有關波動性的理論，遇到長期資本管理公司倒閉那樣的大事件後，一定都出現了永久的變化，其實這就跟說突發的物理定律變化，改變了素來知道的長度和寬度意義差不多。他本人不曾動搖對於效率市場假說佐證波動性理論的看法，不過，他口中的永久變化幾年後又變回來了，可見這套說法也是不無問題。

效率市場假說支持陣營普遍對於長期資本管理公司的波動性前提，或槓桿和流動性是否可以當風險因子，並未提出什麼質疑。有需要嗎？

3. 2006至2008年房市泡沫與市場崩盤

大家現在對2000年代初期到中期發生的房市泡沫已知之甚詳。金融體系與諸多機構不當行為的交相作用，超出本書的範圍，此處我們只簡單介紹效率市場假說在這場巨大泡沫推波助瀾的部分，這次危機除了為禍更烈，跟長期資本管理公司的情況沒什麼不同。

1987年崩盤和長期資本管理公司倒閉後，投資機構圈依舊盲目相信波動性是唯一的風險衡量，次貸和其他劣質住宅房貸擔保證券（residential mortgage-backed securities, RMBS）*的槓桿雖然高到不像話，所學盡是效率市場假說與資本資產訂價模型風險說的基金經理人或風控部門，仍不怎麼在意。當然，流動性也不足介意。房貸的類型何止千百種，債信品質好壞落差很大，但整體來說，流動性都不好，因為一檔產品通常包含一系列最好的AAA評等到最差評等的住宅房貸擔保證券，大多需要下很大功夫來粗估價格，經紀商通常有不小的買賣價差區間。雖說如此，波動性仍是唯一的風險因子，而且當房價持續上漲，波動率其實相當低。

2002年後，槓桿開始飆升，有些房貸貸款人、投資銀行和避險基金，高到35比1至40比1。來源無虞，可用低利率輕易取得的保證金，助長槓桿的趨勢，情況跟長期資本管理公司和1987年崩盤差不多。房貸發起人†和房

---

* 以一批不同信評等級的房貸擔保的房貸債券。最好的AAA、AA和A級，理論上非常安全，違約時會先收到償付，但利率也較低。較差的等級，風險較高，利率也比較高。各家信評公司的評級大同小異，例如標準普爾的AAA級在穆迪寫成Aaa級。
† 發起房貸再賣給投資銀行做房貸擔保證券（mortgage-backed securities, MBS）的銀行或企業，投資銀行會將住宅房貸擔保證券賣給避險基金等金融機構。

貸公司可說是對銀行予取予求。

　　商業銀行和投資銀行也會融資給許多持有大量這種債券和複雜衍生工具的投資公司。明知道這類證券多數次級貸款，而且投資銀行大量運用槓桿，但銀行的風控部門並沒有放在心上，畢竟在房市泡沫的高點，住宅房貸擔保證券投資組合的波動性依然很低，而且照墨頓、休斯、法瑪等教授的說法，波動性的改變不會是長久的，風險固若金湯，大家甭擔心，儘管發大財。

　　雖說聯準會主席葛林斯潘和繼任的柏南奇說大家可以放心，專家們也說情況很好，但美國的房市泡沫仍難以為繼，房價在2006年夏季尾聲開始走跌，跌勢一直延續到隔年。2007年初，房貸市場開始出問題，2008至2009年4月的房價一路下跌，而且大量屋主付不出貸款，房子遭銀行查封的情形日益嚴重。想當然耳，房貸債券市場跟著崩盤了，流動性從2007年以後開始出問題，到了2008年幾已山窮水盡。2006年8月住宅房貸擔保證券開始反轉，接著的2年間一瀉千里。災情比美國史上任何股市釀成的崩盤都更為嚴重。有意思的是，這段期間授予一堆垃圾次貸證券AAA等級的標準普爾，2011年竟給了美國公債較為遜色的評等，不過這是後話了。

　　圖5-1顯示照理說屬低波動性的ABX-HE-BBB投資等級房貸指數，像是掉進黑洞，從2006年7月19日至2009年4月低點，跌幅高達98%。同期間被評為最高的AAA級的次貸擔保證券，則跌了70%或更多。

　　這是怎麼回事？原因很多，其中當然少不了槓桿和流動性。銀行、投資銀行、避險基金和其他房貸買家都用了非常高的槓桿。

　　表5-1說明高度槓桿的住宅房貸擔保證券買家造成的危害。這張表假設投機者借入30倍本金的錢來投資，這並未超出前面提到的房貸證券槓桿區間，這時若住宅房貸擔保證券價格跌3.3%，這個人就會賠掉全部本金，若價格跌5%，除了本金歸零，還倒賠50%。

　　事實上，房價不止跌5%，而是跌了33%，才落在2009年4月的谷底，住宅房貸擔保證券的跌幅更大。買家若用保證金交易並持有ABX AAA住宅

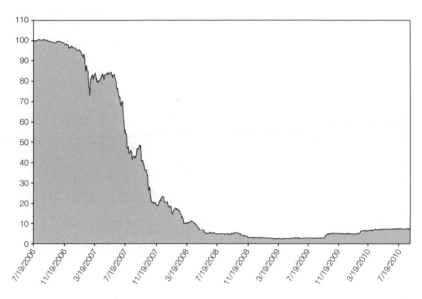

圖5-1　恐慌與崩盤：房貸投資等級指數

以ABX-HE-BBB 06-02指數為例。
資料來源：大衛・卓曼，2011年。數據來源：彭博（Bloomberg L.P.）。

表5-1　金融槓桿的威力

跌幅% ABX-HE-BBB 06.02	初始本金的虧損 設槓桿30：1
1%	−30%
5%	−150%
10%	−300%
25%	−750%
50%	−1,500%
75%	−2,250%
90%	−2,700%
98%	−2,940%
100%	−3,000%

資料來源：大衛・卓曼，2011年。

房貸擔保證券次貸證券（最高的評等），在低點時會虧損70%的本金，若槓桿開到30倍，會被追繳21倍的原始資金，若換成持有圖5-1的ABX證券，則會賠掉30倍的原始資金。換個角度來看，若有家機構投入資金1,000萬美元，槓桿開30倍，結果會賠掉2.94億美元。

這正是在這些問題債券大開特開槓桿的貝爾斯登、雷曼兄弟和華盛頓互惠銀行如今不復存在，也是當時由高層鮑爾森主導的美國財政部需要推出7,000億美元的問題資產紓困計畫（Troubled Asset Relief Program, TARP）來挽救商業銀行和投資銀行的原因，沒這筆錢會有更多業者活不下來。

為什麼投資人不把問題證券賣掉就好？答案仍是流動性。投資組合通常持有各式各樣包了不同資產的住宅房貸擔保證券，但沒人知道它們的真正價值，當市場跌個不停，更不可能自討沒趣了。槓桿和流動性像是正好丟中房貸債券要害的核彈頭，效率市場假說和資本資產訂價模型當然功不可沒。

就算不是所有房貸債券都這麼慘，這些數字仍點出為什麼對金融機構的紓困金額是天文數字，至於救銀行是對是錯，尤其當耳聞這些機構高層的行徑，就留給讀者自己回答。而三度在過度槓桿和匱乏的流動性中翻船之後，業界總該多少知道槓桿和流動性對金融體系的威脅了吧？

站在他們的立場，我只能說，他們就是對波動性是唯一要擔心的風險指標這件事這麼一廂情願，因此用不著顧及流動性、槓桿或其他風險因子；當中有些大咖，像花旗集團（Citigroup），即使旗下有上打的住宅房貸創始機構（承作住宅貸款的公司），也清楚知道產品是什麼回事，仍不改其志。至於法瑪教授和他的同道對於波動性是唯一衡量的風險，或是市場效率的信念，有受到任何動搖嗎？顯然沒有。2007年住宅房貸擔保證券價格已經跌得很兇那時，法瑪教授在一次訪問中說：「『泡沫』這個詞我聽了就厭煩。」然後開始講解大家為什麼可以相信房市價值。「房市流動性不好，但大家買房子都很小心……出價過程很面面俱到。」[12] 天啊。

理性市場沒有泡沫跟崩盤

雖說我們在本章跟前面章節對泡沫做了頗多介紹，大多數效率市場假說追隨者其實否認有泡沫這回事，更別說泡沫破滅的崩盤了。「我不知道泡沫是指什麼，我不覺得這個大家掛在嘴邊的詞有何意義。」[13]法瑪教授如是說，試圖捍衛價格始終沒錯這項效率市場假說奉為圭臬的要義。不過，泡沫和首次公開募股似乎有違理性的行為，因而對效率市場假說來說是個麻煩，法瑪跟其他效率市場假說追隨者的處境不太妙，效率市場假說得要否定投機狂熱跟恐慌，否則就會被擊中死穴，出路只有一條，法瑪教授有找到。

他說實證上泡沫不存在。為什麼？因為理性投資人會讓價格落在應該要有的水準。他在《紐約客》（*New Yorker*）裡的文章中，閃躲、迴避，不敢直攖金融記者約翰‧卡西迪（John Cassidy）其鋒，但如此一來，他便落入一個更難以防守的處境。

照效率市場假說的邏輯，假使如法瑪所說，不存在泡沫或恐慌，那麼我們就要好好看看理性投資人是如何做到的，這問題在第2章*和本章有所著墨，但我們也看到，沒有哪個分析師、基金經理人或理性投資人在用的基本分析方法，能說得通高達10倍、100倍本益比的泡沫行情。第2章清楚指出，分析師和基金經理人會集體將分析放在一旁，在離譜的價位買進，背後並不是出於效率市場假說假定的理性，要是他們照著基本功行事，根本不會出現泡沫行情。

效率市場假說追隨者似乎站不住腳，他們說有專業人士和精明投資人，價格不會出錯，但我們明知情況不是這樣。效率市場假說是不是又做了一個大膽但未經確證的投資人行為假設？明智的投資人讓價格不會出錯，其實反而威脅到效率市場假說理論的前提，也許，與其說明智投資人應有什麼樣的行為，不如好好真的研究投資人到底有什麼行為。

---

* 這類標準方法請見第2章。

學到什麼？

讀者現在可以自行判斷效率市場假說在以下方面的假設真確性：

- 流動性。
- 槓桿。
- 波動率和報酬率的相關性。
- 波動性是否長期穩定。
- 理性的投資總是會讓價格保持正確。

效率市場假說和資本資產訂價模型的理論支柱看起來都可以打掉重建了。效率市場假說當道這麼久以來，市場還有經濟因此招引的大禍可說歷歷在目。

然後呢？難道我們就不進市場投資了，錢都藏在床底下？效率市場假說讓無數投資人做了糟糕的決定，但並不是沒有更好的方法。現在我們通過了黑武士這關，從效率市場的深淵脫身，我敢打包票，當你知道方法，市場上有的是大好機會。

而第一步我們要用心理學和逆向操作策略來精進自己，有了這些準備能讓我們一勞永逸的解決掉效率市場假說的糾纏。

第6章

效率市場和托勒密的本輪

寫了30幾年讓效率市場假說的黨羽們看不順眼的《富比士》專欄，我稍微對17世紀初的科學作者伽利略（Galileo）的遭遇有了一點點體會。這名偉大的義大利科學家提倡的太陽系日心說，不見容於當時仍信守地心說的哲學界和天文學界當道，悖逆了地球是宇宙中心的看法，因而被迫宣布放棄自己的理論。1632年他出版著作，遭宗教法庭審訊，被判「異端嫌疑重大」，[1]再度被公開認錯，餘生遭終身軟禁。

名門正派的地心說出自2世紀的大學者托勒密（Ptolemy），住在相當於今天芝加哥大學的亞歷山卓，這座埃及城市是當世學術中心，因為托勒密的貢獻，後世遂將這套天文學稱為托勒密地心體系。

他的學說利用數百年的天體觀察資料，解釋太陽和行星的運動，並編制方便計算行星過去和未來方位的星表。這學說的基本前提是地球是宇宙的中心，太陽和群星都繞著地球轉。托勒密地心體系在往後近1,600年間，成為文明世界的通說，對陸上和海上導航至為重要。

偏偏伽利略在1609年拿起望遠鏡研究天文學，率先觀測月球火山口、太陽黑子、木星四大衛星，還有土星環。托勒密地心體系的地位還固若金湯，但為了包容新的觀測資料，模型變得越來越龐雜，行星和恆星互繞，地球落在一組由小圈圈「本輪」和大圈圈「均輪」（本輪再繞著均輪轉）構成的圓周組合中，結果就是不可思議的一球毛線團。

　　但托勒密地心體系有滿足兩個有用的科學假設：「可預測」許多天體未來的方位，以及「說得通」行星運動的規律。

　　同時它也完全錯了。

　　不禁讓人聯想到效率市場假說，前面提到，效率市場假說和現代投資組合理論、資本資產訂價模型等分靈體奠基於數學分析，這方面我還有其他批評者沒什麼意見，而是眼見太多證據顯示這個理論不準確，前面章節也有介紹，爭議的問題已變成，為什麼效率市場假說的根本假設毛病那麼多？為什麼沒有好好檢驗，還是根本就錯了？但許多超高深的數學卻是應用在這樣問題重重的假設上，基礎並不穩固。太空梭需要架在精良的發射台上才能順利發射，同理，高深的數學也需要紮實的基礎才能正確預測市場。

　　第二個我們要探討的地方則是數學檢定本身，你可能有點意外，但許多效率市場假說檢定其實是有問題的，像是上一章提到的波動性，既不是唯一，甚至可能不能稱作重要的風險因子。檢視過這些假設和其問題，你就會明白我為何把繼續信服效率市場假說，比作跟伽利略揭櫫太陽不繞地球轉之後，對托勒密體系不離不棄一樣。

波動性的最後一搏

　　上一章指出，效率市場假說的假設遭1987年崩盤、長期資本管理公司倒閉（1998年），以及2007至2008年崩盤與大衰退連番打臉。禍首之一是風險理論不夠料，關注波動性，幾乎是把槓桿、流動性等重要因子晾在一旁。比起托勒密體系，效率市場假說甚至沒有可靠的預測能力，對市場走勢的解釋，也沒比托勒密對行星運動的準確多少。

　　現在有兩個問題：

　　1. 為什麼學界那麼關注波動性，獨獨用它來衡量風險？

2. 這種做法有道理嗎？

接下來看看這些問題。

上一章在波動性著墨很多。波動性越大，投資人的報酬就越高，反之越低嗎？結果顯然不是。實際上，學術研究30幾年前就有找到答案，我們現在來看看。

頂尖的效率市場假說學者怎麼知道投資人是算股票的波動率來衡量風險？其實學者不知道，也沒研究過這件事，就是做出波動性和報酬率相關性的研究，而且做出來的結果也沒定於一尊。學界只說事實就是這樣。還有，這個風險定義容易拿來建立複雜的電腦財務模型，這點正中教授們下懷，於是便拿它來建立簡單優雅的理論。

這種看待風險的方式，讓經濟學家難以抗拒，幾乎到了走火入魔的地步，因為，這正是理性的人理論上應該有的行為；如果經濟學家進一步證實投資人會趨避風險，得證說：人是理性決策者；要是投資人只為了賺取更高報酬而承擔更高的風險，這還得了，投資市場和個體經濟學理論兩大領域，不就融會貫通了。投資市場讓經濟理論功行圓滿，苦尋兩個多世紀，終於找到用以證明理性行為的市場，對錯先不管，這麼好的事經濟學家不可能放過。

教授們也開發出根據投資組合的風險，相應調整基金和經理人績效的方法，問題是當波動性不是唯一要丈量的風險，這樣的方法就有問題，不過40多年來，這一套就是衡量風險和報酬的高招。兩個人1年分別賺15%和30%，但後者的投資組合波動率若高出許多，風險調整後報酬可能反而不如賺15%的那人。

結果可能還是看誰會化腐朽為神奇。波動性看起來是條有難度的數學式，但用的卻是昨是今非的材料；算波動率要代入過去有關聯的數據，且宣稱未來仍可派上用場。這不是良好的科學，我看這跟光看歷史股價就要洞穿未來股線的分析師差不了多少，但前面介紹過，學界明明對後者的基礎難以苟同，而為了保住波動性，兩者的手法也是半斤八兩，也就是保住資本資產訂價模型和效率市場假說圍魏救趙。

但問題還是在那：為什麼風險是量波動性，而不是分析企業財務狀況、獲利能力、槓桿、流動性、未償債務之類，各種企管人士緊盯的指標？波動性固然對經濟學家很有吸引力，但你為何跟著買單？也許你沒想過，大部分人都這樣，但它確實有問題。

首先，學界所定義的風險與報酬之間並無相關性，較高的波動性不會得到較佳的績效，較低的波動性也不會讓績效變差，這是數十年來早就知道的事情。

麥克・墨菲（J. Michael Murphy）在一篇1977年秋發表於《投資組合管理期刊》（*The Journal of Portfolio Management*）上的文章，回顧了風險領域的研究，[2] 得到若干令人吃驚的結論，至少是對相信效率市場假說和資本資產訂價模型的人。墨菲引用四項研究，指出：「低風險證券的已實現報酬往往高於預期，高風險證券則低於預期……也就是風險報酬的關係比預期薄弱許多。」[3] 他又說：「其他重要研究的結論是，風險與報酬之間未必有任何*穩定*的長期關聯；[4] 繳出的報酬和承擔的風險之間幾乎沒有關聯；[5] 高波動性的單位信託並沒有獲得較高報酬的補償」[6]（楷體字是原文）。[7]

羅伯特・豪根（Robert Haugen）和詹姆斯・亨氏（James Heins）在1975年分析風險的論文中，總結道：「本文的實證工作結果不支持風險（波動性）會帶來系統性或非系統性額外報酬的常見假設。」[8] 注意這篇論文是在1970年代中期至後期寫成，那時資本資產訂價模型和風險調整後報酬的概念正要開始引領風騷，早於諾貝爾獎獎落發展理論的首功人士十幾年。

風險報酬之間缺乏關聯不是學界人士唯一的麻煩，更大的破綻是資本資產訂價模型和現代投資組合理論假設恆常的波動性會因時而異。長期資本管理公司的諾貝爾獎得主墨頓，幾乎認為這種看法萬無一失，直到長期資本管理公司被它害慘為止。不穩定的波動性也是2007至2008年次貸債券、1987

至1988年崩盤、2000至2002年出事背後的重要因素，分別出現標普期貨和指數波動性、網路科技股的波動性飆高的情況。

　　波動性的打擊面遠超出市場本身。長期以來企業經理人運用資本資產訂價模型來判斷投入新事業的吸引力。一般咸認波動性較高的企業必定伴隨較高的報酬，因此除非有把握從投資案中賺取額外的報酬，否則企業的執行長可能不太願意投資較高風險的新事業。

　　更廣泛來看，波動性理論似乎長期有礙美國企業界做出良好的決策。由於「好公司」咸信到市場就可取得資金，無形中傾向降低流動資產。1980年代，以效率市場假說理論的旗手詹森為首的一眾經濟學家，認為既然效率市場假說會常保市場上的價格不出錯，企業執行長對企業本身還有經濟最大的功勞，就是讓自家股價極大化。[9]話說得直白：盡一切努力讓自家公司的股價上揚，即使損及公司的長期生存和獲利能力也在所不惜。這理論跟2007至2008年金融危機時，企業顯著減持流動部位，以致經濟衰退加劇的情況脫不了關係，再度說明了有問題的理論會捅出什麼樣子的婁子。

貝他

　　貝他是最多人在量的風險，但從一開始研究者就苦於找不到一個能準確預測未來波動性的貝他。夏普、約翰・林納（John Lintner）和簡・莫辛（Jan Mossin）等人最早發展出來的貝他，證明沒有預測能力，也就是這期的波動性跟下期沒有或只有很低的關聯，股價可能一時洶湧，下一刻就一攤死水。

　　由於現代投資組合理論假定且效率市場假說隱含投資人會趨避風險，沒有可供舉證的貝他，從一開始就是研究人員的棘手問題。假若投資人風險趨避，貝他或其他風險波動性指標必須有預測能力卻落空，前後期的貝他不存在相關性，形同理論出現了大洞；風險理論站不住腳，效率市場假說恐脣亡齒寒。

　　備受推崇的研究者巴爾‧羅森堡（Barr Rosenberg）發展出一個眾所採用的多因子貝他，除波動性外，又納入不少其他資訊，據以衡量某個證券的風險，又稱為「神通貝他」，可惜沒有好下場，其他的貝他結局相同。個股和投資組合過去的波動性，都無法預測未來的貝他。

　　這些證據多半被束之高閣，直到法瑪1992年的論文才又重見天日。法瑪和詹姆斯‧馬克貝（James MacBeth）1973年的論文指出，較高的貝他會得到較高的報酬，[10]為資本資產訂價模型打了一劑強心針，後來法瑪與芝加哥大學同事肯尼斯‧弗倫奇（Kenneth French）合作，研究1963至1990年期間的9,500支股票，[11]結果是看貝他的話，股票的風險不是績效的可靠預測因子。

　　法瑪和弗倫奇發現貝他低的股票，與貝他高的股票績效差不多。法瑪說：「拿貝他當作是解釋股票報酬的唯一變數是行不通的。」[12]「我們的意思是說，過去50年來，知道一檔股票的波動性，對於洞悉那檔股票的報酬沒什麼幫助。」[13]最好造一座大陵墓來刻上這段墓誌銘。

　　1992年6月1日《財星》有篇文章說：「芝加哥大學那批人說貝他是假的。」[14]《芝加哥論壇報》（*Chicago Tribune*）說得好：「有些名氣響噹噹的追隨者如今嫌得最兇。」[15]

　　不是貝他，然後呢？若不是量波動性，那怎麼測定風險。弗倫奇教授的說法是：「抱落水狗讓投資人如願以償。」[16]他倆的研究指出，股價淨值比和本益比最低的股票，後來報酬最高，較小型的股票也是如此。股票報酬與這些測量指標的正相關程度，高於貝他之類的風險指標。[17]

　　法瑪補充說：「一個風險因子成不了事。」投資人必須從多因子的角度衡量風險，將價值面和其他風險基準納進來。[18]

　　法瑪和弗倫奇在1996年一篇論文中，駁斥另一篇企圖捍衛貝他的學術論文，說：「它〔貝他〕救不了資本資產訂價模型，證據是光貝他不足以解釋預期報酬。」[19]

　　一起陪葬的還有現代投資組合理論跟效率市場假說的一大塊陣地。連同自打嘴巴，法瑪的新發現否定了許多過去的學界成果。他在貝他的墳前說：「我們一直知道這世界沒這麼簡單。」[20]他可能早知如此，卻拖了20幾年才說出口。他說「貝他已死」敲響的喪鐘，響徹了金融界。

貝他模型和資本資產訂價模型雖然屍骨未寒，不過時隔1年，法瑪在1993年和弗倫奇便提出新的三因子模型來取而代之。有人可能想說怎麼不早點提出，但這次公式中除了貝他外，還放進了市值小（小型股）、市價淨值比低（價值股）這兩個因子，*雖然法瑪也說：「三因子模型絕非完美之作。」[21]確實，法瑪教授從異常現象發現，這模型似乎能得到更準確的波動性衡量，但也沒提到為什麼就該這麼用。

效率市場假說迫不及待需要一個顯示出高報酬與高風險有相關性的新法子來救亡圖存，這條思路似乎讓科學方法淪為讓效率市場假說苟延殘喘的救生索。財務學教授喬治·法蘭克福特（George Frankfurter）在檢討法瑪和弗倫奇的發現時說：

> 現代財務學與中美洲宗教很像的地方是，大祭司除了可以抓信徒來獻祭，對整個教都能予取予求。這領域流於教條的灌輸，存亡都在開宗立派的祖師爺的一念之間。[22]

但這可不僅僅是一場象牙塔裡的茶壺風暴，貝他和其他各種風險測量值，決定了退休基金、投資機構還有大眾如何投資數以兆計的資金。高貝他像是警訊，而有辦法用低貝他的投資組合繳出及格報酬的經理人，就會受到眾人追捧。[23]

例如，我經常參考的基金評等業者龍頭晨星公司，雖然是很方便也可靠的資料來源，但它用的風險概念其實有問題，它最高的五顆星評等，測風險時有一部分就是採用了法瑪的三因模型。

---

* 巧的是其中二個因子30幾年來一直也有用在我的逆向操作策略之中。

資本資產訂價模型與波動性理論連敗

波動性理論雖然一直有問題，40幾年來也讓許多誤上賊船的人付出巨大代價，雖說如此，研究者反而謅出問題更大，我看了膽驚心顫的風險（波動性）假說，以我之見是一律敬謝不敏，接下來會跟你解釋為什麼。

前面提到了，法瑪教授在內的眾多人士都已放棄資本資產訂價模型，即波動性理論的濫觴，表示它不靈光，倒是夏普等諾貝爾獎得主對此仍有意見。[24]如同採用望遠鏡所得到的大量新天體觀測，摧毀了托勒密的學說，同理，更有力的統計新知接踵來到，揭穿當代波動性學說不管用，同樣對資本資產訂價模型和效率市場假說形成莫大威脅。

效率市場假說——資本資產訂價模型波動性假設的問題

效率市場假說陣營不是不知道己方理論所面臨的危機。投資人若全然理性，那麼報酬和風險之間必有系統相關性，否則效率市場假說恐怕要步上恐龍的後塵。若有的投資人承擔一樣或較低的波動性，報酬卻比其他承擔相同或較高風險的人更高，表示投資人並非全然理性，這對效率市場假說和資本資產訂價模型猶如芒刺在背。

放棄資本資產訂價模型的法瑪替效率市場辯護時，在1992年論文中用了三因子模型，其他人順勢便提出了四、五因子等風險模型，指證歷歷說風險報酬之間仍存有相關性。

不過，構想這些新模型出了一些嚴重的紕漏。這些模型都是要取代資本資產訂價模型，但它們都是基於同一套思路，也就是要顯示較高的波動性會帶來較高的報酬，較低的波動性則伴隨較低的報酬，而資本資產訂價模型做不到的事，難道這些換湯不換藥的新模型就能？資本資產訂價模型雖因不靈驗遭到棄置，但它的核心教條，也就是風險報酬兩者直接相關，卻被保留在效率市場假說風險分析的骨幹中。

所以研究者勢必得要找到新的風險報酬變數，好從中得出高風險高報酬的相關性；事實上，他們必須建立有辦法圓滿達成舊款未竟之功的新款資本資產訂價模型（當然也要改名），這樣的念頭反而使他們陷入更深的理論泥沼。

你能上哪找到管用，做出來的結果又勝過舊款資本資產訂價模型結果的新變數？顯然你不能在《紐約時報》或《華爾街日報》分類廣告版上，打廣告說要「誠徵新風險因子」。

可惜這正是效率市場派落到的處境。這些人後來有過了波動性這關嗎？並沒有。首先是他們一開始就站在風險報酬之間存在簡單相關性這邊，讓自己陷入科學上的困境。彌爾頓‧傅利曼（Milton Friedman）曾告誡：「如果有一個……〔相關性〕……與已有的證據相符，那麼肯定還有不計其數這樣的因子。」[25]即使學者發現一個波動性與報酬的相關性（尚有疑點），可能有上百個更好的其他風險報酬解釋因子。

研究者第一個問題是無法證明三因子、四因子或其他模型的結論是真有其事，或只是碰巧呈現關聯。傅利曼也提過，科學方法的一條基本規則是，相關性跟因果關係差多了。事象間的相關性多不勝數，但缺乏證明其為真的合理證據的話，不過是純屬巧合，下一刻可能就消失不見了。例如，技術分析用了數十年的裙擺指標（Hemline Indicator）就是一個有趣的碰巧相關案例，這指標的概念是說，1920、1960、1980和1990這些流行短裙、裙襬較高的年代，股價都飆高，反之在1930、1940和1970這些流行長裙、裙擺較低的年代，大盤都走低。照這半開玩笑的說法，裙擺的高低與股市高低連動，顯然大家是聽聽而已。

不過，許多效率市場假說研究者似乎把碰巧相關當成得證，無視無法證明可能有許多其他變數也有同樣甚至更好的相關性。雖然尚未有人提出顯示波動性與報酬之間存在一致相關性的新理論，效率市場假說研究者仍未放棄尋找，並試過上千個可能有望的財務變數，但沒一個真正管用。

這不是好的科學，而且相關性欠缺關鍵科學基礎，到頭來可能一塌糊塗。重點是法瑪在1998年概括效率市場的論文中說，至今檢定過的波動性模型「都是平均報酬的一面之詞」。[26]總之，沒有一致性。研究者用這些方法像是作繭自縛。

好吧，還有一關要過。若市場是效率的，精明的投資人照理說會讓價格符合價值，那麼即使學界找不到，投資人不是老早也要知道有什麼未發現的相關性了嗎？如果連投資人都不知道，市場這幾十年來還算是效率的？既然尚未也沒有跡象指出即將提出新的波動性證明，我們只好斷定，效率市場假說在衡量風險這件事數十年來一直還沒做對，而且可能犯了明顯的錯誤。這個邏輯的泥沼似乎隨著每次新的發現而越來越難以脫身。

但少了波動性相關性的效率市場假說，就走上了托勒密地心說的老路，試圖靠著本輪和均輪之類來補救的做法也很類似，看著人才從科學發現，落到闡述思想的田地，令人不勝唏噓，有些時候幾乎像是信眾。

效率市場假說的致命傷

第4章提到，證據一面倒地支持無法打敗市場的結論。現在我們進一步來看研究者當初「證明」投資人無法打敗市場的研究，結果包准出乎某些人意外。

沒有什麼說法比法瑪對效率市場的描述還要一目了然：[27]若市場效率的必要條件齊全了，也就是資訊充分為投資人所用，交易成本合理，並無一致性的證據顯示市場參與者會有比較好或比較差的報酬。

這個論點假定成千上萬的分析師、基金經理人和精明投資人，會尋找並分析可用的資訊，讓價格與價值常保一致。[28]但學者說很難評估投資人如何分析資訊，據以決定股票的價值被低估，於是檢定這項假設前提，變成了探討有沒有哪類投資人有賺到超額報酬，由於容易到手決策和績效的資訊，基金經理人最常被當成實驗的小白鼠。研究顯示無論調整風險前後，基金績效皆未超越大盤平均，但風險調整後、支持效率市場假說的結果，如今不無疑義。

問題統計與袋鼠法庭

1960年代和1970年代早期的基金統計研究，並未呈上投資人高於平均的績效，就做出對效率市場假說有利的呈堂證供。

仔細查證後，效率市場的勝利就被沒收了。研究顯示，當時研究者所用的風險調整工具太過不準確，連重大的基金經理人超額績效都可能遭忽略；所用的統計檢定將難度訂得太高，以致非常難看出存在的超額績效。例如有人指出，套用詹森的方法後，在一般最起碼的95%信心水準下，115個經理人當中，只有一位繳出超額績效。[29]

尤有甚者，這經理人是在14年間，每年多賺5.83%。厲害的經理人在這麼長的期間，1年能多賺1.5%或2%就不得了，詹森對經理人打敗大盤的要求，可說高到不像話，巴菲特和約翰・坦伯頓（John Templeton）這等級或許有這樣的功力。有個經理人20年間每年多賺2.2%，但照詹森的算法，這成績仍未達統計顯著。[30]詹森當時這麼寫：「沒什麼證據顯示任何個別基金能夠顯著超越隨機的期望值。」[31]

另一份應用標準風險調整技巧的研究指出，在95%信心水準下，無法斷言一個10年間上漲逾九成的投資組合，結果優於另一個下跌3%的投資組合，還提到：「給定合理的年超額績效與變異（波動性）水準，約需70年的季資料才能達到95%信心水準的統計顯著性。」*

美國總統經濟顧問委員會前主席勞倫斯・桑默斯（Lawrence Summers），

---

* 超額經理人績效的統計標準，著實讓人不敢恭維。

輕描淡寫地指出統計工具說服力低的問題，他綜合研究結果後，估計要用到
5萬年份的資料，才能做出讓理論死忠陣營滿意的否定結果。效率市場假說
績效與風險衡量工具說服力之低，無法如實刻劃卓越的績效，偏偏這又是推
翻這假說的要角。[32]顯然，這個經理人無法打敗市場的「證明」，是用不當
的統計拼湊出來，而且碰巧讓出色的經理人受到不公待遇。

　　像是規模630億美元，股東逾百萬，由三名經理人分別管理的麥哲倫基
金（Magellan Fund），怎麼有辦法績效贏過市場十幾年，而坦伯頓和管理溫
莎基金上百億資產的約翰・奈夫（John Neff）怎麼有辦法績效贏過市場20
幾年？這些閃亮的成績只靠公開資訊？真如效率市場假說陣營宣稱的，純屬
巧合？還是只是讓這張「異常」清單多了一項？那麼我們得要好好看看其他
投資機構如何繳出異常報酬，而且不能再像詹森那樣，要換一套真的看得出
卓越績效的統計方法。

為何不重算有問題的效率市場假說績效？

　　那麼，照理說要保持中立的學界，再出現更好的統計方法時，有改正原
先的結果嗎？看樣子是沒有。雖然證據存疑，詹森有問題的基金研究結論，
仍被拿來支持效率市場。

　　雖然法瑪和弗倫奇等人表明資本資產訂價模型在衡量風險方面沒有用
處，故事並未就此結束，除詹森的例子外，礙於所用統計工具的問題，調整
風險和未調整風險的基金績效也有誤導的情況，但效率市場假說陣營也是一
直不去重算，好看清基金與市場的相對表現。前面提到，優越的績效因為衡
量方式不當而泯沒，偏偏這又成為效率市場假說用來顯示市場效率的「確
證」。績效超越市場的經理人多半埋沒在冠冕堂皇的統計術語底下了。

　　貝他與其他學界風險測量值仍陰魂不散，替效率市場假說託夢，除掉任
何理論不容的超常績效，這不過是死忠陣營用的一個手段。

　　儘管陰魂不散，死忠派終究無法抹去作為效率市場假說喪鐘的超常績效，接著我們來看一些除魅打怪的例子。

礙眼的市場異常

　　效率市場假說另一個難關是它宣稱某種投資人，比如說具備專業知識、技能或方法的圈子，會一直讓價格保持該有的水準。[33]我們知道情況不是這樣；不過，效率市場假說做出更強硬的說法：*經過時間考驗，沒有哪種投資人或投資策略贏過市場*。這下問題來了。

　　經理人績效贏不過市場基準指標的信條有一個必然推論：沒有哪個方法或方式能一直繳出漂亮的成績單，但還真的有很多證據指出有些投資策略一直勝過市場，有些一直落後市場，根據呈堂證供，裁決無疑一面倒，對效率市場假說不利。

　　第四部分將會介紹，很多文獻都指出，逆向操作策略數十年來都能產生顯著優於市場的報酬，這行徑公然牴觸效率市場假說的核心教條，也就是人的市場行為近乎全然理性。

　　另外，說在效率市場中，沒有哪種投資人或策略會一直落後市場，是效率市場假說搬來砸自己腳的另一塊石頭。幾十年來追捧熱門股的投資人，一直都繳出低落的績效。另一個重要的落後績效表現，是研究發現40年來市場上最好不要碰首次公開募股。[34]超額和低落的長期績效都有了，剛好相反的兩種市場異常，效率市場假說都說不可能，但還是出現了。

　　這些市場異常經過40年的考驗，不僅打死不退，近年來反而聲勢扶搖直上，冒出幾十篇研究逆勢操作的文章。重要的市場異常，即逆勢操作長久以來超越平均報酬的異象，也載於法瑪和弗倫奇1992年的論文，[35]他們的資料也與效率市場的主張相牴觸，而且從來沒文獻說這樣的策略風險比較高。信眾面對大量牴觸的研究發現，要嘛縮回去，要嘛得好好想怎麼自圓其說。

市場效率的另一關

效率市場假說另一個假設前提是，新資訊會幾乎立即被吸收消化分析，並準確反映在股票價格上，以致投資人無法打敗市場。暢銷數十年的《漫步華爾街》（*A Random Walk Down Wall Street*）作者波頓‧墨基爾（Burton Malkiel）2005年寫了一篇文章回顧效率市場的證據：「依我之見，股票價格可以毫不遲疑應變新的資訊，因此，不存在不承擔高於平均的風險，就可賺取高於平均報酬的套利機會。」[36]可是股票價格真的是「毫不遲疑」應變新資訊嗎？40幾年來效率市場假說一直這麼說，幾乎全部學者也都這麼用，真實價格經常反映新的資訊，但說是正確反映的證明在哪？

沒有。待會介紹一系列研究，會發現研究者往往把任何市場反應，當成正確反應。一些研究也講得很明白，一開始市場會做出不對的反應。第9章會介紹在長達38年的期間內，盈餘不符預測事件一再引發可預測但失準的初步反應，瑞‧鮑爾和菲利普‧布朗（Ray Ball & Philip Brown, 1968）、[37]維特‧伯納和雅各布‧湯瑪斯（Victor Bernard & Jacob Thomas, 1990），[38]和法瑪1998年[39]的論文也都指出這個情況。

特別有意思的是，法瑪發現後進者的研究結果屬「穩健」，等於直接打臉了效率市場理論上，新資訊會立即正確反映於股價的假設；由於基本假設未充分通過驗證，動搖了效率市場假說另一根支柱。接受檢定的是股票有反應新的資訊，而非股票正確反應了資訊。股票聽到消息有數十種可能的價位，怎麼知道哪個價位是對的？照這個邏輯，一個人能跑步，就有能力在奧運奪金。

九彎十八拐的市場效率之路

為了更通盤了解論點背後的檢定多麼薄弱，我們繼續來看一些這幾十年來據稱已確認投資人是迅速無誤反映市場資訊的研究。

亡羊補牢

　　1969年的價格適應新資訊迅速調整這項重大研究發現，是出自法瑪、羅倫斯・費雪（Lawrence Fisher）、詹森、羅爾等效率市場假說陣營四大宗師的手筆（後文以FFJR代稱四人）。

　　研究者檢視紐約證券交易所1926至1960年的股票分割事件，[40]用了當時最為高深的統計方法所得出的結果是，股價在分割後沒漲，是因投資人事先就消化完所有利多資訊；作者總結說，他們這項研究強力支持市場效率的假說。實情是，這項研究跟其他眾多同類研究一樣，是過分簡單化的市場效率試驗，靠著極為基本的檢定理解容易到手的簡化資訊，遠遠比不上動輒用到上千個互相連動變數的繁複投資分析決策，像是第2、3章介紹的內容。

　　這項研究被廣為引用，並傳授給數十萬名研究生，作為昭示市場效率的碑誌，不過，這研究問題不小。研究者故意衡量資訊發布後事隔數月的期間，來評估市場產生的效果，而非衡量資訊公布當下的期間。這做法有點像是羊跑掉了才關門，安慰自己說，多少有點用。

　　股票宣布分割時，資訊就傳達給市場，時間通常比股東收到分割股票早2至4個月，要測量股價是否因此上漲，應該是選較早的時間點，這也是盈餘不符預測、股利調高或調降等影響股價的公司事件的做法。

　　可惜無法取得這項資訊，所以研究者改用發放分割股份時，也就是距資訊公布2至4個月後，做出來的結果顯示並無額外報酬。廢話，挑這時間點當然測量不到股價變動，市場早在2至4個月前就消化完畢消息內容，充分反映在股價上了。

　　我在《逆向投資策略：下一代》這本書檢視當初論文用的圖表，很明顯就可看出，宣布分割後最大的漲幅，發生在宣布後2至4個月內，實際上，這4個月平均多出的月報酬,幾乎是之前26個月市場超額報酬的2倍。[41]

這情況讓研究者備感棘手。假設宣布分割多半早於發放分割股票2至4個月,那麼圖表看來就是在說,股票在宣布日後確實有高於平均的報酬。分割帶來的利多,看起來不是立即,而是花了幾個月才調整完畢。

若此為真,研究者的論點就不成立了;最合理的結論要改成這類股票在宣布日後,會持續上漲一段時間,不是論文說的那樣。

作者不是沒注意到這件事,數度在論文中解釋,所用的資料庫不含宣布日的資料,*要說是好運嗎。如果能用對時間點,如我們前文的分析,那麼結論就會改寫,變成證據顯示市場反應新資訊欠缺效率,而不是有效率,無疑是在刁難市場效率。

30年後,1996年大衛·伊肯伯里(David Ikenberry)、格雷姆·蘭金(Graeme Rankine)和厄爾·史泰斯(Earl Stice)[42]重做這項研究,調查紐約證券交易所和美國證券交易所在1975至1990年間,1,275筆1比2的股票分割事件,觀察到宣布後和第一年分別有3.4%和7.9%的超額報酬,分割後的3年,平均報酬水準較高。

海曼·德賽和普雷姆·傑恩(Hemang Desai & Prem Jain, 1997)發現股票分割後12個月報酬高了7%至12%。[43]這些結果直截了當反駁了FFJR的1969年論文,提出了市場反應新資訊缺乏效率,而非有效率的證據。這些發現與我們的分析一致。

法瑪在1998年的效率市場假說研究中,無視FFJR在1969年的結果遭受嚴正駁斥,而且研究方法上瑜不掩瑕的事實。他似乎反過來質疑其他研究者的發現,說研究期間不同,方法有點問題等。這項似乎是企圖讓大家別太過投注在FFJR判定市場是否幾乎即時反應分割消息一文的苛責目光的舉動,一點都不高明。期間不同根本不是重點,他打的如意算盤是,原論文當時是

---

* 904筆分割樣本中,有52筆例外,不到6%。

檢視股票分割有沒有立即的股價影響，而他對這點輕輕放下，避談後進的研究發現似乎對FFJR的研究不敢苟同。有些帶風向的專家可能對這種在這圈子稀鬆平常的手法有興趣。

威名流聞的FFJR咸認是效率市場假說最強硬的研究靠山之一，少掉FFJR和其他問題也不小的同溫層研究，效率市場假說宣揚的投資人處理資訊快又正確的教條，就土崩瓦解了。

效率市場假說抓漏抓不完

如果你想知道研究者在變什麼把戲，好好把原始資料拿來看，通常都非常有意思，前提是看得夠仔細。我們這就來看看其他宣稱市場快速反應新資訊的研究。首先是鮑爾和布朗（1968），[44]兩人檢視1946至1966年間261家廠商的正常報酬率，他們將股票分成二組，一組某年度盈餘相對市場增長，一組衰退，並在年底衡量績效，結果發現盈餘相對增長的股票，績效勝過市場，盈餘相對衰退的股票，績效落後市場，結論則是股價有料到大多數的盈餘宣布消息。

理論家漏掉一個簡單但投資人大多知道的事實：企業通常是每季發布財報，不是每年。美國證券交易委員會多年來都是規定上市企業要在90天內揭露這項財務資訊；此外，那時候分析師提出的公司營運研究報告，絕大多數有整年度的盈餘預估數字，而且通常用發言人的新聞稿補充，但作者說投資人有正確判斷公司的展望，然後在自己拿到資料時看股價行情走勢。問題出在，研究者到底懂不懂實務，包括在市場資訊和投資研究上，靠這種相當淺白天真的發現，就說市場有效率未免太言過其實。

另一個彰彰可據的證明是休斯1972年的研究。[45]休斯分析股票增資發行（secondary offering）後，指出平均而言，股票在這類事件後會下跌1%或2%，企業或企業高層脫手老股時跌幅最大。他還說，完整的價格效果會在6

天內反映完畢，他總結說，因為美國證券交易委員會在發行後 6 天內不驗賣方身分，市場考量發行案的資訊內容，因此是有效率的。這又是一個根據短時間內的名目價格變動所做的泛泛之談。

增資發行一般會暫時壓低股價，這幾乎稀鬆平常，重點是股價走跌是否適得其中，相對市場來說，3、6、12 個月後表現如何？而且許多經紀人會事先揭露賣方有誰，說美國證券交易委員會沒規定表示市場有想到，言之過早，通常這項資訊不管怎樣都會流出。

另一項市場多快將新資訊整合併入股價的研究，考慮企業如何反應合併與公開收購的消息。法瑪 1991 年回顧效率市場時，表示：

> 　　合併與公開收購案中，目標公司在宣布前後 3 天的平均股價漲幅大於 15%。股票的平均日報酬僅約 0.04%（一年 10% 除以 250 個交易日），不同的預期報酬衡量方式，對目標股份在合併與公開收購宣布前後出現巨大異常報酬的推論，影響甚微。[46]

這還是跟現實有點脫節。合併與公開收購幾乎都是用更高的行情拍板，有時會高出收購前的價格一大截。

股價在首次公開募股宣布前後 3 天平均上漲 15%，肯定無法得證市場有效率。前面也有提到，效率市場假說理論家錯在假定股票有回應新資訊，就是做了正確的回應。通常公司管理層都會要求合併與公開收購抬高出價，而且常常高價成交（尤其是惡意收購），股票也經常好一陣子在收購的報價之下交易。

根據其他研究，[47] 股票在初始宣布日前後的 15% 增值，是股東在收購案成交前後數週到 2 個月這段期間，平均會拿到 30% 左右的總增值幅度的一半。即使計入偶爾的掉價情況，一開始的收購行情也是太低，可見市場在公開收購與合併的初始訂價似乎不正確。

沒有證據顯示初始的反應是正確的反應，價格太常從宣布後的行情扶搖直上；有一代的風險套利者靠著這個假定發了大財。這研究在併購方面的知識稍嫌天真，照可取得的證據來看，相對最後收購價，市場在估算初始的出價方面，似乎欠缺效率。

　　用西洋棋來比喻，這情況像是，我在現任棋王走了一步棋後，也走了一步棋，就代表我跟他棋逢敵手了。重申一次，理論上：任何價格變動都是正確的價格變動，是沒道理的，也不切實際，雖說如此，偏偏這也是效率市場假說的「證明」精髓所在。

其他不利於效率說的證據

　　實情是效率比理論上認為的罕見許多。市場並非快速因應新資訊調整的證據越來越多。羅尼・麥可利（Roni Michaely）、理查・塞勒（Richard Thaler，行為財務學先驅）和肯特・沃馬克（Kent Womack）在1994年做過研究，[48]三人衡量1964至1988年股利增減事件後的股票行為，平均而言股票在宣布減發股利後的1年和3年，表現分別落後大盤11%和15.3%；宣布加發股利後則勝過大盤7.5%和24.8%。這項研究指出市場並沒有快速反應新資訊。

　　若干其他研究顯示，市場消化新資訊的速度很慢。幾位研究者發現，企業財報盈餘與預測不符時（財報數字高或低於分析師的預測行情），後來三季的股價會視利多或利空而上漲或下跌。[49]第9章會提到，傑佛瑞・阿巴巴內爾（Jeffery Abarbanell）和伯納指出預測盈餘的分析師，沒有從過去錯誤中快速調整回來。[50]第11、12章介紹的「買進持有」逆向操作策略表明，[51]盈餘與預測不符的「最遜」和「最佳」的股票，在長達9個月內，績效會分別勝過及落後大盤。這些市場會慢慢、而非即刻回應完整資訊的發現，看來又讓效率市場假說再次漏氣。

　　最後，席勒指出，如果市場是效率的，那麼當大家回顧歷史，某時的股價應該與那時視為「理性」的價位有關，[52]他根據後來發放的股利來看股價是否合理，研究涵蓋1871至1979年。

席勒建立的理性指數呈現平滑、穩定的軌跡，反觀實際的市場指數則長時間偏離此水準，波動性相當大。席勒的結論是：「過去一個世紀的股價波動性看來太高……歸因於未來真實股利的新資訊。」[53]簡言之，市場長期未準確反應資訊，而且漲跌失據。

效率市場假說理論的黑洞

記得我們說過，效率市場假說追隨者認為，明智的投資人會讓價格落在理所當然的水準，可惜實情並非如此，這意味著這個假說最重要的公理保不住了。

效率市場追隨者沒有驗證的一個關鍵問題是，專業投資人是怎麼讓價格與價值相符，他們是用什麼方法？這問題在效率市場假說陣營到底有沒有解釋過，還是它只是一個理論上少不了的假設，本身仍妾身未明，也許原因出在，學界不太懂明智投資人所用的工具和模型。第2章重點介紹了若干基本分析方法，包括幾個股票評價技巧和比率，只要照本宣科，不至於會買到大幅高估的股票。

但如果真的買到泡沫股或其他超漲太多的股票，畢竟這是很常遇到的情況，形同將多年的經驗和訓練，以及工作上的基本功拋在腦後，這種行徑不會被視為合乎理性，而且本不該發生。不過，在泡沫或飆漲時期，同樣常發生這種情況，在恐慌時跟著拋售跳樓的優質股也是。

重點是，這些錯是出自效率市場假說聲稱讓市場有效率的專業學識俱佳的投資人之手。這些人沒讓價格落到對的行情，市場怎麼保持效率？答案顯然是，市場效率沒保障，這是泡沫頻頻發生，價格一時高不可攀隨後又萬劫不復的真正原因。

我知道這些可能是理性投資人中的異類,效率市場假說的篇幅還沒結束,我只會順便帶到一點第一部分介紹的市場心理面,否則無法理喻這樣的行為。

效率市場假說的黑天鵝

科學的歷史告訴我們,才智正常的人提出的假說通常問題不大,會出大紕漏都是假說背後用的假設前提。強大的統計方法,少了現實的假設,結果會一發不可收拾。我們知道劣幣驅逐良幣,財務學和經濟學的不良構造,經過這50幾年的發展,讓好的科學沒有容身之處,苦勞雖多,功勞很少。

老實說,效率市場連財務學界自己人都在攻訐。愛德華‧桑德斯(Edward Saunders, Jr.)用偉大的20世紀哲學家卡爾‧波普(Karl Popper)的科學方法論來批評效率市場假說的方法。[54]波普有個著名類推,他說,要證明所有天鵝都是白色的研究者,就不該在白天鵝身上浪費功夫,而是要專心找黑天鵝,因為找到一隻黑天鵝就足以否證。[55]效率市場假說研究者沒聽進波普的話,效率市場假說的黑天鵝是層出不窮、理論說不清的重大市場異常;效率市場假說除了悶頭繼續找它的白天鵝,還傾力撲殺黑天鵝,好證明效率市場假說的清白。

三級跳

即使宣稱市場有效率的研究無可爭議,第4章仍指出它有個更嚴重的問題。科學發現遠不足以得證研究者那種一言以蔽之的開創性結論。什麼研究證明市場立即正確無誤地反應新的資訊?沒有。只是把市場回應簡化的資訊,當作價格有而且是正確反應市場事件的確證。研究者從未試著去檢驗投資人理解更為複雜的金融與經濟數據的能力,像是本書提到的諸多資料。

這情況不僅發生在效率市場假說研究，許多數理經濟學的領域都是如此。研究者對統計分析吹毛求疵，對更大的問題則輕輕帶過。我們在證明市場效率的研究中確實看到如此情況，論文檢視淺而易見的市場衝擊事件，做出來的結果充其量是「擦邊球」，卻被研究者視為「紅中直球」，並得出廣泛的結論。如果市場有料到相對簡單的合併或增資發行消息，以此類推，想必有能力彙整並正確理解複雜的企業、產業、經濟、貨幣、金融和市場大環境的資料。[56]

不得不佩服這些學者憑著站不住腳的證據，要建立通盤理論的膽量。從這些簡單的發現，到做出市場正確無誤而且幾乎立即理解所有資訊的結論，中間何止需要三級跳，更別說像在泡沫或恐慌期間，資訊可能極為複雜。這情況像是說，我女兒在6歲時，若能從1數到100的話，應該也能讀懂相對論，雖說要是當時真的問她，她可能真的會去讀，但在讀什麼就是另一回事了。

可惜一旦加以檢驗，效率市場假說的學說可說節節敗退，沒有哪個學界信誓旦旦，要放諸理性投資人皆準的風險測量值，經得起時間的考驗。我們像在為財務學發明本輪，風險報酬的典範必須存在，否則效率市場假說不就走上托勒密地心說的後塵，風行一時，但到頭來還是遭到眾人拋棄。

我們也探討了三個效率市場假說的關鍵假設，*結果發現這些假設所謂的「證明」薄弱且有誤，在強有力的效率假說反證面前，皆不足採信。

最後之前已說過，效率市場假說假設投資人能理解龐大數據這件事有重大的問題。認知心理學和其他心理學科的研究發現，這個假設並不正確。用西洋棋來比喻的話，成千上萬個下棋民眾當中，只會出現一小撮大師級棋士，跟唯一一位棋王；解讀棋局時都不能一視同仁了，換到更複雜、更情緒

---

* 投資人打敗市場只是一時、市場能快速準確回應新資訊，以及投資人會讓價格落在理當如此的水準。

化的市場上，又怎麼可能等量齊觀？

說穿了，第5和第6這兩章似乎是在向效率市場假說、資本資產訂價模型和現代投資組合理論的陣營宣告：「很遺憾，到頭來太陽沒有繞著地球轉，你們只能接受了。」

第二部分結語：現代經濟學的危機

效率市場假說如今的接受度如何？乍想可能覺得很高，畢竟學者還是前仆後繼地在知名期刊大量刊登這方面的文章，並廣獲投資圈採用。但我們知道，這套革命性學說的地基似乎很不牢靠，講難聽一點是紙糊的，像是這假說一個重要的支柱，合乎理性的風險測量值，不過是金融學者所做的有問題假設，目的是讓投資學搭上經濟學；而效率市場假說若是對的，投資人就得這樣子測量風險。學界寧可信其有，至今不改其志，下場就是某些最優秀的經濟學家作繭自縛，困守這個邏輯的破口。

效率市場假說和多數投資學門經濟學家做研究的方式，是研究者在風險測量方面一敗塗地最重要的理由。二戰後，社會科學企圖成為像物理學那樣的嚴格科學，其中又以經濟學家最認真。早在60幾年前，經濟學家就開始指望藉由數學理論，讓這門「憂鬱科學」搖身一變，具備阿爾伯特‧愛因斯坦（Albert Einstein）相對論或約翰尼斯‧克卜勒（Johannes Kepler）行星運動定律那般的預測能力，後來的諾貝爾獎得主薩繆森，那時候還是麻省理工學院的青年經濟學教授，率先將在物理學大放異彩的微分方程方法，用在研究幾乎所有的經濟問題。

假設理性是重點，對於要讓利潤極大化的廠商、要滿足極大經濟慾望的個人，都是如此；理性行為是薩繆森著述的根基。這個不無疑義的平台，讓經濟學家能放手建立最複雜的數學模型，經濟學於是可以化為精準的物理學。

魔鬼交易

說經濟學家和效率市場追隨者不知道所做假設的天真與漏洞有失公允。源於18世紀至19世紀初理性主義盛世，經濟理性的假設前提困惑經濟理論人士已久。

哲學和社會科學幾乎放棄了絕對理性。通說是人行事往往合乎理性，但例外的時候也很多。市場和經濟史強力支持行為專家的發現。

那麼，為什麼多數經濟學家要沿用一個不合時宜的人類行為概念，作為自家理論的基石？多數人同意效率市場假說核心的理性概念有問題，但依然為其用處提出辯解；像很久前有本書寫道：「引進較為現實的假設會讓經濟理論變超難。」[57]

經濟理論與後來的財務理論，數十年就是卡在這個進退兩難的地方。要改用現實點的假設嗎？如果要，又會是什麼？還是明知假設脫離現實，但可以上天入地做分析，實不實際是末節？用繁複的行為或其他假設建構經濟理論的難度高，實際又怎樣？理性讓經濟學家有了一個簡單又堅固的假設，可是搭在上面的構造經常出問題。

薩繆森是應用高深數學來解決經濟問題的先驅。新的經濟時代已揭幕，目標是讓經濟學的預測能力不下物理或其他自然科學，經濟理論的發現會跟測量金屬熱脹冷縮一樣精準，但高等數學只有理性這座靠山；結合社會學或心理學的理論，也許能指向一些可能的門路，可能漸入佳境，但要將複雜的數學公式代入飄忽不定的行為，可說緣木求魚；行不通，對多數經濟學家來說，最實際的辦法是用理性這假設，經常不正確是其次。

因此，絕大多數經濟學研究，取向所見略同，聽不進歷史上若干重要經濟學思想家的告誡。例如，凱因斯是數學背景出身，就拒絕在不現實的假設上，建立自己的經典理論。他跟老師阿爾弗雷德‧馬歇爾（Alfred Marshall）一樣，認為經濟學是一門邏輯學，不用冒充成自然科學。馬歇爾寫道，多數經濟現象不用訴諸數學方程式，並提醒要小心別過度著墨在最容易量化的經濟原理部分。

　　薩繆森改轅易轍，強調仿效自然科學的複雜量化，並在戰後主宰了經濟學。薩繆森之前，數學雖然有用，但只是現實假設的配菜，現在變成了主菜。好的想法往往出於無法以高深統計或繁複方程式表達，而被經濟學家打入冷宮。學術期刊上發表的論文，很多是經濟思想含量很低，但用華麗數學模型包裝而成的研究；差勁想法若裝飾了高深數學，即使假設有問題，結論矛盾，還是足堪刊登。諾貝爾獎得主保羅・克魯曼（Paul Krugman）說：「在我看來，經濟專業走上歪路，是因為把吸睛的華麗數學誤認為是真理。」[58]

　　一度是讀者讀物的經濟思想與原理，變成除了訓練有素的數學研究者才懂的天書，若經濟學因此達到自然科學般的預測能力也就算了，但這門少了現實假設的憂鬱科學，其實是被數學耽誤，並沒有活化。約瑟夫・史迪格里茲（Joseph Stiglitz）在2001年獲頒諾貝爾獎致詞時，討論到基準經濟模型的不足，提到：「〔一個模型〕我只變更一個假設，關於完全資訊的假設，而且是用言之成理的方式……因此，我們成功表明標準理論除了不穩健……僅僅改變一個假設……〔對理論〕就有了莫大的後果，但也表示有可能建構具有絕佳解釋力的穩健典範來取代。」[59]

　　金融危機與繼之而來的大衰退之後，經濟學和效率市場假說的問題成了新的當務之急，許多人都想知道，經濟為什麼落到這步田地，經濟學家、大批失業者、《華爾街日報》，還有自由放任陣營，[60]紛紛有所省思。

　　包含舉足輕重的央行人士在內，大多數經濟學家多年來認為，人的理性還有市場的穩定性，足以將經濟體化約為「少量的方程式」，這些方程式構成的數學模型，試圖仿照華盛頓、柏林到北京的層層經濟行為。但我們知道這行不通，反而讓人們經歷近代史上最嚴重的金融危機。問題顯然不光出在效率市場理論。

　　這項質疑已經持續存在數十年。卡西迪在《紐約客》的一篇文章指出，像芝加哥大學的諾貝爾獎得主勞勃‧盧卡斯（Robert Lucas, Jr.）等人所提出的複雜新數學理論，造成一代的新進經濟學家，紛紛建立更複雜的模型，結果卻不足採信，也沒共識應該換上什麼。

盧卡斯的研究結論是聯準會應該不要主動指引經濟體，只要按固定增長率增加貨幣供給就好。[61] 這研究遭受猛烈攻訐，原因還是盧卡斯的複雜數學公式，骨子還是站不住腳的簡單假設，像所有市場上的供給恆等於需求云云（若此為真，那就沒有失業了，勞動供給絕不會超過需求），一旦拿掉供需假設，盧卡斯的結論也就所剩無幾。評論盧卡斯的研究不切實際時，時任總統經濟顧問委員會主席的史迪格里茲說：「你不能在為失業問題操心的總統面前，劈頭就用完全就業當假設，不管對哪一國的總統都不行。」[62]

向來是社會科學要角的經濟學家，身陷自己造成的頹勢，並不是都沒人察覺到這件事。1996年諾貝爾獎頒給以1961年論文貢獻獲獎的哥倫比亞大學（Columbia University）榮譽教授威廉‧魏克禮（William Vickrey），和劍橋大學（University of Cambridge）的詹姆士‧莫里斯（James Mirrlees）。媒體盛讚魏克禮在租稅政策乃至公債拍賣等廣泛領域做出獨創一格的貢獻，他拒絕這份過譽，並說道：「這是我在抽象經濟學別生的枝節……從人類福祉的角度，頂多屬次等重要性。」[63] 接受訪問時，他反而盡談些自認為重要性高的其他研究。經濟學分支的投資學對複雜的統計分析也該如此。高深的統計方法通常勢必要搭配簡單假設，越複雜的假設雖然更能描述真實世界，卻不易施展研究者想要或學術期刊會刊登的數學分析。

做了理性這項簡單假設後，置身薩繆森典範中的研究者，就能盡情鑽研完全理性的投資人如何與市場打交道，用上最複雜的微分方程或其他數學方法，找到新的發現，用的假設一點都不現實又如何。

湯瑪斯‧孔恩（Thomas Kuhn）在經典著作《科學革命的結構》（*The Structure of Scientific Revolutions*）[64] 中，寬宏看待典範轉移問題，他寫道，科學家勢必要有一個能做事的平台，典範是領域中的科學社群所接受並運用的理論主體。

孔恩說:「典範取得自己的地位,因為它們在解決某些實踐團體共同認為嚴峻的問題上,比競爭陣營更為成功。」[65]效率市場假說正是早期提出了一套價格隨機波動,以及技術分析派為何無法持續贏過市場的解釋。

孔恩也提到:「事實或理論的新意,並非常態科學的重點,常態科學功成行滿之日,意謂找不到新鮮事。」[66]典範為大眾廣泛接受時,本身的工具和方法會在問題的解法中落地生根。貝他與現代投資組合理論便是擴大效率市場典範公認的方法。

常態科學的目標不是質疑當道的典範,而是解釋透過自己所見的世界。牴觸典範基本宗旨的異常現象,構成了棘手的挑戰,典範必須能夠解釋異常,否則最後就會被能夠做到的後進者取代。

所以科學家捍衛所奉的典範乃人之常情;他們寧可相信天鵝都是白的,也不去找黑天鵝,若發現了黑天鵝(對效率市場假說來說就是市場異常),科學家會嘗試代入符合理論的解釋。典範的轉移是一段針鋒相對、勞心焦思的艱困時期。*

追隨者是擁戴舊典範的既得利益者,一身的知識、經驗與報償,都與舊典範休戚與共,若身處的典範遭拒絕,往往等同於信奉的宗教遭抵制。孔恩寫道,許多舊日的科學家死都不會放棄當前的典範,別人只好看情況接受一部分,試著綜合新舊兩者,通常要花上一代,新的典範才會徹底被接受。薩繆森曾說:「科學進展是行經一座又一座墓地。」

這裡有個效率市場假說仍不乏眾多追隨者的關鍵,孔恩也提到一個重點:無論批評炮火多猛烈,科學家絕不會放棄一個典範,除非有一個更為人所採信,而且解決得了老問題的典範可供取代。可想而知,即使效率市場假

---

* 典範轉移侵害他們的基本方法。效率市場假說之類的經濟學說讓他們大展身手,畢竟比起行為財務學,他們更拿手統計方法。

說遭受嚴厲挑戰，這個假設都不會被棄守；即使核心信條實證上被推翻，它還是會活下去。所以，資本資產訂價模型被推翻時，效率市場的泰斗說，我們有新的風險測量方法，而且有更多尚待發現；逆勢操作價值策略繳出勝過市場的績效時，效率市場陣營說這方法風險較高。效率市場假說走上的科學發現途徑，正如孔恩預測。

　　第四部分會根據我們學到的可預測的投資心理學，加上實證強力支持的假設，提出新的市場行為典範，好消息是如此得出績效超越市場，而且經得起時間考驗的方法；不好的消息是，如果孔恩的預測是對的，那麼這方法可能要花很多年才會通過學術的難關。

　　孔恩也提到，新研究不僅會被拒絕，有時還會讓追隨者受罪，比如，文藝復興時代的詩人和哲學家焦爾達諾‧布魯諾（Giordano Bruno）被處以火刑，伽利略遭到軟禁。以科學發現史為鑑，早知效率市場假說研究者容不下反對陣營，而且不意外地，也不會有容許異議的言論場所，畢竟學術期刊一般不會刊登離經叛道的著述，即使出自有學識的投資人或心理學家之手也一樣。

　　還有，效率市場假說追隨者不會不屑攻擊與自己信念不合的研究，例如《霸榮週刊》和《富比士》1980年代早期曾刊登質疑效率市場假說效力的報導，結果引來學界數個月猛烈炮火抨擊，口氣不外乎像是：區區雜誌膽敢挑戰學術大家的研究？

　　另一個典範轉移會讓眾人恕難接受的特徵，同樣也出現在效率市場假說，是研究者會用不少方法讓黑天鵝消失。對效率市場假說研究的批評要嘛被消音，例如上不了重要財務或經濟期刊，要嘛是方法上被雞蛋裡挑骨頭，如逆向操作策略在證據無可挑剔之前的情況，後來效率市場假說改說這套策略風險肯定較高，但一直說不出理由。

　　若黑天鵝無法當作沒看到，那就興師問罪。資深學者在辯護時，愛用資料挖礦這招，說你只挖掘自己想要的資料。這項指控當然不會拿來對付效率市場假說的研究，而這群人現在正想方設法，想找到一個真正管用的風險報酬公式，雖然這可能需要規模大上許多的挖礦工程才辦得到。另一個他們愛用的招式是批評方法有瑕疵，檢查你的符號有沒寫錯，效率市場假說倒是很少在這方面被苛求。

　　黑天鵝還是趕不走怎麼辦？它們現身的理由，從效率市場假說自己的風險理論有問題、投資人過度反應的證據廣為流傳，到泡沫與崩盤期間錯價嚴重，不一而足。但效率市場假說陣營立即想把二個相異且對立的異常打發掉：投資人過度反應和投資人反應不足，妙想天開地說，因為雙方都顯著，剛好互相抵消。* 這是哪門子科學，研究者說不清兩個獨立異常現象，就說既然結果相反，不然就一筆勾銷好了，乾脆說 $1 + 1 - 0$。

　　這是不信的人必須跨過的門檻。我們有的人不曉得被為難多少次了。早在 1977 年我就投過低本益比策略績效較好的論文，結果石沉大海，編輯顯然認為這是篇異端邪說，過了 15 年或更久以後，有幾個效率市場假說的泰斗也做出很類似的結果，這才浮上檯面，功勞當然記在那些一開始也愛理不理的大宗師頭上。更糟的是，這類學術期刊其實是效率市場假說研究主力的後花園。要在這些重要期刊發表文章，作者必須是圈子裡的人，或至少做了合理的妥協。期刊無疑有能耐讓多數學者的生涯更上一層樓，或中途夭折。

　　回想波普說的，一隻黑天鵝便足以葬送一個理論，偏偏效率市場假說這個池塘周圍，有太多以儆效尤的動作，讓這理論不致變成瀕危物種。

　　這是效率市場假說的黑暗面，但真要說的話，其實任何地位穩固的知識體系遭受不明威脅，都會招致差不多的不滿與敵意，不過至少就我所知，還沒有哪個不聽話的人被處以火刑。

　　如果我看起來對效率市場假說不太客氣，那是因為我無法接受它說理的方式，還有它的核心觀念對市場，進而對大眾造成的傷害。儘管不相信這個

* 法瑪 1998 年所做的回顧，見第 130 頁。

假說，我尊重眾多研究者在這領域所做的努力，最終為投資圈注入遲來的新氣象，對市場運作感興趣的投資人，一定得向這些大學研究者致敬，多數研究必然枯燥、單調、曠日經年，但要建立新的投資架構基礎，這些功夫勢不能免。

如果無法精密量測技術和基本方法的績效，投資界會繼續沿用導致慘痛教訓的無效舊方法，沒有改變的動力。我固然相信效率市場假說只是過渡之計，但它確實開啟了改變的趨向。

掌握左右投資決策的強大心理學知識，並體悟到普及的現代投資理論幫不了我們，反而可能有害後，我們現在能開始好好看看過去的市場困境中有用，在目前的市場難關中也會繼續管用的策略。

第三部分

錯誤的預測與低落的投資報酬

第7章

投資圈預測成癮

如果你本就喜歡，或者偶然聽到因此愛上民謠這種音樂，很可能知道做出〈這是你的土地〉（This Land Is Your Land）這首歌的民謠歌手伍迪·蓋瑟瑞（Woody Guthrie）。蓋瑟瑞出身於大蕭條時代的奧克拉荷馬州，歌曲標誌當時舉國上下的窮困潦倒，他在1939年的〈漂亮的男孩佛洛德的民謠〉（The Ballad of Pretty Boy Floyd）有句歌詞：「有人拿左輪手槍搶你，有人拿鋼筆。」[1]是當時眾多田地住宅遭銀行查封的人民的寫照，時至今日，只需把鋼筆換成電腦試算表，多交代一兩句時代背景，像是抵押債務債券（collateralized debt obligation, CDO）、信用違約交換（credit default swap, CDS）、有毒資產、新奇選擇權，同樣能唱出這時代的寫照。

國人爭論著應該削減或收緊管制，或者是否要增加政府支出，意見莫衷一是，其實這也是經濟學家們這些年的寫照（見第6章第143頁）。大家都想問：這些專家怎麼把事情弄得那麼複雜？

目前我們已探討了重要的投資人心理還有效率市場的矛盾，你可能覺得像剛完成新兵訓練，或跑完馬拉松，完成若干上市場打勝仗的準備工作。

我們講述種種觀念上的障礙，但你無疑有辦法成功克服：憑著投資心理學，你知道怎麼保住積蓄，也知道效率市場理論失靈的假設，恐會招致反噬的後果。希望前二個部分最起碼讓你了解接下來要介紹的投資人心理面的重要性。

本章要說明當代投資學理論為何讓人不敢恭維,問題是我們不是效率市場假說理論假定的理性機器,我們是活生生、等著犯錯的人,而正統投資理論並未對此有所著墨。

心理學與投資大忌

這50年間,認知心理學走上了與經濟學理論化背道而馳的道路。經濟學家醉心於理性人的概念化約,心理學家則試圖為人類處理資訊建立漸趨複雜的心理圖像。1980年代以來,得益於認知心理學、社會學與相關領域的進展,心理學家越來越明瞭何以人類心智有別於機械式的電腦邏輯。

即使電腦似乎漸漸有能力片面模仿人類認知,但整體來看,電腦無疑遠遠比不上人類的心智。雖說如此,我們的心智歷程並不像電腦邏輯那樣不會出錯,所以心理學家研究專家知識和資訊處理的侷限,結果發現專家犯錯的下意識原因,而且這些原因多數人也難以倖免。

許多研究釐清了不只做投資的專家會失手,而是人的處理資訊能力本來就有問題。目前的研究指出,人的大腦是序列處理數據,只有線性模式下,處理資訊才會可靠;我們沿著邏輯序列,從一點前往下一點,就像我們做船或太空梭的模型時,會照著組合順序來完成模型。

不過,令專家也感到棘手的是組態(或交互)推理,而非線性推理。碰到組態推理的問題,決策者如何詮釋資訊的變化,取決於本人如何評估其他訊息輸入。拿證券分析來說,即使二家公司握有同樣的盈餘趨勢,但對成長率的重視程度,會因為雙方對於產業、營收成長、毛利率、資本報酬率的看法,還有原先用什麼分析指標有所差異。分析師也會視經濟狀況、利率水準、公司競爭環境變化拿捏評估。因此,成功的分析師一定是適應了組態處理,整合並拿捏各項因素的輕重,若某項因素改變,勢必要重新通盤拿捏評估。

跟丟球的雜技一樣，每個因素就像多擲一顆球，增加經手處理的難度。無論是不是做投資的專業人士，有能力把本職的分析做好嗎？我們知道這比看起來困難很多，很多人不知不覺就會用上經驗推理，將理性分析撇在腦後。

有人用變異數分析（analysis of variance, ANOVA）這個統計方法來評估專家的組態能力。一項研究找來 9 個放射師，讓他們做高難度的組態問題：判定惡性胃潰瘍。[2] 放射師必須用到 7 個 X 光片不見得照得出來的線索，才有辦法正確診斷，並得到 57 種可能的結果組合。有經驗的胃腸科醫師指出，正確無誤的診斷只能從檢查這 7 個原始線索的組合看出來。[3]

雖說診斷需要高明的組態處理，研究人員卻發現，實務上，這方面只占所有決定的一小部分，也就是 3% 左右，90% 以上的決定屬於個別症狀序列相加。

類似的問題還有是否要讓精神科住院病患短期出院。院方得考量 6 個不見得看得出來的重要線索（如病患是否酗酒？），以及 64 個可能的交互影響。另一項研究中，雖然對處置能力很重要，卻看不出護理師、社工、心理醫師有什麼組態思考。[4] 第三項研究中，13 名臨床心理師和 16 名高年級研究生，嘗試高難度的組態處理，判斷 861 名患者的症狀是否為神經官能症或精神疾病，結果與前二項研究一致。[5]

換到股票市場，史洛維奇教授測試了組態推理對市場專業人士的重要性，在一項研究中，他給 13 名股票經紀人和 5 個財務學研究生 8 項研究公司股票的重要金融資訊：每股盈餘趨勢、毛利率、近期獲利展望等，發現平均而言，組態推理只占全部決定的 4%，結果跟放射師和心理師差不多。

另外在如何分析資訊上，經紀人說的跟做的差很多，[6] 例如，有個說最重要的資訊是每股盈餘趨勢的經紀人，其實可能更看重近期展望。最後，越有經驗的經紀人，對自己如何拿捏權重的評估越不準。總之，證據指出不管在投資圈內圈外，多數的人在組態處理方面都不行，顯示人類心智就是跟一板一眼的電腦不一樣，雖然我覺得大家對這件事早就有個底了。

資訊處理漏洞

第3章介紹資訊處理時提到，司馬賀在50幾年前就提出了資訊過量的問題，在某些條件下，專家會犯錯這件事可以事先料想，而且稀鬆平常，在心理學、工程、出版甚至土壤採樣，都可觀察到相同的錯誤，這樣的條件在股市同樣少不了。

我稍微介紹過，當前企業、產業和經濟汗牛充棟的投資數據，其實沒有格外讓專業投資人討得便宜。處理資訊需要花費大量功夫進行分析整合，往往在專家不知不覺之間，經驗系統就騎到理性分析系統的頭上去，推論處理巧妙地超前理性資料庫，因為情感和代表性和易得性等認知捷思出面接管之下，消化大量投資資訊不見得能得到多好的決定。

下一章要來看證券分析的重點：預測，所謂選股方法其實令人半信半疑，結果不準可說司空見慣，受大批專業投資人追捧的股票和類股，長期表現不如平均，也是明擺著的事，這是第二部分提到效率市場的研究發現專家長期績效反而落後的重要理由，效率市場假說宣稱的理性常保市場效率終究是迷思。

我們必須先好好了解讓專家也跌跤的力量，建立防線，找到繞過陷阱的路線，才有機會笑傲市場。

多少才太多？

面對複雜和不確定性，專家會希望仰賴更多的資料來做出決定，這做法似乎很合乎邏輯，於是市場上便存在大量這方面的需求，好滿足相信這麼做能幫自己發大財的投資人。可惜就像前面提到的，這項資訊「優勢」可能幫不了你。很多研究相當確定地指出，給專家更多的資訊對改進判斷並沒多大幫助。[7]

在一項把人類當小白鼠的研究，找來臨床心理師，並給予大量案例的背景資訊，問他們覺得自己看法正確的機會。增加資訊的數量，讓這些診斷專家信心大增，但準確度始終在低檔盤旋。資訊少的時候，這些人自估正確的機率是33%，實際上是26%，資訊變成4倍之後，這些人認為正確機率來到53%，事實上是28%，才高了2%。

有趣的是，這項新資訊數量增加，準確性僅微幅改進的結果，似乎是比比皆是的現象，像是在賽馬場上，一份研究找來8名老經驗的讓磅員，遞次給予5至40項對選馬有用的資訊，結果資訊越多讓這些人自信水漲船高，但說中的次數則否。[8]

這類研究指出，在不確定的情況下，手中握有的資訊會讓人過度自信，誤以為自己十拿九穩，最早是從面談的預測能力發現有這情況。很多人以為憑著短短的面談足以對受訪者的行為做出合理預測，舉例來說，分析師拜訪公司高層，雙方談話的時間可能不到一個鐘頭，研究指出這種場合做出的判斷往往有錯。以哈佛商學院為例，校方以為有先面談申請者，收進來後成績會比較好，事實上，這方式不如光看在校的成績就好，可惜照過面留下的印象就是這麼好用，往往會主宰行為。

照認知心理學家的看法，過度自信有不少的隱憂。有些研究指出，對於相對容易診斷的問題，專家對自己的解決能力看法會比較現實，不過，問題越複雜，而且辦法取決於多個難以量化的因素時，專家會過度相信自己解決的能力（準確度61%），當問題難度破表，例如分辨歐洲人和美國人的字跡，專家變得對自己的能力「超級有信心」（準確度51%）。[9]

很多研究顯示，人在用有限的知識構築強烈的印象時，會表現出過度自信的傾向。以律師來說，律師習慣高估自己打贏官司的機率，若問法庭的兩造律師這場官司會如何判，雙方都會說判自己贏的機率高於五成；[10]臨床心理師、[11]醫師、[12]工程師、[13]談判人員、[14]證券分析師[15]都有對自己的預測太過自信的情況。例如臨床心理師覺得自己的診斷九成都是正確的，但事實上只對了五成。有人這麼形容專家的預測:「常錯但大家很少起疑。」

　　有經驗的作家或學者在預估自己完成書稿或論文的時間時,也難免於太過自信的情況。書籍或論文完稿的時間比預定的晚了數月甚至數年,有時天荒地老也寫不完。

　　認知心理學的研究也指出,人太有自信自己的預測正確無誤。通常來說,作答者自覺九成九有把握的情況,對的機會只有八成,[16]這結果對於重要性很高的檢測顯然不太妙。

　　當專家被拿來跟外行人比較時,問題就更有意思了。有些研究顯示,若是可預測性本來就不錯的問題,專家的準度普遍比外行人好。舉例來說,專業橋牌玩家頗能說中自己以某副牌勝過牌技普通者的機率。[17]不過,若可預測性很低,專家比新手更易於過度自信。要專家預測超級複雜的問題,如葡萄牙、希臘等歐豬國家的前景,基本教義派對中東外交政策的影響,或股市的走勢,通常是看他們展現過度自信的場合。因為手上的資訊很多,他們自認為在專業領域更勝一籌,反之,外行人因為所知有限,判斷上通常較為保守。[18]

　　過度自信的專家是投資場上的雄師。投資界仰仗專家的深入分析,研究機構大量生產動輒上百頁、充斥圖表的報告,找人緊盯政府和國際政策與景氣的風吹草動,最近出現且正遭受美國證券交易委員會調查的發展則是,聘請本來研究對象的大企業前高層搶先提供獨家內幕,動不動就會舉辦讓基金經理人透析業界的研討會,但有人說只是「錯得很高深」。

　　專家知識越縝密,大家就認為他越有一手。雖然2005至2007年一直有風聲,花旗集團、雷曼兄弟、高盛等大銀行和投資銀行,莫不斷言房市並無泡沫跡象,繼續大賣特賣有害的次貸,包括自己手上的存貨給客戶,賺進大把鈔票,直到2007年中市場玩完了,許多業者跑去向前高盛高層鮑爾森當家的財政部要求紓困才免於倒閉,就跟臨床心理師和讓磅員的例子一樣,拿到什麼資訊對預測結果的準確度幫助甚微。

　　實情是你所看到的，還有更多不為人知的低落投資績效是基於縝密的研究。1970年代初有個基金經理人大徹大悟道：「你找市場上最棒的那家〔研究機構〕，又找了第二棒的那家，這些業者都大名鼎鼎，功力高深，可是客戶下場慘兮兮。」[19]至今也沒有多少改變。

　　以下是一則適用所有領域的投資心法：

　　　操作心理導航7：對處理大量資訊的難度感到敬畏，能成功運用自如的人很少。坐擁資訊不等於坐擁獲利。

　　希望大家對組態關係的高深心知肚明。股市投資人應付的不只是24或48組，而是數目異常龐大的交互作用，但實情是，不用多少就能讓專家的組態判斷乘載不下。大多數的投資專家，不知道這些心理學研究，才以為只要能拿到多一點資料，就能順利搞定，結果資訊超載，思考也沒得到好處，只是變得更自信滿滿，更容易鑄下大錯而已，遺憾的是投資人和效率市場假說追隨者對於組態推理的困難之處沒什麼底。

當過度自信來敲門

　　過度自信的現象似乎既是情感也是認知偏誤，也就是說，人類心智可能本來就會從任何可用之處盡可能多擷取資訊，正如我們在第3章看到的那樣，過濾的動作充其量是被動的過程，為真實世界提供一個良好的代表罷了。另一方面，我們還會主動剔除「注意力以外」的資訊，[20]可以說，在不確定的情況下，我們僅仰賴一小部分需要的內容，就想建立準確的預測。

　　評估股票就是這樣。焦慮和不確定性，加上局部資訊的龐雜交互作用，讓投資人像是置身於一個巨大的羅夏克（Rorschach）測驗中，投資人會看到自己想看到的任何模式；尤有甚者，近來組態處理的研究顯示，投資人會看到不存在的模式，稱為「錯覺相關」。

以訓練有素的心理師來說，給他們精神疾病的背景資訊，還有據稱是患者所畫，其實是研究人員所繪的圖後，奇妙的事情發生了，這些心理師會看到自己預期要有的線索：懷疑自己不夠男子漢的男性畫了肌肉線條或外界質疑的眼睛。但圖上的主角其實不只這些，許多情況其實是配角。[21]心理師專注在胸有定見的精神障礙，漏掉了其實同樣存在的重要關聯。[22]

投資人會想把想不透的複雜之處簡化及合理化，動輒將注意到的巧合之處，想成某種關聯性，若買下有關聯性的股票事後上漲，就會腦補諸多漏洞，繼續投資下去，因此市場可說是上演「錯覺相關」的絕佳舞台；看看頭肩頂型態、購買成長股多省事，分析不完的事實，或投資選項的取捨，一了百了，這樣的方法在投資圈子層出不窮，效率市場假說陣營想找出的波動性和報酬理論上要存在的關聯，是另一個例子。問題是有些關聯是錯覺，有些則是巧合，信了就等著倒大楣。有個股線分析師說得好：「要是那時沒賺錢，我會早點在市場上長些智慧。」

於是我們得出下面這條乍看簡單，卻很難遵照的重要投資心法：

操作心理導航8：做投資決定切忌根據關聯性，市場上一切真真假假的關聯性都會改變，一下子就消失無蹤。

投資人切記：如果分析師看法普遍樂觀，那麼許多的落空是因為一開始就戴著有色眼鏡看事情，而不是市場事件所造成。

已故的認知心理學大師特沃斯基，研究股市專家的過度樂觀和過度自信後指出：「有項研究讓分析師作答某支股票在某日前有多少機率上漲逾X美元，平均而言，分析師有八成的把握，但準確率只有60%。」[23]這類研究屢試不爽。

還有研究是讓分析師回答某支股票的高低價估計值，高價估計值是指有95%把握股價站不上去，低價估計值則是有95%把握跌不破，即估計的區間將涵蓋九成的情況，換言之，若分析師務實且沒有偏見，股價站上或跌破區間的頻率是10%，實情則是，估計值有35%的機會偏離區間，也就三分之一的發生頻率。

特沃斯基又說：「人做起事來不是按照理性預期，通常會偏向幾個方面：樂觀，高估自己會成功的機會，並高估所具備的知識水準，把握度遠遠高於『中獎率』。」[24]而效率市場理論說投資人會完全照邏輯行事。

1995年特沃斯基在一場我也是講者的投資行為研討會上被問到過度自信，當時聽眾問了個分析師預測未來盈餘不太行的問題，特沃斯基答覆時提到：「從行為層面的觀點……分析師對自己的〔盈餘〕預測能力，不該只有普通程度的懷疑，人一而再再而三誤以為自己有把握，過度自信使人做出糟糕的決定，所以說，*體察自己預測未來的能力有限，是寶貴的一課*。」（楷體字是我加的。）[25]

同場研討會上他也被問到，分析師等專業投資人是否會從經驗中學習，他回答：「可惜，認知錯覺沒有那麼容易就能脫身……實情是人未能擺脫……過度自信不言可喻。」[26]

恐怕就連我說，我們可以靠著對過度自信有所體察，克服過度自信的傾向，都有點過度自信。這真的很難改。

分析師一向過度樂觀

你覺得分析師估的盈餘預測有多樂觀？珍妮佛・法蘭西斯（Jennifer Francis）和唐娜・菲布利克（Donna Philbrick）用價值線投資調查（Value Line Investment Survey）的數據，研究1987至1989年這段期間分析師對918支股票的預估。[27]價值線是提供接近市場共識預測的來源。結果發現平均來說，分析師每年樂觀高估了9%，提醒大家，即使是一丁點火花就足以引爆原本就蓄勢爆發的股票，這現象對於仰賴精準盈餘預估的投資人可說相當不妙。

用規模最大、監控超過7,000家本國企業每季盈餘預測的I/B/E/S

（Institutional Brokers' Estimate System）盈餘預測資料庫，可以更清楚看出分析師過度樂觀的情況。I/B/E/S允許修改每季預估，而分析師在上半年對所做的樂觀預測，調整的幅度都嫌保守，到了下半年，則會做出3倍幅度的調整，通常是下調，即使如此，到了年底，預測的盈餘還是偏高。

在我1998年1月26日的《富比士》專欄文章，摩根士丹利的艾瑞克‧拉夫金（Eric Lufkin）[28]和我所做的一項研究，進一步證實分析師過度樂觀，更新至2006年底的資料見表7-1。這項研究調查分析師和經濟學家在1988至2006年的19年間，所預估和實際的標普財報盈餘，中間幾度經歷泡沫、崩盤和景氣榮枯。分析師的方法是「由下而上」，也就是檢視公司的重要基本面，在對股票做出預估，把所有標普500指數股票的預估加權匯總起來，得出一個預測數字。經濟學家的方式是「由上而下」，先看經濟體，得出整體的預測後，決定以下的個別企業如何雨露均霑。瀏覽每年的數字，看第二欄可以知道分析師預測的盈餘增減百分比，第三欄則是經濟學家預測的數字，第四欄則是標普500盈餘的實際增減。

可以看出整體而言，分析師和經濟學家的過度樂觀程度相當驚人。為求公允，我們看分析師和經濟學家在研究全部涵蓋的19年間的預估，然後和標普500實際盈餘比較。先看全部期間的數字，如表7-1所示，分析師平均預測盈餘會增加21%，經濟學家則是18%，實際數字是12%。若看第三欄，照理說獻身於「憂鬱科學」的經濟學家，反而因為樂觀，導致平均每年誤報53%（高於標普財報盈餘數字）；這還不是最糟，因為分析師平均每年高報了81%，高出真多。這研究說明，預測盈餘既不是藝術也不是科學，而是病毒感染的發燒。

什麼令分析師這樣樂觀？這問題不能從學術角度來看，畢竟包括為數眾多的專業人士在內，大家是因為過度樂觀，進場買了分析師推薦的股票。從截至目前的例子，沒道理的樂觀前方是恐怖的價格。以下是給投資人的投資心法：

表7-1　利用過度反應

分析師和經濟學家對1988至2006年期間標普500盈餘成長的預測

年度*	分析師	經濟學家	實際
1988	30%	15%	36%
1989	10%	4%	−4%
1990	14%	12%	−7%
1991	2%	7%	−25%
1992	38%	49%	20%
1993	23%	36%	15%
1994	39%	29%	39%
1995	11%	5%	11%
1996	18%	12%	14%
1997	20%	5%	3%
1998	14%	14%	−5%
1999	28%	15%	28%
2000	8%	7%	4%
2001	17%	19%	−51%
2002	57%	50%	15%
2003	44%	39%	72%
2004	19%	10%	20%
2005	8%	11%	19%
2006	−2%	0%	17%
平均	21%	18%	12%
平均每年百分誤差*	81%	53%	

*每年1月做的預估。

資料來源：大衛・卓曼，2011年。數據來源：I/B/E/S, Thomson First Call.

　　操作心理導航9：分析師做的預測通常太過樂觀，需要適當下調才能拿來用。

　　確實有人能夠靠著抽象推理的天賦異稟，穿越複雜的千頭萬緒；各行各業都有債王葛洛斯或傳奇投資人威廉・米勒（William Miller）這樣鳳毛麟角

的能人。只能說，現代投資方法需要的資訊處理和抽象推理能力，對於專業
或業餘的絕大多數人來說，都過於錯綜複雜了。

包準虧錢的方法

　　有人可能想，本書是不是誇大了股市中做決策和預測的問題？這方面我
認為大家不妨看看歷來專業人士在不同時期熱衷的投資。

　　設想1968年2月紐約希爾頓酒店一場給機構投資人的國際大型研討會
上，上百位與會代表被問及今年最看好增值的股票，當天的飆股University
Computing雀屏中選，但不到12個月後，這檔從443美元一路下跌88%。
1972年冬季《機構投資人》辦的研討會上，大家認為年底前航空股表現
會最好，結果後來只繼續漲不到1%，到年底已跌了50%，隔年的研討會
改口說這類股不要去碰。1999年有場法說會，一大票專業投資人選了安隆
（Enron），說它是未來12個月的領頭羊，後來怎麼樣大家都知道。

　　這難道都是巧合？我在1982年出版的《新逆向投資策略》（*The New
Contrarian Investment Strategy*）書中，歸納了1929至1980年期間，52項廣
泛專業投資人首選股調查之後的表現，調查的對象數目介於25到數千位，
且中位數比100高了不少，可以的話，這些專業人士的選擇會與接下來12個
月標普500的績效進行比較。＊

　　18項調查有算專家首選股票（至少5支）的績效，[29]分散而非押注1、
2支股票，可降低運氣的成分。這18個專家選股組合，有16個表現落後大
盤，意謂若有個客戶收到這樣的推薦清單，10次中近9次不如直接買大盤就
好，擲硬幣都有一半機會能贏大盤。

　　其他34項調查結果沒好多少。整體而言，眾多基金經理人和分析師首

＊ 有些研究用的平均數跟樣本期間不同。

選的股票和產業，52次中有40次表現不如大盤，占77%的比例。

這些跨越55年的調查，只做到1980年，後來專家選股的功力有比較好嗎？《華爾街日報》調查四個知名專業人士在1986至1993年的選股是否優於大盤。每年的年底，這四個專家要選出五檔來年表現最好的股票，將清單交給金融編輯約翰‧多夫曼（John Dorfman），12個月後，多夫曼會檢視清單，剔除落後的二位，另找兩個專家遞補，結果32個清單中有16個績效落後給大盤，結果比以往都好，但仍未勝過擲硬幣[30]*。

表7-2列出我手上截至1993年為止的所有調查，結果顯示，「專家首選股」調查中僅25%勝過大盤，我有點嚇到。雖然知道專家會犯錯，但沒想

表7-2　專家首選股票和產業

時間間隔	調查來源	調查合計	翌年落後大盤的比例
1929-32	Cowles Surveys	3	100
1953-76	*Trusts and Estates*	21	67
1967-69	*Financial Analysts Journal*	1	100
1967-72	*California Business*	7	71
1969-73	*Institutional Investor*	7	100
1973	*BusinessWeek*	2	50
1974	*Seminar* (Edson Gould)	2	100
1974	Callan Associates	4	100
1974-76	Mueller Surveys	4	75
1980	*Financial World* "All-Stars"	1	100
1986-93	*The Wall Street Journal*	8	50
調查總數		60	
專家調查翌年落後大盤的比例			75

說明：評比未納入股利。

資料來源：大衛‧卓曼，2011年。轉載自《逆向投資策略：下一代》。

---

* 這活動我參加了6年，從1987至1992年這期間，我運用本書的逆向操作策略，持股在其中5
　年勝過大盤，通算獲利156%，而市場為120%。

到情況這麼顯著且一致。

　　有些研究溯及1920年代，有些則發生在1993年，在這麼長的時間裡，選股的效果有改進嗎？何況，這15年來大家比較密切關注專業投資人的績效。第1章和第2章曾提到，基金經理人整體來說，績效並未優於大盤。另外，「投顧觀點」（Advisor Perspectives）分析了截至2007年12月底的10年間，標普國內指數的選股相較於標普基準指數的表現，結果如表7-3所示，9個類股的標普指數中有6個優於選股，一個平手。

　　只有在標普500／花旗成長股（S&P 500/Citigroup Growth）這個類股，基金經理人的選股表現才顯著比指數好。簡言之，這10年指數平均表現優於三分之二的經理人。

　　最後，2009年為止的這5年，標普500指數勝過60.8%的主動型大型美股基金，標普中型400（S&P MidCap 400）指數勝過77.2%的中型股基金，

表7-3　2007年為止的10年

指數	年化績效 %	指數績效排名	指數績效贏過的主動經理人比例 %	縮寫
標普中型400	11.2	1	78	MC (Mid Core)
標普中型400成長股	11.1	2	72	MG (Mid Growth)
標普中型400價值股	11.1	3	70	MV (Mid Value)
標普小型600價值股	9.0	4	53	SV (Small Value)
標普小型600	9.0	5	61	SC (Small Core)
標普小型600成長股	8.2	6	50	SG (Small Growth)
標普500／花旗價值股	6.6	7	46	LV (Large Value)
標普500	5.9	8	60	LC (Large Core)
標普500／花旗成長股	4.8	9	35	LG (Large Growth)

說明：標普成長股和價值股指數的報酬，是用Barra方法計算1998至2005年期間，再用花旗方法計算2006至2007年期間。

資料來源：Advisor Perspectives, Inc.，2009年版權所有。

標普小型600（S&P Small-Cap 600）指數勝過66.6%的小型股基金。

現在研究總共涵蓋逾75年，結果清楚顯示，基金經理人與分析師不是大盤的對手，從隔年的市場來看，也顯示專業投資人在絕大多數時候，受當時熱門股票擺布，通常選在高點附近進場，跟多數投資人差不多，對冷門、低價股不屑一顧。另一個有意思的地方是，可以選的產業那麼多，科技業卻一直受到青睞，下場又不怎麼好。至少這些調查中，專家的建議明顯偏向高價股，捨棄價值面績優股。

我們怎麼看這些結果？樣本這麼多，似乎不能說結果只是巧合而已，證據顯示逾65年來，專家在選股和選投資組合時，出錯的情況高得出奇。

金融專家的失敗率有時直逼90%，表示除了犯錯之外，基於某些條件，必定還有系統性、可預測的力量，暗中在跟投資人做對。

雖然這情況顯然又違背了效率市場假說的中心假設，[31]但更重要的是讓我們知道，基本分析在實務上不管用並不足為奇，投資理論對於組態與資訊處理的要求太超過，當市場內外資訊過量的情況下，我們的心智儀表超載，便無法確實地處理資訊，雖說自信會隨著掌握的資訊量升高，但決定卻不會同步改善。以下是另一則投資心法：

操作心理導航10：對現代投資方法不可掉以輕心，礙於處理複雜資訊的侷限，多數的人其實難以運用自如。

雖說各行各業的專家在複雜條件下，表現也許都會乏善可陳，但因為市場公開透明，因此金融專業人士比任何其他領域都容易被看清。

我們在審視基金經理人和其他市場專業人士的選股績效時，重點是想知道：分析師做盈餘預估的準確性如何？這是了解當前選股與投資實務的關鍵，也是下一章的重點，若干廣泛研究頂尖證券分析師準確性的成果會讓你嚇一跳。

第8章

你敢下多大的賭注？

　　1970年代早期我在當分析師時，還不能上網，線上空空如也，哪像現在大型券商的分析師，立即就能取得對手的報表、盈餘預估變動，和其他價量資訊，資訊的數量比以前暴增太多了，恍如隔世。雖發生資訊革命，但我有信心說，盈餘預測錯誤仍舊非同小可，對判定多數股票的真實價值一無是處，這也不是同行留一手的問題，而是預測本來就不是精確的科學，聽證券分析師的話，更像是看了氣象預報，以為會出大太陽，結果下午變天，淋成落湯雞，兩者的相似度其實超乎你的想像。

　　像我這樣的人，偶爾會想贏走底池中所有的錢，不過一般來說，正常人一把梭多大？第2章曾介紹，分析師若相中一個標的，可能不惜任何代價；若玩家認定自己會中獎，會甘心用相同價錢買賠率是萬分之一或千萬分之一的彩券。我們也知道，贏錢的機率會凌駕投注本身，讓人只看見有利的一面，無視不利於己的一面機率可能高出千倍。

　　這樣的人是瘋子嗎？也許有一點，但我們看到許多投資人，勇於在勝算相同的泡沫和投機熱潮中下場玩一把，或在平緩許多但波動仍高，且沒有勝算的市場也敢出手，為什麼人們執意如此？

　　當你轉到晨間的CNBC或彭博財經頻道，或翻閱《華爾街日報》時，肯定會注意到主持人或記者，無不豎耳聽取或謹慎引述某些西裝、套裝筆挺的男士或女士的論點，似乎懂市場的就是這些人，在本章會看到這些剛好在當分析師的光鮮亮麗人士言談的可靠程度。財經媒體的新聞快報很多是在報導個股或類股的財測遭分析師調降或調升，即使觀眾根本不懂報導的產業或企業，還是難免收看這類新聞。分析師變動對龍頭大企業財測的預測，會讓觀眾放下手邊的事，多少關注一下，要是變動的幅度不小，股票和類股可能跟著被牽連。

　　媒體版面上的人士，誰不自認為務實，不打高空。這些人可是每天埋首於市場動向，而不是靠著導數學公式或跑電腦在猜行情，而且給投資人的專家分析建議，絕對是有憑有據。那好吧，我們就好好檢視這些人的實際績效如何。他們所做的預測和建議，廣為投資大眾看重，並據以決定要買進、持有或賣出哪支股票。我們來好好分析一下CNBC、彭博之類的媒體，究竟有沒有為觀眾提供準確的資訊，還是其實跟氣象預報差不多。

胡亂預測之一：預測企業盈餘

　　雖說理論跟實務常常出入不小，但市場人士跟財務學界對於企業盈餘是股價的重要決定因素這點，倒是取得了共識。現代證券分析非常仰仗準確的盈餘預測來預測股價走勢，因此，大型券商會撥出大筆研究預算，聘請頂尖分析師來提供預測數字，大型的銀行、基金公司、避險基金為了賺取優渥的佣金和手續費，在這方面砸錢絕不手軟。

　　《機構投資人》雜誌在數十年前訂出一套評比「最佳」分析師的制度。這家媒體每年遴選一份「全明星」名單，從上百家金融機構，挑選出生技、電腦、資通、製藥、化學等重要產業的頂尖分析師，每個產業底下還分一軍、二軍、三軍等。這本雜誌每年用一期頭版來報導這場盛事，選拔過程有如美式足球賽，非常刺激、激烈。

　　若有家券商出了好幾個明星分析師，意味著接下來將會財源廣進。幾年前，一家大型券商的合夥人和董事決定解僱一名分析師，人資正要去通知當事人這個不幸的消息時，研究主管匆匆忙忙趕來阻止說：「等一下，他剛入選明星隊二軍了。」

　　這批人的「薪情」可想而知非常好。有經驗的分析師年薪落在70萬至80萬美元之間，闖出名號的當然不只，上面還有若干華爾街神人組成的年薪百萬美元俱樂部，從收入來看，這批人跟職業球員、大明星是同一個等級。

　　有些分析師年薪上看千萬美元，比《財星》500大企業的執行長還高。1990年代中期，資通分析師傑克・格魯布曼（Jack Grubman）從PaineWebber跳槽到所羅門兄弟的代價是年薪250萬美元，同行眼紅之餘，便以250萬美元為一個「格魯布曼」單位，來戲稱這家券商的案子規模。不用說，就像青少年夢想當搖滾樂手或冒險英雄，這樣的頂級分析師受到業界新進人士崇拜。

　　2002年網路泡沫破滅後，美國證券交易委員會和州當局著手對大咖分析師進行調查，讓這股英雄崇拜的氛圍消退了一陣子。2003年4月底美國證券交易委員會和紐約州主管機關發布上千份文件，指出投資界的既有規則已遭打破，照理說要區隔銀行插手證券分析師工作的「中國牆」倒塌了。儘管調查的重點放在二個大人物，也就是所羅門美邦（Salomon Smith Barney）*的格魯布曼和美林證券（Merrill Lynch）的亨利・布羅吉特（Henry Blodget）身上，很快有數十位分析師牽連進來。電子郵件等文件顯示，許多分析師遭施壓，為體質糟糕的企業做出有利評等，其中好些是連營運計畫、營收，或堪用平台都付之闕如的網路企業。1990年代末期的網路泡沫期間，承銷首次公開募股案件是一門暴利生意，服務大法人客戶的壓力遠高於散戶，加上為了賺進投資銀行的大把首次公開募股案件手續費，分析師於是自欺欺人，表面上恭維虛胖的企業，給它們買進或強力買進的評等，私底下在電子郵件

* 現在隸屬花旗集團。

通訊中，卻用「豬」、「垃圾」、「屎」等不堪字眼來稱呼這些企業。分析師有時一邊鼓吹次等公民的散戶，用大幅溢價買進體質不好的標的，一邊卻提醒機構投資人不要碰。布羅吉特曾公開建議買進網路股「GoTo」，但私底下回覆一個機構投資人時，卻說這檔根本「一無是處」，是為了美林證券的大把投資銀行手續費才推薦。[1]差勁是差勁，這不過是某些更惡質的分析師的把戲之一罷了。

　　說到惡質，格魯布曼是高手中的高手。格魯布曼一直都看衰AT&T，從來沒推薦過，但花旗集團執行長桑迪・威爾（Sandy Weill）「請」他好好看一下自己給這家企業的評等。檯面上說是說「請」，檯面下則是上百萬美元的交關費。當時謠傳AT&T董事長，除非看到通訊類股舉足輕重的格魯布曼肯上調自家股票評等，否則不讓花旗集團插手一件大承銷案。格魯布曼在威爾的關切下，從善如流地在1999年這檔股價趨於新高之際，喊出買進的評等。沒多久，花旗集團賺進6,300萬美元的承銷費，而AT&T將無線事業分拆出去。

　　到了2002年，市場崩盤，退休族在世界通訊（WorldCom）等格魯布曼高度看好的通訊股慘賠，外界懷疑他是花旗集團投資銀行事務的推手，尤其是醜聞滿天飛、因收購案帶來鉅額投資銀行手續費的世界通訊。估計格魯布曼讓花旗集團從投資銀行事業賺進10億美元的手續費，股東則在這起通訊醜聞中，慘賠2兆美元。[2]

　　（格魯布曼在2002年8月請辭闢謠，花旗集團旗下經紀事業除了付給他高達3,000萬美元的遣散費，還答應繼續支付他的官司費用。）

　　後來在和紐約州檢察長艾略特・史匹哲（Eliot Spitzer）達成和解時，花旗集團等11家銀行為利益衝突支付了14億美元，其中4億美元由花旗集團支付。格魯布曼另外與美國證券交易委員會的和解官司，結果是終身不得從事證券業務；布羅吉特下場亦同。諷刺地，幾乎所有撐過來的券商和投資銀行，後來在2008年都得到問題資產紓困計畫的紓困，出錢的納稅人包含了之前誤信分析師推薦而慘賠的退休族。

事過境遷，到了2000年代中旬，世人又完全恢復了對分析師預測盈餘的信心。用不著說，《機構投資人》從全國逾1.5萬名分析師中選拔出來的「菁英」，無一不是選股高手。

不是嗎？

《金融世界》（*Financial World*）幾年前追查分析師的表現，[3]為文指出：「這是件大工程，多數券商不太願意釋出旗下明星選手的打擊率。」[4]很多時候要從外部來源才能拿到，像是「心不甘情不願」的客戶。數個月的深入調查後，這本雜誌刊載了20位明星分析師的建議，結論說：「真金罕見。市場在調查的期間上漲14.1%，如果你有遵照建議買賣132檔股票，您的報酬是9.3%。」不過落後擲硬幣選股34%。雜誌補充說：「在明星分析師推薦的132檔股票中，只有42檔，也就是三分之一打敗了標普500。」一位大型機構買方總結說：「行情大好時，分析師……在錯的時候大膽，也在錯的時候小心，這些人說一套做一套並不稀奇。」[5]

仰賴I/B/E/S、Zacks、Investment Research、First Call等盈餘預測服務機構的，除了明星分析師，還有專業投資人。有線上功能的First Call提供即時預測更動，讓基金業者和分析師，立即取得所有分析師發布的數據，報告有很多是追蹤預測更動，涵蓋的企業逾千家。

近年來，精準盈餘預測的需求有增無減，跟分析師的預測差一點，就可能讓一檔股票大跌，反之，財報數字優於預期，股價就會跟著大漲一段。這些預測值好不好？從《機構投資人》選拔脫穎而出的全明星們的表現來看，我們知道乏善可陳。但這畢竟只看1年的期間，風水總會輪流轉，會不會只是一時失足或僥倖？還是其實這表示有某種黑天鵝？答案對後面要介紹的投資策略很重要。

胡亂預測之二：長期資料

在增補《逆向操作價值型選股法則》還有在《富比士》等專欄的文章內容時，[6]我和詹姆斯麥迪遜大學（James Madison University）的邁克・貝瑞（Michael Berry）教授，對盈餘不符分析師預測一事做了研究，了解預測跟實際數字差了多少，結果發表在1995年5至6月號的《金融分析師期刊》（*Financial Analysts Journal*）。[7]論文調查1973至1991年期間，券商分析師每季盈餘預測，並與實際財報數字比較，我後來將研究期間擴大到2010年。當季預測值幾乎都是在之前的3個月內做出，分析師最晚可以在當季結束前2個星期更改。總共收錄了216,576筆預測共識，[8]但一檔股票要納入樣本，至少要有4名不同分析師追蹤。[9]大企業如微軟（Microsoft）或蘋果公司（Apple），可能有30、40名分析師在追蹤。逾1,500家紐約證券交易所、那斯達克、美國證券交易所的企業被納入分析，平均樣本數約1,000家。據我所知這是迄今最全面的分析師預測研究。[10]

在這出點小差錯，動輒興風作浪的場上，分析師表現如何呢？看一下圖8-1便知，結果是：分析師預測和實際數字相差頗多是常態，即使這些預測發布的時間，離當季財報發布不到3個月仍是如此。樣本的平均誤差是每年40%，要強調的是，這可不是小樣本，共收錄了逾80萬筆個別分析師預測數字。

有趣的是，這麼大的誤差竟是發生在資訊革命的時代，即使資訊發達，估計誤差還是大到足以在大多數時候，無法用於判斷股價，這種誤差邊際無疑容不下任何準確決定盈餘的餘地。

許多市場專業人士的看法是，正負3%的預測誤差便足以引發重大的市場行情波動，這數字突顯1991年平均54%，還有歷年平均40%的誤差幅度有多誇張。熱門股票動輒因為財報數字比分析師預測低了幾個百分點應聲重挫，可見少許的估計誤差，便可能影響投資部位的安危，這是分析師、投資

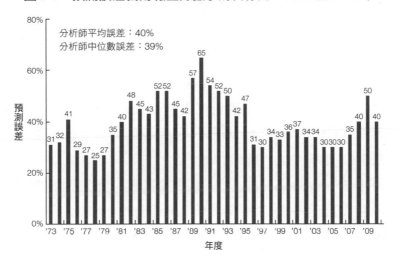

圖8-1　預測誤差占財報盈餘數字的百分比，1973至2010年

資料來源：大衛・卓曼，2011 年。數據來源：Abel/Noser Corp., I/B/E/S, and Thomson First Call.

基金、退休基金、機構投資人拿手的把戲，一般投資人只能摸摸鼻子認了。

　　有人可能懷疑這結果是不是受到少數極端值影響。為了檢查這種偏誤，我們用了四種方式來衡量盈餘不符預期，[11] 結果一致呈現很大的誤差。如果企業預估的盈餘數字本來就低（高）呢？這時同樣一點點落差，會導致誤差的百分比幅度相形之下很大（小）。舉例來說，同樣差0.07美元，若預估每股盈餘是1.00美元，結果財務數字是0.93美元，誤差7.5%，若預估每股盈餘是0.1美元，但財報數字只有0.03美元，那麼誤差幅度高達233%。*

　　不管怎麼分析，小小的盈餘預測失準，都會無視其他企業體質或管理的指標，不成比例地影響企業的股票。

* 為衡量這項扭曲效果，我們將圖 8-1 的樣本剔除了落在正負 0.1 美元的企業，對排除極端變動值以後的子樣本進行分析，但有個問題是高速成長的小企業，一年每股盈餘落在 0.3 至 0.5 美元，即一季 0.075 至 0.125 美元區間的家數很多。大企業依同理予以剔除。即使如此，平均預測誤差仍有 20.5%，是一般認為足以引發重大調整的幅度的 4 倍。

胡亂預測之三:與預測共識有落差

不少讀者應該對億創理財(E*Trade)這檔網路股飆股在2009年4月底,因為財報數字比預測低了4%多,導致股價重挫42%一事記憶猶新。2009年7月阿卡邁科技(Akamai Technologies)的財報數字比預測低了2%,股價大跌19%;2009年7月賽門鐵克(Symantec)財報數字比預估低了4%,股價跌了14%,反之,2009年10月亞馬遜財報數字比預測高了36%,股價大漲33%。當年大盤則上漲逾20%。

長期來說,盈餘不符預期影響股價甚鉅。網路泡沫期間的1997年,3Com股價因財報數字比預測低了1%而重挫45%;昇陽電腦(Sun Microsystems)盈餘差6%則是跌了30%。1997年5月30日,英特爾(Intel)宣布6月季度盈餘會比去年同期大增,但仍比分析師預測低3%,結果開盤股價跳空26檔,跌幅達16%,影響所及,科技股和大盤都遭殃,幾分鐘內標普500市值便蒸發870億美元。盈餘預估讓仰賴它的投資人荷包大失血。

我們還是必須找找看有沒有例外。這些勤快的專門人士有多行?我們知道,一丁點的盈餘不符預測,都可能讓價格大幅波動,目前的投資實務要求預估值要非常接近財報數字,正常來說,股價越高要求越高,市場一般預期財報數字跟預測共識的誤差在3%以內,大部分要求更高。

這種要求做得到嗎?圖8-2同前,用了216,576筆預測共識的大樣本,分析的股票至少有4位分析師追蹤,共收錄至少86.6萬筆個別分析師預測。很多股票有相當多筆預測值,例如蘋果公司就有40筆,我估計截至2010年底的38年期間,樣本收錄了超過100萬名分析師。

圖8-2總結我們的結果。預測失準的邊際我們是用5%而非3%,給分析師更大的出錯餘地,即使如此,結果仍不支持有準確預測這回事,預測值的分布狠狠打了自己的臉,僅不到30%與財報數字的差距,落在市場人士認為堪用的5%以內;以許多人認為太鬆的正負10%區間為準,僅47%預測共

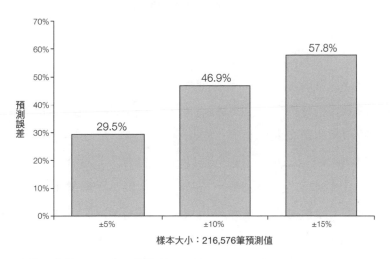

圖8-2　胡亂預測，1973至2010年

落在各區間的平均季預測百分比

樣本大小：216,576筆預測值

資料來源：大衛・卓曼，2011年。數據來源：Abel/Noser Corp., I/B/E/S, and Thomson First Call.

識算準，53%連這標準也達不到；更糟的是，58%的預測共識落在了沒什麼人認為準的正負15%區間內。

　　一半或七成的時候都不準的預測，有什麼價值呢？想想前面提到，一點點預測誤差，動輒引發慘烈股價反應的情況，價值看來不高。這些由高薪分析師精心估算，頂多早3個月預報的數字，本身是出了名的不準，偏偏許多股票的成交不只看現在，而是把未來預期盈餘也折算進來，讓情況更為複雜。分析師估中盈餘數字的機會，其實沒比簽中三重彩（譯注：依序選中一場賽事中的第1名、第2名及第3名馬匹）高多少，目前的投資實務似乎是強人所難；看這種數字做股票，像是押注在極為不利的賭盤，因此以下這則投資心法是：

　　操作心理導航11：長期來看，盈餘預測估中財報的機率很小，別拿它當作買賣股票的主要依據。

胡亂預測之四：產業預測

「也許其中有什麼隱情」，有些人可能辯解說：「分析師也許整體而言估不準，但這是因為很多產業波動性太高，本來就不可能估得準的關係，要預估就要挑穩定、持續成長、必然會增值的產業。」

聽起來好像有道理，但用電腦跑跑看資料很快就分曉。我們將前面提到的預測共識資料分成24個產業群組，*結果如表8-1所示，雖說產業的誤差的確小於預測個別企業的情況，但仍是放寬標準5%的6倍，平均誤差是28%，中位數誤差則是26%。我們也發現在整個樣本期間，幾乎有40%的產業，分析師預測誤差1年大於30%，約10%的產業甚至高於40%。

如表所示，分析師在各產業都出現預測誤差。電腦或製藥這種前景清楚，或未來「能見度」高的產業，跟汽車或原料這類前景不明朗的產業，誤差的情況半斤八兩，以下是我們據此做出的投資心法：

操作心理導航12：沒有哪個產業的可預測性，高到足以讓你採信分析師的預測，依賴這樣的預測會出事情。

高成長、能見度高的產業，並沒有比較小的誤差。分析師在能見度高的產業老是估不準，而且給較高的評價這件事，表示這種產業經常被高估。

最後要來看，分析師的預測在行情大好或衰退時期會比較不準嗎？畢竟照理說，估算這種時期的盈餘難度比較高。這會是拖累分析師預測表現的原因嗎？

---

* 拉夫金原本是研究1973至1996年，但他用的政府產業分類系統在1990年代後期停用；標準普爾和摩根士丹利國際資本公司（Morgan Stanley Capital International, MSCI）制定的全球行業分類標準（Global Industry Classification Standard, GICS）產業分類較為準確，適合財務用途，但歷史資料始於1990年代中期。不過，拉夫金研究期間的產業預測誤差其實更大，顯示這38年有很大的產業預測誤差。

表8-1 產業群組別的分析師預測誤差，1997至2010年

24個產業群組
平均產業群組誤差：28%
中位數產業群組誤差：26%

產業	% 誤差	產業	% 誤差
汽車與零件	45%	保險	24%
銀行	26%	材料	33%
資本用品	23%	媒體	49%
商業與專業服務	24%	製藥、生技與生科	31%
耐久性消費品與衣著	26%	不動產	13%
消費者服務	27%	零售	26%
多元金融	20%	半導體與半導體設備	34%
能源	35%	軟體與服務	31%
主食與民生用品零售	23%	科技、硬體與設備	35%
食品、飲料和菸草	22%	電信服務	35%
健康保健設備與服務	21%	運輸	29%
家庭與個人用品	16%	公用事業	26%

資料來源：大衛・卓曼，2011年。數據來源：Abel/Noser Corp., I/B/E/S, and Thomson First Call.

胡亂預測之五：超漲超跌時期的分析師預測

我們研究的1973至2010年這段期間，涵蓋數個景氣擴張和衰退期，考慮到這件事，你可能以為景氣衰退（擴張）期間，盈餘會超乎預料地驟減（增），導致分析師的預測在衰退期高估，在擴張期則低估，這確實說得通，多少解釋了分析師預測何以失準。可惜，從表8-2可知，事實並非如此。

表格分成三欄：所有不符預期是超出預期和低於預期的平均、超出預期，和低於預期。[12]盈餘不符預期事件分成擴張或衰退期的情況，第三列則是擴張和衰退期的所有預測共識。擴張期的平均誤差為39.2%，和完整期間的平均誤差39.3%或衰退期的平均誤差43.9%差不多。再者，超出預期

表8-2　景氣擴張與衰退期的分析師預測誤差，1973至2010年

	所有不符預期（絕對值）	超出預期	低於預期
擴張期	39.2%	23.3%	−66.0%
衰退期	43.9%	26.0%	−70.0%
完整樣本（1973-2010）	39.3%	23.8%	−65.1%

數字皆為平均。

不符預期＝（實際－預測）／｜實際｜，以百分比表示

資料來源：大衛‧卓曼，2011年。數據來源：Abel/Noser Corp., I/B/E/S, and Thomson First Call.

情況在擴張和衰退期的平均誤差各為23.3%和26.0%，低於預期的誤差分別是−66.0%和−70.0%，數字也很接近。

統計數字顯示，景氣似乎不會放大分析師的誤差，出現在擴張或衰退期的頻率，也跟其他期間差不多，真正被突顯的現象，反而是分析師一貫樂觀，在衰退期過度樂觀，而且即使景氣復甦或重上正軌了，也不改樂觀的態度。這不是什麼新發現，第7章介紹過，研究分析師樂觀的論文不少，而且除了一項樣本期間太短的研究外，都得到相同的結論。[13]這項發現對投資人有重要的意涵：若分析師普遍是樂觀主義者，那麼很多令投資人失望的情況，其實不能怪罪事件，而是他們一開始就把企業或產業想得太美的緣故。

胡亂預測之六：這有什麼意義？

我們看到分析師的預測誤差，長期都呈現難以接受的水準；沒有基金經理人或投資客能在誤差幅度40%的情況下選對股票，別忘了，選股人士咸認預估與實際數字落差不過3%，研究卻顯示，平均誤差水準是這個數字的13倍以上。誤差來到10%至15%，就無法分辨誰是成長股（20%的盈餘成長幅度）、一般股票（盈餘成長率7%），或後段班的股票（盈餘成長4%），那麼直逼40%的誤差又是怎麼一回事？

　　剔除每股盈餘很低的股票，雖可避免百分比變化過大而失真，但問題並未消失，誤差水準仍逾20%。更糟的是，分析師常常不準，從圖8-2可見，只有30%的分析師預測共識跟財報數字相差不到5%，這還是相對寬鬆的門檻。沒落在這5%區間內，對仰賴分析師預測做股票的人來說，肯定是一大噩耗。

　　可是問題不是這樣就完了。預測產業別的狀況一樣乏善可陳，截至2010年的最新研究（稍早研究1973至1996年的結果亦同）指出，能見度很高、投資人評價也高的產業，誤差跟前景能見度差的產業不分軒輊。若盈餘預測不準到分不清成長股與等閒股票，那麼為何大家還要為「能見度高」的企業支付可觀的溢價？

　　最後，我們還討論了其他二個分析師預測的問題。一個是誤差不能怪到景氣循環的頭上，因為分析師的預測誤差在所有循環週期都很高；另一個是分析師的預測失之樂觀，除了誤差大，還傾向高估盈餘，若是不計代價買進股票的情況，高誤差水準加上分析師的樂觀偏誤，有很高的機率受到重創。前面提到，即使能見度很好的股票，只要預測與實際差之毫釐，都會引發大舉拋售，造成5倍甚至10倍於誤差幅度的股價跌幅。

　　預測誤差的頻率與幅度，讓人對不少仰賴精心預估未來盈餘的選股方法產生質疑。第2章介紹的股票評價方法，多半有賴準確的盈餘預估。約翰‧伯爾‧威廉斯（John Burr Williams）提出的內在價值理論，就是根據20年或更久遠的盈餘、現金流量或股利預測。成長與動能投資學派在看合理股價時，也會用到精心估算的多年預測值。作價的乘數越高，要求的盈餘能見度越高。

　　若平均預測誤差1年來到40%，似乎也不用說想估對10年後的情況了。至此我們也許還可以探討二個重要的問題。首先，市場的效率與理性分析是否藉著天衣無縫的資訊處理，讓價格落在理該有的價位？前面的圖表顯示，分析師預測背後的資訊處理絕非正確無誤，根據我們看到的結果，分析一再出現誤差，哪能讓市場保持效率？其次，從逾30年的研究期間可知，分析師沒有從錯誤中學習。理性投資人照理說要立即調整讓市場保持效率，為何沒這麼做？一隻又一隻黑天鵝從眼前經過，唯有預測錯誤是「市場異常」才能保住效率市場假說。以下是我們給投資人的投資心法：

操作心理導航13：目前通行的證券分析多半需要分析師做出不可能的準確預測，避免使用要求高難度準確性的方法。

胡亂預測之七：我的情況特殊

我們能怎麼看這些結果？若證據是如此充分，為什麼沒有變成投資大眾的常識，尤其是專業人士，為什麼沒有把這些結果運用在他們的方法中，反而一腳踩中地雷？為什麼市場專家只覺得這些是有趣的發現，別人才會受影響，自己不會？許多專家認為自己的分析是獨門絕活，對自己的準頭有把握，相信自己會屢戰屢勝，萬一不準了，不過是一時失手，或是上了公司的當，研究地更透徹就能避免重蹈覆轍。

我們來看這樣的心態為何能無視打臉的證據，照常普遍存在。這個劇場的出色卡司來自各領域的專家，情節引人入勝，而且會帶給觀眾滿滿（或許荷包也能）的收穫。

胡亂預測之八：若干預測誤差原因

前面看到，即使歷時數十年，災情嚴重，投資人對於預測在統計上的失敗，要嘛視而不見，要嘛不做多想。投資人為何仰賴到頭來可能讓自己陷入窘境的預測，有幾個經濟上和心理上的原因。約翰‧柯瑞格（John Cragg）和墨基爾很早就在《財務學期刊》發表過一篇長期預測的研究，[14]他們分析

4家知名投資機構的證券分析師盈餘預測，包括2家紐約市的銀行，1家基金業者，跟1家投顧公司，這些機構對185家企業做1至5年的預測。研究發現，多數分析師的預測只是對當前趨勢的線性外插，實際和預測盈餘的相關性很低。

雖然現在分析師可取得更多資訊，柯瑞格和墨基爾表示，預估值仍是過去趨勢的延續。「本研究的重要結論是證券分析師的精心預測……表現沒比過去的公司成長率高多少。」

研究者發現，只要假設盈餘會按每年近4%的長期增長率持續成長，分析師的5年期預測的結果就能提升。[15]

另一份重要研究則指出依賴盈餘預測是個錯誤。牛津大學（University of Oxford）伊恩‧利托（Ian Little）教授1962年的論文〈成長毫無章法可循〉（Higgledy Piggledy Growth）指出，近期的盈餘趨勢無法預測多數英國企業將來的發展。[16]利托的研究讓效率市場假說理論和實務人士不快，研究的方法隨即遭受批評，他對批評從善如流，重做研究，但結果一樣：盈餘呈隨機漫步，前後期的變化幾乎沒有相關性，近期的趨勢（證券分析預測盈餘的重要項目）對於指示未來發展派不上用場。[17]

若干研究得到相同的結論：[18]美國企業的盈餘變化長期呈隨機分布。

舉例來說，理查‧布萊利（Richard Brealey）調查1945至1964年間711家美國工業廠商盈餘的變化百分比，結果也發現，趨勢無法持續，反而略有反轉的傾向，雖說盈餘成長率最平穩的企業例外，但也僅呈現微幅正相關。[19]

把第二組研究與第一組放在一起來看，多少解釋為什麼分析師的預測誤差會這麼大。如果像柯瑞格和墨基爾所說，分析師的預測是對過去盈餘趨勢做外插，而且盈餘如利托和布萊利所言呈隨機漫步，那麼誤差不小可想而知。而且預測誤差很大符合我們觀察到的一貫結果。

因此，我們從另一個角度，看到在盈餘預測放了太多心思令人不安之處，以下是我們的投資心法：

　　　操作心理導航14：在政治、經濟、產業與競爭條件不停改變的動態經濟中，不可能用過去預估未來。

　　還有幾個經濟上的原因可能造成營餘預測不準，一個是哈佛大學（Harvard University）經濟學家李查‧查克豪瑟（Richard Zeckhauser）口中的「大洗特洗理論」（the big bath theory），他在與波士頓大學（Boston University）的帕特爾和法國巴黎高等商學院（HEC Paris）的弗朗索瓦‧德喬治（François Degeorge）撰寫的一篇文章中，提出證據指出許多企業試圖管理盈餘，營造出「數字蒸蒸日上」的表象。[20]分析師喜歡看到穩定的成長，公司派便投其所好；當經理人做不出來，乾脆來次「大洗特洗」，將身上的藏汙納垢通通洗掉，甚至過猶不及（會計真偉大），洗乾淨了就有本錢繼續營造穩定增長的表象。這場澡可能是讓分析師的預測脫靶的另一個不測因素。

　　從證據看來，預測更像是門藝術，而非科學，也跟創作行業一樣，大師很少。除了小貓兩三隻的天縱英才有辦法做出可靠的未來預測，一般人做不到就是做不到，數據上一目了然。

行為財務學：分析師建議的職場壓力

　　分析師受若干強烈因素左右，職場壓力是一個（行為財務學將這歸類在代理問題*），這些因素可能導致預測大幅「走鐘」。《華爾街日報》市場版前編輯多夫曼幾年前調查大型券商，列出一張影響分析師獎金因素的清單，通常來說，分析師很大的賺頭是紅利獎金。[21]多夫曼寫道：「投資人可

---

* 代理問題是說，委託人將工作交代給代理人，此時目標雖相同，雙方的動機卻不同，而動機相左可能導致雙方行事日漸分道揚鑣。網路泡沫那時，格魯布曼、布羅吉特之類的分析師表明代理問題的一個層面。

能意外算獎金時不考量的項目……獲利預估準不準？幾乎從來沒有直接影響……分析師追捧或嫌棄的股票的績效？……很少是重點。」依序排出七個決定分析師報酬的因素後，預測準確性果然墊底。

最重要的因素是內部銷售部門的評比，這正是網路泡沫那時候，分析師面臨的壓力，結果導致分析師與客戶之間出現嚴重的利益衝突。

許多業者會正式調查銷售部門的意見，主要當然就是看分析師能帶進多少手續費佣金，在雷蒙詹姆斯金融公司（Raymond James），銷售部門的評比決定了分析師半數的獎金。公司高層也會看所謂的「股票上門」報告來評估分析師經手的股票帶來多少生意。PaineWebber *詳細記錄每支股票交易量在自家成交的百分比，以及自家有提供研究報告的股票，與對手的成交市占率比較。前保德信證券（Prudential Securities）†主管麥克·卡普（Michael Culp）制定一項規定，要手下分析師1個月要與110人牽線，但他補充，多數分析師超過這基準，已經拉到135人。另一家業者在算獎金時會將分析師的建議分等級，一個買進算130分，一個賣出則只有60分，因為後者帶來的業績遠不及前者；準確性不計分。22前面我們也看到為了行銷，網路泡沫股走上什麼樣的路了。

根據《華爾街日報》的調查，名列《機構投資人》雜誌的全明星隊是第二重要的因素。分析師被選進明星隊，能為券商帶來大筆佣金收入。有位研究部主管雖然不承認《機構投資人》的調查，仍表示：「多數的人心知肚明，每到春季都要拜訪某投資人。」言下之意是，分析師得要前往各家投資機構客戶拉票，希望它們這些機構投資人惠賜手上的一票，讓自己飛黃騰達，他說：「3、4月的投票前夕，辦公室都很冷清。」

這些說詞讓你感到不安嗎？分析師們的行徑在網路泡沫期間無疑沒那麼

* 現隸屬瑞銀投信（UBS）。
† 後來被美聯證券（Wachovia Securities）收購。

不堪，但不發布賣出報告、盡量發布買進報告的誘因仍然很大。許多投資人的積蓄直接或間接操之在研究分析師手上，這批人靠預測跟推薦闖出名號，雖說預測根本不是重點，甚至無法反映在自身的報酬，但這就是市場上大家在玩的把戲，投資人的問題是他們想從「薪情」取決於推銷量的分析師口中，聽見最有利自己的建議。顯然，這是緣木求魚。以下是我們的投資心法：

> 操作心理導航15：如果覺得某個分析師的建議有意思，至少要拿到他過去3至5年所出的全部報告來參考，如果內容不怎麼樣或無法提供，請打消你的念頭。

業界眾所皆知，分析師面臨的另一個壓力，是做賣出的建議。從數量來看，賣出建議比建議買進少非常多。分析師若建議賣出一家企業，日後大概就不可能到那家公司登門拜訪；若建議賣出一個產業，可能成為那行業的烏鴉嘴，無緣會晤業界的頭臉人物。如果分析師是行業的專家，在行業中傾注自己的心血，做出賣出建議恐怕是陷自己於不義。

即使分析師鐵了心，建議賣出可能仍會招致高昂的代價。1980年代末期，Janney Montgomery Scott有個分析師建議賣出大西洋城一家唐納‧川普（Donald Trump）持有的賭場。川普火大，覺得這人無知，堅持要開除他，然後他就被開除了，當然券商的說法是「因其他因素去職」。事後之明是他的看法是對的，賭場後來進入破產程序，雖說丟了飯碗，也有靠仲裁爭取到相當於數年年薪的補償，但這名分析師未曾因鐵口直斷受惠，反而遭殃。

還有個分析師因為Boston Chicken（後來的Boston Market）這檔飆股遭到封殺，無法出席法說會，原因是建議賣出這家公司。執行長對他說：「公司沒請你來，我們不想用事實為難你。」[23]沒多久這公司就進入破產程序了。有研究指出分析師做出的買進建議數是賣出的5至6倍。[24]職場壓力顯然影響了買賣持有的評等。

　　許多企業會回敬對自家公司出具負面報告的分析師，手段不一而足。1992年保德信證券有個分析師一連出了好幾份花旗集團的利空報告，後來保德信的投資銀行沒能主辦花旗資產基礎債券的承銷案，對方告訴他們，原因出在那名分析師。幾年後，這個分析師盯上Banc One，說這家公司衍生工具部位太複雜（結果後來還真的打銷了數千萬美元），Banc One於是中止與保德信買賣債券。巧的是，這分析師隨即離職了。吉德皮巴第公司（Kidder Peabody）有個分析師連連建議賣出國家銀行〔NationsBank，後來的美國銀行（Bank of America）〕，這家銀行於是不用吉德皮巴第公司的信託帳戶買賣股票和債券。[25]

　　若分析師任職的券商剛好也是大型承銷商，那麼職場壓力更大，負面報告是大忌。南方貝爾（Bell South）不太爽所羅門兄弟一個分析師說它的管理層效率差，在7家貝爾區公司中排名倒數第二，於是連所羅門兄弟這樣的龍頭業者都遭排擠，無緣成為一件南方貝爾大型承銷案的主辦券商。1994年底因為股票評級被調降，Conseco隨即解任美林證券在一項大型債券承銷案的主辦承銷商一職。美邦（Smith Barney）據稱因為旗下一個分析師出具的負面報告，錯失了共同承銷Owens-Corning Fiberglas的機會。[26]

　　一項研究揭露大型承銷券商底下的分析師，做出賣出建議所面臨的職場壓力。研究調查250份投資銀行出具的分析師報告，與250份未從事投資銀行券商的報告比對後，結論是：投資銀行券商的買進建議多了25%，賣出建議少了46%。[27]

　　從上面的內容可清楚得知，分析師最重要的職責是為公司做好行銷。分析師必須口出善言，但不見得要說對。佣金手續費才是對的。好的行銷跟好的預測是兩回事，前面介紹的一個例子是，全明星隊榜上有名的分析師，選股績效顯著低於大盤，另一個例子是明星分析師緊盯的大型基金業者，績效一直落後平均。

　　分析師不可避免地要注意措辭，諸如減碼、減持、估值充分反映、高估、資金來源、換股持有，甚至強力持有等用語，言下之意都是賣出。瑞銀證券前分析師彼得‧賽瑞斯（Peter Siris）幾十年前就說了：「場子裡多數人不會因為聽分析師說就上當⋯⋯因為大家知道很多時候這些人是在引人上鉤。但那些可憐的（散戶）投資人，誰去跟他們講一下。」[28]人家早就警告過了。

　　券商固然不在意預測準不準，分析師也沒因為說得不準而受罰；業者固然可能遭承銷客戶施壓而無法建議賣出，但我也沒聽說過有哪個分析師因為出具過度樂觀的報告而遭受譴責。

胡亂預測之九：心理影響決定

　　上一章介紹，除了股市之外，不少領域的專家預測也準不到哪去。市場上，分析師可以靠著一台筆電，分析報表、查股價、收訊息、搜尋資料庫，資料統整功能突飛猛進，一個摩根士丹利分析師表示，從公司訂閱的49個資料庫找出有用的資料，就像在大海撈針，「手上資料越多，到手的資訊越少」。[29]他這種念頭是合乎心理學的。資訊增加不會提高準確性，很多認知心理學的研究指出，人為判斷出錯往往是可預見的結果。過度自信在分析師身上也不少見；人在不確定的情況下，普遍會對手上可用的資訊表現出過度自信，而且常與事實不相符，以為自己是對的。

　　這些研究發現適用不少領域。一項經典的認知心理研究發現，無法預測哪個心理學家會做出良好的診斷，此外也沒有可以持續用來改進判斷的固定預測模式，研究結論是，只能靠檢閱長期的紀錄來分辨診斷能力。

　　研究者也發現，人即使明知「中獎率」不高，還是會對自己的答案抱持高度信心，稱之為「效度的錯覺」（illusion of validity），[30]在前面也有稍微提到，這有助於解釋分析師獨排眾議，鐵口直斷的現象。人們會憑著不完整、不可靠的資料，做出自信滿滿的預測，以下是給股市預報員的啟示。

胡亂預測之十：作局內和局外觀

　　數十年來與特維斯基共同發表許多重要研究的康納曼，曾與丹・洛瓦羅（Dan Lovallo）就這主題撰文。[31]

　　預測者有將一個問題獨立看待，無視過往歷史紀錄的「明顯傾向」。認知心理學家指出有二種不同的預測方式：「局內觀點」（inside view）和「局外觀點」（outside view）。前者是預測盈餘和股價的普遍做法，分析師或股票預測者緊盯股票和成長率、市占率、產品開發、大環境、經濟展望等相關變數不放。

　　另一方面，局外觀點則忽視做出個別預測牽連的眾多因素，專注在最相似的案例情況。以盈餘預測來說，就是專注在整體盈餘預測的準確性，或某類股或企業本身的預測準確性，來決定分析師所做預測的準度和可靠程度。

　　若股市預測者想要成功運用局內觀點，必須要掌握未來的重點部分，相反地，局外觀點基本上就是統計跟比較，不用參透未來。

　　康納曼用一個故事來說明差別。1970年代中期他與一群人為以色列的高中，擬定一份在不確定條件下做判斷與決策的課綱。大家工作了1年，做出了不錯的進展後，變成在討論要花多久時間結束這專案。小組中每個人，包括康納曼自己，都給了一個預估數字，預測範圍介於18到30個月。康納曼請一個課綱規劃專家的同仁，思考同樣來到當前時間點和發展階段的類似計畫，問他：「接下來花多長時間，計畫才完成？」

　　那專家良久不語，回答說，首先大概有40%的計畫胎死腹中，剩下的，他說：「我想不到有在7年內結案的計畫，超過10年的也沒有。」康納曼接著問，有沒有什麼因素讓當前團隊會表現得更好，專家說沒有。「從資源和潛力來看，我們的水準其實略遜於平均。」這專家雖然局外觀點的功力深厚，但還是被局內觀點牽著鼻子走了。*

---

*　康納曼也提到，後來又花了8年才完成計畫。

後來研究揭曉，局內和局外觀點動用到的資訊來源大不相同，處理過程也涇渭分明。局外觀點無視手上計畫的諸多繁複細節（這是局內觀點分析的基礎），也不去預測未來的計畫成果，而是專注於過去在相似計畫上統計的數據，據以決定成敗的機會；與局內觀點的基本差異是，局外觀點不另眼看待問題，而是視為若干類似問題中的一起案例。局外觀點可以應用在很多問題上面，像是課綱規劃、醫學和精神或法醫診斷，還有預測盈餘或未來的股價。

康納曼表示：「可知，憑著智慧和技能運用這兩種方法時，用局外觀點得到一個現實預估的機會要高出許多。一般說來，複雜、長期的工作，未來細節怎麼可能預料得到。」數十甚至上百個市場因素交互作用之下，數不清會有多少可能結果，即使有人能料到每種可能性，任一種情境的機率，也是低到不足為慮，偏偏分析師卻想做到出具單一、準確預測這樣的事。

胡亂預測之十一：預測者的詛咒

我們來看看靠著局內觀點的分析師有多少勝算，從表8-3可知，除了短期曇花一現，這些人長期預測正確的機會非常低，也就是說，靠預測正確持續賺錢的機會實在低到不切實際。

前面提到，市場人士通常要求預測與實際相差不到3%，表8-3接續我們

表8-3　股票預測離譜幅度不超過5%的機率，1973至2010年

	所有不符預測	低於預期	超出預期
1季	30%	66%	62%
4季	1/132	1/5	1/7
10季	1/199,000	1/62	1/113
20季	1/400億	1/3,800	1/12,800

資料來源：大衛‧卓曼，2011年。數據來源：Abel/Noser Corp., I/B/E/S, and Thomson First Call.

前面的分析師預測研究，結果顯示即使將標準放寬為5%，實際上達標的機率還是很低。從表可看出，光是只準個1季的預測，少到只有30%。

這張表是估算一個分析師預測能準個1季、4季、10季、20季的機率；第一欄是所有實際與預測不符的情況，第二欄是實際數字低於預期，第三欄則是超出預期的情況。結果真不讓人放心，可說極度不利於把精心估算的盈餘預測當靠山的投資人。分析師的預測共識連4季都沒超過5%容錯區間的機率只有132分之一，期間拉得越長，機率越難看，任取10季來看，預測值落在區間內的機率剩下199,000分之一，取20季的話，機率剩400億分之一，我們只取到20季，再拉長的話分母數字就破兆了。這些預測正是多數投資人指望，也是效率市場假說陣營言之鑿鑿，說會讓市場保持效率的技巧。實務和理論陣營都要反省，前者是對於預測勝算極低這件事不信邪，後者是沒有著墨這項重要證券分析工具乏善可陳，兩方都難辭其咎。

換個角度來看更清楚：**你去買紐約州彩券中大獎的機率，是花5年每一季都把盈餘數字估準機率的777倍。若彩券行開出這種機率，沒什麼民眾會來買，但市場上甘於下重本下場玩一把的投資人何止百萬。**

有人會說：「誰會在意財報數字比預估高的情況？我會給分析師鼓鼓掌。」說得也沒錯，那我們來看：你連續10到20季躲過財報數字低於預期5%利空的機會有多高？回答是：非常低。投資人只有五分之一的機會，一連4季都不會遇到這種實際數字比預估共識低的情況，拉長到10季來看，機會剩下62分之一，20季的話則是3,800分之一。

之前講過，許多成長股的價位之高，背後需要有10年以上的預測數字支持。如果要準個5年，機率都微乎其微，看到10年或15年有什麼意義？偏偏許多天價的成長股，是靠做出10、15年期間的預測在支撐價位。

考慮一下：覺得這樣子不行的人會想從中漁利嗎？我們很清楚，多數投資人會仰賴精準的預測下場玩一把。如果有法子，知道事有蹊蹺的投資人，顯然會想與這種人玩一把，這正是我們下一節要介紹的內容。

　　我們所看到的是典型用了局內而非局外觀點的情況。前面的證據強烈支持康納曼所說的，用局外觀點得出實際結果的機率高很多。但康納曼也說：「預測這件事一面倒偏好用局內觀點。」

　　市場上，局外觀點無法帶給股票投資人同等的把握，讓人生出能憑著一身專業，賺到高於平均報酬的信心；不夠刺激，也無法對客戶說出精彩的股票經，派上用場的機會遠低於局內觀點，但我們也知道，如完全根據局外觀點打造的指數基金，長期績效屢屢勝過一般基金。逆向操作策略的優異報酬，其實也是源自局外觀點，我們稍後就會介紹。

　　以下是我們的投資心法：

　　操作心理導航16：局外觀點長期而言通常能獲得較佳的報酬，要提高報酬，就要購買運用這方法的投資標的。

　　有人可能想知道，為什麼會這樣，答案還是從心理面著手。正常來說，決策者處理問題的方式，是將全部的知識運用在任務，尤其集中於特徵。康納曼則指出人普遍過度自信，因此即使預測者知道前述的研究，依然會憑局內觀點行事，將局外觀點拋在腦後，無視統計數據。

　　局外觀點的重要性經常遭到否定。我跟分析師和基金經理人提到誤差後，對方多半不當一回事。總之，這些人無視預測的紀錄，因為他們訓練有素，對投資學理論不疑有他，只要運用得當，一定會得到想要的準確結果。分析師和基金經理人似乎就是無法認清預測固有的問題。

　　這種情形並非投資圈特有。局外觀點固有的統計計算，普遍遭到否定。醫師和律師經常抗拒用統計來看個例，這份對局內觀點的偏好，有時會形於道德訴求，所以可能會聽到他們說：「我的客戶〔或病人〕不是統計數字，不能將個案混為一談。」許多學科會暗示從業的學徒，這樣的局內觀點才是將來經手問題時的唯一專業手法，並以膚淺的類比來抵制局外觀點。

　　許多分析師會說，像Google這樣的尖端科技網路企業，盈餘預估節節高升，股價若不漲翻天，對股東和潛在買家很不公平。對此只能冷笑以對，因為瞬息萬變的科技，加上犀利的盈餘成長，反而表示預測的難度高出尋常。

胡亂預測之十二：分析師的過度自信

預測這件事越來越像燙手山芋。我們先提出若干近年發現，以免大家以為來到21世紀後，我們對問題的掌握有變好。

企業資本支出似乎與生俱來可觀的樂觀偏誤，涉及新科技或業者不熟悉的計畫時尤其如此。幾年前一項蘭德公司（Rand Corporation）的研究，調查能源領域新型工廠的成本，[32]一般來說，實際建造成本是一開始估計的2倍，八成的專案未能取得原先預估的市占率。

一項心理學研究調查這類型失敗的成因，結論是多數的企業雖以最壞情況作為資本支出計畫的情境，「但最壞情況的預測幾乎總是太樂觀，經理人看壞的一面時，一般僅稍微悲觀看待未來，而不是描述最糟的可能發展。」[33]

過度樂觀往往是出於用了局內而非局外觀點來預估的關係。例如在金融危機期間，大型銀行、投資銀行、聯準會和財政部的舉動，就是很好的例子。2006年底到2007年初金融體系開始出問題時，這些大型機構一再出面安撫市場，並獲得聯準會主席柏南奇、財政部長鮑爾森等高層官員的背書。

但早在泡沫破滅的2年前，房市泡沫謠言就在媒體上甚囂塵上，諾貝爾獎得主克魯曼、普立茲獎得主的《紐約時報》作家格蕾琴‧摩根森（Gretchen Morgenson）等有識之士，紛紛披露各種誇張的現象，但聯準會和政府的高層卻置之不理。

2007和2008年情況每況愈下，銀行和投資銀行持續陶醉於有毒的房貸組合，步入2008年春季時，雖說幾個月前次貸發起業者和不少避險基金已經出問題，數十家業者不復存在，這些機構的損失準備顯著不足。等到銀行和投資銀行意識到自己危在旦夕，地雷才一一浮現，著手打銷鉅額部位，但為時已晚。

以下是你要牢記的投資心法：

操作心理導航17：現實看待一項投資壞的一面，預期最壞的情況會遠甚於自己的想像。

本章介紹了離譜的分析師預測誤差，誤差大到讓大部分投資方法窒礙難行。我們也看到，雖說這樣的誤差已公諸於世數十載，死心踏地的分析師或投資人仍不改其志。

不是只有分析師或市場預測人士才有這個問題，我們也看到這情況出現在許多分析困難資訊的專業領域，而且光是認清問題就很難，遑論要改變。最後，我們看到專家預測難免過度樂觀，股市如此，股市之外亦然。

現在的問題是：對此我們能做什麼？答案是我們要投向更好的投資方法典範，不用再將效率市場假說視為最主要或唯一的靠山，不用再依靠證券分析師的企業盈餘預測或預估，而是改採更好的方式。

第9章

有驚無喜的意外與神經經濟學

　　歷史上不乏無人理會的警鐘和冷不防的打擊。約莫100年前（1915年），駐美德國大使館在《紐約時報》上刊登廣告，示警美國民眾若乘坐協約國的客船，可能會遭到魚雷襲擊。美國當時尚未參與第一次世界大戰。〔實際上，時任總統伍德羅・威爾遜（Woodrow Wilson）後來在「他讓我們置身於戰爭之外」的口號下贏得連任。〕然而，當英國海上郵輪露西塔尼亞號（Lusitania）從紐約出發前往英國利物浦（Liverpool）時，船上除了有美國乘客，還裝載173噸要運送給英軍的槍支彈藥及砲彈。這艘船最後在愛爾蘭（Ireland）南方海域被德國潛艇擊沉，造成1,198名乘客和船員不幸喪生，其中包括了114名美國籍乘客。儘管按國際法，這艘船屬於合法的攻擊目標，但這起「意外事件」仍激起美國民眾的憤慨，繼而助長反德情緒，讓美國在2年後倒向英國、投入一戰。

　　轉眼過了26年，美國又被意外砸中了，這次是珍珠港事件（Pearl Harbor）。日本人偷襲夏威夷海軍基地，促使美國迅速投入二戰。然而，在幾十年之後有證據浮出檯面，日本海軍其實在1941年就發出了大量明確警訊。（耐人尋味的是，許多美軍高層似乎認定日本人作戰能力「低美國一等」，不敢出艦攻擊。）這個突發事件也激發美國人團結起來，當時這個國家仍未擺脫大蕭條，而且普遍憂懼內戰、混亂和共產主義的思潮湧入。

　　雖然歷史擺在眼前，大約23年之後的總統林登・詹森（Lyndon Johnson）

還是再度帶給美國民眾驚天一擊。他為了增援局勢升高的越戰（Vietnam War），誇大1964年北越攻擊美軍驅逐艦的東京灣（Gulf of Tonkin）事件，據稱北越魚雷艇無緣無故襲擊美國軍艦美達克斯號（USS Maddox）。（當時鮮為人知的是，南韓海軍在美國的指示下，前一天才剛祕密突襲了臨近的北越諸島，或是說美軍驅逐艦早已在執行情報任務了。）因此，美國國會立即因應詹森總統的聲明，全權委任他得以在日後任意介入越戰事務。

不出所料，授權詹森政府導致美國陷入越戰困境，國會對此決定萌生了「買方悔恨」（buyer's remorse），這與市場突然發生爆雷事件時投資人的反應不相上下。愛國情緒再度將理智面扔在腦後，而後果不堪設想，沒錯，這就是情感的影響。歷史班班可考，就算當下沒看出警訊，但想也知道政治災難肯定會挑起政府官員和社會大眾的過度反應。

就市場而言，投資人對於意外事件的反應，我們也能猜個八九不離十。光是2000年代就有2000至2001年間倒閉的安隆、2002年接著倒閉的世界通訊，然後是2008年的馬多夫詐欺案，讓數以百萬的投資人心涼了半截。2010年5月6日的閃崩事件更加劇了這種不信任，當時道瓊工業指數在幾分鐘之內暴跌逾600點，當日盤中震盪超過1,000點，創下美股市場史上第二大震幅。在我撰寫本書時，美國證券交易委員會和美國商品期貨交易委員會尚未祭出對策來防範這類閃崩事件再次發生。監管機關無所作為，讓投資人失望透頂，紛紛從股市撤走大量資金，轉身投入收益趨近於零的國庫債券。

這就是意外事件在華爾街掀起的淘天巨浪，它不斷改變我們對持有債券、股票或黃金的看法，而我們在股市中對於公司盈餘以至股價的展望，都無可避免必承其重。市場總是會隨著這些意外事件起伏、調整，或看漲或看跌：你每天接觸的投資消息多半就是這些。當然，在市場上炒作這些意外事件的關鍵角色，如無意外的話是我們在上一章中提到的分析師在充神算、帶風向。很諷刺的，這便是自我實現預言（self-fulfilling prophecy，譯注：心理學上的自我實現預言指的是，你預期什麼，結果就會受到你的預期影響而成真），正是他們言之鑿鑿卻不太會實現的預測，給股票製造了大部分的盈餘意外。

　　本章第一節將介紹各種類型的意外事件，以及其有系統的模式，而最後一節則是關於相對較新的科學領域，即「神經經濟學」（neuroeconomics），它打破了一些傳統學科界限，結合神經科學、心理學和經濟學來分析人們的決策方式。它使用先進的監測技術記錄大腦活動，從而偵測分析人們在評估決策、把風險和獎勵分類，以及與他人互動時實際發生的變化。簡而言之，它的目的之一是透過生物學確認並闡述認知心理學的一些重大發現，而其結果再再令人意想不到！

意外與市場

　　對於買股一事，該考慮再三嗎？也許該吧，但更重要的，是該重新思量意外事件的整個反應機制了，不再只是道聽塗說，而是從紮實的統計基礎切入。負面意外事件的的確確影響很大，無論你是公民還是投資人都一樣。然而，這只是其中的一面，反過來還有樂觀的另一面：正面意外事件，它讓我們的投資步伐變得輕快、投資組合更有分量。我們在本章將探討盈餘意外。儘管如我們所見，這類情況經常發生，但其實不一定會引發焦慮。恰好相反的是，如果你知道自己想追求什麼，盈餘意外反而會讓你的日子快活起來。我們將會看到，盈餘意外以一致且可預測的方式影響股價，而你可以善加利用並且發揮所長。

　　具體來說，盈餘意外對於熱門股和冷門股的影響截然不同。重要的是，神經經濟學中飛速成長的新領域採用腦部掃描技術，研究人類對於意外事件的主要情緒反應，從而踏實地解釋我們看到的一切，故理解意外事件的本質，不失為一種極有可能打敗市場的方法。

此處有雷：成長型股票不怕價格高

有時候，對於積極成長型股票或首次公開募股來說，似乎不存在價格過高的問題，所以投資人一再被當成凱子削。儘管如此，一如我們所見，強大的心理力量助推人們去買當紅炸子雞，卻阻擋他們去分析自己出了什麼錯。

這種模式在較大型的公司身上屢見不鮮，但這沒什麼好意外的。投資人相信自己能預測公司前景，也認為不論是特別刺激還是乏味的股票，他們都能看得準。他們對「最佳股票」寄予厚望，並且對於期望將會實現滿懷信心。同樣地，他們對於看似死氣沉沉或前景黯淡的股票期望很低，還相信自己對於這些股票的預測將分毫不差。我們在上一章已看到這種預測實際上有多麼的「準」了。

那些前途似錦、突飛猛進，以及概念極新穎的公司，股票交易價格通常符合高本益比、高股價現金流量比（P/CF）和高股價淨值比（P/BV），並且股利殖利率（dividend yield）老是很低，不然就是掛零。反之，前景不被看好的股票，則會在低本益比、低股價現金流量比、低股價淨值比，以及股利殖利率通常較高的情況下買賣。*

正如第1、2章所示，投資人願為熱門股和冷門股所付出的價格相去甚遠。例如，投資人在線上玩具零售商eToys.com步入網路公司泡沫化的天堂之前，願以100倍以上的本益比買入其股票，但對於又老又無趣的摩根大通興趣缺缺。投資人所支付的股價差距如此之大，正因為他們對自己直斷未來的能力信心滿滿。讓我們看看，當「意外來了」，也就是他們的預測沒成功時，會發生什麼事？

---

* 欲知從何管道能找到公司的本益比、股價現金流量比、股價淨值比和股利殖利率，請見第12章的第家302頁。

關於意外：我們的研究發現

我為了找出分析師預測失誤時股價的反應，長期與拉夫金博士、伊列娃、尼爾森‧伍達德（Nelson Woodard）、米切爾‧斯登（Mitchell Stern）和貝瑞有不少合作研究。最新進展是截至2010年共38年的研究。[1]為求前後一致，我們沿用前一章計算分析師預測失誤的方法，來分析同一批分析師的共識預測。

我們想評估對投資人來說至關重要的一些因素。首先，分析師預測失誤對股價有何影響？再者，同等重要的是，盈餘意外對熱門股和冷門股是否有相同的影響？股票交易價格噴到了外太空，是因為分析師對未來績效充滿了信心，其中還可能摻雜了一點過度樂觀的因素。至於那些狀況不妙的股票對於盈餘意外是否也有相同的反應？第三，我們想知道投資人對於分析師預測得有多準的期望值。為求解答，我們測量了小意外所造成的股價波動，也就是說每次有盈餘意外時，連每股0.01美元的價格波動也納入考量。

為了回答上述三道問題，我們根據投資人看好或看衰股票前景，以下面三種不同的價值評估指標將股票分組分析：本益比、股價現金流量比、股價淨值比。這三項比率越高，對投資人的吸引力就越大，而其願意支付的股價也越高。反之，這三項比率越低，越不受歡迎。我們將1973至2010年間追蹤的股票季度價格，按這三個比率的高中低再分成三組。例如，本益比最高那20%的股票放在高本益比組（亦稱為五分位數法），中間那60%為中本益比組，最低的那20%則放入低本益比組，而另兩項指標也以同樣方法分組。研究期間，投資組合每季均執行重組，並按此方法分組。然後，我們計算從1973年第一季度到2010年第四季度為止總共38年裡，意外事件對每組股票的影響。[2]

該研究使用了Compustat財金分析資料庫中1,500家大型公司的財務數據，它們的會計年度分別於3月、6月、9月和12月終止。[3]在這份跨152個季度的研究中，每個季度使用的數據約涵蓋750至1,000家大型公司。

關於意外：歷史績效說明什麼

接下來，我們設定了一個評估標準來衡量市場的意外事件所帶來的結果。如上一章所述，盈餘意外是根據一組分析師的共識預測來衡量的，即計算一組分析師對於同支股票的平均預測值。盈餘意外是根據實際盈餘衡量，所以在此和收入成長或下降無關。打比方說，假使一家公司公布每股虧損0.8美元，而華爾街預測每股虧損1美元，將兩者之間0.2美元的差距，除以前者公布的0.8美元，得出25%，即稱為正面意外事件。

意外事件對於熱門股和冷門股會有相同的影響嗎？我們檢視了所有意外事件，包括正面和負面意外事件對於熱門股（價值評估指標比率最高的那20%）、比率居中的60%，和冷門股（比率最低的那20%）的綜合影響。結果如圖9-1、9-2和9-3所示。這三種價值評估指標比率最低的那20%為冷門股，分別在本益比（圖9-1）、股價現金流量比（圖9-2）和股價淨值比（圖9-3）分組中都以黑色直條圖示之。放入中段組的那60%用的是灰色，而最高的那20%（即熱門股）是白色。[4]從這三張圖可以看出這些股票152個季度的平均報酬率高出或低於市場多少。

這張圖的縱座標是報酬率，其中市場平均報酬率*設定為零。意外事件所產生的報酬率和每期市場平均報酬率相加得出總報酬率。舉例來說，如果左側（即有意外事件公布的季度，簡稱意外季度）直條顯示報酬率為正1%，則表示該股票這3個月的平均報酬比市場表現高出1%。而市場季度平均報酬率為3.5%，兩者相加得出總季度報酬率為4.5%（或者可以說，在研究期間的季度平均報酬率為4.5%）。同樣地，若該股票全年表現比市場高

---

* 每張圖下方均有加注市場報酬率。

圖9-1 依本益比評估所有意外事件的影響

1973至2010年Compustat財金分析資料庫1,500家大型公司

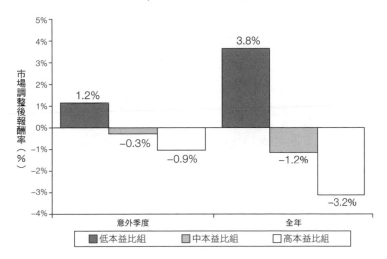

0%＝市場平均報酬率（3.5%＝季報酬率，14.8%＝年報酬率）

所有數字皆經市場調整。

資料來源：大衛·卓曼，2011年。數據來源：Compustat North American Data, Abel/Noser Corp., I/B/E/S, and Thomson First Call.

出1%，而市場年度平均報酬率為14.8%（如圖下方所示），兩者相加則得出其在研究期間的年度平均報酬率為15.8%。反之，若該股票季度報酬率為負3%，代表它比市場平均表現差了3%。你可以一下子就從這種圖看出意外事件對於每一組股票的影響。

這三張圖是建立在實際公布的盈餘之上，呈現盈餘意外所產生的效應，其數據往往在盈餘意外發生後的下個季度才會公布，所以我們將此季度稱為「意外季度」。左側直條圖群組顯示的是，盈餘意外在意外季度的效應，而右側直條圖則是1年後的效應。

這些圖可以一目了然地看出，所有意外事件（不論正負面）都對冷門股產生拉抬效應，同時也下踩了熱門股。首先來看圖9-1的本益比分組，在整

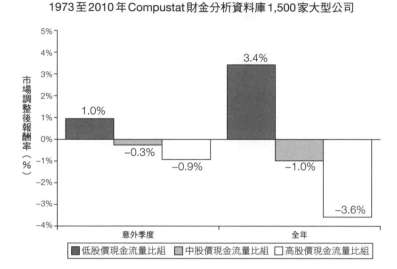

圖9-2　依股價現金流量比評估所有意外事件的影響

1973至2010年Compustat財金分析資料庫1,500家大型公司

0%＝市場平均報酬率（3.5%＝季報酬率，14.8%＝年報酬率）
所有數字皆經市場調整。
資料來源：大衛‧卓曼，2011年。數據來源：Compustat North American Data, Abel/Noser Corp., I/B/E/S, and Thomson First Call.

個研究期間，所有意外事件在意外季度為冷門股帶來比市場高出1.2%的報酬率，差距相當於市場報酬的三分之一。

　　更有甚者，不論意外事件所產生的效應是有利還不利，影響所及不只限於意外季度，亦會擴及全年表現。在整個研究期間，意外事件在全年為冷門股（低本益比組）帶來比市場高出3.8%的報酬率，相當於比市場年報酬高出26%，等同意外季度的優異報酬率又放大了3倍。如圖所示，熱門股相比之下（本益比倍數最高的那20%）的季報酬率比市場低了近1%，而整個研究期間的年均報酬率差距則拉大到3.2%，相當於比市場年報酬低了25%。

　　一如預期，意外事件對於中間那60%的股票並未有太大的影響。這些股票通常不會被高估或低估。如圖9-1所示，這些股票在意外季度裡的報酬

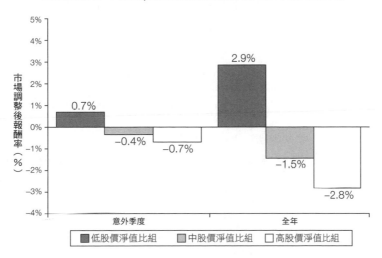

圖9-3　依股價淨值比評估所有意外事件的影響

1973至2010年Compustat財金分析資料庫1,500家大型公司

0% ＝市場平均報酬率（3.5% ＝季報酬率，14.8% ＝年報酬率）
所有數字皆經市場調整。
資料來源：大衛·卓曼，2011年。數據來源：Compustat North American Data, Abel/Noser Corp., I/B/E/S, and Thomson First Call.

率微幅落後市場0.3%，而其1年後的負面影響也不大（負1.2%）。

　　然而，所有意外事件對於「最佳股」、「最遜股」的影響不僅迥異，而且與時俱增。「最遜股」在意外季度贏過「最佳股」2.1%，其後兩者差距在那一年穩步加大至7.0%（約為市場年報酬的50%）。

　　綜上所述，圖9-1說明，盈餘意外對於不同本益比群組的報酬表現有不同的影響。意外事件明顯加惠低本益比組，但不利於高本益比組，對於中段組的影響則微不足道。那麼，對於按其他價值評估指標評估的股票來說，其影響又有什麼不同呢？

關於意外：異中存同

圖9-2是研究意外事件對於依股價現金流量比評估的股票有何影響。從意外季度和全年報酬表現看來，圖9-2、9-1對照之下有異曲同功之妙。低股價現金流量比組在這兩種情況下，一樣大贏市場。同樣地，熱門股，即股價現金流量比最高的那20%，在這兩段時期均明顯落後市場平均表現，而中段股幾乎沒受到什麼影響。從這種價值評估指標來看，分析師預測誤差所產生意外事件，同樣對冷門股有利，而不利於熱門股。

圖9-3則是按依股價淨值比評估的股票。請記住，股價淨值比越高，股票越受歡迎，反之亦然。我們再次發現結果。熱門股在意外季度表現欠佳（負0.7%），全年結果甚至還更糟（負2.8%）。而冷門股在意外季度表現優異（正0.7%），並在全年表現出色（正2.9%）。同樣地，盈餘意外對於中間那60%的股票影響要小得多。

更引人注目的是，按這三項指標評估的冷門股不僅全都表現亮眼，而且無論採用哪一項指標，比較結果都極為相似。我們在此發現了能在股市賺錢的有效途徑。盈餘意外無論正負，對於冷門股、熱門股的影響都大不相同。然而，意外事件始終會為冷門股帶來優於市場的表現，但讓熱門股跑輸市場。說到這，你有沒有靈光一現呢？而我們可以在下面的投資心法中找到一些啟發。

　　　操作心理導航18：盈餘意外有助於拉抬冷門股的績效，但對於熱門股的報酬有不利影響，所以在報酬上會造成顯著差異。你應該利用分析師常有的預測誤差選擇冷門股，從而提高投資組合績效。

反之，買入熱門股只會傷你的荷包。至於損失多少呢？稍後就會帶你看看，意外事件所產生的效應之大，足以發人深省。

正面意外之效應

　　我們在上一節，從三大基本指標來探討所有意外事件，它們分別是本益比、股價現金流量比和股價淨值比。我們在這一節，將分開討論正、負面意外事件。首先要看的是正面意外，即盈餘高出預期的意外事件，對於上述三項指標有何影響。

　　先看圖9-4正面意外對於高、低、中本益比組各有什麼影響。如你所見，正面意外加持冷門股（本益比最低的那20%）。這些股票在意外季度中，跑贏市場2.6%，相當於市場報酬的75%。從全年報酬率來看，低本益比股在1973至2010年間，每年以6.7%的顯著差距領先市場，年報酬率達21.5%。請想想，自1920年代中期以來，股票年報酬率才大約9.9%。[5]擁有

圖9-4　依股價淨值比評估正面意外事件的影響

1973至2010年Compustat財金分析資料庫1,500家大型公司

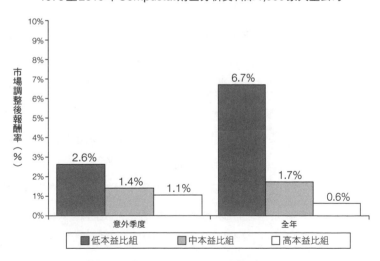

0% ＝市場平均報酬率（3.5% ＝季報酬率，14.8% ＝年報酬率）

所有數字皆經市場調整。

資料來源：大衛・卓曼，2011年。數據來源：Compustat North American data, Abel/Noser Corp., I/B/E/S, and Thomson First Call.

正面意外加持的冷門股的話，長期下來可以獲得的報酬，幾乎是市場的2倍。我們稍後將會探討冷門股何以會有如此驚人的報酬。

至於正面意外對於中本益比組（本益比居中的那60%）的影響，看得出來要溫和許多。中段組在意外季度的報酬高出市場1.4%，但之後的9個月裡，兩者間的差距並沒有太大的變化。這些股票並未持續增值，可見正面意外事件對價格的影響尚屬溫和，其原因可能是它們很少被低估或高估。

最後，正面意外對於熱門股的影響則要小得多了。歷經正面意外的股票在意外季度中的表現比市場高出1.1%。但是這些「最佳股」並未如低本益比組那樣持續成長，其與市場績效的微幅差距，反而在接下來的9個月中又縮小了幾乎一半。

儘管圖中未予顯示，但以股價現金流量比或股價淨值比評估之冷門股（比率最低的那20%）也有極為類似的情況。這兩者在意外季度和全年的表現都大勝市場，並且把熱門股打得落花流水。而中間60%的股票在這兩個時期的表現，相當接近前面幾張圖中的中段組。

為什麼正面意外在意外季度只能溫和助長「最佳股」？由於分析師和投資人都認為，他們可以精準判斷未來幾年內哪些股票將會勝出，因此正面意外只不過是實現他們的期望，不會帶來多大的衝擊，這些勝利組的營收、市占率和收益本來就被預期會飛速成長，因此到了年底，意外事件影響有限。我們待會就會看到，近來一些神經經濟學研究成果，似乎已解釋了熱門股、冷門股和不冷不熱股這三類股票何以會有不同的反應。

不管我們採用哪種價值指標來衡量，投資人對於冷門股的正面意外，有截然不同的反應。這些股票之所以被放進低段班，正因為人們預計它們是扶不起的阿斗。他們是投資人眼中的遜咖，看似沒什麼價值可言。所以，一旦這支股票有了正面盈餘意外，就會引起軒然大波，讓投資人正襟危坐、刮目相看。他們認為，這些公司也許沒有像分析師和投資人說的那麼糟。因此，這些冷門股的價格不會像熱門股一樣只在意外季度竄升，接著修正下跌。反之，它們會在意外季度之後，持續表現得比市場還要優異。

　　我們已經看到，用三大價值評估指標劃分的高、低、中三組股票，在發生盈餘意外時，各自反應不同。但就像天氣一樣，並不是所有日子都會放晴，也不會每天都只有好消息。負面意外再怎麼令投資人脊背發涼，免不得也要翻過來檢視一番。

負面意外之效應

　　圖9-5和9-6呈現的是，依價格埌金流量比以及本益比評估之「最佳股」、「最遜股」和中段組股票歷經負面意外後的影響。冷門股在此再度輕

圖9-5　依股價現金流量比評估負面意外事件的影響

1973至2010年Compustat財金分析資料庫1,500家大型公司

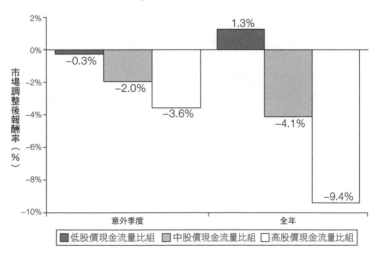

0% ＝市場平均報酬率（3.5% ＝季報酬率，14.8% ＝年報酬率）
所有數字皆經市場調整。
資料來源：大衛・卓曼，2011年。數據來源：Compustat North American data, Abel/Noser Corp., I/B/E/S, and Thomson First Call.

圖9-6　依本益比分組評估負面意外事件的影響

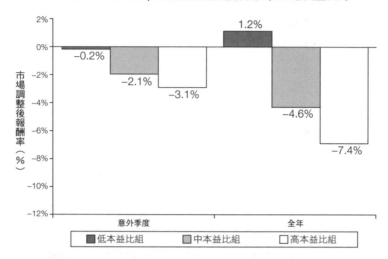

1973至2010年Compustat財金分析資料庫1,500家大型公司

0%＝市場平均報酬率（3.5%＝季報酬率，14.8%＝年報酬率）
所有數字皆經市場調整。
資料來源：大衛‧卓曼，2011年。數據來源：Compustat North American data, Abel/Noser Corp.,
I/B/E/S, and Thomson First Call.

鬆勝出。先看看股價現金流量比（見圖9-5）。分析師預測失誤而產生的負
面意外，對於低股價現金流量比組（比率最低的那20%）影響最小，這一組
在意外季度中只略輸市場0.3%，甚至到年底就擺脫了意外事件的影響，贏
過市場1.3%。（股價淨值比的結果與此相似，但圖中未予顯示。）

　　負面意外對於冷門股而言，根本毫無影響。投資人原本就對他們眼中的
遜咖不抱期望，所以當這些股票表現得更差時，他們也覺得稀鬆平常。最重
要的是，負面意外並不是意外季度裡的大事，而且在之後的9個月中也不受
矚目。

　　然而，對於「最佳股」而言，投資人只往好的一面想。畢竟，他們很有
信心，以至過分自信可以精準預測「優」股的未來。正因為一廂情願認為這

些股票不會讓人失望，所以就算所費不貲也在所不惜。故當負面意外迎面襲來，災難便隨之降臨。

圖9-5是按股價現金流量比評估的「最佳股」遭遇負面盈餘意外時的表現。在投資人收到壞消息的當季，其表現平均落後於市場3.6%，差到令人跌破眼鏡。也就是說，熱門股在遭遇同樣「差強人意」的意外時，其落後市場的程度比冷門股（低股價現金流量比組）還差12倍。更慘的是，冷門股在之後9個月中還是略勝市場，但熱門股卻是直直落。直到年底，年報酬率大輸市場9.4%。背負負面意外的熱門股，在38年的長期研究裡，年報酬遠不及市場（14.8%），兩者差距相當於市場報酬的64%。如圖9-5所示，在歷經負面意外的年度裡，冷門股（低股價現金流量比組）比熱門股（高股價現金流量比組）的表現要高出10.7%。

圖9-6是從本益比看負面意外的影響，其亦呈現類似結果。負面意外在意外季度，讓本益比最高的那20%表現陡降，而在之後的9個月中跌幅更大。

我們該如何看待這些數字？很顯然，當寄予厚望的公司令人失望時，投資人的信心大挫，哪怕不是多大的負面消息也一樣。你也許還記得，我們特意採用很小的預測誤差（小至0.01美元），來看預估值到底應該有多準確。從一些能見度高的股票可以看出，即使是微不足道的預測誤差，也可能造成股價大跌，因此盈餘預測的精確度很明顯對於衡量股價用處不大。但正如我們所見，這卻是當今證券分析領域的核心。飛行員不會在飛機上使用全球定位系統，因為那樣就算再準確也只能飛到離目的地幾百英里而已，但證券分析用起金融界的全球定位系統，卻沒覺得哪裡不對勁。

我們在上一章（表8-3）看過，要把負面意外控制在5%之內的機率，在每10個季度中是62分之一，在20個季度中則僅有3,800分之一。目前的研究顯示，投資人對於熱門股發生負面意外的容忍度遠低於此。一想到負面意外帶給熱門股的毀滅性打擊，只要是理智的人，肯定都會避之唯恐不及。

　　我們在上一章也看到，分析師整體上對於他們的預測過度樂觀。分析師的過度樂觀和顯著預測誤差（在一項具有里程碑意義的研究中，每年的誤差為9%）若產生綜效，對於熱門股的買家而言是相當致命的。[6]

　　最後，圖9-5和9-6得出的結果亦如我們所料：負面意外在意外季度與全年，對於中段組（中間60%的股票）的影響均大過低股價現金流量比組，但遠不及高股價現金流量比組。不過，正面意外所帶來的優異表現，抵消大部分的影響，而圖9-1、9-2和9-3也呈現出類似的結果。本章所有圖表得出的結果，均具備統計顯著性。

觸發型事件之效應

　　不管使用哪種估值法，當冷門股的盈餘超出分析師的預期時，就會有人大驚小怪。這種反差就好像分析師預測過度樂觀時，勝利組（本益比或股價現金流量比最高的那20%）只要一有閃失，表現會立刻下挫。

　　這份研究也顯示，高估「最佳股」和低估「最遜股」往往會把股價推向極端。這自然而然帶出下一則投資心法。

　　　　操作心理導航19：正負面的意外會以截然相反的方式影響「最佳股」和「最遜股」。

　　人們對自己瞻前顧後預測未來的能力過度自信。從醫學、法律到新建廠房設施等領域，無一不在反映這項事實。成千上萬個瞬息萬變的公司、產業、經濟和政治事件在股海裡翻騰，以致股票市場可說是最難預測的領域之一。

　　市場上好壞消息都有，導致「最佳股」和「最遜股」轉向截然相反的走勢。這讓我們想起「明星級」基金經理人的條件是，持續5年跑贏大盤2%、3%，反觀股價現金流量比這項指標裡的「最遜股」，在歷經所有意外事件後，全年報酬率仍超出市場3.4%（如圖9-2所示，且其結果與圖9-1和9-3也相類似），再看看「最佳股」輸給市場3.6%、低本益比大贏高本益比組7.0%，最遜股根本是天王天后級了。當然，這種差異根植於投資人太相信自己能直斷未來事件。我們因而得出，**盈餘意外對股價產生了巨大而可預測的系統性影響。**

我們細看這些圖表還發現，盈餘意外導致「最佳股」和「最遜股」出現兩種不同的價格反應類型。我將第一類稱為「觸發型事件」（event trigger），而第二類稱為「強化型事件」（reinforcing event）。

我將觸發型事件定義為，前景看好的股票遭受負面意外的衝擊，或是平庸的股票受到正面意外的加持。由於有觸發型事件，人們對於兩種股票的看法也截然不同。他們開始摘下有色眼鏡，更務實地評估這些公司，而重新評估的結果大大推動了價格調整，從而修正市場先前的過度反應。

第一種觸發型事件

觸發型事件又分成兩種，一是受青睞的公司遭受負面意外以致其股價下跌；二則是冷門股迎來正面意外，股價大幅推升。觸發型事件會引發投資人的知覺改變歷程，而這歷程會持續很久，一如我們在前面看過的，其影響會從意外季度開始持續一整年。我們也將在下一節看到，實際上這歷程會拉得更長。

除了盈餘意外，觸發型事件也可以來自其他意外事件。一個非盈餘意外可能是美國食品藥物管理局（Food & Drug Administration, FDA）批准一種新藥或拒絕進一步測試，也可能是一宗具指標性意義的菸草案的輸贏結果，還可能是新技術問世讓某些半導體產品過時了。非盈餘意外有成千上萬種可能，任何一種都可能強烈而持久地衝擊股價。儘管這個道理還未經驗證，但我們從觀察中發現，這種意外事件對於股價的影響，類似於盈餘意外事件對於最佳股、最遜股和中段股所造成的影響。

不過，觸發型事件大多還是來自盈餘意外。第一種是備受讚譽的公司遭遇負面意外。世界最大的獨立生技醫療公司安進（Amgen）的價格暴跌即是一例。安進在癌症治療和其他重大疾病方面有很強的產品線，其主要產品是阿法達貝泊汀（Aranesp）和依泊汀（Epogen），主要用途是治療癌症患者的貧血。2006年，該公司推出了一種很有希望的抗癌藥物維必施（Vectibix），讓安進公司的盈餘從2002至2005年飛速成長，再加上強大產品線以及新藥進展順利，其股價從2005年初的57美元，到年底已漲到86美元，而分析師則加碼調高該股的盈餘預測。

接著就出了大事。該公司在2006年底著手擴大阿法達貝泊汀的市場時，發現這種藥物最受關切的風險指標，即死亡率，在新的研究中略微高出了前期數據，故引起了一些頂尖腫瘤學家的強烈關注，建議降低該藥品的許可劑量，或者不排除完全禁止使用該藥品。消息一出立即震驚分析師和投資人，一連好幾個季度下調盈餘預測，同時有很多華爾街分析師調降推薦評等。截至2008年3月，安進股價暴跌了54%。

分析師預測的末日慘況，其實並沒有發生。美國食品藥物管理局只要求阿法達貝泊汀的標籤要加注警語，並稍微下調了使用劑量，但這個藥品仍是安進的主要利潤中心。該公司盈餘在2008年開始加速成長，2009年再度回升。然而，到了2010年秋天，安進卻不再是熱門股了，交易價格跌到了10倍本益比，被貶入「最遜股」的冷宮。

觸發型事件讓投資人重新評估該公司。如我們所見，投資人有系統地高估熱門股的前景。當負面盈餘意外隨著重磅負面消息擴散開來時，人們會驚覺原來「最佳股」也有今天。他們當下的反應是（快速）出脫持股，而這往往會導致股價跳水。就算後來被證實情況未如原本預期那般嚴重，甚至該公司也快要達成最初的盈餘目標，但投資人仍忘不了先前的不快。即便許多「最佳股」最後反彈回升了，但還是會有一段時間一直跑輸大盤。

第二種觸發型事件

投資人並不期望前景看壞的公司有正面意外。當這種意外發生時，人們會進入知覺變化的歷程，重新認真地評估股票，從而使得這些股票大幅領先市場，但有此結果主要還是因為最初被低估了。

第二種觸發型事件，是指冷門股受到一個或一連串正面意外的加持。以雷諾美國公司（Reynolds American）為例。該公司是美國第二大菸草製造生產商，同時也在冷門股之列。

雷諾美國公司透過一系列併購行動，包括把伍德無菸菸草公司（Conwood Smokeless Tobacco）納入麾下，在消費量逐年下降的菸草產業中突破重圍，營收顯著成長。雷諾曾公開表示，為了大幅提高獲利，要將營運業務整合到北卡羅萊納州，減少逾10億美元的支出和多餘的廠房，而它也做到了。從2004年3月那個季度開始，一系列大型盈餘意外翩然降臨，推升股價急漲154%，不僅如此，2007年中還配了高達6%的股利（這種投資回報在今日已不復見）。有買這支股票的投資人當然不多，但這項投資多半有成。

盈餘意外的漣漪效應

投資人對於公司、產業或市場本身的看法，通常不會因為單一的正、負面意外而改變。舉例來說，密西根大學（University of Michigan）的阿巴巴內爾和伯納曾研究分析師的預測行為，結果發現他們在盈餘意外發生很久後才會調整預測值。無論是高估還低估，分析人員都不會立即修正，而是要等到3季以後才會調整。[8]所以如果預測值過高的話，在接下來的9個月裡依然會很高；而預測值過低的話，在之後3季一樣會徘徊在低點。

正如阿巴巴內爾和伯納的結論，分析師「對最新的盈餘報告反應不足」。這種反應不足會引發新的意外事件，加速動搖投資人對公司的看法。

例如，當熱門股遭遇負面盈餘意外時會讓投資人震驚，在隨後幾個季度裡又出現更多的盈餘意外（由於分析師沒有完全下調盈餘預測），繼而加劇投資人對於公司的負面看法，導致股價繼續往下跌。就像前面的圖表所示，觸發型事件的效應會持續好幾季。冷門股在面對一連串正面意外事件時，也會出現類似情況。[9]

強化型事件之效應

我將第二類盈餘意外引發的價格反應，稱為「強化型事件」。這些意外事件並未改變投資人對股票本身的認知，反倒還加深他們目前對公司的看法。既然如此，它們對股價的衝擊理應小多了。所以強化型事件指的是，正面意外加諸於熱門股或是負面意外加諸於冷門股所產生的作用。前者強化了投資人原先對於公司的肯定。好公司就該表現好；而如果有正面意外發生，也在意料之中。

微軟是世界上最大的軟體開發及製造商，並且在電腦設備市場涉入甚深。該公司是熱門股受到強化型事件加持的經典例子。2003年底，有時被謔稱為軟蛋先生（Mr. Softy）的微軟公司，在消費端和中小企業市場上都有不錯的成長，並且在2003年底、2004年初輕鬆衝破原本的成長預測。不過，它的股票在短短幾個月內下跌14%，過了2年，也就是2006年中又跌了約13%，遠遠落後於市場。這再次說明，再一流的高本益比公司，即便有非常正面的盈餘意外，也只會帶來一般般的報酬。

幾年前的波音公司（Boeing）則是冷門股受到強化型事件衝擊的例子。該公司曾因為機械師罷工、747和787型飛機計畫的支出，還有全球經濟下滑拖累商用航空運輸這塊重要市場，陷入極為艱難的處境，連續4個季度表現欠佳，而盈餘也達不到預測值。該公司從2008年6月開始淪落為冷門股，2009年3月股價跌至每股29美元，但到了2010年4月強勢反彈，漲幅達165%。以一家盈餘表現一直令人失望的公司來說，這種程度的報酬算是相當了不得！

　　圖9-7顯示的是，盈餘意外在意外季度（左側）和全年（右側）對於觸發型事件和強化型事件的不同影響。這張圖採用本益比來評估意外事件所產生的效應，如果採用的是股價現金流量比或股價淨值比，比較下來的結果也極為相似。這兩種觸發型事件（熱門股的負面意外與冷門股的正面意外）對於股價的影響程度，明顯要比強化型事件（熱門股的正面意外與冷門股的負面意外）要大得多。

　　首先看圖9-7的觸發型事件，它們在意外季度和全年象限裡都放在前兩列。結果顯示，如果我們將觸發型正、負面意外事件對於股價的影響相加，

圖9-7　觸發型事件和強化型事件的影響

1973至2010年本益比

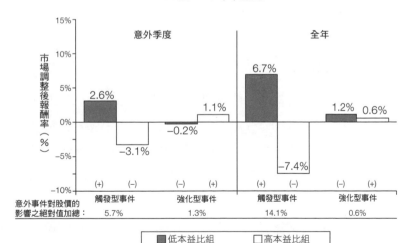

0%＝市場平均報酬率（3.5%＝季報酬率，14.8%＝年報酬率）
所有數字皆經市場調整。
資料來源：大衛‧卓曼，2011年。數據來源：Compustat North American data, Abel/Noser Corp., I/B/E/S, and Thomson First Call.

可算出盈餘意外在意外季度中對於季度平均價格的影響為5.7%（該計算方式去除了正負號，即2.6%加3.1%）。相比之下，強化型正、負面意外事件（意外季度象限裡末兩列）相加起來為1.3%（該計算方式去除了正負號，即1.1%加0.2%），顯見其對於股價的影響要小得多。而觸發型事件對於全年價格的影響程度是意外季度的2倍以上，高達14.1%。如我們所見，這是因為冷門股的正面意外和熱門股的負面意外在全年所產生的效應，比其在單一意外季度要大得多。另一方面，強化型事件在1年後對價格的影響僅有0.6%，微乎極微。

圖9-7不僅呈現觸發型、強化型這兩類截然不同的意外事件，也顯示其對於投資人未預料到的好、壞消息，也有明顯不同的影響。觸發型事件會引起知覺變化，而這種歷程會持續1年之久，大大影響股價。

另一方面，在意外發生之後的整整12個月裡，強化型事件對於股價沒什麼影響。

神經經濟學與市場

神經經濟學是經濟學當中一門重要的新學科，這個領域發展快速，主要的學者專家也發表了大量的研究成果，而其結論似乎都強烈支持以下假說：關於盈餘意外的研究結果中，尤其是觸發型事件、強化型事件所產生的影響，至少有部分可歸功於這領域裡相對較新的研究，即我們在圖9-7中看到的四大類意外事件。

這門新學科已對這四類意外事件的作用機制提出有力的解釋，但我們不需為了懂這些而成為生物學、化學和神經心理學專家。很幸運的，理解這些事件之間的交互作用要容易多了。

就讓我們從多巴胺說起吧。多巴胺是人體自然釋放的一種化學物質，通常和大腦的愉悅系統有關。這種物質可以讓人產生快樂充實的感覺，進而激勵一些行為。多巴胺是一種神經傳導物質，可傳遞由獎勵型體驗產生的神經脈衝以及相關的神經刺激，而這些多半是食物、性和某些藥物所引起的反應。在大腦中大約1,000億個神經元當中，只有約莫10萬分之一會產生多巴胺。但這一點化學物質對於你的大腦的選擇機制（包括投資決策）影響甚巨，同時它在酒精和藥物濫用方面更是舉足輕重。備受推崇的專欄作家傑森‧茲威格（Jason Zweig）曾在《投資進化論：揭開投腦不理性的真相》（*Your Money and Your Brain*）中寫道，酒精、大麻、古柯鹼、嗎啡和安非他命似乎都和釋放多巴胺有關。「這些物質用各種方式影響著大腦的多巴胺觸發帶，從而吸引使用者染上癮頭。」[10]比方吸入古柯鹼會讓大腦以15倍速釋放多巴胺，這代表它在某種程度上可以幫忙傳遞藥物產生的亢奮。南加州大學（University of Southern California）的神經學家安托萬‧貝查拉（Antoine Bechara）則說：「多巴胺染指了大腦的每個部分。」[11]當多巴胺神經元活躍起來時，它們會在大腦各個區域釋放巨大能量，讓人做出決策並且付諸實行。諷刺的是，吸入古柯鹼之後會立刻刺激多巴胺分泌，這和投資人做完投資決策後亢奮不已的大腦模式幾乎相同。[12]

多巴胺的作用不僅僅在於求快。投資人更要知道的是，做某些事情可以帶來可觀的獎勵，而為了拿到這些獎勵，就必須這麼做。

接下來，讓我們看看多巴胺在上述各種盈餘意外中的作用。多巴胺神經元會在獎勵超出預期的事件中釋放，在符合預期的事件中不受影響，在低於預期的事件則會受到抑制。這看來就是前述四類盈餘意外的效應之所以能貫徹到底的關鍵。請記住：觸發型事件和強化型事件非隨機發生的可能性約為千分之一。如果神經經濟學和盈餘意外之間有所關聯，那麼必然會有證據支持，這將為可預測並會重複發生的經濟事件、神經經濟學以及情感效應的研究結果之間建立緊密的聯繫。假使觸發型事件和強化型事件不是純粹的偶然，這種關聯就具有相當大的可能性。在這種情況下，神經經濟學的實驗結果和盈餘意外的研究結果驚人地相似，就會是一個相當吸引人的研究主題。

如果當前的實驗顯示這兩者之間卻有關聯，那麼神經經濟學作為一種主要的
經濟研究工具，定將更形重要。

　　讓我們大略看一下神經經濟學裡看似可解釋這四種盈餘意外的研究結
果，就上面提過的，它們分為觸發型事件和強化型事件兩大類別。劍橋大
學生理學、發展與神經科學系（Department of Physiology, Development and
Neuroscience）的教授沃爾夫拉姆・舒茲（Wolfram Schultz）、貝勒醫學院
（Baylor College of Medicine）的神經科學家里德・蒙塔古（Read Montague）
以及倫敦大學學院（University College London）的彼得・達揚（Peter
Dayan）都曾對多巴胺和獎勵系統提出許多重大研究成果。他們發現，當人
們在得到意料之內的獎勵時，多巴胺活躍度不會增加，大腦發出脈衝所產生
的電場震盪（electromechanical pulses）每秒大概變化三次（譯注：為讓讀者
易於理解，此處不直譯電脈衝），相當於是休息狀態。儘管一般認為獎勵本
身會點燃投資者熱情，但事實並非如此。這和強化型事件裡高本益比股票有
正面意外、低本益比股票有負面意外的情況類似。在前種情況下，熱門股的
正面意外形同獎勵，它實際上超出了投資人的預期，但卻好像沒有反應，甚
至會產生負面反應。這也解釋為什麼吸毒者需要更大吸食量才能達到相同的
亢奮程度，以及為什麼投資人認為「好股票的股價要節節攀升」，必須有更
高的盈餘。

　　對於神經經濟學家來說，這兩種觸發型事件才是真正的意外。它們是最
主要的非預期事件。根據帕米・錢德拉塞哈爾（Pammi Chandrasekhar）、莫
妮卡・卡普拉（C. Monica Capra）、莎拉・摩爾（Sara Moore）、查爾斯・努
塞爾（Charles Noussair）和格雷戈里・伯恩斯（Gregory Berns）等人所做的
研究，[13]正是沒料到會有高出預期的獎勵，才會讓大腦釋放多巴胺。在觸發
型事件中，那些持有股票或對該股感興趣者未預料到冷門股會有正面意外。
每當這些股票發生盈餘意外時，他們的大腦釋放了多巴胺，所以在當下體驗
到了「快感」或欣喜若狂。

舒茲的研究發現，當猴子碰到了非預期正面意外時，也會產生強烈反應。（這裡用猴子與人做比較，若有讀者覺得被冒犯了，我只能抱歉地說，猴子、黑猩猩和鴿子在這些神經心理學試驗中，表現得比人類突出。）

舒茲研究了猴子的大腦，他發現比起提前預期到的獎勵，意外狀況刺激多巴胺釋放時，多巴胺神經元的活躍度增激，而且維持較久。[14]即使這項研究目前只測試觸發型事件，結果看起來的確是支持低本益比股受非預期正面意外加持的現象。當投資人手上的冷門股盈餘意外地超標時，他們的大腦也可能在瞬間噴出多巴胺（根據舒茲的研究是每秒產生3至40次。用舒茲的話說：「這種正面強化效應使我們把注意力特別集中在獎勵上。獎勵使你回頭要得更多。」[15]舒茲和安東尼・狄金生（Anthony Dickinson）在2000年的《神經科學年鑑》（*Annual Review of Neuroscience*）中寫道：「總而言之，我們對於獎勵的反應取決於最初預期和結果之間的落差（多巴胺活動＝實際獎勵—預期獎勵）。」[16]

錢德拉塞哈爾和同事的研究結果則顯示，由喙前扣帶迴（rostral anterior cingulate）、左側海馬迴（left hippo-campus）和腦幹／中腦組成的神經網絡涉及到快感的產生。[17]不用擔心，這不是一項試驗，在這裡我只想告訴你，神經間的相互作用有多複雜。同樣地，第二種觸發型事件是，熱門股的負面意外可能會引起遺憾和失望的現象。在這種情況下，另一個神經網絡（皮質網絡）會被觸動。神經經濟學家可以透過功能性磁振造影（functional magnetic resonance imaging, fMRI）來測量這兩種意外事件，而這個神經網絡會引發不同程度的遺憾。[18]

舒茨、蒙塔古和達揚還發現，如果原本期望的獎勵沒有兌現，多巴胺會戛然而止。[19]當人們接收到獎勵即將實現的信號時，多巴胺神經元會活躍起來，但若事與願違，就會立即沉寂下來。大腦原本預期釋放的多巴胺被抑制了，所以會產生失望的感覺。這類似於我們看到熱門股遭遇負面意外（觸發型事件）時的反應。舒茨和狄金生另外觀察到，與非預期獎勵相比，獎勵落差會誘發多巴胺神經元急轉彎。如果實際獎勵未如預期，則在獎勵結果揭曉的當下，多巴胺神經元會變得很消沉。這儼然是種錯誤編碼，與預測誤差會直接控制預測學習歷程的看法不謀而合。[20]事實是，沒有正面獎勵這回事，只有負面結果會產生，投資組合中若有最佳股遭遇負面意外的情形，每一支都極有可能面對股價掉得多又快還止不了的跌勢。正如我們所見，正、負面意外的效應至少會持續四個季度。

　　我們提到過另外兩種盈餘意外所引發的強化型事件，即熱門股的正面意外與冷門股的負面意外，似乎對我們的神經網絡處理過程或是市場並沒有多大的影響，這是心理學家在近期相關研究中提出的觀點。打個比方，比起在一場不太可能會贏的賭局獲勝，在勝率較大的賭局中贏錢所帶來的快感要少得多了。同理可證，比起在一場原本預期不會輸的賭局中失手，輸掉一場很可能會輸的賭局不會那麼扼腕。錢德拉塞哈爾和同事也指出，懊悔或喜悅程度關乎原先認定的輸贏機率。越覺得會贏，喜悅的程度越低；越覺得不會贏，喜悅的程度則越高。他們還提到，不同的大腦區域所表現的活躍度，會隨懊悔和喜悅的程度增加。這些作者的結論是：「研究結果顯示，大腦產生懊悔、喜悅的感覺時，其所涉及的神經網絡雖然不同但有所重疊。」[21]由此顯見，對於熱門股而言，可預期的正面盈餘意外只會帶來一點點喜悅。同樣的情況也可能發生在冷門股身上，負面意外不至於讓人產生太大的懊悔。

　　圖9-8顯示強化型事件對於相關股票的影響。[*]其中很有趣的一點是，正如神經經濟學家的研究結果，觸發型事件和強化型事件在影響規模上有其差異。觸發型事件在意外季度對股價的影響，大約是強化型事件的4倍，全年的話則有24倍之多（計算時去除正負號）。該圖表的統計顯著水準為0.1%；這代表只有千分之一的機率是純屬偶然。這對於投資人而言意義在於，有實實在在的神經經濟學研究結果強烈支持買入冷門股。

---

[*] 將圖9-8中的觸發型事件去正負號後相加。強化型事件的計算方式也一樣。

圖9-8　以本益比評估觸發型事件和強化型事件所帶來的絕對報酬率之比較

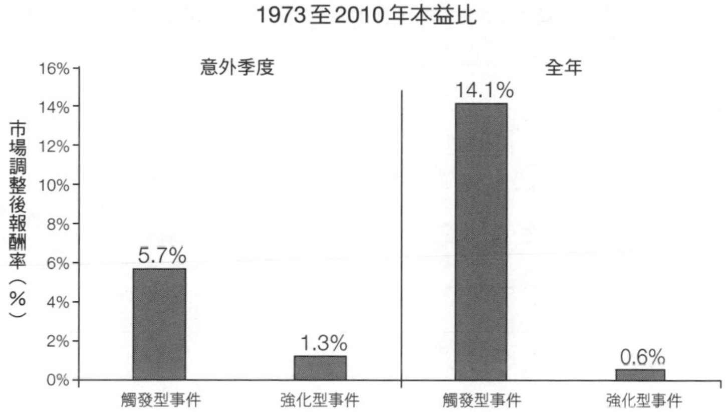

1973至2010年本益比

去除正負號（＋/－）

資料來源：大衛・卓曼，2011年。數據來源：Compustat North American data, Abel/Noser Corp., I/B/E/S, and Thomson First Call.

意外事件的長期影響

　　我們之前看過「最佳股」和「最遜股」在意外事件公布之後長達1年的結果。那麼，1年之後還有其他的影響嗎？圖9-9測量「最佳股」和「最遜股」若採用長抱策略的話，其在盈餘意外發生後5年內本益比倍數的變化。*由圖可見，低本益比組在正面盈餘意外（圖中顯示為低本益比有正面意外組）之後的20個季度裡全贏過市場，這5年的平均報酬率高出市場30.3%。相反地，高本益比組歷經負面盈餘意外（圖中顯示為高本益比有負面意外組），在接下來的5年裡，每個季度都跑輸市場，5年下來落後市場30.4%。正如所見，這兩組股票之間的差異在這5年間持續拉大。

　　這兩種觸發型事件呈現的績效差異，全是由盈餘意外引起的嗎？最初的

---

* 5年期報酬率的處理方式是，從研究開始3個月為一期，計算連續三期的結果後取平均值。本研究共計有132個時間區間。

圖9-9　正負面意外事件的長期效應

1973至2010年Compustat財金分析資料庫1,500家大型公司

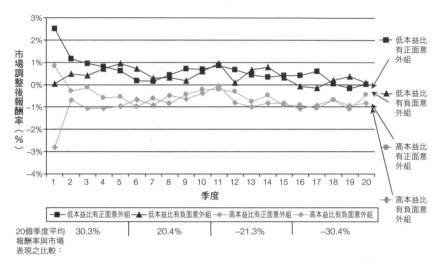

0%＝市場平均報酬率

資料來源：大衛・卓曼，2011年。數據來源：Compustat North American data, Abel/Noser Corp., I/B/E/S, and Thomson First Call.

意外是否會永久改變投資人的看法？這些問題目前無法從統計學上回答。但我們確實知道，投資人對於「最佳股」和「最遜股」的預測都過於自信，大大高估了「最佳股」，也低估「最遜股」。拿掉有色眼鏡之後，或許這種情況就會對調了。正如前面提到的，不會只有單一一個意外發生，在之後的季度裡還可能會有接二連三的意外事件，這些意外不只是來自分析師的預測誤差，再再繼續強化價格重估的效應。

　　不過我們可以說的是，低本益比和其他低位階價值型股票群組表現優異*，而高位階價值型股票群組表現欠佳，這背後必然有一個或一系列事件改變了投資人對「最佳股」和「最遜股」的看法。

---

* 低股價現金流量比組和低股價淨值比組也有類似優異表現，此處省略。

　　我們也看出強化型事件的影響。「最遜股」遭遇負面意外之後（圖中顯示為低本益比有負面意外組），在意外季度接下來的19個季度裡一直跑贏大盤，而「最佳股」則在正面意外（圖中顯示為高本益比有正面意外組）出現之後總是跑輸大盤。儘管這兩者的表現，在觸發型事件發生的意外季度裡差距更大，但這裡還是看得出箇中差異。「最佳股」在這5年裡跑輸市場21.3%，而「最遜股」跑贏大盤20.4%。（依股價現金流量比和股價淨值比評估比較，也有類似的結果。）

　　此處未顯示中段組的研究結果，不過，長期研究下來與1年內的情況差不多。意外事件只有波及新聞發布的那個季度，而之後的表現就與市場一致。大致看來，正面和負面意外所產生的影響幾乎相互抵消了，這正在我們的意料之中，因為中段組的股票並未被過度高估或低估。

不期而遇的機會

　　操作心理導航18教我們好好運用分析師的預測失誤和其他意外事件，拉抬冷門股的績效。那麼，現在我們要進一步描繪意外事件所產生的效應，而這些效應將會成為逆向策略的必要工具。至於逆向策略，我們稍後就會介紹到。操作心理導航20總結了我們對意外事件的研究結果。

　　操作心理導航20(a)：整體說來，意外事件促進冷門股的績效，同時又削弱熱門股的表現。

　　操作心理導航20(b)：正面意外會讓冷門股明顯增值，但對熱門股影響不大。

　　操作心理導航20(c)：負面意外會讓熱門股價格大跌，但實際上對冷門股沒有影響。

　　操作心理導航20(d)：盈餘意外所產生的效應會持續很長一段時間。

　　我們在本章檢視了意外事件的作用，繼而發現意外事件始終加惠那些前景看壞的股票，並且與投資人眼中的菁英股作對。有鑑於上一章提過的，盈餘意外發生得很頻繁，我們因而得知這是一股強大的力量，可以扭轉先前被高估或低估的股票績效。

　　我們將在下一章看到，重大意外事件導致投資人的期望有所改變之現象，在建立強勁投資策略的過程中尤其重要。隨著成功的機率向上提升，是時候捲起袖子，在投資世界裡找一張賭桌坐下來。現在，你想怎麼贏呢？

第四部分

市場過度反應：新的投資典範

第10章

獲利暴增的逆向操作法

　　唯獨終極紐約客或是對運動賽事有受虐傾向的人（我想我屬於後者），才會在第42屆超級盃足球賽中支持紐約巨人隊（New York Giants）。當時組頭們看好新英格蘭愛國者隊（New England Patriots），開出了愛國者會大勝17分的賭盤。也就是說，如果你想押愛國者贏、抱回彩金的話，他們至少得做到兩次達陣再來個射門得分。群眾和專家都太過自信，以致於《波士頓環球報》（*The Boston Globe*）才會打好如意算盤，早早在亞馬遜網路書店上預售《十九比零：新英格蘭愛國者單季全勝的傳奇球季》（*19-0: The Historic Champion Season of New England's Unbeatable Patriots*）這本書，坐等這場肯定拿下的比賽。

　　球迷們和體育主播都認為，這兩隊的實力懸殊恐怕稱得上是史無前例吧。巨人隊自打進季後賽便一直處於下風，但他們可沒這麼認命，還挺進了超級盃冠軍決賽。2008年2月，估計逾5,000萬的觀眾在電視前面參與了這場激戰。當比賽戛然而止，第42屆超級盃賽果塵埃落定，是巨人隊擊敗了強大的愛國者隊。巨人隊在比賽僅剩35秒時達陣成功，讓愛國者無力回天，而事已至此，球迷們被嚇得目瞪口呆、錯愕不已。

　　愛國者幾十年來戰功彪炳，怎麼會落到這種下場？許多基金經理人和專業投資客，一身保羅史都華（Paul Stuart）筆挺西裝加上俐落的費洛加蒙（Ferragamo）領帶，當他們端坐在設備齊全的辦公室裡左擁右抱當今最尖端最厲害的市場資訊科技時，一定也這麼想過：明明買了最頂尖的研究報告和投資建議，投資績效怎麼還會如此之差呢？

這對他們來說，肯定是難解之謎。

話又說回來，受專家青睞的股票，真的就是值得買進的股票嗎？答案昭然若揭，絕不值得。分析師和基金經理人鍾愛的股票因為異常盈餘吃盡苦頭，而那些受到冷落的股票卻總能從異常盈餘中得益。實則是，投資人的熱情經常把熱門股的股價推得過高，而少了這股推動力的股票就成了廉價股。盈餘和其他意外事件會導致這兩者的市價重新被市場評估，從而反應出更真實的價值。

這必然是解開謎題的關鍵所在，但我們要如何運籌帷幄，把它放進投資策略的操作實務呢？畢竟我們不只是要分析市場動態，而是想找到從中獲利的投資模式。於此，我不會建立案例式的推演架構，而會直接亮出答案供大家檢視，請你跟我一同確認這種有效投資方法的核心要義，從而掌握下一則投資心法。

操作心理導航21：受市場追捧的股票跑輸大盤，而被看衰者卻狂勝大盤。雖然如此，價值重估往往還是慢如牛步，甚至移動得比冰川還慢。

這個重估的過程深受情感和神經經濟學的影響，這兩類機制都是心理學的新發現，也是在市場上穩定獲大利的致勝關鍵。打從有交易市場之初，人們對於「最佳」和「最遜」的投資向來反應一致且可預期。在此，我們給務實派讀者的答案就是：投資人的行為在這方面有跡可尋，不難猜出，所以普羅大眾也能從中獲利。有一些證實有效但簡單易行的逆向操作策略，可以讓你承擔相對較小的風險，輕輕鬆鬆跑贏市場。

這章將介紹一種新的投資典範（或模式），並摻入在第一部分探討的心理學最新成果，以及數十年來實證行之有效的投資方法。這些方法都是建立在心理學之上，同時有賴於大家摒除過去所學各種評估股票、債券或其他金融商品價值的常規法則。這絕不是要你盲目信服、高歌這種新知識。這些方法或由心理學證實，或長期表現優異，都經得起檢驗。

聽起來是不是有點玄呢？現在，就讓我們從頭開始，看看這些斷言背後有何玄機。接下來首先登場的是逆向操作策略的五種主要變化，包括它們各別基本架構、功能和相關統計推論，以及如何成功通過時間的考驗。有了這把關鍵之鑰，就能知道如何組合你的投資拼圖，儘管我恐怕無法讓你搶到保羅史都華西裝或費洛加蒙領帶的折扣。這五大操作策略分別是：

1. 低本益比策略。
2. 低股票現金流量比策略。
3. 低股價淨值比策略。
4. 高殖利率策略。
5. 同產業低股價策略。

以上每道策略還能分出許多子策略，可應個人需求來制定。至於策略5，這是一種全然不同的逆向操作策略新類型，我們會在第12章介紹。

顛三倒四的投資世界

我們似乎可以由上列討論得出以下結論，即專業預測好棒棒的公司往往是錯誤的投資標的。因此，容我再問一句：你是否不該跟風緊追專家和群眾追捧的股票，轉而去買他們興趣缺缺的冷門股呢？答案隨後就見分曉，無庸置疑會是肯定的（縱使未獲一致認同）。

不單這樣，我們還有近80年來的紀錄，歷歷可見這種投資策略確實能夠行之久遠，而它之所以行得通，是因為能打破慣常的思維。

我們從中發現，市場預期前景看俏的公司，按本益比、股價現金流量比、股價淨值比、高殖利率及同產業低股價這五項標準來衡量，一直以來表現得差強人意，而那些前景看壞的公司卻總是表現出眾。這種策略從本質上就滲入了黑色幽默的元素。實際上，對於那些信奉效率市場或其他現代投資方法的虔誠信徒來說，信了逆向投資法就猶如中了撒旦的魔咒：「最佳」投資賠得慘兮兮，「最遜」投資賺到飽飽飽。

不過，這些發現即便再怎麼不可思議，也不是邪魔歪道。實則大多數投資人沒有認清到，預測盈餘、經濟事件有多難。所以，一旦預測失準就會引發一連串可預期的反應。很諷刺的地方在於：對於這個具體可行的投資操作策略來說，有個最明顯又最具一致性的變數是，人們對於自以為前景看好或看衰的公司總是反應過度。箇中原理對過去市場有用，對今日的投資人也一樣適用。

概念股之墓群

能神準地預測未來的成長，是評估「最佳」股票的必要條件。正如第8章提過的，這些預測的可靠度出奇地低。我們還發現，當一家前景看好的公司盈餘不如預期時，哪怕是再小的異常盈餘，也會重擊股價。這並不足為奇，退一步言之，建立在精確估計值之上的投資策略，績效並不穩。經過1996至2000年的網路泡沫打擊，有個公墓堆滿了網際網路公司以及那些葬身在更早期的投機泡沫裡的股票；而那些不計價位都要入手的「必買」概念股，也有著相同的命運。

許多專業人士和散戶口中的「最佳」，篩去了這類狀況的固有風險（inherent risk）（譯注：無法以其他相關內部控制預防或偵測錯誤發生的風險）。反之，股票在投資市場的能見度欠佳，股價會明顯被低估，而一旦出現異常盈餘的利多消息時，勢必會招來另眼相待而讓股價陡然翻升。又如我們在第2章所見，被寄予厚望的股票，固有風險會被低估；而期望值很低的股票，則往往被誇過了頭。掌握這點，就等於是拿到了本書的萬能鑰匙，也能夠說明我們即將檢視的投資操作策略何以能帶來長久的成功。

低本益比策略成功的早期證據

從1960年代開始，研究人員開始懷疑能見度，也就是現代證券分析的一大支柱，是否真如大家普遍相信的那麼站得住腳。最初他們是拿本益比來研究，因為這在早期資料庫拿得到。當時就有一位研究員提出疑問：「用本益比衡量後續市場表現到底有多準確？」

法蘭西斯·尼可森（Francis Nicholson）當時在公積金國家銀行（Provident National Bank）擔任顧問（interrogator）。他在1968年對高本益比之於低本益比股票的相對績效做了全面性的研究，分析了1937至1962年間18種產業裡共189家信託公司的體質，[1]這份長達26年的研究結果如圖10-1所示。

尼可森將這些股票根據本益比高低排序，均分成五等分，每一等分再依1至7年期各別本益比高低重新排列。當這五組以新的本益比資訊按持有年分重新計算時，最被看衰的股票，在持有期間股價年平均上漲率達16%。反之，本益比最高的龍頭股，在相同的計算之下，僅增加3%。儘管各股績效差異會隨持有期間拉長而縮減，但是，原本投資組合在持有7年之後，本益比最低的那20%，績效幾乎是最高那組的2倍。

投資者出奇一致地誤判了後續績效，投資結果都落得一個樣。最熱門股（前五分之一）的表現明顯落後於其他組，而最冷門股（末五分之一）成了第一優等生。次熱門股績效倒數第二，而次冷門股股則名列第二。

葛拉漢在《智慧型股票投資人》（*The Intelligent Investor*）一書中，引用了第二項關於道瓊工業平均指數30檔成分股（見表10-1）的研究。該研究評估了道瓊工業平均指數中本益比倍數最高和最低各10支股票，以及這30支在1937至1969年間的平均績效。低本益比的股票在每段時期的績效都優

圖10-1   尼可森的先導研究

1937至1962年漲幅（％）
持有期間股價年平均上漲率（％）

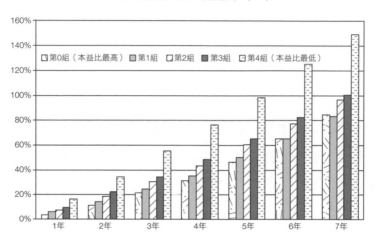

資料來源：Francis Nicholson, "Price/Earnings Ratios in Relation to Investment Results," *Financial Analysts Journal* (January-February 1968, v. 24, No. 1, pp. 105-109).

表10-1   道瓊工業平均指數年平均漲跌幅（％），1937至1969年

時期	本益比倍數最低的 10支股票	本益比倍數最高的 10支股票	30支道瓊工業指數股票
1937-42	−2.2%	−10.0%	−6.3%
1943-47	17.3%	8.3%	14.9%
1948-52	16.4%	4.6%	9.9%
1953-57	20.9%	10.0%	13.7%
1958-62	10.2%	−3.3%	3.6%
1963-69	8.0%	4.6%	4.0%

資料來源：Benjamin Graham, The Intelligent Investor, 4th ed., p. 80. Harper & Row Publishers, Inc.，1973年版權所有。經HarperCollins Publishers, Inc.許可轉載。

於市場平均值，而高本益比的表現則比市場差。

　　這份研究也計算：在1937年分別投資10,000美元在道瓊工業指數高、低倍數的股票群，並且每隔5年轉換成最高本益比（前者）和最低本益比股票（後者）。到了1962年底，原本投入10,000美元在最低本益比的那一組，變成66,866美元。投資最高本益比者，這10,000美元僅增值到25,437美元。最後，投資在道瓊工業平均指數股票的那一組，同期成長到35,600美元。〔約莫35年後，葛拉漢的研究結果成了炙手可熱的投資策略，名為「道瓊狗理論」（The Dogs of the Dow）。〕

　　1960年代還有別的研究也得出類似結果。想當然耳，這些研究所下的結論是，低本益比股票近30年以來的表現，已可堪稱為績優金融商品。但是，理論界如同不容質疑的聖牛般頑固得很，致使這些研究發現當時並未激起什麼漣漪。[2]

滿是懷疑的歲月

　　過去，若有人徹底分析低本益比就會招致批評。一則成長派在投資圈裡勢力龐大。許多機構投資商無法說服自己這些新發現對他們是有利的。畢竟，就像那些懷疑盈餘預測的研究一樣，可能會否定掉多年的實踐成果（或是被洗腦）。當我在1976年初發表一篇論文綜論前期研究時，許多專業人士告訴我，這些資訊已如昨日黃花：「1970年代的市場怎可相提並論。」

　　低本益比策略的研究者確有收穫，但當時正值效率市場假說迅速崛起，因而小覷了這類工作成果。畢竟在1960年代末期，了不起的效率市場假說在金融學界朋友們保護下固若金湯。按這隻學術巨龍的說法，這種研究結果根本不存在於地球上，即便真的存在又如何，它說了算！

　　效率市場假說派還堅稱，低本益比股票系統化風險較高（他們的用語是，貝他係數較高），報酬率本來就應該比較高。容我吐槽一下，我們早在

第5、6章仔細探討過效率市場假說學者採用之風險評估指標失靈的情況。

　　然而，就算在科學領域，事實也很難動搖根深蒂固的信念。方法論的批判主義把這些研究推向風口浪尖，展開致命的攻擊。他們大多是在雞蛋裡挑骨頭，不構成什麼說服力，至少對我來說是如此。但是，請回想一下愛因斯坦的名言：「正是理論描述了我們觀察到的事實。」如果這隻大無畏的學術巨龍繼續肆無忌憚地摧毀傳統的投資做法，那麼那些研究發現將被埋沒。

　　從股票歷史績效的研究結果來說，購買低本益比股票看似成功。我在實務上也發現這是可行的，這就是我始終堅信這種策略的一大誘因。於是，我更新之前先後在《心理學和股票市場》（*Psychology and the Stock Market*）（1977年）、《逆向投資策略》（*Contrarian Investment Strategy*）（1979年）中的一些研究，其中關於低本益比股票的部分仍然成立，而且站得穩得很。[3]

　　我的發現再次展現低本益比操作策略的優勢，一擺出來就是一翻兩瞪眼。這分研究涵蓋了1971至1972年間的兩極市場、1973至1974年的熊市（戰後最低迷的時期），以及隨後的復原期。不論投資人是在股市高峰還是低谷進場，這種策略在市場週期的各個階段，都能帶來優越的報酬率。

　　從1980年代到1990年代中期，我（與許多合作夥伴）完成6項關於低本益比操作策略的研究，其中大部分研究發表在《富比士》。*其中一項研究涵蓋了Compustat財金分析資料庫裡1,800家大型公司在1963至1985年間的表現。在分成五個等級的情況下，本益比最低的那組年均報酬率為20.7%，而最高的那組為10.4%。[4]另一種是先將Compustat資料庫中的6,000支股票根據各別市場規模均分成五組，評估年期長達21年，到1989年截止。接著根據本益比高低等級，將每一組再細分為五個子群。低本益比股票，在所有市場規模等級裡（在每個市值不同的組裡）都能輕鬆跑贏高本益比群體，其橫掃的市值範圍小至5,000萬美元上下，大至60億美元。[5]

---

*　另外有一篇學術研究是和貝瑞合作發表於《金融分析師期刊》。

另一項研究則估測750家大型公司截至1985年3月31日，長達22年的股價現金流量比。分析結果列於表10-2。同樣地，股票年年都根據股價現金流量比的高低排序均分成五組。[6]如圖所示，長期看下來，乏人問津的冷門股（股價現金流量比最低）的年度業績，幾乎是最熱門股的2倍。[7]

反觀過去的那些批評呢？有哪一個還站得住腳？[8]我們針對這些批評調整實驗設計，仍得出上列結果。

1970年代末和1980年代初的其他研究也相繼證實我們是對的。已故的桑傑・巴蘇（Sanjoy Basu）*有三項嚴謹研究得出類似結果。[9]巴蘇的研究在1977年6月發表於《財務學期刊》，他使用了1956年8月至1971年8月間，紐約證券交易所旗下1,400家上市公司的資料庫，從中挑出750家公司，這些公司財政年度都截至12月31日，每年上交投資組合，並使用次年4月1日

表10-2　逆向式現金流量策略

長期（1963年4月1日至1985年3月31日共22年期間）那些改以現金流量，而非單單參考報酬率來判斷股票價值的投資人表現相當傑出。				在最後7年裡（1978年1月1日至1985年3月31日）股市超旺期間，逆向操作的成績也不錯。			
依股價現金流量比分組	總報酬率	上漲率	股利	依股價現金流量比分組	總報酬率	上漲率	股利
最低	20.1%	14.6%	5.5%	最低	27.4%	21.0%	6.4%
次低	14.3	8.0	6.3	次低	20.1	12.2	7.9
中等	8.7	3.2	5.5	中等	17.4	11.4	6.0
次高	8.0	3.8	4.2	次高	19.4	15.3	4.1
最高	10.7	8.2	2.5	最高	16.5	14.2	2.3

資料來源：*Forbes*, June 16, 1986.

---

* 我有幸在1980年代中期認識巴蘇，並與他短暫合作過，沒過多久他便去世了。我們曾一同研究本書所使用產業相關逆向操作策略的最初概念。在他去世之前，他做了一項測試確立我們的方向大致正確。

的價格。一如先前大多數的研究，他根據本益比排名將股票分作五等分，研究結果（也是使用總報酬）列於表10-3。

巴蘇像我們一樣，發現了低本益比股票帶來優越報酬率，而且風險也似乎較小。他是這樣說的：「這分研究與資本市場論相左的地方在於，低本益比投資組合盈餘雖然較高，不見得系統性風險就高；投資組合D和E〔本益比最低〕的系統性風險低於投資組合A、A*和B〔本益比最高〕。」[10]這段話和後續研究，都因為1980年代中期以前的批評做了更新和調整，因此讓研究鏈拉到長達70年，記錄了低本益比的傑出績效。

為何拖了這麼久？

既然實證確鑿，你可能會覺得，為何這麼久了，逆向投資法還沒吸引到投資人的關注（和投注）。時至1990年代，也許我們早該回顧一下那個黃金年代，那時只有極少數的投資先鋒歡喜收割，也只有很少投資紅人知道這些策略有多厲害。但實際的情況並非如此，即便是在2011年的今天，逆向投

表10-3　根據本益比高低排名的股票績效，1957年4月至1971年3月

本益比 （五分位法）	年平均報酬率 （％）	貝他係數 （系統性風險）
A（最高位）	9.3	1.1121
A*	9.6	1.0579
B	9.3	1.0387
C	11.7	0.9678
D	13.6	0.9401
E（最低位）	16.3	0.9866
A＝本益比最高的五分之一 A*＝本益比最高的五分之一，排除負盈餘公司的股票		

資料來源：Sanjoy Basu, "Investment Performance of Common Stocks in Relation to Their Price/Earnings Ratio: A Test of the Efficient Market Hypothesis," *Journal of Finance*, 32 (June 1977): p. 67.

資主義者仍在少數，而且未來很可能還是如此。

這種情勢發展有其歷史緣由。你應該還記得效率市場假說如何橫掃股市，肅清華爾街的異教徒。效率市場假說派以新的正統投資觀念，長期主宰繁榮的市場，無可撼動，更別提如果相競觀點流入華爾街，能帶來多大的影響。當然，這與我們將要檢視的其他群眾反應一樣，都是關於人性的心理學。

在1970年代末期和幾乎整個1980年代裡，我們的工作成果，在效率市場的提倡下顯得抬不起頭，尤其是在那些市場基本教義派所構築的崇高聖堂裡（我指的是芝加哥大學）。我身為異端分子的頭頭，不時會引來那些虔誠信奉者的怒吼。我的工作更是處於猛烈抨擊的高壓之下，而我的《富比士》專欄還很榮幸地成為發給各班學生批判的箭靶。不幸的是那些可憐的編輯們，屢屢收到十幾封信撻伐我的作品，基於善意的回應，有幾封還被刊了出來。

隨著我的書和其他文章問世，炮火更形猛烈。這些來信會逐點擊破我的研究結果，用一些不太好聽的話攔截筆者的原意。沒有人抓出裡頭有任何統計上的錯謬，但他們卻質疑我的信念蠻不講理（Neanderthals）（譯注：尼安德塔是1856年首度為人知悉的古代人種，後引申為獨斷專行、蠻橫跋扈的野蠻人），只因為我不能理解效率市場的思維何以能力壓群雄，又為何美妙了。

當我在1977年向《金融分析師期刊》投稿相關研究結果的論文時，論文既沒被接受，也沒遭拒絕，而因為裡頭的觀點不合乎主流投資典範，被打入持保留態度的煉獄中。

不過，低本益比的反常現象還是存在，而且大到能不斷吸引學界和華爾街的關注，尤其學界還是用過時又萬年不敗的風險評估方法摒棄不用。理由是低本益比股票也許能帶來更高的報酬率，但它們的風險要大得多了。他們是這麼批評的：理性投資人想要高報酬，必然承擔高風險。不幸的是，結果證明這種說法似乎也不大正確。

偉大的發現

在整個1980年代，華爾街開始對逆向投資操作策略漸感興趣。隨著資料庫不斷改進提升，有越來越能實證顯示這些策略行之有效。

這波浪潮越推越高。諸如丹尼斯·施達文（Dennis Stattman）、羅森堡、肯尼斯·雷德（Kenneth Reid）和雷諾·蘭斯坦（Ronald Lanstein）都發現，低股價淨值比的表現，比高股價淨值比和整體市場還要傑出。[11]同時，證據會說話，貝他係數在預測股價方面其實毫無用處。儘管經濟基本教義派有長達30年都在努力合理化它的存在，但是卻趕不走那些黑天鵝。低本益比策略有效，而波動性預測無效，這儼然為效率市場敲響了喪鐘。

對於這個新教派，可憐的使徒們要怎麼接招？既然無法抹去這些研究發現，答案當然是成為最先發掘它們的人。這正是效率市場提倡者法瑪的行徑。到了1990年代，學界已在逆向投資策略的新大陸上紛紛插旗固樁。

法瑪教授在一篇革命性論文中，把他對過去30年的市場洞悉一下子全倒了出來，正巧還發現尼可森、1960年代的其他研究者、巴蘇、施達文、羅森堡和他的同事們，以及我本人在1970、1980年代的研究結果：逆向策略的確行得通。還不只這樣，他也發現了貝他係數根本沒用，就像我們在第6章提到的那樣。而我們也親眼目睹，市場派這30年來一直言之鑿鑿的說法，即逆向策略能帶來更高的報酬率只因為它們風險更高，被這個貝他係數不重要的觀點打得落花流水，而貝他係數正是這位提倡者和他的追隨者所使用的風險評估方法。

持平而論，法瑪和弗倫奇[12]確實順帶引用了巴蘇、施達文、羅森堡和他的同事們，以及鮑爾的研究。[13]鮑爾曾主張，低本益比本身能涵蓋所有無法明確區分或是未能發現的風險。然而，鮑爾的解釋多年來仍為效率市場派廣泛接受。

鮑爾論文中的推理過程和燃素理論沒多大不同，燃素理論是18世紀盛行的科學理論，主張某些物質會比其他元素更易燃，是因為它們含有較多燃素，反之，其他物質不易燃是因為燃素含量較低。科學家們認為，燃素可能是沒有重量又無味的，所以偵測不到。儘管如此，它還是存在。若非如此，怎麼燃燒得起來？（換而言之，不管風險是否能被偵測，如果低本益比策略不具風險，如何能跑贏市場？）沒錯，這就是鬼打牆式的謬論，但鮑爾、法瑪等人，正是用這種邏輯來捍衛效率市場假說。在上述兩種情況下，理論家為了捍衛自我，都巧妙地創造了一些魚目混珠的因素，切割他們無從解釋的現象。（正如我們所見，效率市場假說隨手一抓都是這類辯解。）

　　法瑪和弗倫奇在1992年發表的指標性論文指出，最低股價淨值比、最低本益比，以及小型股靜待一段時間後，會帶來最高的報酬率。[14]圖10-2列出法瑪和弗倫奇所統計最低股價淨值比的研究結果。他們的取樣是每年從Compustat北美資料庫撈出約2,300家公司。股票報酬率按股價淨值比均分成五組，每一年都會重新計算。股價淨值比最高的股票在左數第三，最低或

圖10-2　股價淨值比

1963至1990年美國芝加哥大學證券價格研究中心資料庫以及Compustat財金分析資料庫

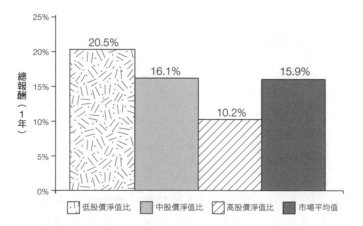

資料來源：大衛・卓曼，2011年。數據來源：E. Fama and K. French, "The Cross-Section of Expected Returns," *Journal of Finance* 47 (June 1992): pp. 427-465.

最冷門股在左數第一。如圖所示，在研究期間和所有樣本中，股價淨值比
（20.5%）最低股的年報酬率超出最高股的2倍多。低股價淨值比股票的績效
每年平均比市場平均值高出4.6%，而高股價淨值比股票則少了5.7%。

　　法瑪在一回採訪中淡化了低本益比效應，他把低本益比股票表現不錯
的原因歸之於它們當中有許多也屬於低股價淨值比股票。我們可以說，事
實正好相反。就如《財星》雜誌的結論：「有人可能稱之為學術上的吹毛求
疵。」[15]既然法瑪抵制低本益比效應已有近30年之久，把它解釋為是學界保
全面子的一種表徵，倒也不無道理。

　　讓我們暫且回到巴蘇的表10-3。他在最後一欄針對貝他係數調整了這張
表，發現低本益比股票的波動性實際上是低於高低本益比股票。效率市場假
說理論明確指出，低本益比股票的貝他係數（或是風險），會高於高本益比
股票。而它之所以會如此，是因為這些冷門股的報酬率要比高本益比股票來
得高。還記得我們在第6章討論到的資產訂價模式、法瑪和他同事的三因子
模型，以及所有其他效率市場風險報酬率模型，它們的關鍵前提就是教授們
大力提倡的說法，即高報酬必然伴隨高風險（波動性），而我們當時還試著
找出證據。

　　但是先來談談，投資界在芝加哥大學這一幫教主們的加持之下，現在得
已初嚐逆向投資策略的禁果。價值型策略近來也開始受到推崇，標準普爾、
法蘭克・羅素（Frank Russell）以及一大票投顧都推出價值型指數。其他研
究人員也在法瑪教授研究結果的推波助瀾下，終於有勇氣重新探勘歷史數據
了。

　　在〈逆向投資、外插法和風險〉（Contrarian Investment, Extrapolation,
and Risk）一文中，約瑟夫・拉科尼斯托克（Josef Lakonishok）、安德烈・
史來佛（Andrei Shleifer）和羅伯特・維什尼（Robert Vishny），評估了我們
前面討論過三種重要價值型策略的績效，並且得出類似結果。[16]這些逆向投
資策略堪稱股市小白，實證說明它們比效率市場假說更加無隙可乘。實際

上，它們一年比一年更強大了。

　　這裡有個好消息，這波探索潮帶來了更多證據顯示，確實有逆向投資法可以保持一貫的高勝率。我稍後會解釋到，這些方法還可以在熊市中保全你的資本。這聽起來有點像魚與熊掌可以兼得，但是我們有充分的理由能說明，為什麼這些策略對於有紀律的投資人來說始終是有效的。（這就是為什麼我在書中放進操作心理導航特別提醒你注意，這些指導原則全是以投資人心理弱點為出發點。）

最後的一擊

　　正如我們所見，除了低本益比之外，還有許多逆向策略效果也不錯。低股價現金流量比和低股價淨值比皆是助你跑贏大盤的利器。我近來的一些研究說明，買進高股利殖利率的股票，也能達到優於市場的績效，就像買進任何產業裡的本益比最低股（產業投資策略）一樣。能跑贏大盤並不容易。按照我們之前提到先鋒集團的柏格的說法，只有大約10%的基金經理人，能在10年期的投資上做到這點。或許有人會在此嗆問：「是的，你可以說，低本益比股票的報酬率數字從1930年代一路漂亮到1990年，但是畢竟事過境遷，逝者已矣。逆向投資策略在近年來表現如何？」

　　答案是，「相當棒」。在下一章「投資策略」部分中會說明得更詳細。我們研究的所有五種逆向操作策略在1970至2010年間均跑贏市場，而這期間還經歷了兩次史上最大的市場重挫（如果排除1929至1932年經濟大蕭條的話）。

　　圖10-3說明了逆向價值投資策略截至2010年12月31日共41年裡的表現。該研究評估Compustat資料庫收錄的1,500家公司，使用了四種單獨價值評估指標：低本益比、低股價淨值比、低股價現金流量比，以及高殖利率。所有股票根據這四種指標均分五組，研究期間每年計算一次結果。圖表

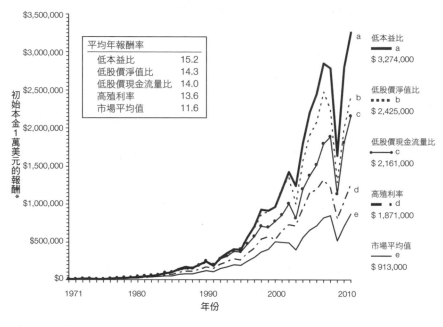

圖10-3　四種價值型投資法，1970至2010年

*1970年初始投資10,000美元，每年均執行再平衡（譯注：恢復平衡的交易）。

資料來源：大衛‧卓曼，2011年。數據來源：Compustat North American data and Thomson First Call.

顯示了在這41年裡使用上述每種策略對照市場平均表現之下的報酬率。這套方法和我先前的圖表說明完全一樣。

　　價值投資策略簡直絕地大反攻！這四種策略均勝過市場平均表現，而其中三種的報酬率都相當優異。1970年投入10,000美元在Compustat資料庫收錄的1,500家公司裡本益比最低20%的股票，到了2010年12月底將價值327.4萬美元（假設所有股利都再投資），相當於將10,000美元放在同期市場會產生91.3萬美元累計價值的4倍。從另一角度來看，1970年的10,000美元翻了327倍！

　　低股價淨值比是葛拉漢最偏好的策略，雖略遜於低本益比策略，但同期表現仍領先其他兩種策略，而且它在這40年間的報酬率是市場平均值的3

圖10-4　四種成長型投資法，1970至2010年

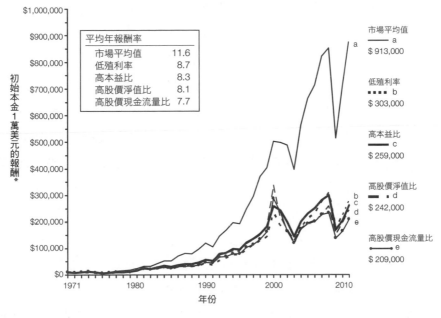

*1970年初始投資10,000美元，每年均執行再平衡。

資料來源：大衛・卓曼，2011年。數據來源：Compustat North American data and Thomson First Call.

倍。從Compustat提供的統計數據（所以不會有為了衝高績效而大動手腳的情事發生）也可以看出，低股價現金流量策略也表現不賴。

　　這張圖左上框裡的平均年報酬率很值得探討。在經歷過網路泡沫以及2007至2008年金融海嘯之後，低本益比策略在這41年間的平均年報酬率是15.2%，比低股價淨值比策略的14.3%，以及低股價現金流量比的14%來得高。而普通股的長期報酬率自1920年代中期以來是9.9%。相比之下，逆向投資策略在過去的41年間，長期報酬率在37%至54%之間，明顯優於普通股。我想我們可以肯定的是，縱使近十年的市場驚爆連連又曲折離奇，但也沒砸到這些策略。

　　接下來要談高殖利率投資策略。這種方法與其他三種略有不同。通常，

高股利殖利率存在於公用事業和其他產業群組這類很少會神速增值的標的，反之，股利發得少或甚至一毛不發的股票，經常是屬於快速成長的產業。公司不配股利，把現在留在手中支應投資成長的機會。關於高股利殖利率的股票增值是否只近乎市場平均水準的看法，素來存在很多爭議。

結果出乎意料。儘管落後於其他三種價值評估指標，但高殖利率股票卻超出了市場平均105個百分點（所有策略都包含股利再投資）。諷刺的是，儘管大量投資人為了拿股息收入而買進發放高股利的公司股票，但這方法可能最適合免稅帳戶。在高累進稅率的情況下，績效優於市場平均值的優勢將大形失色，因為投資報酬有很大一部分是股利，要納稅給山姆大叔。

另一個合理的提問是：用同樣的標準來看的話，熱門股的績效好不好呢？一個字，糟。不管我用哪種衡量法，在過去的41年裡，沒有哪支熱門股接近跑贏市場的。投入10,000美元在最高本益比群組，在2010年底僅價值25.9萬美元，不到同期市場91.3萬美元的30%。相同本金投資在高股價淨值比的股票上，也只成長到24.2萬美元，而在高股價現金流量上則是20.9萬美元：分別占市場累積平均報酬率的27%和23%。沒想到「最佳產業」的績優生會是低殖利率和零殖利率群組，這兩者截至2010年底僅占總市值的33%。

還有更驚人的，在同一研究期間如果把這四個最常用的評價比率套用在冷門股，它們的績效全都大勝市場平均值；但若套用在熱門股上，結果會明顯比市場平均值差。

對於那些信奉成長型投資策略的人來說，長期打擊還不僅止於此。縱使財經和投資理財類媒體，以及晨星和其他諮詢服務公司一直以來都在激辯價值型或成長型孰勝孰敗，但這項研究結果清楚道出答案。首先，無論選擇哪種評估指標，逆向策略都勝過成長策略。其次，這兩者長期累積下來的績效差距相當大。低本益比股票績效較之高本益比股票要高出近13倍之多。1970年投入的初始本金10,000美元，飆升到327.4萬美元，而同時投資於高本益比股票則只有區區25.9萬美元。無獨有偶，相對於投資在低股價淨值比股票的10,000美元直上242.5萬美元，投資在股價淨值比股票的話只成長到24.2萬美元。拿高、低股價現金流量比股票來比較的話，結果也相去不遠。很明顯，逆向投資策略狠狠地把熱門股績效甩在後頭。這也表示，逆向策略的表現相當卓越，從1970至2010年，初始本金大幅增值了327倍，而且這中間還經歷了自經濟大蕭條以來兩次史上最慘烈的市場重挫。

　　但好戲還在後頭。大多數投資人不僅期望能在股市暢旺時有所斬獲，同時也暗自禱告能在熊市來臨時安然過關、毫髮無傷。我們在2007至2008年熊市肆虐之後，我們已經目睹這個目標有多難。晨星、理柏（Lipper）、《富比士》共同基金年度調查（Annual Mutual Funds Survey），以及其他等等機構，對於共同基金在經歷了幾次熊市週期之後的績效表現都有提供研究評級。

　　為了了解我們的逆向策略如何在股市崩跌時發揮作用，取這四類價值型股票在52個下跌季度的報酬率算出平均值。如圖10-5a所示，同樣是1970至2010年間，價值型策略在下跌季度表現均優於市場平均值。雖然市場在下跌季度平均跌落7.6%，但低本益比、低股價現金流量和低股價淨值比股票的下跌幅度都更小。如你所料，亂世英雄還是高殖利率股票，僅下跌3.8%，即市場平均跌幅的一半。

　　你也可能已經猜到，高本益比、高股價現金流量比、高股價淨值比和低殖利率股票是重災區。如圖10-5b所示，這四種策略的跌幅全超過市場平均值，在9.5%至10.8%之間，也遠高過低價值型評估指標，*相對於7.6%的市場平均跌幅的差距。因此，價值型股票不僅在牛市中提供更高報酬率，在需要防守的時候也表現耀眼。葛拉漢和其他市場先驅最初提出的價值型策略至

---

* 這裡有個關於績效數據的小提醒。在下跌季度的研究中，所有熱門股的績效和逆向策略評估指標結果都只取平均值。逆向型策略股並不會在每個下跌季度都優於市場，成長型策略股也不會在每個季度都跑輸大盤。本章所有圖表都是如此。

圖10-5a　熊市當道

熊市「最遜股票」的報酬率，1970至2010年

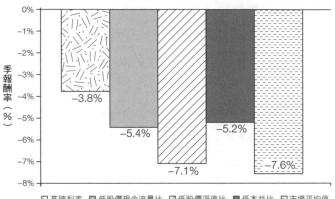

資料來源：大衛‧卓曼，2011年。數據來源：Compustat North American data and Thomson First Call.

圖10-5b　熊市當道

熊市「最佳股票」的報酬率，1970至2010年

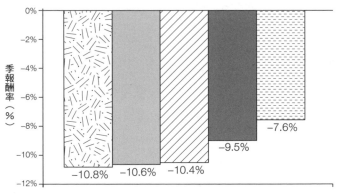

資料來源：大衛‧卓曼，2011年。數據來源：Compustat North American data and Thomson First Call.

少和他們想像的一樣有效，或許還更棒呢。

　　顯然，很少人能夠或非得要在這段時間內持有股票。但是對於機構投資者、養老基金和其他長期買家來說，他們必須在熊市一再出脫股票轉買收益不高的國債和其他債券，所以絕對應該好好考慮這種行之有效的策略，尤其當大家不再出逃股市時。

小結

　　上列研究的一致性真的不容小覷。那些前景看好的股票，在相同衡量條件之下，幾乎在所有評估時期都表現得比逆向投資股要差得多。這引出了另一則投資心法：

　　　操作心理導航22：買進目前不被市場看俏的穩健公司，以他們的低本益比、低本股價現金流量比、低股價淨值比，或高殖利率為評估指標。

　　你可能心想：倘若這些策略效果很好，為什麼沒見到大家都在用呢？這就要好好聊聊投資心理學領域（或是經濟學家現在所稱的行為財務學）。

　　儘管統計數據使我們向價值型陣營靠攏，但情緒肯定會把我們拉向另一邊。人們容易被刺激又新奇的概念吸引。正如第2章提過的，夯極一時的新點子誘惑我們要轟出全壘打，蓋過了謹慎為上的心理。首次公開募股的光鮮亮麗總讓人眼睛一亮，例如專業人士版的臉書（Facebook）：領英（LinkedIn），2011年5月以45美元發行，發行當天就暴衝到122.7美元，本益比倍數高達548，而股價淨值比倍數達134；又如美國3D設備公司RealD的交易價，在2011年5月底時本益比倍數來到了170，實在是太過分。[17]

　　即便這些是投資人評估失控的極端例子，但它們說明價值型策略為什麼多年來始終奏效。人們願為酷炫概念付出代價，無論是領英或RealD這類荒唐的情形，還是眼下價格喊得過高的時髦產業都是如此。投資人肯定不想和那些前景看似暗淡的公司沾上邊。

另一方面，熱門股展現的是錢可以買得到的宣傳。想當然怎麼會有人想推薦低調不砸錢的逆向操作呢？這種錯誤心理可說是一面倒。當然，也有好股票的本益比倍數很小是合理的。但是，事實證明，真正的「最佳」股票數量稀少，不太可能被大家一眼識出。

逆向投資策略之所以成功，是因為投資人不知道自己在預測時的侷限性。只要投資人自認為能鐵口直斷熱門股和冷門股的前景，你就應該能以逆向投資策略獲得很好的回報。人性使然，這種優勢還會持續好幾年，除非我們這種大反骨一下子吸進幾百萬的新讀者。（我敢肯定我和出版社都樂見其成。）

我們已經看到了多年來逆向投資策略的表現如何。好消息是，這一波關於全新心理學和逆向投資策略的發現還算協調一致。這與效率市場假說和現代投資組合理論那一波發現形成了強烈對比，當時是心理學揭露了它們的基本假設。多年來股票績效的研究數據提供了有力證據，證實要跑贏市場的確是有穩操勝算的方法。接下來，我們將進一步解釋，要怎麼運用這些策略在日益艱困的市場環境中生存下來，並提高我們的投資報酬率。

第11章

從投資人的過度反應中獲利

在上一章，我們研究了四種重要的逆向投資策略，這些策略不僅可以讓我們在今時今日生存下來，還能獲致成功。而我們也看到如果運用得當的話，它們長期下來累積的輝煌戰果。我們將在本章介紹一種新投資假說，似乎比效率市場假說更能解釋市場和投資人的行為以及風險。現在來看看我們如何把這個發現付諸實行？

對於新假說的提倡者來說，要推陳出新總是困難重重。雖然提倡者在餘生不會被施予火刑或軟禁，但你想也知道，會有大批研究生用放大鏡檢視他們的研究成果，不僅費心挑毛病，就連標點符號也不會放過。舊理論是傑出學者聲譽和成就的護身符，他們終其一生致力於鑽研和擴展這些普獲認同的假說思想。更別提學過舊理論的人為數眾多；在投資領域更有成千上萬相信那是他們每天賴以為生的生財工具；還有數以百萬計的人仰賴舊理論的研究發現來改善投資組合的績效。

於此，新挑戰者是否真的有用，對於信奉主流理論的人來說無關痛癢，至少在最初的50年是如此的。但對於本書讀者來說，則另當別論。你不必登高一呼說自己是逆向投資的信徒。你所要做的就是按照眼前的逆向策略重新布局你的投資，並在適當時機獲利了結。

你從前面的章節得知我們的新假說建立於大量實證之上，並且做了大量的研究調查。但是，它仍然是所謂的假說。

　　這就是為何研究還在繼續，以及為何我們不能認為逆向投資策略或投資組合方法已經大功告成。即便一路研究下來的結果很振奮人心，但要另闢新路徑和新策略，並讓逆向投資的研究發現與其背後的強大心理學緊密地相連結，前方的路還很長，有待我們披荊斬棘。

　　我們一直很努力地想找出當今市場上投資失誤的主因。很少有投資者在不了解如何處理這些陷阱的情況下，能夠在目前這種環境中勝出。既然對這些已有所了解，就等於是準備就緒向投資目標邁進了。如果能遵循我們新的心理指導方針，收割回報是遲早的事。

　　對許多人而言，今天面對的投資世界令人覺得遺憾。但正如我們所知，往往時局越是動盪，越需要從新的視角去看待事情並接納新思想。我相信，未來不僅不會黯淡無光，還會有大好的機會等著我們。但是，要抓住機會，先要知道我們為何而戰，以及那些能為我們帶來最高勝算的戰術。

第1節：投資人過度反應假說

　　我在本書一直提到投資人面對重大事件會反應過度，因而引起價格反轉來糾正他們最初的反應。在第1、2章裡，幾次巨大的震盪輪番上陣，當市場情緒從泡沫期和經濟過熱時的超級過度樂觀，甩向必然的恐慌時，股價重挫的幅度可達80%至90%。情感有時會伴隨其他認知捷思法，其正是最有可能促成這種投資者行為的心理力量。但是，這些可預測的過度反應不僅僅出現在市場狂熱、情緒擴散和恐慌當中。

　　我們在再正常不過的市場環境中，也一直發現這些反應。以第9章所描述的異常盈餘引發的行為為例，「最佳」股票，從高本益比到高股價淨值比，再到高股價現金流量比等各種評估指標來看，前景最被看好，但是當他們有異常盈餘時，往往是成了遠遠落後大盤的一群。同樣地，「最遜」股票在相同的評估標準下，幾乎總能跑贏大盤。跑輸和跑贏的績效總額都很大，

1年約占7%，相當於1920年代中期以來市場平均年報酬率9.9%的70%。

「最佳」股票績效總是碰壁的一個重要原因，是投資人和分析師對於他們判斷盈餘的能力過度自信，即便有實證說明那樣行不通，他們仍然一意孤行。這種過度樂觀，以及關注可預測成長的舉動，都是情感的表現，是這個時代證券分析領域的關鍵部分，而且越來越受重視。忘掉葛拉漢和陶德吧，他們專注的是廣大的基本面和財務比率，一定無法接受現代分析師的小鼻子小眼睛。我們大多數人不管是直接還是間接，都依循這些較新式證券分析標準，而這些到了最近幾十年都被證明是不成功的。

我們在上一章看到，冷門股的績效幾十年來是如何大勝熱門股。弗倫奇經常以法瑪的合著者列名，根據他個人網站上所提供的統計數據顯示，自1940年代以來，*每個10年都有這種績優現象。如圖10-3和10-4所示，一位投資者在1970年用10,000美元買入低本益比股票，投資回報達到同樣以10,000美元買入高本益比股票者的13倍。然而，馬克·彼得森（Mark Peterson）當時在德意志銀行（Deutsche Bank）所做的一項研究則指出，權益型共同基金投資人所持有的股票中，只有區區3%是符合逆向操作原則。[1]

這裡的答案同樣是情感。我們天生就喜歡「最佳」股票或「最佳」產業，遠離「最遜」的行列。我們一再犯相同的錯也改變不了這個天性；情感的影響力太大，大到無法把決策過程拉回正軌。在泡沫化或經濟過熱下，要察覺到情感並不難，這當然是後見之明。但是，我們的情感也可以表現得含蓄又細微，比方當大多數人選擇「最佳」而非「最遜」的股票時，或是忽略異常盈餘偏好的是「最遜」而非「最佳」股票的證據時。拿精神疾病來說，我們發現，比起精神官能症，精神科醫生比較容易診斷出嚴重的偏執狂或精神分裂症，因為患有精神官能症的人往往看起來就像正常人。這種情況類似於「情感」；觀察泡沫化和經濟過熱中的情感效應，會比在正常的市場中

---

* 弗倫奇個人網站：http://mba.tuck.dartmouth.edu/pages/faculty/ken.french/data_library.html.

要容易得多，因為後者的價格波動更加緩和。但是數據顯示，在這種情況之下，情感效應也很顯著。

在本書所提到人們對於事件會產生一致且可預測的過度反應中，有些是新證據，有些是近幾十年來的發現，是它們引發了我提出投資人過度反應假說。這套假說是我在1979年初版的《逆向投資策略》就介紹過。儘管「過度反應」一詞幾乎和市場本身一樣老了，我還是提出了一個可經測試的假說。當時只有少數異常現象可供測試，特別是冷門股的績效優異，以及較低評等債券一直表現得比較好。這兩種異常的佳績維持了數十年。巴蘇[2]1977年的論文，以及行為財務學先驅沃納・德邦特（Werner De Bondt）和塞勒在1985年的論文[3]中都提到了投資者過度反應，但主要是侷限在「最佳」和「最遜」股票的績效表現上。我們在此介紹的是，這套假說的升級版，它注入了心理學在情感和神經經濟學方面的新發現。在這幾十年中間，因過度反應而導致的異常案例早已倍增。

投資人過度反應假說之定義

投資人過度反應假說指的是，投資人對某些事件以一貫而可預測的方式反應過度。

這是基於心理力量而產生的行為，我們曾在第一部分的研究結果中仔細探討過，而已被生物學證明的神經經濟學新發現，則在第9章討論過。

投資人過度反應假說的三大核心預測是：

1. 投資者會一直高估熱門股，而低估冷門股。
2. 投資者會發現自己對「最佳」股票的預測過於樂觀，對「最遜」股票則過於悲觀。結果是異常盈餘往往會是可預測且一致地偏向「最遜」股票。
3. 長期來看，冷門股和熱門股受異常盈餘意外和其他基本面因素的影響，都會迴歸到平均值，這會導致「最佳」股票跑輸大盤，而「最遜」股票卻贏過大盤。

這些預測都經過市場歷史的檢驗，我們在先前已經詳細研究過。不幸的是，我們還有許多好的例證還沒說明。讓我們再看看幾個符合投資人過度反應假說所預測的投資者行為。

投資人推斷未來會有正向或負向前景之舉，會把熱門股推向溢價，並且把冷門股的價格踢到骨折。（當然可以直接比較「最佳」和「最遜」股票的績效，但是除了股票以外，還有其他「最佳」和「最遜」投資工具，而且這兩者在不同的市場裡也不盡相同。）[4]例如，在1980年，以及2009至2011年8月間，「最佳」投資兩度都有黃金在內，黃金在1980年曾達到每盎司850美元的峰值，在2008年再攀高點，而後在2011年8月飆升至1,892美元。至於「最遜」投資則包括免稅市政債券，在債券價格崩跌時，殖利率曾大幅走高到15%。冷門股或熱門投資都會遇到大幅度折溢價的情形，並且會持續很久。

我們注意到，較低評等的債券自1900年代初期以來，也出現過類似的市場反應。這種債券為了能隨時間調整違約風險，必須提供較高回報。這類一致高於或低於平均報酬率的現象也可能出現在其他金融市場中。

投資人過度反應假說說明了，依照我們從心理學上所了解到的事實，推測投資者的持續性過度反應，遠比試圖預測股票或其他投資受不受矚目要安全得多，前者有我們檢視過的可靠研究結果作為後盾。

投資人過度反應假說的12個關鍵預測

以下列出根據投資人過度反應假說的所有預測：

1a. 絕對逆向操作策略會在一段時間後帶來優異的報酬率。

1b. 用至少三種不同的主要基本評估指標所評估的冷門股，即低本益比、低股價淨值比和低股價現金流量比,其整體表現優於市場的時間會拉得較長,通常會持續5至10年或更久。

1c. 以高本益比、高股價淨值比和高股價現金流量比評估的熱門股,將在同期跑輸大盤。

1d. 冷門股的同期績效明顯優於熱門股。

2a. 相對逆向操作策略會在一段時間後帶來卓越的報酬率。(有關此策略的詳情,請參見第12章第293頁「產業內的逆向策略」。)

2b. 每個產業的冷門股表現優於市場的時間會拉得較長,通常是4至6年。

2c. 每個產業中的熱門股同期會跑輸大盤。

2d. 每個產業中的冷門股同期表現應該會優於該產業內的熱門股。

3. 熱門股整體上會被高估,而冷門股會被低估。這兩組股票都將因為異常盈餘和其他基本面因素迴歸平均值,因而會造成「最佳」股票跑輸市場,而原本不被看好的「最遜」股票跑贏市場,兩者都朝向較平均的評價發展。

4a. 投資人過度反應假說假設,冷門股跑贏市場而熱門股跑輸市場主要是由行為影響(情感、認知捷思法、神經經濟學和其他心理變數)所引起。

4b. 無論是從產業角度或是整體市場來看,情感對於最冷門股和最熱門股的影響作用都一樣。

5. 異常盈餘分作兩大類:

    a. 觸發型事件:最低估值股票群有顯著正向異常盈餘的利多,而最高估值股票群有重大負向異常盈餘的利空,這兩種情況都會對這兩類股票價格的走勢造成影響。

    b. 強化型事件:最低估值股票群有負向異常盈餘的利空,而最高估值股票群有正向異常盈餘的利多。這兩種情況對於這兩類股票價格的走勢影響相對很小。

6a. 至於在我們先前提到的基本面價值因素評估之下呈現高估或低估程度較小的其他三種股票，異常盈餘對於其中60%的股票所產生的影響小很多。

6b. 即使沒有發生觸發型事件異常盈餘，「最佳」和「最遜」投資也會隨著時間漸趨於市場平均值，且如第9章所述，無論是考慮高股價淨值比、高本益比或是高股價現金流量比的情況下，「最佳」股票的表現都不及「最遜」股票。

7. 當前投資理論大部分依賴預測準確度。投資人過度反應假說預測：

a. 分析師和經濟學家的共識預測趨於過度樂觀。

b. 分析師對於個股的共識預測在一段時間後會出現重大誤差，從而導致股價一路錯下去的錯誤訂價（mispricing）情形。

c. 分析師對於產業的共識預測在一段時間後會出現重大誤差，從而導致股價一路錯下去的錯誤訂價情形。

8. 投資人在許多重要的市場活動中經常會過度樂觀，包括：

a. 首次公司募股。

b. 分析師和經濟學家的盈餘預測過度樂觀。

9. 在有觸發型事件異常盈餘或有其他因素造成「最佳」和「最遜」股票重新被評估之前，會先發生過度反應。而觸發型異常盈餘出現之後，會有其他力量引導股價重新被評估而轉向平均值。所以，「最遜」股票的價格會繼續上漲，而「最佳」股票會持續下跌達數年之久。

10. 反應過度與反應不足在當前金融理論中所生的分歧，正如研究結果顯示，實際上是同一個過程的不同部分而已。[5]*

---

* 有關這些研究結果的記載，請參閱卓曼和拉夫金〈投資者的過度反應：基於心理學的證據〉（Investor Overreaction: Evidence That Its Basis Is Psychological）研究，參見：www.signallake.com/innovation/DremanLufkin2000.pdf.

11. 由於證券錯誤訂價經常發生，市場會不斷調整證券價值。因此，股票市場和其他金融市場永遠不會處於平衡狀態，這有悖於效率市場以及大多數經濟理論的論點。
12. 效率市場風險假設令人懷疑，[6]因為並沒有強有力的證據支持波動性大必會帶來更高報酬，或者波動性報酬就低。

總括來說，我們的五項逆向操作策略中，全部符合投資人過度反應假說假設的有：

1. 低本益比策略。
2. 低股票現金流量比策略。
3. 低股價淨值比策略。
4. 高殖利率策略。
5. 同產業低股價策略。

心之所向：是效率市場還是投資人過度反應假說？

效率市場風險理論和很多經濟理論一樣，是建立在投資者是全知、理性的前提之上，這個未經證實的觀點可追溯到18世紀。眾所周知，此一假設忽視近來主要心理學的發現，以及至少一個世紀的其他行為研究成果。正因為如此，效率市場假說起不了作用，也不適用。相比之下，心理學發現投資人會經常過度反應，這項可靠研究成果支持了投資人過度反應假說。

由於投資人過度反應假說是建立在心理學原理之上，它也可能應用於有風險和不確定性存在的其他領域。重要的是，投資人過度反應假說目前已獲得實證支持。預計未來此類證據還會大幅增加。效率市場信徒把建立投資人過度反應假說的部分證據當作暫時性反常，甚或是嗤之為異常現象。

投資人過度反應假說的關鍵意涵

1. 「最佳」和「最遜」股票在所有市場中持續存在的事實，說明了效率市場假說中最珍視的「固定理性訂價」概念從來就不存在。投資者反應過度假說拒絕接受效率市場假說這套學說和論點，即便它們目前仍大行其道。

2. 在許多情況下，投資者反應過度假說與效率市場假說所提出的假設前提和結論截然不同。對於同樣的事實，得出的結論卻大相逕庭。我們稍後便會看到，有一種非常不同且有望改進的風險衡量方法被提出來。例如，在1987年的股災中，投資人過度反應假說或許能針對指數套利和投資組合保險之間的交互作用，以及它們將引發致命的市場過度反應和隨之而來的毀滅性恐慌提出警告。投資者反應過度假說目標之一，是要減少重大的市場過度反應的成因，及其有時造成的毀滅性傷亡。高度的財務槓桿作用和流動性會造成嚴重衰退由來已久，而且它往往會伴隨著恐慌。效率市場假說的風險理論卻完全忽略了它們的威力，因為在其假設之下，唯一的風險就是波動性，正如我們在第5章所見，這種情況導致了三次大恐慌和大崩盤。

3. 投資人過度反應假說與效率市場假說和一般經濟理論不同的是，投資人過度反應假說不接受市場均衡已經存在或將會存在。在這充滿動能又瞬息萬變的全球經濟中，在政治、經濟、投資和公司各方面有成千上萬的投入幾乎同時在發生，並且立即成為市場的一部分。因此，決策總是在改變，這讓市場均衡與尋找不老泉一樣難。

4. 投資人過度反應假說試圖了解這世界原本的樣子，而不是像太多經濟學家那樣採用理性的假設條件。相比之下，投資人過度反應假說是建立在近來已被充分證明的人類行為研究結果之上，而且也有強大的統計數據支持它的結論，也就是說投資人的行為的確符合投資人過度反應假說的預測。對於逆向投資者來說，它可能遠不及十誡那麼嚴格，但是請記住，在第9、10章所論及的研究中，投資人過度反應假說的所有12項預測，在統計上已確認有很高的機率。

第2節：衍生自投資者過度反應之四種逆向操作策略

接下來將討論如何借助我們從投資人過度反應假說中獲得的研究發現，來使用逆向操作策略衝高投資組合的成效。務必先理解消化再往下做，一如大學時上課一樣，在腦袋裡塞進一堆課本資訊沒有意義，關鍵是要如何把批判性思考應用在研究主題上。

逆向投資的近期績效

你當然有權好奇，這些逆向操作策略或其他任何策略，是否仍在這個新的或是怪異的投資世界裡發揮作用，畢竟有很多投資法則似乎已被淘汰了。答案如圖11-1和11-2所示，是肯定的。它們涵蓋的時間雖然很短，但卻是充滿各種大爆炸的時期，包括2000至2002年網絡泡沫爆裂，隨即緊接著是房地產泡沫化，再來是金融海嘯以及2009年的市場反彈。

在這段時間裡，整個市場什麼都經歷了，就是沒輕鬆過。但是，冷門股票看來卻能比熱門股票要能禁得起打擊。這張表說明，從2000至2010年，以這四種逆向策略中投資10,000美元，其在這段期間的表現會超過市場。低本益比股票帶來的年報酬率最高，有11.7%，而在所謂的「失落的十年」裡，市場報酬率為5.6%。至於其他三種評估指標，即低股價現金流量比、低股價淨值比、低殖利率，也都優於市場平均值，這裡仍用Compustat資料庫登錄1,500家公司股票計算。用這四種指標來看，熱門股全跑輸大盤，而且除了低殖利率以外，其他都帶來負投資報酬率。低殖利率股票的年投資報酬率達2.4%。最糟糕的是高股價現金流量比股票（每年負2.9%）和高股價

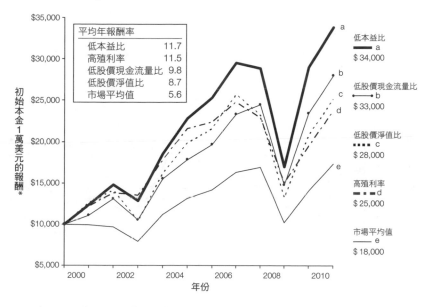

圖11-1 四種價值型投資法，2000至2010年

初始本金1萬美元的報酬*

平均年報酬率	
低本益比	11.7
高殖利率	11.5
低股價現金流量比	9.8
低股價淨值比	8.7
市場平均值	5.6

低本益比
a
$ 34,000

低股價現金流量比
b
$ 33,000

低股價淨值比
c
$ 28,000

高殖利率
d
$ 25,000

市場平均值
e
$ 18,000

年份

* 表示2000年初始投資10,000美元，每年均執行再平衡。

資料來源：大衛‧卓曼，2011年。數據來源：Compustat North American data and Thomson First Call.

淨值比股票（每年負3.0%）。「最佳」和「最遜」股票的績效差了十萬八千里。低本益比和低價淨值比股票的回報，比高成長型對手要高出11.7%。

建立你的投資組合

那麼，要怎麼建立在熊市時期也能保命，還能遙遙領先市場的投資組合？而且，既然要建立一道好的出場執行準則難上加難，你應該使用什麼樣的指導方針？我將在本章和下一章加進一些投資心法，其中一些是根據2007至2008年市場崩跌情況重新制定的，縱使不能保證能帶你躍上顛峰（如果你有辦法的話，請寫信告訴我），但實際上有很高的成功率。

但是，在弄懂何時該獲利出場之前，讓我們先了解該買什麼。幸而這裡有四種證實有效的做法。

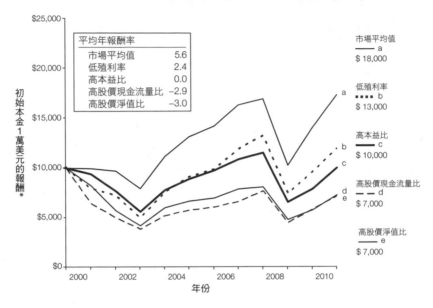

圖11-2　四種成長型投資法，2000至2010年

* 表示2000年初始投資10,000美元，每年均執行再平衡。

資料來源：大衛‧卓曼，2011年。數據來源：Compustat North American data and Thomson First Call.

逆向操作策略1：低本益比策略

　　低本益比策略是所有逆向操作策略中最古老且記載最完整的策略，也是當今市場專業人士最常運用的策略。儘管有許多方法可以計算本益比，但最常見的方法是拿股價除以公司最近12個月公布的盈餘（扣除非經常營業損益之前）。自1930年代中期以來，該策略不論市場漲或跌都表現得很優異，預計未來的表現也會很出色。

　　圖11-3採用了Compustat資料庫中1,500家大型公司的數據，顯示截至2010年12月31日共41年期間運用低本益比策略的投資報酬，[7]並將每位投資人每年收到投資報酬區分為兩個基本部分：增值和股利。

　　研究期間，以往常的方式將這些股票依季度按照本益比高低嚴格均分成

圖11-3　本益比選股之股利、增值、總報酬表現

1970年1月1日至2010年12月31日

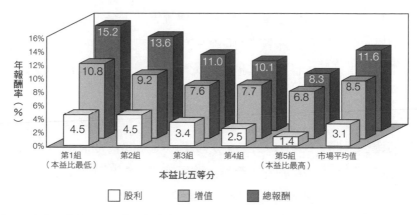

資料來源：大衛‧卓曼，2011年。數據來源：Compustat North American data and Thomson First Call.

五組，然後計算平均年報酬率。[8]

　　圖11-3再次說明了低本益比這組的傲人績效。在41年中，本益比最低這組的平均報酬率為15.2%，而市場平均表現（最右側最後方）為11.6%，本益比最高這組為8.3%。本益比最低組的報酬率1年就超出本益比最高組6.9%，幾乎是後者的2倍。就如我們在圖10-3和10-4所說過的，如果你是在存退休基金，這種績效差距會隨時間越拉越大。

　　再研究一下圖11-3，你會發現這些股票還帶來較高的股利殖利率。從這張圖可以看出，低本益比組在研究期間的股利殖利率達4.5%，而市場平均值為3.2%，最高本益比組僅為1.4%。「最遜」股票和「最佳」股票每年在股利上的差距達3.1%。如果在這41年間投資10,000美元，股利殖利率4.5%、1.4%這兩種投資組合所造成的期末價格差距高達4.3098萬美元。

　　請再看看圖11-3中增值的部分。這裡非常有問題。專家口中的「最佳」股票，在這種情況下是本益比最高的股票，增值的幅度應該是最大的。但事實不然，它們的增值幅度最低，而本益比最低的爛投資，增值幅度卻最高。

所有流入「最佳」股票推動資本擴張的錢，並沒有反映出卓絕群倫的績效，反倒是那些時運不濟沒人要理的股票躍居一線。低本益比股票有左右夾攻的優勢：殖利率較高和增值幅度較大，這在傳統思路下是不應該發生的事。

順帶提一句，股利回報較高有助於在熊市中支撐廉價股（或譯雞蛋水餃股）的價格，這是低本益比和其他逆向策略在市況欠佳時勝出的重要原因之一。

如果你不想頻繁交易，逆向策略會很適合你，它的投資報酬高，投資組合週轉率卻很低。表11-1是在1970至2010年期間長抱最低本益比等級的股票2至8年的情況。這張表一看便知成果斐然。5年期低本益比投資組合仍然提供了最高的年報酬率（15.2%），遠遠超過高本益比投資組合（9.4%）以及市場平均值（12.0%）。低本益比投資組合在3年期、5年期期間，乃至於8年期間，都跑贏了市場和高本益比投資組合。

驚人的是，能在這麼長的時間裡維持高報酬率。這說明了低本益比股票計價過低的情況很明顯。持有本益比最低那20%的股票（表未列），9年後的報酬率仍然高於市場平均值，而且打從第一年起就沒有變差過。至於高本益比股票，計價過高的情況同樣明顯（表未列）。即使在5年之後，它們的報酬率還是比市場要低得多。

本益比和其他逆向策略還有另一個好處是，不用付出很多努力就能奏效。正如我們所見，每年做再平衡，把大型公司股票放進來重整低本益比投

表11-1　本益比選股之長抱策略期間的年報酬率

1970年1月1日至2010年12月31日

本益比等級（五等分）	2年期	3年期	5年期	8年期
低本益比	15.5%	14.3%	15.2%	15.2%
高本益比	9.9%	9.2%	9.4%	10.3%
市場平均值	13.3%	11.9%	12.0%	12.7%

資料來源：大衛‧卓曼，2011年。數據來源：Compustat North American data and Thomson First Call.

資組合，會帶來遠超出市場的報酬率。但是，你可以不那麼頻繁地做再平
衡。這是一種在操作上低強度、報酬上高強度的策略。你不必花太多時間為
你挑選的股票，或是為了從掌握關鍵資訊追蹤了解每間公司、產業或經濟情
勢而痛苦。你只要選定你的投資組合（稍後就會揭曉做法），然後讓它進入
自動駕駛模式。如此一來，你會省去煩惱，更不用說稅金、佣金和交易成本
了。同時，可以保障超出市場平均值的獲利空間，而且，如你所知，很少有
基金經理人能做到這一點。這張表的目的不是要讓你把一項投資組合放到天
荒地老，而是要告訴你，我們一直用忙碌來換取成功這種常態性工作倫理是
徒勞無功的，這在投資上反倒會適得其反。

即便我不會長抱一項投資組合8年都放著不管，但表11-1（過去41年來
累積的大樣本）說明，你在剛開始時先好好找到自己的投資定位，之後再做
適當的微調，就能在市場上賺大錢。

逆向操作策略2：低股價現金流量比策略

現在，讓我們探討另一項重要的逆向操作策略，即按股價現金流量比選
股。現金流量通常定義不扣除折舊費用和其他非現金開支的稅後盈餘。許多
分析師認為，在評估一家公司時，現金流量比盈餘更為重要，因為管理層可
以將大筆盈餘轉為準備金或認列損失，也可以透過不提取適當的折舊或其他
必要開支來增加盈餘。儘管這些項目不會顯示在盈餘上，但它們從現金流量
表一覽無遺。美國財務會計準則委員會（Federal Accounting Standards Board,
FASB）從1988年中期起要求公司要提供這張表。

所有這一切都因為安隆、世界通訊等公司的操縱新手法而改變了。在
1990年代後期，安隆運用高超的手段，從花旗集團和其他銀行借了不少
錢，再用複雜但詐欺方式記錄這些交易，也包括現金流量。安隆倒閉，負責
安隆簽證的安達信會計師事務所（Arthur Andersen）面臨刑事指控，自願交
出執業許可證後，就連貸款銀行也因為涉及這個世紀大騙局，賠了數十億美

元。世界通訊則以不當手法漏報超過38億美元的支出，使帳面盈餘大幅虛增。簡單來說，除非你能完全信任這間公司，不然如果詐騙集團手法太高段，即使現金流量也能騙到你。圖11-4是低股價現金流量比的研究結果。

逆向操作策略3：低股價淨值比操作策略

　　股價淨值比是葛拉漢和其他早期價值型分析師最愛的工具，[9]圖11-5秀出每一組的投資結果，其中的樣本、研究期間和方法都和前面本益比策略相同。對照看看圖11-4（股價現金流量比）和圖11-5（股價淨值比），你會發現「最遜」股票表現優異，即股價現金流量比或股價淨值比最低的那20%，超過最高的那20%。研究結果很類似，低本益比策略在某種程度上換來較大的回報，在41年的研究期間，每年可拿回15.2%的回報，對照之下，低股價淨值比和低股價現金流量比的回報分別是14.3%和14.1%。

　　但是，這三種價值型策略都能不費吹灰之力戰勝市場，並且在每種情況下都跑贏「最佳」股票。我們再次發現致勝的關鍵因素：低股價現金流價

圖11-4　股價現金流量比選股之股利、增值、總報酬表現

1970年1月1日至2010年12月31日

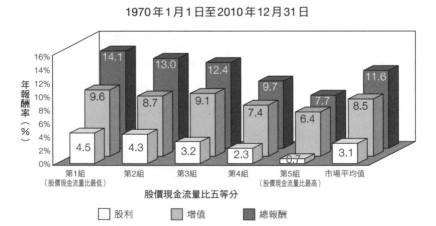

資料來源：大衛・卓曼，2011年。數據來源：Compustat North American data and Thomson First Call.

圖 11-5　股價淨值比選股之股利、增值、總報酬表現

1970 年 1 月 1 日至 2010 年 12 月 31 日

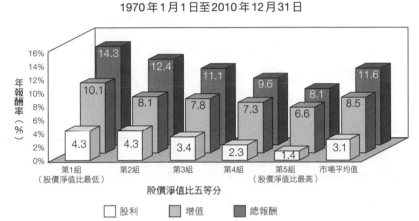

資料來源：大衛・卓曼，2011 年。數據來源：Compustat North American data and Thomson First Call.

格比和低股價淨值比，可以帶來明顯優於市場的股利，而且它們的股利還是「最佳」股票的 3 倍以上，為整體回報貢獻良多。以低股價現金流量價格比和低股價淨值的增值情況作為評估指標的話，這兩種策略不僅輕鬆超越「最佳」股票，也贏過市場。所以，人們公認買入「最佳」股票的理由是增值幅度較大，其實是錯誤的。

圖 11-3、11-4 和 11-5 再次說明，逆向操作的股票能做到兩全其美：增值幅度較大和股利較多。比率最低的那一組所帶來的股利的報酬率是本益比最高那組的 3 倍，冷門股輕輕鬆鬆又再贏一次。

圖 11-3、11-4 和 11-5 告訴我們，對於保守型和積極型投資人分別設定大不同的投資目標的傳統思維，其實只是另一則投資神話而已。這給我們帶來了另一則重要的投資心法：

操作心理導航 23：別寄望高價概念股的報酬率會高於市場平均值。基本上孤兒寡母會長抱的績優股（譯注：孤兒寡母股指的是相對穩健的安全股，具有風險較市場平均值低、股利發放正常等特點），通常

勝過那些為積極型生意人或女人推薦的高風險股票。

　　那些因為低股利和高股價淨值被證券經紀商歸類為「生意人的風險」的股票，投資結果通常不彰。整體看來，它們總是落後於市場，用「生意人的愚蠢」來形容更恰當。圖11-3、11-4和11-5強烈駁斥了「生意人的風險」的買股概念。雖然它算是「美國全民」的概念，但在今天已經沒那麼普遍了，主要還是一些經紀人為了能撈到佣金而大肆吹捧。

　　正如我們所見，買入股價淨值比或股價現金流量比最低20%的股票，在牛市和熊市都能成立。長抱最低股價現金流量和最低股價淨值比的投資組合所獲得的報酬，不管是2年、3年、5年還是8年（表未列）之內不換股的話，與長抱本益比最低的投資組合相類似（見表11-1）。在這8年裡任何期間，投資這兩類股票的報酬率都穩高過市場，而且遠遠超過每一組的熱門股，[10]而「最佳」股票則持續表現落後。

　　首先你不必像槍手一樣緊盯著市場，一看到黑影就開槍。放輕鬆，慢慢來的話或許能走得更遠，其次你也不會因為求快出錯砸中自己的腳，這在專業人士裡是常有的事。

　　最後也最重要的一項獎勵是，長抱低本益比或其他低股價價值比股票這種方法，因為交易成本和稅金較低，會讓你的資本隨著時間大幅提高。投資人經常未體認到成本的存在，但是這會積少成多，流動性較小的股票尤其如此。這三種低股價價值比操作策略長久下來只需少少交易便足堪高額報酬，讓你或多或少減少降低這些成本，從而提高投資組合整體報酬。這裡帶出另一則有用的投資心法：

　　　　操作心理導航24：避免不必要的交易。這些交易成本久而久之會減損你的報酬。長抱策略可以帶來長年優於市場的報酬率，同時也是降低股票週轉率，繼而大幅減少稅款和超額交易成本的好辦法。

這三種主要操作策略顯示出「最遜」股票能帶來明顯傑出的報酬，同時又能避免額外的交易成本。最後，既然收益對許多讀者來說很重要，我們就來看一下高殖利率策略。

逆向操作策略4：高殖利率策略

圖11-6是高殖利率策略下的年報酬率。研究方法、時間和前面三種策略相同。如圖所示，高股利殖利率策略與先前的逆向操作策略略為不同。高殖利率股票的績效每年僅高出大盤0.9%，而低收益或無收益的股票則高出4.0%。

但是，投資報酬的組成不同。最高殖利率組12.5%的年報酬率當中，有一半以上來自股利。此外，資本增值在過去的41年中，每年僅達6.0%，低於任何其他「最遜」股票群體或市場平均值。買入具有高股利殖利率的股票雖擊敗了市場，但總報酬率要低於前三種逆向策略。

我們再次發現，長抱策略最高股利殖利率組發揮了作用，不僅能長期

圖11-6　股利殖利率比選股之股利、增值、總報酬表現

1970年1月1日至2010年12月31日

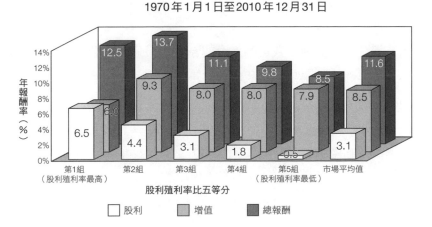

資料來源：大衛・卓曼，2011年。數據來源：Compustat North American data and Thomson First Call.

跑贏市場，而且你的報酬率實際上會隨持有時間加長而增加。＊如圖11-6所示，這項研究的平均年收益率6.5%。值得一提的是，隨著經濟衰退的情況放緩，股利殖利率會隨著時間增加，並可能為我們帶來意外的收益。

對於追求收入的投資者而言，時間拉長的話，這策略似乎比債券要好得多。如果利率上揚，債券價格會急劇下跌。以30年期債券來說，利率每升高1%，債券價格就會下跌12%。近幾十年來，隨著利率大幅波動，債券市場實際上幾乎與股票市場一樣動盪。買進高殖利率股票對於注重殖利率的投資者來說很有意義。股利會隨時間增加，而債券配息並非如此。沒錯，我們正處於一個高度異常的時期，短期國債券幾乎沒有收益可言。但是，正如第14章將要談到的，這對於投資者而言可能是另一個可怕的陷阱。

如圖10-5a所示，高殖利率股票還可讓你在熊市時期不被波及。這些股票在市場下跌時，不僅保本，也照樣為看重股利的投資者帶來股息收入和資本增殖，後者在長期債券是很少見的。†但是，這種策略並非是萬靈丹，正如我們所熟知從2007至2008年，再從2009至2010年之間的可怕熊市，當時有很多高殖利率股票被砍到見骨，哪來股利。所以，人們就用安全可靠的國庫券，換取相對穩當的股息收入，雖然這只是暫時性的。幸好，這種恐怖程度的熊市隔幾個世代才會來一次。

這個策略適合所有人嗎？我可不這麼認為。它最適合需要固定收入來源的人。當然，除非你的股票是在免稅帳戶之下，否則所有所得都要納稅。如果是在免稅帳戶之下，投資者最好使用其他三種逆向操作策略之一，這當然取決於個人對於直接收入的要求，正如我們在圖11-3、11-4和11-5中所見，這三種策略與高殖利率策略相比的話，長期下來能帶來更高的回報。

＊ 股利再投資。

† 關於股票如何與債券競爭的探討，請見第14章。

所以，以逆向策略的形式體現的價值型策略，才最能在牛市和熊市之間闖蕩自如。下面將提供一些應用指南，有助於你實踐各種逆向投資策略。

第3節：行為逆向策略

1. 逆向式選股：A-B-C法則

所有投資人面臨的首要問題，是如何選擇個股，以及決定投資組合的股票數量。以下是近年來一些簡單又切實有用的指導原則：

A. 只買入具優異績效的逆向操作股票。

B. 平均投資跨15種以上的產業的30至40支股票（如果你的資產規模夠大）。

　　分散投資至關重要。個股間的報酬率差異很大，因此僅仰賴少數幾個公司或產業是很危險的。分散風險的話，你有更大的機會能做到前述冷門股那樣的表現，而不是忽高忽低。[11]

C. 買在紐約證券交易所上市的中大型股票，或在那斯達克或美國證券交易所上市的較大公司股票。

這類公司作為前面研究的基礎，通常比小公司還少要弄會計伎倆，這就像多了一層保護措施。正如我們所看到的，會計是十分棘手的問題，無論投資老手還是新手，都曾付出慘痛的代價。

中大型公司提供投資人另一個優勢：對大眾來說，它們更加吸睛。福特汽車公司奇蹟式轉虧為盈（發生在2009年），總比那些埋葬在死亡谷（Death Valley）風沙裡的上市連鎖牛排餐廳的命運還要引人注目。最後，大型公司具有更大的「持久力」；他們的失敗率大大低於小公司和新創公司。[12]

2. 我們應該完全放棄證券分析嗎？

正如我們看到的，根據逆向投資特點選股且不依賴於證券分析，長時間下來所得到的報酬率優於市場平均值。那麼，我們應該考慮丟掉證券分析嗎？我們的證據明確指出，幫助不大。但是，我不會做這麼絕（這不僅是因為我已經摸透了這些老教條）。我還相信在逆向框架內，它有些地方仍然是有價值的。

逆向投資法把傳統分析裡很容易出錯的面向排除或降級了，例如預測。我相信，在體認到證券分析有侷限性的前提之下，你可以在逆向投資法中借助它來達到更好的投資結果。然而，對於許多人來說，符合本書原則的分散式逆向指數型基金是種可靠的投資方式。不幸的是，這類投資標的選擇並不多。我們公司管理著從大型股、中型股到小型股一系列逆向指數型基金。*因此，對我來說這不是大問題。在過去的30年裡，逆向操作的表現反超市場以及從小到大各種規模的指數型基金。逆向操作的觀念已勢不可擋，不過還是要詳讀這類基金的募股公開說明，以及徹底審查它們的投資組合，以確保基金經理人實際上是否按他們所說管理你的資金。

我會在之後的章節盡量說明，如何使用五個基本指標來補強我們剛剛探討的A-B-C逆向選股法則。我們將討論其他幾種不仰賴證券分析評估的逆向投資方法。這些也會帶來超過市場平均值的投資結果。在看過這些方法之後，你便可從中選出最適合你的方法。

3. 五大選股指標

我自己在應用低本益比法時，是以本益比最低的那20%為選股標的。這一組股票為隨後的輔助指標提供了很大的應用空間。

正如我之前所說的，如果你勇於嘗試證券分析，那麼以下是我認為最有

---

* 卓曼市場過度反應基金（The Dreman Market Overreaction Fund）。

幫助的指標：

指標1：雄厚的財務實力。在流動性奇缺的市場上，這點很重要，很容易就能從公司的財務報表記載的資訊判讀出來。（相應的比率如流動資產與流動負債比率、總負債占資本結構的比率、利息保障倍數等，你可以在任何金融教科書中，或是一些大型券商免費提供的材料找到定義。）*

雄厚的財務實力將保證公司安然度過經營困難的時期，反向型公司時不時會遇到這種事。財務實力也有助於判斷公司的股利是否能發放正常或是有所增加。當然，在變現不及的危機之中，比如我們才剛經歷且陰魂未散的金融海嘯，這對於企業能否存活，還是會瀕臨破產，有決定性的影響。所幸這種嚴重危機一個世紀左右才發生一次，或是更久。不管怎樣，財務實力佳的公司在這種時期，不僅能存活下來，而且通常也會發憤圖強。你不用再找比巴菲特的波克夏海瑟威（Berkshire Hathaway）以外的公司了。

指標2：良好營業比率和財務比率越多越好，以確保公司沒有結構性缺陷。這類比率的定義一樣可在一些標準的金融教科書裡找到。

指標3：近期盈餘成長率高過標普500指數，並且在不久的將來不太可能會暴跌。這不是要估出精準的盈餘數值，而是找到整體走向。請記住，我們面對的是處於最底層五分之一的股票，大家對它的期望本來就不高。不同於那些使用傳統預測法的投資人，我們不用精確預估盈餘，只需要注意其短期走向，一般是1年左右。

在我實際操作逆向投資初期，我算是純粹主義者。當時的想法是：既然逆向操作策略之所以有效，部分是因為分析師的預測失誤，那麼又何必多此一舉去預測了？後來經歷一些相當慘痛的教訓後，我不得不修正這種想法。

---

* 馬丁‧佛德森（Martin S. Fridson）的《財務報表分析》（*Financial Statement Analysis*, New York: Wiley, 2002），簡要介紹了公司會計，並概述一般投資人要用到的重要財務比率。

　　舉例來說，如果華爾街估計某公司的盈餘在一段時間內可能會下滑，哪怕指標看起來有多好，我都不會急於買入。正如我們常看到的，分析師常常過於樂觀，而太常發生的情況是，預估盈餘呈溫和下降，結果變成跳崖式崩跌。2007至2008年花旗集團、美聯銀行（Wachovia）以及美國國際集團（American International Group, AIG）等金融類股就是這樣，當時分析師們預估的盈餘降幅相對較小，但實際上這些公司的收入一落千丈。

　　預測盈餘整體方向與精確估算盈餘這兩者間的關鍵差異是，前者簡單多了，而且成功機率也高出很多。

　　指標4：收益預測應該趨於保守。這與葛拉漢和陶德的安全邊際原則有關，在我們走過分析師過度樂觀而造成的驚悚之旅後，這原則顯得尤其重要了。有時你不用為了調低預估值而拿出鉛筆來慢慢重算；你需要的是一台大型怪手，把那些預估值直接丟進屬於它們的地方。也請記住，預測整體走向且盡可能保守估計，可以進一步減少失誤。如果這樣做之後，這家公司的盈餘成長高出標普500指數的情況仍能維持1年左右，那麼你的投資也許會有不錯的回報。

　　指標5：公司的股利殖利率高於市場平均值，並且還有上升空間。這項指標的先決條件，是要同時滿足前四項指標。我們已經知道，有關股利的傳統思維和實際情況相差得可遠了。高殖利率策略也能跑贏市場。在操作實務上，我發現指標5若結合逆向投資型買股規則，可以提高績效表現。

　　無論使用哪一種逆向操作策略，以上五大指標皆有助於選股。接下來岔一下題。我經常被問到一個問題：「什麼才是最好的逆向投資法？是不是該選定一種方法，例如本益比或是股價淨值比，然後一路用到底？」就我而言，答案是否定的。儘管你當然可以選擇單一策略來好好操作，但我還是贊成採用折衷的方法。我們的資金管理公司使用低本益比法作為核心策略，但也大量運用其他三種逆向投資策略。投資機會百百種，而你往往會發現這些方法在判定股票的價值時各有所長。

低本益比可能是四種逆向策略中最容易採用的一種，因為你每天都可在各大報財經版看到本益比的資訊列於股價旁邊。股價現金流量比、股價淨值比也一樣，這類資訊每季都會更新。儘管股價股利比的資訊幾乎是即時的，但因為其他三種逆向投資法能帶來相當優異的報酬率，相比之下它算是次要策略。不過，它也有出頭的時候，我們稍後會看到。

4. 逆向操作策略

上前線

現在該談談實戰狀況了，看看在火線之下我們是如何做出逆向投資決策的。我將提及過去在《富比士》專欄曾提出的建議，以及我的投資顧問公司給客戶的建議，還有我所管理的卓曼高益機會基金（Dreman High Opportunity Mutual Fund）的操作實例。儘管你可以斥之為渲染「戰爭故事」（只牢記勝利，卻輕易忘掉挫敗，更不用說是潰敗了），但我認為這有助於呈現A-B-C法則和五大指標的確操作良好的實例，這些實例呈現的是事發當時的決策考量，而不是事後諸葛。我們先介紹幾個關於如何選出低本益比股票的例子。

使用低本益比策略之實證

奧馳亞集團

我曾於2004年9月下旬在《富比士》以49美元的價格建議買進奧馳亞集團（Altria Group），它是卡夫食品（Kraft Foods）菲利普莫里斯（Philip Morris）的母公司。這是一檔經典的價值型股票，但因為其旗下的菲利普莫里斯公司是美國最大的菸商，當時正有大型集體訴訟纏身，不太受大眾歡迎。我們在仔細研究集體訴訟之後有了定見，這些案件即便引爆輿論熱議這間公司將面臨巨額損失，但由於該公司的財務狀況穩健，現金流量也很充裕，不太可能會對奧馳亞造成什麼嚴重損害。*

這就是葛拉漢夢想中的股票。首先，奧馳亞2003年的本益比和股價現金流量比都相當低，分別為10倍和9倍。再者，當時收益率為6%，而且自1930年代以來股利幾乎年年增加。指標1、2和5幾乎高到破表。不過，還不只這樣。

儘管奧馳亞集團受到法律和媒體砲轟，但所有訴訟均針對美國那間菸草子公司（美國菲利普莫里斯）。當我們將奧馳亞集團的合併業務加起來時，按照保守的會計處理原則，每股價值為105美元，菲利普莫里斯的國內價值則大約45美元，即只有公司全部業務估計值的43%。由於市場對於其將面臨的法律和解規模杞人憂天，它的股票交易價格，掉到比真實價格的60%還低。而且，美國最高法院（U.S. Supreme Court）越來越傾向於在原告所受到的實際損失之外提出懲罰性損害賠償金，這有可能會達到原告實際索賠金額的10倍甚至100倍。法院考慮的是全面裁定損害賠償的規模。

我們分析得非常透徹，還特別檢視破產的潛在可能性，但發現可能性微乎其微。最高法院大幅度降低實際損失之外的賠償金額，而且還嚴格收緊了關於集體訴訟的規則，這對於菲利普莫里斯來說很有利。到2008年3月，股價（包括股利）翻漲了2倍以上。

阿帕契公司

隨著1982年以來石油需求增加超過新供應量，以及1979在哈薩克（Kazakhstan）發現的最後一個日產百萬桶的油田，油價直到2008年底一直穩定上漲。油價漲的話，最有前景的產業其一便是擁有大量石油儲備的大型勘探與開發公司，而這些大多是美國企業。同樣地，如果油價下跌，它們績效會落後一些跨國石油巨頭，例如埃克森美孚（Exxon Mobil）、皇家荷蘭殼

---

* 我們身為經理人，受客戶信託，有忠誠義務為客戶實現追求利益的最佳合法機會。而客戶則在是否買入菸草、酒精或國防股票等所涉及的道德問題上做決定。

牌（Royal Dutch/Shell）或英國石油等。2005年7月25日我在《富比士》曾建議以65美元買入阿帕契公司（Apache Corporation），當時它的本益比為11倍，比市場上許多股票來得低。

當時，阿帕契公司的現金充裕，而且石油儲備充足，其探勘新油田的支出也直線上升，近年來主要的油田探勘計畫，也都位於相對安全的地區，可謂相當成功。

該公司明智地投入勘探資金，而石油儲量也大幅提高。到2007年底，它的價格已比《富比士》建議時上漲了70%，而當時市場正要開始急劇下跌。按照前面三項評估指標來看，阿帕契公司表現得很穩，在市場表現平平的情況下，它都有達標。

2008年發生了自1929至1932年以來史上最嚴重的股市崩盤，阿帕契遭受重挫，油價暴跌，而股價在2009年初跌到51美元的低點，但在2009年春天就開始大反彈。2011年冬天，油價再度攀升到每桶110美元，阿帕契股價則飆回到130美元。除此之外，它還從一個重大事件中抽到「油水」。在2010年夏天，英國石油發生漏油事故，阿帕契得以從英國石油手中以70億美元收購其在加拿大、埃及和美國二疊紀盆地油田的額外儲量，交易價格可謂相當便宜。

阿帕契是先買入穩健的價值型股票，在股災期間繼續持有的好例子，這種做法的基本理由不變，也就是說，除非你相信另一次經濟大蕭條馬上就要來了（見圖11-7）。

使用低股價現金流量策略之實證

必和必拓礦業公司

如圖11-3所示，低股價現金流量長期下來的報酬率會優於市場平均表現。當公司有大量非現金支出，比方說壞年的折舊，低股價現金流量這項

圖11-7　阿帕契公司之股價走勢

阿帕契	2003	2004	2005	2006	2007	2008	2009
股價	40.6	50.6	68.5	66.5	107.5	74.5	103.2
股利殖利率（%）	0.5%	0.6%	0.5%	0.8%	0.6%	0.8%	0.6%
本益比	12.1倍	10.0倍	8.7倍	8.7倍	12.8倍	35.7倍	—
股價淨值比	2.0倍	2.0倍	2.2倍	1.7倍	2.3倍	1.5倍	2.2倍
股價現金流量比	4.9倍	5.2倍	5.3倍	5.1倍	6.3倍	3.6倍	8.2倍

資料來源：FactSet Fundamentals.

評估指標通常比盈餘更有用。*如果想在經濟衰退期買進一般本益比低的週期性股票，當這類公司的盈餘下滑時，它的本益比會衝得很高。這種事曾發生在世界最大的自然資源生產巨頭必和必拓（BHP Billiton）的身上，我在2009年2月的《富比士》雜誌上曾以48美元的價格建議買進。儘管該公司財務實力相對良好，但由於全球經濟衰退幾乎使大多數自然資源的採購大踩煞車，而盈餘也在2008年最後幾個月開始崩跌，然後狂掉了62%。必和必拓的盈餘從2008年會計年度（截至6月30日）5.11美元的歷史高點跌到2009年的2.11美元，現金流量也下降了約50%，但憑著前幾年累積起來的現金流量和財務實力，要應付公司正常運轉還綽綽有餘。

---

* 雖然這些費用已反映在盈餘上，但並未顯示在現金流量當中。折舊當然最終還是要補上。但若是在公司有財務困難的年頭，則要用它來符合帳面上有費用支出的需要，才會有喘息的空間。

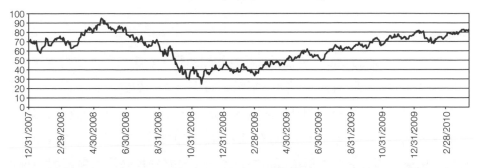

圖11-8　必和必拓礦業公司之股價走勢

必和必拓	2007年 會計年度6月份	2008年 會計年度6月份	2009年 會計年度6月份
股價	59.8	85.2	54.7
股利殖利率（％）	1.3%	1.3%	3.0%
本益比	13.0倍	15.5倍	25.9倍
股價淨值比	5.7倍	6.2倍	3.8倍
股價現金流量比	11.2倍	13.1倍	8.1倍

資料來源：FactSet Fundamentals.

　　財經版甚至是頭條新聞再度出現大型工業企業和礦業可能要花費數年時間才能復甦的相關報導。大家顯然忘了必和必拓是全球成本最低的自然資源生產者之一。它溫和地復甦了，盈餘和現金流量在2010年強勁反彈，幾乎是回到了2007年史上表現第二佳的時候。到了2010年12月，必和必拓的交易價格為93美元，幾乎是我在《富比士》建議價格的2倍，其現金流量也一樣強勁，以至於它在2008年將股利率提高了50%，而2009年又再提高了17%。必和必拓大幅提高股利，代表了管理階層對公司基於財務實力而能穩若泰山的表現相當有信心，儘管分析師和媒體有時會以負評相向（見圖11-8）。

再來一記好球，三振！

房利美

　　房利美（Fannie Mae）這檔世代相傳的績優股，看起來和廉價股無異，我2007年底推薦時，股價為37美元。該公司幾十年來的盈餘成長一直高於市場平均值。沒錯，次級房貸和其他高風險房貸市場正迅速下滑，而它已經連續幾個季度處於虧損狀態，步履維艱。房地美自1938年羅斯福（Roosevelt）政府創立以來，經歷了多次房市低谷。它和另一家其規模較小的房屋抵押貸款機構房地美（Freddie Mac）的信用評分標準比銀行、儲貸協會（S&L）和投資銀行要嚴格得多。有一項關於房貸違約率的檢核證實，其對買方的信用評分標準越來越高，而違約率越來越低。人們買入這兩檔股票是因為它具備強大職權、商業模式受到保護、盈餘成長過去一直很不錯，以及低本益比。

　　從當時或是隨後對資深管理層（含董事長在內）的採訪中都看不出來，高層嘴上說的漂亮話和事實本身根本勾不上邊。事實上，房利美和房地美在民主黨眾議員巴尼‧法蘭克（Barney Frank）和美國聯邦住房管理局（Federal Housing Finance Agency, FHFA）局長詹姆士‧洛克哈特三世（James B. Lockhart III）帶頭施壓之下，遭到莫大的政治壓力。如果他們不逐漸放寬低收入戶的房貸金額，將可能會被迫失去低成本融資這項關鍵業務。

　　在2008年春天，美國當時的財政部長鮑爾森和紐約聯邦儲備銀行主席提姆‧蓋特納（Tim Geithner）均表示，二房的超額資本均超過法定資本要求。蓋特納宣布，由於房利美和房地美的業務營運已有所改善，他將降低二房的資本要求，以使其能向急降的房貸市場增加放款。2008年整個8月他都在發表類似聲明，看起來至少是得到了財政部長鮑爾森的默許。

　　緊接著在2008年9月6日，二房卻被美國財政部接管了；它們現在成了雞蛋水餃股。我們在後續的聲明中清楚看到，房利美和房地美在巨大的壓力下大量發放忍者貸款（no income, no job or assets; NINJA；即無收入、無工

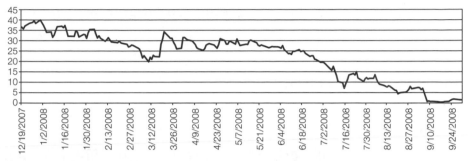

圖11-9　房利美公司之股價走勢

房利美	2007年	2008年	2009年
股價	40.0	0.8	1.2
股利殖利率（％）	4.8%	不適用	—
本益比	—	—	—
股價淨值比	1.4倍	—	—
股價現金流量比	0.9倍	0.1倍	—

資料來源：FactSet Fundamentals.

作或無資產者），而且實際上是在沒有頭期款的情況下。但是，所有聯準會高官、政要和國會官員都撇清關係，大加指責房利美不良放貸。此後政治追殺持續不斷，標普500指數金融類股SPDR（標普500指數中所有金融股的加權指數）從2007至2009年3月初下跌83%，創下自1929至1932年華爾街大崩盤以來的最大跌幅。

　　我們的分析、房地美和房利美的管理者、銀行圈乃至於投資銀行，到底犯了什麼大錯？以下列示我從這次痛苦經歷中汲取的幾個重要教訓：

1. 絕不在一家公司還在虧損的時候買它的股票。虧損是早期預警系統，告訴你公司狀況不太妙。良好的公司泰半會轉虧為盈，但若非如此，你就會被咬住。我們所做的反向研究始終會排除有季度虧損的公司，而長期下來的結果還不錯。

2. 這一點雖不值得列出，但其中的慘痛代價很值得我們引以為誠。在時局艱難時，絕不相信資深內閣官員針對某公司或某產業粉飾太平的說法。在大多數情況下，該是時候出脫股票或是放下這產業了（見圖11-9）。

使用低股票淨值比策略之實證

摩根大通

在一家公司步履維艱、盈餘縮水時，股票淨值比是比股價現金流量比更適用的反向指標。這從2007至2008年間金融海嘯中的銀行股中可見一斑。正如我們所見，由於次貸危機加劇，金融類股暴跌。摩根大通在精明能幹的執行長傑米・戴蒙（Jamie Dimon）領導下，是大銀行當中最先了解到次貸問題的嚴重性者。它在2007至2008年開始減少這類市場的業務，並減碼持有由這一類和其他評等較低的抵押貸款組成之大量投資組合。摩根大通與大多數金融類股一樣，股票淨值比遠低於市場平均值。

但是，這兩者的主要區別在於：總體而言，摩根大通的股票淨值比是真實的。由於它贖回缺乏流動性的抵押貸款部位而導致流動性增加，聯準會和財政部介入，特別通融讓摩根大通在2008年3月16日星期日以每股2美元的賤價收購華爾街最大的投資銀行之一貝爾斯登，*每股收購價比貝爾斯登上週五的收盤價還低了93%。儘管還有其他投資者出價，但摩根大通是唯一可靠的競標者，最後聯準會促成了這筆「甜心交易」，讓摩根大通僅以15億美元收購貝爾斯登，該公司的資產包括價值約12億美元的總部大樓。聯準會還同意最多緊急馳援300億美元處理貝爾斯登的不良資產，以及為這筆交易提供特殊融資。[13]摩根大通原本遠落後於其他競爭對手，此次收購案使其在投資銀行業務中站穩了腳步。

---

* 摩根大通把每股收購價提高至10美元，想火速敲定這筆收購案，以避免貝爾斯登股東提起訴訟。

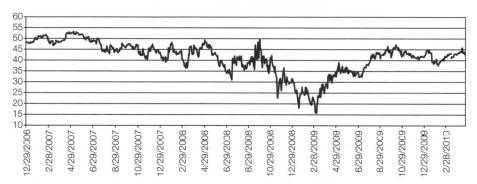

圖11-10　摩根大通之股價走勢

摩根大通	2007年	2008年	2009年
股價	43.7	31.5	41.7
股利殖利率（％）	3.4%	4.8%	0.5%
本益比	10.0倍	37.5倍	18.6倍
股價淨值比	1.2倍	0.9倍	1.0倍
股價現金流量比	—	4.9倍	1.3倍

資料來源：FactSet Fundamentals.

　　如果倒楣事不會總落在同一個人身上，那麼就不會有「善意的謊言」（white magic）這個俚語了。2008年9月下旬，美國聯邦存款保險公司（Federal Deposit Insurance Corporation, FDIC）在華盛頓互惠銀行被擠兌之後，以約19億美元將這間美國最大的儲蓄及貸款機構也賣給了摩根大通。此筆交易包括了華盛頓互惠銀行3,070億美元的資產，1,880億美元的存款，以及15州共2,200家分行。[14]要解釋華盛頓互惠銀行交易規模的話，那就是它的資產約占金融重整信託公司（Resolution Trust Corporation）曾出售747家儲貸機構的合併帳面價值的三分之二。這間機構曾處理美國1989至1995年儲貸銀行危機。[15]這筆交易讓摩根大通的存款總額瞬間躍居全國第一。

　　摩根大通具備超高股價淨值比和高品質的金融資產，已足以打造起金融帝國。這一切的確困難重重。2009年3月，它的股價僅比帳面價值的40%還高一點，即16美元。但是到了2010年4月，又再度超越45美元。

　　獲利能力擴張的極大優勢是：美國多了一家最大的分支銀行體系；同時監管機構以極低成本促成了一個全面整合的投資銀行部門，這都是基於該公司的財務實力。放眼未來，這些併購很可能會帶來巨額的回報（見圖11-10）。

使用高殖利率策略之實證

南方電力公司

　　正如我們所見，高殖利率策略也帶來高出市場的報酬率，其與其他逆向選股法併用，能有效找出被市場低估的股票，而這類股票往往能獲取高於市場平均的收益和合理增值。如前所述，即使盈餘暫時性挫敗，高殖利率也代表管理階層對未來充滿信心。至於管理階層和董事會如何應對棘手的問題，則值得大書特書一番。

　　公用事業類股通常同時具有高殖利率和低本益比的股票，能帶給投資人良好績效。而高殖利率與低股價淨值比策略串聯於一更有效力。

　　這正是我們要談談南方電力公司（Southern Company）的原因。南方電力公司是一家公用事業公司，在喬治亞州、阿拉巴馬州、佛羅里達州和密西西比都有經營公用事業，其擁有的客戶數量達440萬。這間公司一直以來都只有緩慢但合理的成長。它與大多數公用事業公司一樣，股價會時不時因為一些小關注而跌一下，雖然沒多久就恢復正常了。有一次是發生在2002年中，當時南方電力的股價跌至24美元，本益比13倍，殖利率為5.6%。在接下來的5年半裡，盈餘和股利一路成長，直到2007年，總報酬率達到109%，以最初買入的價格來看，收益達7%。這個例子顯示，投資人的過度反應不只發生在高波動性股票上，公用事業和非耐久性消費品股票也很有可能（見圖11-11）。

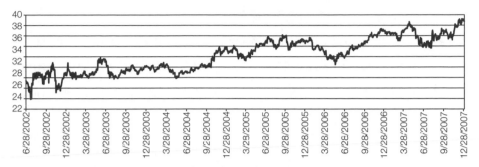

圖11-11　南方電力公司之股價走勢

南方電力公司	2002年	2003年	2004年	2005年	2006年	2007年
股價	28.4	30.3	33.5	34.5	36.9	38.8
股利殖利率（％）	4.8%	4.6%	4.2%	4.3%	4.1%	4.1%
本益比	15.3倍	15.0倍	16.3倍	16.2倍	17.6倍	17.0
股價淨值比	2.3倍	2.3倍	2.4倍	2.4倍	2.4倍	2.4倍
股價現金流量比	7.2倍	7.2倍	9.3倍	10.2倍	9.8倍	8.7倍

資料來源：FactSet Fundamentals.

總結逆向操作策略之表現

　　上述五個成功案例：奧馳亞集團、必和必拓、阿帕契公司、摩根大通和南方電力公司，都說明了這些策略有利的一面。反向型股票的價格有可能大幅上漲，而且值得持有下去。理由是：盈餘成長夠快，而本益比、低股價淨值比和股價現金流量比一直很低。

　　我提出的逆向操作法一直以來對我的客戶和我自己都行之有效。即便我覺得這麼明確的交易紀錄實在沒什麼好爭辯的，但我還是要說，這些策略在牛熊市都做到了。[16]縱使成功到什麼地步肯定會因人而異，話說同一個人在不同時期操作也不會相同，而這些方法是特別有效的投資策略，能大刀闊斧剔除掉不少複雜的判斷。

　　指標1、2、4和5是相當直接的計算，避免情感的影響、配置構形（configurational）和資訊處理問題，這些之前都討論過。指標3僅預測盈餘的整體走向，使用起來簡單上手，因此比起證券分析師提出的精準預測，投資成功的機率更高。顯然，這是我最偏好的方法之一。

投資人可以選擇我已制定好的策略，或是看看下一章會談到的其他策略，它們應該也能讓你的績效勝過市場。但是，在此之前，先要走一趟反向式賭場。你應該會很愛，因為在這家賭場贏錢的機率很高。問題是，到底誰才是這間賭場真正的大老闆呢？

第4節：使用投資人過度反應假說成功的機率為何？

研究發現

講到這個，我想一定會有一些耳語，而事實正是如此。市面上充斥各式各樣的投資寶典，大家吹捧的投資法也各自不同。有任何逆向策略能長期戰勝市場的真憑實據嗎？確實有的。

基於我們41年來對Compustat資料庫裡1,500家大型公司股票的報酬率研究，我們發現逆向策略勝過市場的機率，在任何一個季度大約都是六成。而拉斯維加斯和大西洋城的賭場以對他們有利的規則大撈特撈，贏錢機率也才5%至10%。使用逆向策略贏過大盤的機率甚至比賭場還高。待我們仔細研究這些機率，我猜結果會讓你大吃一驚。

首先，與拉斯維加斯不同的是，你的投資績效就算和市場一樣，離場時荷包仍會鼓鼓的，不只能拿回你的錢，還可能有翻好幾倍的回報。如圖10-3所示，投資10,000美元，在41年後投資組合的價值變成91.3萬美元。在市場這間賭場裡，光是和市場打成平手，初始本金在41年後會變成90倍。

但是，圖10-3也顯示，逆向策略長期下來的表現有多好。使用低股價現金流量比，你的績效會高過市場平均值2倍以上，將10,000美元的初始本金翻上216倍。採用低股價淨值比的話，則會比低股價現金流量比策略更

表11-2　使用逆向操作策略之投資回報

投資10,000美元初始本金且每年均執行再平衡之報酬，1970至2010年

	5年	10年	15年	20年	25年
低本益比	$20,535	$42,165	$86,167	$176,964	$361,103
低股價現金流量比	$20,567	$41,980	$86,160	$174,939	$356,489
低股利淨值比	$19,974	$39,972	$79,894	$158,468	$316,463
低股價殖利率比	$18,757	$35,027	$65,363	$121,326	$226,288
市場平均	$17,332	$29,746	$51,035	$88,087	$151,416

透過10,000次蒙地卡羅模擬實驗得出不同投資時期的複合報酬的中位數。
資料來源：大衛・卓曼，2011年。數據來源：Compustat North American data and Thomson First Call.

好，少說會讓你的本金爆增242倍。投資股票就算只是和市場平均表現看齊，也會有巨額報酬，如果你是採用逆向操作策略，結果更是驚人。

你也許對此存疑。首先，40年是實際的時間嗎？有多少人會在某項投資上守這麼久？如果你是20多歲或30多歲，那麼25年或30年並不是太遙遠，特別是如果你是為個人退休帳戶（individual retirement account, IRA）或其他退休計畫做準備。

但是，如表11-2所示，你的收益在較短的時間內也會讓人眼紅。下表是使用我們研究的四種逆向操作策略投資10,000美元，在5至25年內對照市場表現，會產生什麼變化。[17]如你所見，所有策略在每段時期都贏過市場。而且，時間拉得越長，數字越漂亮。其中，低本益比策略的報酬率整體表現最佳。使用低本益比策略，5年可以遙遙領先市場18%；到了15年和20年，則分別超出市場69%和101%。再看看複利所帶來之差異。5年期末，低本益比策略的報酬率比市場高出3,203美元；10年後增加到12,419美元；25年後甚至達到209,687美元。請記住，初始本金都只是10,000美元的一次性投資。

有些讀者會說：「毫無疑問，逆向操作策略在這些研究中看似出色，但是，在實務操作上完勝市場的機率有多少？」而且還有其他問題來擾亂，例如2007至2008年的金融海嘯，這讓大多數人的退休和儲蓄計畫被砍了大半。

　　讓我們從在賭場贏錢的機率來看看長期贏過市場的可能性。基於為期41年的研究，[18]我們知道每次賭博的賠率是64。但如果連續賭幾把，結果會如何呢？用市場的說法是連續幾年採取逆向操作策略。

　　我們用統計方法計算出答案，而非用蒙地卡羅模擬分析法（Monte Carlo simulation）所產生的巧合來證明。我們將每個季度都視為是一張牌卡，而研究期間長達41年的話，我們就有164個季度。將低本益比選股的績效當作牌卡，從164個季度隨機選擇一個季度，計算相對於市場的報酬率，看是正還是負。然後將牌卡放回去，接著用相同的方式隨機選卡、計算報酬率、放回原位。這樣一來，任何一個季度都可能被重複抽到，而有些季度完全不會被抽到。

　　實際上，這等同於我們在164個研究季度中，選取任何可能的市場報酬率組合，算出贏過市場的機率。每一局抽100次的話，加起來相當於25年。[19]這給了我們幾乎超乎想像的大量組合，讓我們可以準備算出某種策略長期下來的成功率。蒙地卡羅模擬法則是讓我們可以得到幾十億種可能的組合（實際上應該是164^{100}種，或者說是比從這裡到仙女座星系的距離還遠，相距約200萬光年的那個數值）。

　　但是絕大多數投資人不會一次就完成投資；他們每年大概會撥幾千美元以上投資。我們為了減輕電腦的負荷，先假設每年投入1,000至20,000美元，再就這些策略分別運算10,000次，得出它得打敗市場的機率。這四種價值型策略的電腦運算結果千篇一律，只有一點小例外。

　　表11-3顯示用低本益比策略，在上述研究期間、投資金額範圍內，使用低本益比策略，相對於市場的投資結果。如你所見，使用逆向操作策略所累積的財富令人咋舌。如免稅帳戶每年投資1,000美元，25年後會變成262,709美元。用同樣的方法，每年投資20,000美元，則會變成5,254,173美元。

　　如果採用低本益比策略，每季度重新配置投資組合中的最低本益比股票，那麼25年後打敗市場的機率是多少呢？相信這個數字連最奢豪的賭場

表11-3　退休金簡易儲備法

每年新投入的投資金額，1970至2010年

		5年	10年	15年	20年	25年
1,000美元	低本益比股	$7,860	$23,999	$56,948	$124,763	$262,709
	市場	$7,039	$19,119	$39,853	$75,755	$137,299
5,000美元	低本益比股	$39,300	$119,995	$284,738	$623,816	$1,313,543
	市場	$35,196	$95,595	$199,264	$378,775	$686,494
10,000美元	低本益比股	$78,600	$239,989	$569,477	$1,247,632	$2,627,086
	市場	$70,392	$191,189	$398,529	$757,549	$1,372,988
20,000美元	低本益比股	$157,200	$479,978	$1,138,953	$2,495,263	$5,254,173
	市場	$140,784	$382,378	$797,058	$1,515,099	$2,745,976

透過10,000次蒙地卡羅模擬實驗得出不同投資時期的複合報酬的中位數。

資料來源：大衛‧卓曼，2011年。數據來源：Compustat North American data and Thomson First Call.

大老闆也望塵莫及。如果你從一副100張的牌卡中抽10,000次，你的勝算是10,000分之9,978！沒錯，你在10,000次中只有22回會跑輸市場，也就是每次抽牌有0.2%的機率。[20]而且請留意，這不是一般的賭場，即使跑輸市場，也不會讓你輸得精光，如果你能從市場報酬中分到合理的比例，離場時還可以賺進大量的籌碼。

如果說25年期的投資對你來說太長了，只投資10年績效如何？以這種策略來說，打敗市場的機會雖會降低，但差距不是太大，也就是抽10,000次牌卡，會贏9,637次，也不會比一般賭場或市場上差。如果你以這種方式投資5年，那麼你打敗市場的機率依然達到每100次抽牌贏90次的水準。不論對賭徒還是投資人來說，以這種策略投資成功的機率，如夢似幻，恍如神話。

但是，先暫停一下。你也許不想每個季度都調整投資部位，這種做法太容易引起焦慮，還可能會讓你和其他投資人一樣陷入憂鬱。如果我們選擇在更長期間（例如1年）內都不改動任何投資部位呢？結果是，這間賭場也會讓你抱回夢幻般的報酬率。如果你肯在整個研究期間每年小小地調整一次投

資組合的話，你的成功率還會更高。但我敢肯定，你會想做到從10,000次裡贏9,998次。如果你選擇縮短投資期間，打敗市場的機率即便會下降，但仍然很高，10年為99%，5年也有94%。

　　至於股價現金流量比和股價淨值比策略，其所創造的機率幾乎相同，肯定讓賭場大老闆垂涎三尺，因為賭場的勝算大概只有五成五之譜。實際上，一些賭場大老闆，包括「小蟲」席格（"Bugsy" Siegel），贏面更低（譯注：黑手黨老大班哲明・巴格斯・席格是最早建造拉斯維加斯賭城規模的傳奇人物，當時美國警界和新聞界稱之為Bugsy，帶有蟲子的貶義。好萊塢電影《豪情四海》即是改編自他的生平事蹟）。

　　在我所知的所有投資策略中，這個機率一直以來都是最高的。對於數百萬的投資者而言，沒有比這更有把握的事情了，但說也奇怪，很少有人這麼做。

　　逆向操作派一直是小眾，統計數據再漂亮，也就是這樣。

遠離績優股

　　請務必認清採用逆向投資策略是種長期性賭博。賭客只擲一次骰子或只玩一手21點對賭場老闆來說沒什麼意義。他也知道賭客手氣旺的時候，會贏走他一夜、一週或甚至是一個月的收入。輸了當然會抱怨，但不至於會關門大吉。因為他知道遲早還是會贏回來的。

　　而投資人應遵循相同的原則，沒有天天在過年的。報酬有高峰，當然也會有耍廢的低谷，委婉地說是這樣的。但千萬記住，逆向操作就如莊家的優勢一樣，對你是有利的。專業投資人和散戶一樣，經常會忘記這個重要原則，想要每一手都贏得飽飽的。

　　即使一項策略在大多數情況下都能奏效，創造傑出的報酬率，但沒有一項策略能夠始終立於不敗。強勢成長型股票有時會有幾年讓低本益比或其他逆向操作法吃鱉，有時甚至更長，就像1996至2000年初那樣。但是把時間拉長的話，沒人是它的對手。低本益比策略在2000和2001年急起直追，強勢壓過過去10年的表現。人性本如此，我們的期望大多時候總是太高。

每個人都可以操作逆向策略嗎？我相信我們曾探討的潛在心理現象一直存在，而我也認為大多數人都贊同人類行為不太會改變。但態度會變，尤其那些挑動人心的股票所帶來的市場變化，再再改變人們的想法。對於很多人來說，就算知道得再多，別人都在享受按摩浴缸時，沖個冷水澡反倒變得不容易了。

要低估情感、神經心理學和其他心理因素對我們決策的影響力，幾乎不太可能。我就算身為精通新心理學又訓練有素的專業投資人也無法不受影響，更遑論其他人。像大多數人一樣，我的熱切、沮喪和恐懼如影隨形，但是更多的時候是享受來自知識的幫助。這點沒什麼好掩飾。

甚至於在看到逆向策略數十年來不論牛熊市都表現得如此優異時，我們仍然對於它沒有年年致勝而感到失望。任何投資策略要永遠坐在成功寶座的可能性極低，就像你在21點中連贏100把一樣，這個道理很簡單，除非我們是完全理性的數據處理器，但我們明明就不是，我們總是追求得不到的東西，又一再做出爛決定。

下面的例子是說明，一個成功的策略是怎樣一下子就被打入冷宮。1998至1999年間，成長型投資法的表現大幅領先價值型。在此期間，市場上漲了56%時，許多價值型經理人落後標普500指數14%到15%。這些策略有幾年持續表現欠佳。一些投顧和經驗老道的客戶唱衰價值型策略。很多人都說：「逆向策略過去可能表現很好，但現在，幾乎所有人都在用，卻反倒不行了。」

接著逆向策略做了一件不可思議的事：在2000年頭兩個月裡，它們的表現又往下掉了。這怎麼可能？結果富達投信（Fidelity Investments）在2000年初以成長型團隊換掉優秀的逆向操作經理人喬治・范德海頓（George Vanderheiden）。范德海頓管理規模達72億美元的富達天命一號基金（Fidelity

Destiny I fund）近20年。

　　我手上超過40億美元的反向型基金，在股東轉投當紅網路類股以及急速成長的網路公司基金之際，資產下跌了近50%。我從未見過反向型股票表現得這麼差。我想知道要追趕上飛速發展的那斯達克市場要花多少年，因為大多數熱門股都在那上市。

　　結果，這種慘況維持了幾個月，不是幾年。到3月中旬，網路泡沫開始瓦解，網路和高科技股大暴跌。同時，卓曼價值管理公司（Dreman Value Management）的反向型投資組合和共同基金一飛沖天。我們的投資組合到2000年底成長了40%，而標普500指數則下降9%。我們不僅在不到10個月就彌補了我們在1997至2000年之間內損失的績效，而且還創造更多回報。至於范德海頓，《華爾街日報》幾年後發表文章算出，如果他過去成功管理的基金原始投資保持原樣，績效會比後來的管理團隊要高出40%。

　　同樣地，這也只是機率法則。反向型股票過去在熊市裡表現得更出色，但這並不代表時時都能表現得嚇嚇叫（就算要達到圖10-5a在熊市中跑贏大盤，也不須如此）。即便如此，當它們的表現沒有盡如人意時，顧問、專業人士以及散戶就覺得這些策略已經失勢，不再管用了。當時，大型機構以至散戶有大批投資人都拋棄了這些策略，而那時也正好是他們績效週期觸底的時候。自此之後，這些策略多年來就一直跑贏市場。

經驗是良師

　　我的個人經驗和許多反向型基金經理人沒有多大不同。在過去的35年裡，每當反向型股票跑輸大盤時，不論時間長短，我都看到同樣的後遺症。如果能撐過幾次壞時期以及詭譎駭人的時期，必有後福。但是，知易行難。最後是極為重要的投資心法：

　　操作心理導航25：我們討論過的投資人心理既是最親愛的夥伴，也是頭號勁敵。你若要求勝，就必須在這場賭局堅持下來，但對許多人來說，這是很難甚至不可能的。

　　儘管這些策略簡單又容易上手，但一些意外事件的影響力真的很大。我們在第一部分探討了為什麼大多數的人無法擺脫這些影響，並且帶你了解一些有助於你自外於這些影響的原理。我們接下來要探討的是，置身於投資人所處的新世界，有時是全然陌生的異世界，應該有什麼因應之道。

第 12 章

產業內的逆向策略

我們已經看到上一章提及的四種逆向策略，其在網路泡沫破滅以及2007至2008年間市場崩潰的情況下，都比市場表現得更好。

接下來將討論一種新策略，該策略賴以運作的行為原理與反向式股票完全一樣，但是表現方式截然不同。這種方法將讓你透過類似於指數型基金的方式——涉足主要產業。但是，它應該要能創造超越市場報酬率的績效，這點與指數型基金不同。正如我們的研究發現，投資人過度相信自己預測股票孰漲孰跌的能力，市場潮流也發揮關鍵作用，磁吸著人們購買熱門股。如果用上一章的絕對反向指標來衡量的話，這種方法是否超出了絕對的「最佳」和「最遜」股票的範圍呢？答案是肯定的。

新的逆向策略

從心理學的角度來看，如果整個市場中都瀰漫著某種趨勢和潮流，你便有理由預期它們也會存在於特定產業中。[1]分析師的研究、專家意見、當前前景以及其他變數對於投資人的預期所產生的影響作用，在產業內或是整個市場幾乎是相同的。結果依然是，對於一個產業內的熱門股期望過高，而對於冷門股期望過低。所以，才會有蘋果公司可能是電腦周邊設備產業的熱門股，而戴爾（Dell）被認為是落後者的市場風向。同樣，安達（Chubb）可能是保險產業的最愛，而哈特佛（Hartford）沒那麼受人愛戴。因此，高估或低估價值型或成長型產業裡的熱門股和冷門股，似乎自然成為逆向策略的另一種延伸。理論上說得通，不過，我們不像學術界的朋友們般謙遜，這裡要提出一個不太禮貌的問題：這行得通嗎？

首先，我們應該要問，在近來日趨艱困的環境中，逆向投資策略的表現如何。大環境越是嚴峻，就越需要精準的判斷。如我們在上一章介紹過的絕對逆向操作策略一樣，產業或相關的逆向投資策略應該不允許我們過度估價，而且要能避免使用未經認可的貝他係數以及其他波動性評估指標，同時還能提供其他安全偵測，從而大幅降低誤判頻率。

為了找到答案，我先是在1970至1996年間和拉夫金合力進行一項研究，[2]接著在1995年1月1日至2010年12月31日與伊列娃著手一項追蹤研究。我們檢查了Compustat資料庫1,500家大型公司的市場規模。在隨後的研究中，按照標準普爾全球行業分類標準將1,500支股票劃分為68個產業。[3]將每個產業內本益比、股價現金流量比、股價淨值比排名前20%的公司，以及股利殖利率比排名末20%的公司歸為熱門股。最冷門股則是產業內前三項指標排名末20%、第四項指標排名前20%的公司。對於中五分位數的其餘60%的股票，以相同的方式計算總報酬。

以低本益比的產業逆向操作策略為例，每個產業的最低倍數各有不同，例如商業銀行最低可能是10倍；生物科技則是40倍。若我們是正確的，這兩種產業中本益比最低的股票應該能帶來高出市場的報酬。請記住，在討論這種策略時，我們所說的是相對本益比或同產業本益比最低的20%（或是以股價現金流量比、股價淨值比或最高殖利率來評估），而不是指整個市場中的最低本益比，這和其他四種逆向操作策略的做法一樣。

圖12-1和12-2是關於低本益比和低股價現金流量的最新研究結果。從圖12-1可以看出，每個產業本益比最低的那組（第一個直條）報酬率為13.9%，最高的那組（第二個直條）報酬率為11.3%，而市場報酬率為

圖12-1　同產業本益比選股之報酬表現

1995 年 1 月 1 日至 2010 年 12 月 31 日總報酬

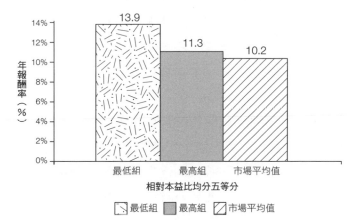

資料來源：大衛・卓曼，2011 年。數據來源：Compustat North American data, Standard & Poor's, and Thomson First Call.

圖12-2　同產業股價現金流量比選股之報酬表現

1995 年 1 月 1 日至 2010 年 12 月 31 日總報酬

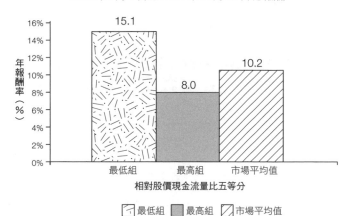

資料來源：大衛・卓曼，2011 年。數據來源：Compustat North American data, Standard & Poor's, and Thomson First Call.

10.2%。在研究期間，本益比最低和最高這兩組間的年報酬率相差2.6%。最重要的是，每個產業的低本益比股票每年跑贏市場3.7%。

圖12-2顯示，採用股價現金流量比策略的總報酬率為15.1%，高於低本益比策略的報酬率。每個產業群組中低股價現金流量組的表現，優於高股價現金流量組和市場平均值，而且還超過圖12-1的低本益比組。

表12-1則顯示，以這種方法買入低本益比股票入分別持有2年、3年、5年和8年的報酬率。同樣地，投資各產業的冷門股，和在不分產業的情況下投資冷門股的結果相類似。只是前者報酬率略低一點。如表12-1所示，掉車尾股始終跑贏市場，但與不分產業的絕對逆向操作策略相比，年期拉長的話，報酬率掉得比較快。採用這種策略時，最好每年都做再平衡。至於採用股價現金流量比和股價淨值比策略的結果（表未列）也相似。

圖12-3說明，相對（或同產業）逆向操作策略在16年的研究期間，徹底打敗市場的狀況，其中尤以低股價現金流表現最佳。採用這種方法在期初投資10,000美元，16年後會變成95,000美元，超出市場102%。[*]相對低淨值比和低本益比策略一樣見效，而高殖利策略也跑贏市場，但跑輸其他三種策略。

表12-1　長抱同產業本益比選股之報酬率

1995年1月1日至2010年12月31日

本益比五等分	2年	3年	5年	8年
低本益比組	11.9%	10.1%	9.9%	9.2%
高本益比組	9.1%	7.9%	8.0%	7.2%
市場平均	9.8%	9.0%	9.1%	8.0%

資料來源：大衛‧卓曼，2011年。數據來源：Compustat North American data, Standard & Poor's, and Thomson First Call.

---

[*] 所有股利再投資。

圖12-3　另一種價值型投資法：同產業選股策略，1995至2010年

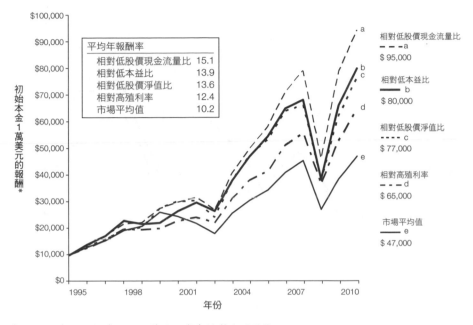

平均年報酬率	
相對低股價現金流量比	15.1
相對低本益比	13.9
相對低股價淨值比	13.6
相對高殖利率	12.4
市場平均值	10.2

相對低股價現金流量比
- - - a
$ 95,000

相對低本益比
━━ b
$ 80,000

相對低股價淨值比
••••• c
$ 77,000

相對高殖利率
━ - ━ d
$ 65,000

市場平均值
━━ e
$ 47,000

（縱軸）初始本金 1 萬美元的報酬＊

（橫軸）年份

*表示1995年初始投資10,000美元，每年均執行再平衡。

資料來源：大衛・卓曼，2011年。數據來源：Compustat North American data, Standard & Poor's, and Thomson First Call.

　　圖12-4再度告訴我們，市場表現跑贏相對高淨值比、高股價現金流量比的同產業投資策略，高本益比策略是例外。這情況類似於絕對逆向操作策略超越了指標型「最佳」股票。我們在前幾章討論過的絕對逆向操作策略，和現在正討論的相對策略，在投資績效上的表現高度相似。圖12-3中所有「最遜」的產業相關操作策略都跑贏了市場。

　　這些投資結果僅僅是由於冷門股所在的產業表現優異嗎？並不是。各產業群組裡的冷門股，無論是價賤如土，還是價值連城，都贏過各組中的熱門股以及市場平均水準。舉例來說，低本益比策略跑贏高本益比策略近50%，證實相對價值法在不同產業都能起作用。[4]

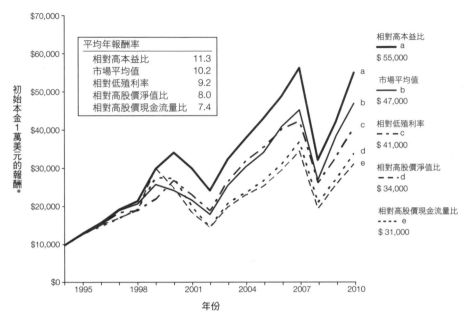

圖12-4　另一種成長型投資法：同產業選股策略，1995至2010年

平均年報酬率	
相對高本益比	11.3
市場平均值	10.2
相對低殖利率	9.2
相對高股價淨值比	8.0
相對高股價現金流量比	7.4

相對高本益比
a
$ 55,000

市場平均值
b
$ 47,000

相對低殖利率
c
$ 41,000

相對高股價淨值比
d
$ 34,000

相對高股價現金流量比
e
$ 31,000

*1995年初始投資10,000美元，每年均執行再平衡。

資料來源：大衛‧卓曼，2011年。數據來源：Compustat North American data, Standard & Poor's, and Thomson First Call.

所以，有種新策略於焉形成。讓我們用下一道投資心法總結這個概念：

操作心理導航26：不管一個產業群組的股價普遍是高還是低，根據四種逆向操作策略標準買入該產業內最便宜的股票。

這種策略在大多數情況下會輕易打敗市場，背後的心理因素和我們先前探討的逆向操作策略是相同的，看來這些驚人結果背後都是情感這個驅動力。對於投資人來說，不管真實股票高還是低，選擇產業中冷門股和熱門股，和選擇市場上這兩類股票，都會受到情感的影響，兩者並無二致。在跨37年研究裡，有兩個時期的產業相關逆向操作策略比起市場基本面，看似

表12-2　逆向式操作策略的產業比率，1995至2010年

產業排行在最低20%的廉價股，其股價與價值之間的比率明顯低於產業排行在最高20%的廉價股，但是以整體報酬率來看，產業排行在最低20%的股票表現則較優爰。

產業股價排行在最低20%的股票			產業股價排行在最高20%的股票		
	比率（倍數）	報酬率（%）		比率（倍數）	報酬率（%）
低本益比	8.9	14.1%	低本益比	17.4	13.2%
低股價現金流量比	4.1	15.7%	低股價現金流量比	10.7	14.8%
低股價淨值比	0.9	13.4%	低股價淨值比	2.2	14.1%

資料來源：大衛・卓曼，2011年。數據來源：Compustat North American data, Standard & Poor's, and Thomson First Call.

更依賴情感面。

　　表12-2說明，各種逆向投資的價值評估指標，在股價最便宜和最昂貴的產業裡各有何不同。例如，對於產業股價排行在最低20%的股票來說，最低股價淨值比這組的股價，僅是帳面價值的90%，而該組報酬率在研究期間每年可達13.4%（高於10.2%的市場平均值）。兩相對照，在股價排行最高20%的產業裡，最低股價淨值比這組的股價是帳面價值的2.2倍。這數值是排行最低20%的產業的股價淨值比的2.4倍以上。還有就是，高價產業裡最低股價淨值比這組，仍提供14.1%的報酬，超出市場的表現。從表12-2也可以看出，除股價淨值比之外，相對最低比率的策略所創造的報酬，都高過相對最高比率的策略。因此，你現在能透過這兩種分開獨立的作用來打敗市場，而它們背後也都有統計證據的強力支持。

為什麼要投資產業內最便宜的股票

　　你也許在想：「買入一個產業中最便宜的股票，相對於市場上最便宜的股票有什麼好處？」有很多理由都解釋得過去。正如我們剛剛看到的那樣，數百萬投資人已經厭倦來自不良投資建議的摧殘,和許多機構投資者一樣轉向了指數型基金。包括指數股票型基金(exchange-traded funds, ETF)在內的指數型基金,現在已有超過1兆美元的投資規模。

有新的研究指出,在主要產業群中買入最便宜的股票,能創造很出色的長期報酬率,讓你有縱橫股市的機會,同時任何投資人也都可以運用這套竅門。我們的研究顯示,這種策略的報酬率遠遠高於指數型基金,儘管這不是人人都適合的策略,但它對於有能力做到分散式多元投資組合的投資者來說很有效:即從68個產業的各個產業,逐一挑出2支股票。

這種投資組合和指數型基金不同,因為它沒有海納數百支股票,但是卻有跨68種主要產業的冷門股。正如我們所見,長期下來的報酬率遠遠超過標普500指數。它可以用來代替優選指數型基金,這兩者投資組合看起來有點像,而後者也力圖超越標普500指數的表現。不同的地方在於,產業相關的投資組合具有跑贏市場的長期紀錄。

我們的研究還顯示,一旦投資組合配置好了,如表12-2的逆向操作股那樣,就需要做一些微調。買入某個產業裡最廉價的股票,在不管採用何種逆向操作策略的情況下,長抱這項投資組合,不做任何變動(這種做法和長抱最廉價股的絕對逆向操作策略不同),它會產生統計學上說的「衰變」,但還是能遙遙領先於市場。最好每一兩年就對這個投資組合執行再平衡。

儘管我們仍在研究產業策略運作的成果,但我們相信,正如前面所述,這一切是由情感和其他心理因素所引起的。

也正如葛拉漢和陶德在《證券分析》書中所言,企業命運會隨時間變化,這在產業逆向投資策略裡也會發生,就像從整體市場切入的絕對逆向策略一樣。[5]產業內落後企業不會坐以待斃,它們往往會上緊發條、改善管理績效,想辦法增加市占率或開發新產品,這會讓它們往後長時間跑贏市場。

然而,這些改變當然與情感有關。企業分析師和投資人對於這些吊車尾的企業會逐漸改變觀感。現在,當公司的業績好到驚豔時,市場會用高股價以示獎勵。對於熱門的產業類股來說，過程恰好相反：原本的期望過度樂觀，樂觀到連再出色的管理團隊也難達使命。莫非定律：會出錯的事，早晚一定出錯。

讓我們從剖析「為什麼」回到「怎麼造成的」，看看這種方法能幫到你的另一個原因。買入每個主要產業的低位階股，將為你打開比「絕對」逆向操作策略還要寬闊的世界。無論你採用先前提到的哪種方法，後者能提供給你的選擇範圍，都只有市場中最便宜那20%的股票。而前者可以讓你嘗試整個市場的每個產業。[6]

逆向投資策略的優勢在於，它的分散性要比原本的逆向操作策略還要高得多。當市場上最冷門的股票和產業被視為是大忌，這種分散化選擇可以防止你的績效被波及到。打個比方，如果通訊設備或生物技術等產業正是當紅炸子雞，你不會有被排擠的感覺，你也不會總被流放到最不受歡迎的組別裡，這有可能會讓你數月甚至數年表現低迷。

儘管與行業相關逆向投資策略的報酬率低於絕對逆向投資策略，但它們仍然明顯優於市場。據我們了解，散戶乃至於專業人士都很難長期擔任處在不受歡迎的位置，哪怕最終證明他們才是對的。

有太多的投顧和客戶過於關注季度投資績效，因此，基金經理人的投資績效若是長時間都落於人後，很容易就被炒魷魚。的確，他們也許想力證自己才是對的，但很多時候這都是「出師未捷身先死」。對一個人來說，要抗拒這種在心理上想要逃離一切的壓力相當之難，或根本是不可能的。說到底，就是這種心理壓力阻撓著投資大眾接受逆向操作策略。

防守隊

「魚與熊掌真的可以兼得嗎？」許多投資人可能會向同產業投資策略提出這樣的問題。「我們看到它們長期下來創造了傑出的報酬率，但是它們在

低迷市場中表現如何？」如圖12-5a所示，好的很。正如圖10-5a裡的絕對逆
向策略一樣，我們測量了熊市期間所有下跌時期的市場報酬率。結果是，相
對價值型逆向投資策略與其他四個絕對逆向投資策略一樣，在本研究期間的
20個下跌季度裡均跑贏了市場。高殖利率法和市場平均下降8.1%的表現相
比，再次大放異彩，平均每季度僅下降5.1%（可說是撿到了），同樣地，圖
12-5b顯示，在我們研究的44個季度裡，股市上漲時所有同產業投資策略都
跑贏了市場。

　　儘管這兩項研究結果所使用的資料庫和研究期間非常不同，但都很受人
矚目，近似我與拉夫金在《逆向投資策略：下一代》（1998年出版，研究內
容所涉時間為1970至1996年）中獲得的結果。重點就是，這些策略經過了
時間的考驗，被證實是行之有效的。

關於投資組合的其他注意事項

我從哪得到統計資料？

　　你可能會問，該如何平均分組。經紀公司、諮詢服務和財經出版
物經常刊登一大串逆向投資股名單〔以《價值線投資調查》（Value Line
Investment Survey）為例，它每週會根據追蹤結果，列出全球1,700家公司
中，本益比、股價現金流量比、股價淨值比排行最低以及殖利率最高的100
家公司〕。其他2家統計資料庫則分別是美國散戶投資人協會（American
Association of Individual Investors）（電話：800-428-2244），以及投資者聯盟
（Investors Alliance）（電話：866-627-9090），兩者均有提供費用低廉的公司
資訊光碟。

　　要自己選擇逆向投資股票，只需要一些簡單的規則就夠了。首先，採
用大型的市場指數，例如標普500指數，這樣你就能從很多管道找到目前本

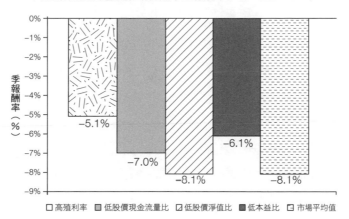

圖12-5a 熊市當道

同產業低股價選股策略在熊市之報酬率，1995至2010年

資料來源：大衛‧卓曼，2011年。數據來源：Compustat North American data, Standard & Poor's, and Thomson First Call.

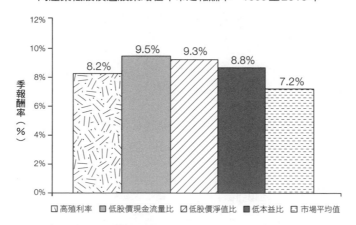

圖12-5b 牛市當道

同產業低股價選股策略在牛市之報酬率，1995至2010年

資料來源：大衛‧卓曼，2011年。數據來源：Compustat North American data, Standard & Poor's, and Thomson First Call.

益比、股價現金流量比、股價淨值比，以及殖利率的數據。標普500指數在2011年9月的本益比約為12倍，股價現金流量比為7倍，股價淨值比是1.9倍，殖利率2.3%。

要想挑出穩健的公司，經驗法則是前三項評估指標可以是標普500指數對應比率的80%，即降低20%或更大折數，而殖利率至少高出市場平均值1%。與標普500指數相比，這些指標的折數越高，你就越能深入逆向投資的領域。

從前三個評估指標擇一來挑出比率排行最低20%的股票，並沒有什麼神奇的地方，這只是為了給電腦一個適當的範圍。正如我們在所有逆向操作研究所發現的那樣，這個區間總能跑贏市場。

如果你沒有按照這些策略來均分成五組，那麼也有一種簡易有效的方法。看看你是怎麼找到這些比率的？你的經紀人應該能夠幫你弄到手。《價值線投資調查》和其他一些刊物正常來說每週都會羅列這些指標以及高收益股票。殖利率每天都會刊登在任何大型報紙的財經版上。你可以再將它們與標普500指數的平均殖利率做比較，後者可以從很多管道拿到。至於股價現金流量比和股價淨值比，不用花大錢就就可以從晨星或價值線等網站或其他各種管道取得。

縱使我認為逆向投資不必然是所有投資大眾選股的終極方法，但無論市場好或壞，它始終表現出色。這也是我所知道唯一可以有效、有系統地檢查投資者過度反應的策略，而這種反應到目前為止還是投資人會犯錯的重大根源。

逆向操作策略無法為你做的事

無論你是選擇折衷的逆向操作策略，還是在沒有任何證券分析的情況下咬緊牙關與市場作對，請牢記策略是相對而非絕對的。這代表它們不會幫助你決定進退場的時機。實際上就我所知沒有哪種策略能夠成功地做到這一點。我們在第4章看到聲稱能做到的技術分析也徹底失敗了。無論市場在高峰還是低谷，你都不會收到先買入或後賣出的警報才對。

　　逆向操作策略應該做的，是為你的資本提供相對最佳的機會，尤其是在現今這麼艱難的環境下。這代表你的股票在市場迎來大跌時，跌幅理應會小於市場平均值，而在市場處於高檔時，則表現得更好。但請記住，平均值是會騙人的。即使逆向投資股票在大多數的熊市期都能有較好的報酬率，但這並不代表在所有熊市期都能做到。同樣地，儘管逆向投資策略長期下來的報酬率會遠高於市場平均水準，但並非每次都如此。想想自己是賭場大老闆，勝券在握，但是金融賭場和一般賭場不同的是，你會有幾年都輸很很慘，就像1997至2000年之間，或是2007至2008年那樣，而最後會強勢回歸，風光個幾年。你最大的敵人是本書在第一部分重點論述的心理現象。如果你能夠控制住短暫求勝的強烈衝動，就算在全然陌生的異世界裡，成功指日可待。

　　如我們所見，不論是牛市還熊市，長抱逆向投資股的長期報酬率是驚人的。時間越久，成果越豐碩。我們很快會提出一些令人印象深刻的證據，證實持有股票不僅是過去10年兩種最佳生財之道之一，而在過去200年裡也一直是如此。

第13章
新世界的投資法則

　　當今的投資世界對於許多人來說，就好像裹著太空衣在太空漫步般陌生。在太空衣裡，你可以聽到宇宙發出的嘶嘶聲，以及從更遠的地方傳來隕石撞岩石的爆炸聲。深不可測的火山口在微暗大色之下近在咫尺。來自地球的唯一一道光，看似光亮卻遙不可及。若你一下子移動得太劇烈，可能會因為失重被拋向火山口或嶙峋山巔。總之，歡迎你的到來：這就是許多人今日身處的投資世界。

　　這個投資世界既雜亂又艱困，迥異於我們十幾年前熱切擁抱的那個世界。我們在此將探討，在一系列重大的新威脅襲來之際，你該如何因應，又該如何運用其所伴生的新機會。

　　大多數我們了解並掌握的投資法則似乎已經改變，令我們感到陌生。我們正面臨劇烈的動盪、閃電式崩盤；大衰退之後，經濟正緩慢復原；衍生商品如此複雜，以致於像是美國國際集團之類的大型機構也因此搞得身敗名裂；股票和債券市場看起來也不時失常。要適應眼前這個迥異而陌生的投資環境，我們必須擁抱改變、竭力調整。

股市閃崩事件和2011年8月的市場恐慌

　　電子技術成就了過去無法實現的市場策略，但也可能具備大崩盤的所有特徵，而一切會發生得更迅雷不及掩耳。2010年5月6日，道瓊工業平均指數急挫9.2%。這是自1987年股災以來單日內最大跌幅：美股市值在不到10分鐘內瞬間蒸發了8,620億美元。雖然波動過大的個股交易被取消，收盤下跌幅度縮減至3.2%，但投資者當天仍蒙受重大損失。更糟的是，投資人信心本來就因為2007至2008年間的經濟危機受過重創，才沒多久又被這個「閃電式崩盤」打亂陣腳。美國證券交易委員會和商品期貨交易委員會在2010年9月30日發布了閃崩事件的報告，不過似乎搔不到癢處。美國證券交易委員會到目前為止仍慢條斯理地想理出個頭緒。許多了解閃崩事件的專家擔心，美國證券交易委員會的反應會像1987年那樣龜速，而有可能會導致另一場更嚴重的崩盤。

股票市場上有一股至今未解的巨大新力量，是高頻交易（high-frequency trading, HFT）所帶來的影響。用這些方法來操盤的菁英們已經建立起更新速度幾近毫秒（千分之一秒）的交易系統，利用高速電腦瞬間執行有利於他們的交易模式。在大多數情況下，每股獲利小到只有0.01美元，但其能操作的交易量極為龐大。雖然尚未有確切數據，但根據一些股市訊息估計，高頻交易截至2009年中期約占美國所有市場交易量的75%，高出2006年的33%，其在1990年代早期只占了10%。目前美國市場有近20,000家券商，即使高頻交易的交易量相當龐大，但這類型的券商僅占2%而已。[1]

高頻交易券商主要由科學家、計量學家和資訊科技開發人員所組成，他們的任務就是從每筆交易擠出每股零點零幾美元的獲利。德州奧斯汀一家主要的高頻交易券商RGM Advisors，在大廳的大石盆裡放滿了美分硬幣，就是要提醒大家，他們的賺錢方式就是每天交易數億股股票，縱使每股賺不到一分錢。像RGM這樣的高頻交易券商是美國證券市場新崛起的驅動力。速度就是力量；甚至百萬分之一秒也可以造就出大大不同的成果。

高頻交易券商所建立的總部，已經遍及芝加哥、奧斯丁和紐澤西州紅岸（Red Bank）。他們透過演算法、電腦高速運算以及直連電纜，幾乎可以用光速來傳輸數據，從而能以微秒之差爭取到交易的優勢。他們透過極高速演算搜尋公開市場和私募市場上交易的股票，迅速找到它們之間歷史價格關係的價差並從中獲利，而不是自己下場玩股票。他們也會透過買賣選擇權或期貨交易來賺錢。

　　高頻交易迅速竄升，孕育了不少穿著牛仔褲的技術專家，他們備好了機器要以智取勝，由程式工程師創造交易程式，提前掃描市場上共同基金交易的意圖，並透過「對作」這種操作方式領先一步。高頻交易券商還會採用諸如冰山訂單的策略，將大單分拆為小單，猶如只讓冰山一角浮出。這些玩家（也稱做鯊魚）會發送小額交易指令，利用小單掩護大單，然後利用超高速的交易系統來搶跑（front-run）大單（譯注：意即搶先交易）。

　　高頻交易在5月6日發生的美股10分鐘閃崩事件中扮演極為重要的角色。根據美國證券交易委員會和商品期貨交易委員會的共同報告，芝加哥商業交易所因電腦程式化自動交易了一筆大約41億美元的期貨賣單，才引發期貨價格、股票市場相繼暴跌效應。這份報告補充說明道，這張期貨合約賣單一出，導致高頻交易券商之間接連自動地重複頻繁買進賣出。[2]

　　該份報告指出，薩斯州一家主要的共同基金管理公司沃德爾公司（Waddell & Reed）的電腦自動執行「符合常規的對沖交易」，當它發出75,000份標普500電子迷你期貨合約*（譯注：mini E contracts簡稱E-Mini，是芝加哥商業交易所與標普500指數連結的各種股票指數期貨合約）賣單時，市場下跌3%。儘管沃德爾公司大加辯駁，該筆交易怎麼看都不符合常規，它是針對波動最大的積極型共同基金而執行的交易，而這檔基金的規模超出沃德爾資產的15%。儘管賣出指令在操作上極為小心，但高頻交易商和一些券商的確是交易價格暴跌的主要推手。市場閃崩的關鍵在於，標普迷你期貨一跌，他們便停止買入，並開始拋售期貨，讓持續下滑的價格跌得更

---

* 合約規模僅為標普500指數期貨合約的五分之一。

深。券商以各種複雜的技術減少執行客戶的賣單,另一手則繼續執行客戶的買單。如此一來,券商和造市商可以將自己的存貨賣給客戶,並且可以減少手中的持股。

流動性迅速蒸發是主要的問題。第二天,監管機構和交易所反轉部分交易,但交易價格僅有閃崩前的60%或更低的水準。

結果是,投資人損失慘重。共計有550萬股、20,000筆交易以閃崩前價格的60%或更低的價格水準被取消。其中至少有一半是散單,而且這還不包括未取消的大量交易單,它們的折價幅度比閃崩前要來得更大。[3]是什麼讓監管機關做起事來這麼畏首畏尾?

對於投資人來說,手上的股票市價幾分鐘內就蒸發了60%,應是聞所未聞的事。事發之後,美股開始針對大盤的股價指數設置熔斷機制。* 如果市場漲跌超出規定幅度,熔斷機制就會被觸發,以那斯達克100指數中的股票來說,依股價而定,其所允許波動幅度為3%至15%;大多數大型上市股票的價格波動為10%,至於道瓊工業平均指數和其他指數則有額外限制。目前熔斷機制對於漲跌幅的限制相當複雜,而且按股票和市場之別有很大的差異。

為什麼監管機關在幾個月前還允許散戶承受高達近60%的損失,那可是新規定的20倍?這個問題至今未解。出乎意料(或許沒什麼好意外的),唯一能從這場閃崩事件中撈到好處的就是高頻交易商和大批券商。

不幸的是,我們又看到交易所和監管機關弄得焦頭爛額。誰是崩盤事件的受益人:小型投資人、共同基金,或以它們為生的高頻交易商和避險基金?這個問題問了也是白問。很明顯地,當監管機構網開一面時,這些機構和小型投資人讓一群卑鄙之徒有機可乘。這是否讓你想起不久前的另一波市

---

* 熔斷機制決定了執行暫停交易之前股票可以上漲或下跌的幅度。它們也以標普500和其他股票選擇權為指標。

場崩盤？

　　這次崩盤也許只是冰山一角。大家現在更經常提起的問題是，雖然這些高頻交易鯊魚強烈宣稱，其在最關鍵時刻提供了流動性，但實際上監管機關是否在放任他們吸收流動性。2010年5月18日，美國證券交易委員會和商品期貨交易委員會在閃崩事件後所撰寫的報告中，反駁了高頻交易者的說法。報告指出：「初步分析顯示，下午2點30分至3點之間，交易量激增，買賣差價拉大，深度變小。而流動性明顯減少大致是發生在下午2點42分至2點45分，顯示後兩項觀測結果與流動性表現一致。」[4]報告進一步指出：「從下午2點30分開始到下午3點的30分鐘內，交易量約達到過去30天同一時段平均單日交易量的10倍。」[5]這份報告說明了，交易集中發生在流動性枯竭的關鍵時段，即下午2點42分至2點45分之間。

　　標普500期貨並未如高頻交易商所聲稱般提供了額外流動性。實際上，他們與1987年股市崩盤時一樣少了流動性。明明就是大賣空重挫了股價。當市場瀰漫恐慌時，大賣空者的標準操作程序就是，在價格猛跌時暫停做空，等買者開始回籠時再繼續做空。這種做法讓高頻交易商大撈了一筆，而且從頭到尾在美國境內完成。

　　熟知高頻交易內幕的圈內人認為，這類事件與1987年股市崩盤之前價格暴跌有許多相似之處。單就這點來衡量，高頻交易非但對流動性沒任何助益，反倒還會嚴重威脅市場的穩定，並且很可能再度引發類似1987年的崩盤風暴。

高頻交易的其他潛在問題

　　不幸的是，危險還在後頭。根據彭博社（Bloomberg News）報導，位於伊利諾州溫內特卡市（Winnetka）的金融數據公司納內克斯（Nanex）聲稱，有些事件肯定是被做了手腳。該公司的研究人員發現，某一檔股票出現

1秒內有數千張掛單，然後馬上刪單的怪情況，這使得交易系統不堪重負。[6]
「塞單」這個新詞就是由此誕生的。康坦戈投資顧問（Contango Capital
Advisors）是一家位於舊金山的財富管理公司，管理20億美元資產的執行長
喬治‧費格（George Feiger）曾說：「高頻交易商對公司的基本面根本沒興
趣，他們只想打帶跑。」

　　監管機關正苦思要如何控管高頻交易和這些超級電腦。根據一些圈內消
息指出，美國證券交易委員會正考慮設定最短時段的規範，例如維持50毫
秒的股票掛單買賣才生效。美國證券交易委員會也在考慮是否在股市表現很
糟時，要求高頻交易公司留在市場上以維持流動性，因為這畢竟是證券交易
委員會的主要功能。

　　時任德拉瓦州的參議員泰德‧考夫曼（Ted Kaufman），提出了多種防
護措施，以期讓標普期貨暴跌時得以停損。他希望美國證券交易委員會限制
刪單的數量。監管機關已提出辦法要監控單日交易超過200萬股的公司。

　　但是，這類變革不太接地氣，因為它們假定了執法者與高頻交易公司一
樣反應靈敏。羅聞全（Andrew Lo）是麻省理工學院財務工程實驗室主任，
也是定量分析避險基金阿爾法辛普萊斯（AlphaSimplex Group）的科學長。
他是這麼說的：「技術進步已經凌駕在我們的監管能力之上。就像美國大西
部那樣充滿野性、危險和機會。」[7]

高頻交易出續集：8月峰火

　　正如我們所見，美國證券交易委員會和交易所從2010年底到2011年，
都忙著設置熔斷機制，並規定在某段時間內期貨指數和股票漲跌的最大幅
度。美國證券交易委員會也還在繼續調查閃崩事件，傳喚高頻交易公司出庭
訊問。

　　儘管人們似乎普遍對於控制高頻交易有所質疑，但監管機關仍在實施控

管的情況下，允許高頻交易在調查期間繼續進場。波動率走低之後，股價回漲了。證券交易委員會和其他監管機關的調查進度依舊拖沓。

然後事情起了變化。2011年7月27日，標普500指數下跌27點，即2%。不過，相對於市場在2009至2011年的大幅回升，標普指數整個月中小跌2.1%，波動率仍然處於低點，且修正幅度較小。但一進入8月，天好像要塌了。繼8月1日溫和下降之後，標普指數在8月2日下跌了33點，即2.6%；8月4日大跌60點，即4.8%；8月8日再跌80點，即6.7%。同一天，道瓊指數狂瀉635點。從7月8日到8月8日，標普指數一共跌了17.3%，13.4%的跌幅都集中在8月的前六個交易日，這形同站在下一波熊市的入口了，因為一般認為的跌幅門檻是20%以上。

波動性急劇上升。芝加哥選擇權交易所波動率指數（VIX）又稱為「恐慌指數」（fear index），用於反應標普500指數選擇權隱含的波動程度。恐慌指數越低，人們越有信心，市場越不會大起大伏。截至7月的前18個月裡，恐慌指數一直在20點徘徊，這被認為是低波動水準。然後，一波恐慌浪潮突然席捲了整個市場。

隨著恐慌指數的飆升，標普500指數大跌。恐慌指數在短短幾天內翻了倍，從7月初的16點開始攀升，到8月初整個大起飛。自8月4日的32點上升到8月8日的48點，這波波動率上升之快，即使在股價像自由落體般墜下的市場中也幾乎未出現過。巨幅的波動導致恐慌四溢。全球市場受到美國的影響而大跌，很多地方甚至跌得比美國還要深。

投資人和投資機構不到3週痛失逾3兆美元。股市大出逃就像在電影院發生火警時，出口處蒸騰的恐慌。截至9月中旬的4個月裡，投資人從美國股票基金中撤出750億美元，這比雷曼兄弟倒閉後5個月的情形還慘。[8]與此同時，黃金和幾近零收益的國債飆升。截至8月底的3個月裡，全球投資人從股票基金中撤出金額達920億美元，這比2009年春天市場反彈開始回補股票基金的資金還要多。

恐慌在投資人之間蔓延擴大。許多人不計代價認賠殺出，他們認為，市場在經歷2007至2008年股市崩盤後長達27個月的回升期之後，股票正跌向新低點。一直到我寫這本書的10月初，價格還未探底，市場仍在震盪。

湧入銀行的資金流也如水漫金山，以至於包括紐約銀行（Bank of New York）在內的許多銀行宣布，將針對高額的新增存款收取帳管費，這種事還是史上頭一遭。這一切要從何說起呢？

戰場上硝煙未散，而且很可能再過幾個月一樣戰雲密布，監管機關和專家們群起關注高頻交易，視其為罪魁禍首。事出有因，高頻交易在此期間交易量成長了3倍，成為美國市場上的主力。根據《華爾街日報》的一份報告指出，市場研究機構塔布集團（Tabb Group）估計，8月份高頻交易量的成長，把它在美國股票交易總量中的占比，從前幾個月的53%拉抬至65%。

包括高頻交易的數量激增80%，代表這些公司在這段期間獲利衝高，而其他大多數投資人卻損失慘重。8月4日至8月10日之間的單日股票交易總量平均為160億股，這是有史以來最繁忙的五個交易日。報告也指出，8月8日的交易量特別高，而道瓊指數下跌635點，這一天成了史上第四忙的交易日。塔布估計，高頻交易商當日買賣了近6,000萬美元的美股和期貨，同一週內其他幾天的獲利也高達4,000萬美元到5,600萬美元不等。

文章引述許多獲利豐厚的公司指稱，8月8日、9日對於紐澤西州紅岸的交易渥克斯（Tradeworx Inc.）以及芝加哥的蓋特可有限責任公司（Getco LLC）來說，是雙雙大贏的日子。而紐約東塞托奇（East Setauket）的避險基金，文藝復興科技公司（Renaissance Technologies LLC）旗下管理的兩檔基金則據說在8月頭兩週賺進了2億美元。

文章還指出，塔布估計2009年全年高頻交易股票獲利有72億美元之多，你不妨對照比較一下。高頻交易商在股票期貨，諸如石油和黃金等大宗商品，以及其他市場上也都很活躍。當股市中的其他買方，包括一些大型避險基金、共同基金和散戶損失慘重的時候，就是高頻交易獲利豐厚的時機。

塔布的研究總監亞當・蘇斯曼（Adam Sussman）在文章中說：「散戶氣瘋了，而高頻交易商以量取勝了。」[9]

維德布什證券（Wedbush Securities）是高頻交易最大的執行和清算公司之一，該公司執行副總裁蓋瑞・維德布什（Gary Wedbush）在接受彭博社採訪時進一步解釋這個問題。他說：「他們的某些算法和自動系統的交易量，會達到一般波動環境下股票成交量的2、3倍甚至5倍。」維德布什補充說：「我們看到了大量的高頻交易。他們就是做交易，而波動性會震盪出更多的機會。」他提出一個不錯的見解：「*你可以看一下波動率指數的圖表〔最廣泛使用的波動率評估指標〕，它與高頻交易量幾近完全相關（楷體字是我加的）。*」[10]把維德布什的話換成非華爾街式的說法，即高頻交易是引起恐慌的元凶，是它掀起股票和指數期貨價格的滔天巨浪，推高了流動性。請記住，股市在閃崩時重摔逾60%，正是幾分鐘內出現類似的波動所致。

飆升的波動性雖讓高頻交易商獲利豐厚，但由於上下震盪又猛又快，幾乎嚇壞了所有機構投資者和散戶。在極短暫的時間內發生這種波動幾乎是前所未見的，事實也證明它會造成市場恐慌。

我和其他人一樣，很難認同高頻交易商集團是合法造市商。對我們許多人而言，他們簡直是財富的魔鬼終結者。

一些交易員認為，這段期間的市場波動起於市場操縱。有不少交易員對於高頻交易水有多深，更是知之甚詳，他們在CNBC受訪時也都強烈支持這種看法。喬恩・納哈里安（Jon Najarian）說，我們應該好好討論8月3日以來發生的一切。他特別引用了2011年7月5日當天的整合報價系統（Consolidated Quote System）數據，其中交易申報量激增33%，高達每秒100萬筆。「在劇烈波動的市場中，」他繼續說道：「〔投資人〕甚至沒能看到事情的經過。」其他交易員也贊同這個看法。提姆・希摩爾（Tim Seymour）則說：「這裡頭瀰漫著人為操縱的氛圍。」交易員喬・特拉諾瓦（Joe Terranova）則說，不論你做什麼都會惹上麻煩。「由於機器的緣故，事情突發得更快、更嚴重。」納哈里安則再補一刀：「我們需要美國證券交易委員會和商品期貨交易委員會介入喊卡。」[11]

　　一些高頻交易策略實際上已引起監管機關的關注。他們正在調查大批像電射光般在毫秒之內極速掛出、撤銷的交易單是否扭曲了證券價格，特別是十幾家或更多的公司幾乎同時使用類似的演算法，是否會觸發價格扭曲。如果市場陡降，而潛在的賣單潮突然湧現，那麼投資人很自然會傾向加快出脫持股。

　　美國證券交易委員會為了釐清高頻交易在重大價格波動事件中的角色，在這幾週調閱了這類公司的相關紀錄，裡頭除了閃崩事件還包括其他無關的活動。美國證券交易委員會主席瑪麗‧夏皮羅（Mary Schapiro）在今年初的演講中說：「我們需要就高頻交易公司及其演算法來評估整體監管結構。」[12]她提出的關鍵問題是，這些演算法在市場重挫時能否正常運作。商品期貨交易委員會委員史考特‧歐馬里亞（Scott O'Malia）表示，自2010年5月閃崩事件以來，有三起類似崩盤與演算法交易有關。[13]司法部和證券交易委員會現在正在調查高頻交易的操作是否有操縱市場之實。[14]

　　對高頻交易的調查行動在幾個月前蔓延到了歐洲。這些市場產生類似的反應，以致於歐洲最大的證券監管機構，歐洲證券及市場管理局（European Securities and Markets Authority, ESMA）著手從嚴制定一系列的新規範以壓制高頻交易。這些規範將速速通過並納入兩條現行證券法規，表定2011年實行生效。紐約泛歐交易所（NYSE Euronext）年初有6個交易日因波動性過大觸發三次交易暫停，事發之後便導入這些規範；另類交易平台CHI-X則是在5月和6月遭遇了三次交易暫停。英格蘭銀行（Bank of England）的金融穩定執行長安德魯‧霍爾丹（Andrew Haldane）於7月初表示，高頻交易飛速成長導致價格「異常」，而這個問題恐將繼續擴散。[15]似乎每天都有新證據在質疑高頻交易的做法。

　　高頻交易環境即使再陰暗再複雜，我仍可以清楚看出，高頻交易也許能運用在許多交易策略上。然而，從這一切看來，我認為有種策略在最近的這兩次市場危機時期脫穎而出。高頻交易的交易員以千分之一秒的光速放大了市場的漲跌幅。如果市場如閃崩般下挫了幾百點，而賣盤變強，那麼高頻交易公司將大量賣空標普期貨或其他股票工具。這需要高速執行，因此全由電腦驅動。高頻交易公司也可以在開收盤的時間積極進出場，此時市場的漲跌劇烈得很，從而加重了漲跌勢。

看來大多數高頻交易公司的演算法都是以這種情境來設計的，因此，若一家閃電型交易商開始賣空，其他許多公司的電腦演算法幾乎會同時發出賣空指令。我們已經看到這種戰術如何在閃崩事件讓道瓊指數在8到10分鐘內狂瀉600點，接著造成擴及市場的恐慌。這種恐慌情緒從標普股票期貨擴散開來，蔓延到了股市，引發個股拋售潮。一如我們在閃崩事件中所見，市場成了一片焦土、死傷慘重，許多股票暴跌幅度高達40%至60%。

我們也知道，高頻交易公司會在幾毫秒內掛出大量的期貨股票買賣單，緊接著在幾毫秒之後又刪單。他們給出的理由看似合理，例如試圖平衡買方的倉位。但是，這和掛出他們不打算執行的大量買賣單有很大不同。後面這種做法出現在陡降的市場中相當可疑，在市場陷入恐慌情緒時這麼做，也許是想把價格壓得更低。如果一群高頻交易公司正試圖壓低價格，先大量掛單讓大盤出現一大波拋售，接著又在幾毫秒內刪單，那麼其他投資人很容易落入這個陷阱，誤以為潛在的大量賣單將在幾秒之後立即湧現，從而導致投資人和交易員趕緊出脫持股，逃命要緊。

相同的策略可能用在市場漲勢走高之際，唯有在這種情況下，這種策略才會用來支撐漲勢，還可能加快拉升的速度。因此，高頻交易公司在市場走高或走低時都能獲利。無論漲跌，他們所需要的是市場大幅度地波動，這一點從他們的所作所為即可證實。最終的結果會是，波動的程度大到反常，有太多人因為這種賭徒行為不得不離開市場。

市場在低波動性和穩定環境中能茁壯成長，這些有利於投資決策的形成。閃電式交易商則是在急速漲跌的不穩定市場中蓬勃發展。正如我們所見，他們巴望用極度不穩定性創造巨額獲利的做法，導致成千上萬的投資人退出市場。了解閃電式交易商如何以提高市場波動性來製造恐慌的細緻手法極為有趣。他們在2011年8月的閃崩中大賺一筆，而包括大批專業人士在內的大多數投資人都虧慘了。對於高頻交易公司而言，從這些活動瞬間獲利，無疑與絕大多數市場參與者的利益相背離。

把高頻交易公司的行為喻之為雪球，再貼切不過了：雪球從山上滾落，一路越滾越大，最後變成了雪崩。記得我們從高頻交易參與者那裡多次聽到過，波動性越大越好。高頻交易公司之所以喜歡它，是因為這種巨大的波動出自他們之手，他們沒說出口的是，這還帶來了大恐慌。

我們尚不知道主要的高頻交易公司是否操縱過市場。但是，如果我的描述是正確的，從維持市場正常運作的層面來看，這不僅對美國證券交易委員會構成挑戰，對於專業投資者和散戶也是一場嚴峻的抗戰。眾所周知，這幫交易商沒興趣持有股票或指數，也不想付出多幾毫秒的時間參與市場，這對市場構成了真正的威脅。儘管高頻交易正在破壞我們的市場，但絕非故意為之。又不是被逼上梁山，何必殺雞取卵。但是，他們急功好利的所做所為，的確一步步威脅著市場。

我們如何才能阻止他們對市場的重大威脅？這談何容易。正如我們所見，1987年市場崩盤時也有過類似情況，當時是由指數套利和投資組合保險交互影響而引發的大股災。但是，1987年是偶發事件，而這次似乎是有意的。要不是它們這次速戰速決，高頻交易看起來比較像是能有效維持高波動性的一大利器。

也許有個辦法能解決，即要求這些公司將他們交易的股票期貨保證金提高25%或50%。另一方法是限制他們快速買賣標普500和其他期貨的倉位規模，因為這確實會擾亂市場。第三種方法是美國證券交易委員會在9月下旬提出的建議，即把熔斷機制的漲跌幅度限制得更嚴格，從10%降到7%，並使用範圍更廣的標普500指數而不是道瓊工業平均指數。[16]第四則是增加每股的交易成本。由於大多數高頻交易公司瞄準每股獲利不到一分錢的搶快交易，因此略微提高交易成本就能大幅減少他們的交易頻率。我敢說，對這個主題有更深刻理解的人，還能提出更多的辦法，也希望他們動作快點，因為我們的市場確實正四面楚歌、岌岌可危。

通往災難的快車道

美國證券交易委員會和商品期貨交易委員會的使命是要保護大眾，而不是保護一群穿著T恤和牛仔褲的電腦能手，而他們存在的唯一理由是在交易上占盡優勢，行掠奪之實。如果交易商提供的是一致合法的服務，並且不對一般投資人或共同基金加重危害，其實很難從他們的交易活動中抓出什麼錯。但是，在我們概括了解閃崩事件，以及2011年7月下旬到9月更具毀滅性的下跌之後，會覺得另有隱情。美國證券交易委員會便注意到，在閃崩過程中，波動性上升伴隨而來的是股市崩潰。還有高頻交易員可以每秒向數千股股票掛單、刪單的「塞單」做法，以及我們見過的其他手法，也都有其潛在危險性。

投資界裡頂尖聰明的人已將這些策略整合起來，他們在高速交易系統和專業操作人員身上砸了數千萬美元。這一切顯然不是為了做公益。就我們所知，我們發現閃電式交易可能會危害投資大眾和主要金融機構。儘管筆者和許多人都認為，高頻交易引起廣泛的操縱活動，但美國證券交易委員會仍在調查這項指控。我們許多人很好奇，看起來何獨高頻交易公司能在這幾波崩盤中牟取暴利，以致投資人損失大筆資本，對市場失去信心。當然還有很多疑點需要徹底調查。若要保護絕大多數的投資人，直到這些問題有解之前，都應該嚴格限制高頻交易的操作，才是明智之舉。

你該怎麼辦？

如果我沒說錯，高頻交易有很多手段可以傷到你。最慘烈的當然是其所造成的市場大崩潰。但這不該是你退出市場的理由。首先，監管機關對於這個問題不會坐以待斃，正緩慢推進相關措施。最壞的情況，是他們耗太久而市場解體了。在這種情況下，如果這些事件的緣由廣為人知，我認為市場會像1987年股市崩盤後一樣反彈，並迅速回升。

但是，你仍然可以在過渡期間採取一些避免「流血」的措施。高頻交易商可以從他們製造的市場恐慌中大賺一筆，儘管他們發起毒誓否認。既然如此，為了避免這種情況，切勿下止損單，或是以市價執行賣單。反之，全下限價單，限制券商可以賣出的價格。如此一來，你的股票、衍生性商品或期貨合約將不會在市場狂跌時被賣出。直到問題解決前，都不要使用止損單，否則你可能就虧大了。止損單在過去是可行的，但在這些情況下，高頻交易會讓它們變得像賭俄羅斯輪盤一樣毫無勝算。

波動性的旋風

高頻交易掀起巨幅波動，而它有時還只是在我們所處的異世界裡的威脅之一。除了這個，有另一種威脅可能會掀起更劇烈的波動。在6月份，波動率曾創下3年以來的新低點，但隨著價格急劇變化、重大金融或經濟事件，波動率有可能急轉彎，並持續劇烈震盪。在2008年秋天，恐懼像森林野火一樣越演越烈、四處蔓燒。一些投資人為了保護手中的績優股而買入賣權，這使他們有權在市場下跌股價壓低時以履約價賣出股票。在波動性處於高點時，這樣操作的成本可能會非常高，權利金有時會在90至100天內上漲到本金的20%至25%。1年內，如果買權的權利金保持相對不變，每年成本會增加到80%至85%。以一些規模較小的發行商來說，選擇權價格的年化成長率可達130%。

　　實際上，買入賣權所得到的保障，幾乎在1年多一點的時間內就會把所有績優投資組合的收益全部抵消掉。相比之下，買入賣權的保險費率，遠比18至19世紀初倫敦勞合社（Lloyd's of London）針對從新世界和遠東地區返航的商船及其貨物所出售的船險還要高。

　　我希望用這個案例告訴你，在危機時期，採用選擇權顯然起不了什麼作用。你的對手往往是經驗老道的交易商，深諳如何在完全自我保護的情況下，免被你試圖擺脫的風險波及，並可能向你收取高出現有行情的權利金，因為甘冒風險做這種交易的交易商少之又少。

　　你還有其他交易成本較低的選擇，例如放空持倉，如果你選擇這麼做，同樣的問題會是，當我們在恐慌時賣出股票，價格通常處於谷底，即便是為了止損。但若市場反彈，放空持倉將讓你在市場反彈時陷入空無倉位的境地。舉例來說，假設我把逆向操作訓練都拋到腦後，並在2009年3月股市逼近低點時慌了陣腳，那麼這種做法將導致我完全錯過2011年6月標普500指數上漲超過100%的獲利。但問題是，這種情況隨時都在發生。

　　大約10年前，我們公司的客戶服務主管擔憂市場會再跌5%，便從股市撤出所有資金，當時我建議他別這樣做，因為要看準市場的時機是件很難的事。他最後還是堅持己見，但事實證明他錯了。在他買回出脫的股票前，市場又漲了10%。幸虧我們公司不擇時，也不會為了客戶這樣做。

　　不幸的是，我們必須與波動性共存，是的，長達80至100年左右。我們就算是錯的，堅持下去的話，我們或我們的家人最終將擁有更多的投資組合。還記得，逆向投資組合一般來說在市場下跌時也能跑贏。

防護措施

防護措施1：買權與賣權

你應該買入買權或賣權來保護投資組合嗎？我們剛剛才說過，買權並非應對恐慌的好投資。選擇權可以在波動的市場中保護投資人。如果投資人認為價格會上漲，可以退出市場買入買權。如果以今天的市價買入股票，將支付較高權利金，因而能用這個履約價行使買權。同樣地，在較正常的市場中，如果認為市場會下跌，則可以賣出賣權，以便能在未來某段期間以市價或接近市價的價格賣出股票；期間越長，權利金越高。

這聽起來很簡單，但是在動盪市場中，誠非易事。首先，權利金會很高，市場波動性越大，它就越高。如前所述，在2008年12月、2009年1、2月，某些股票的季度權利金上漲了20%，而且要注意的是，年化價格還會更高。這代表，如果買入買權以便日後能買入股票，你得先花一筆本金持有它一段期間，例如9個月。如果股價漲了50%，你也只能損益兩平。這是個好主意，但成本往往太高了。

同一支股票會有一系列的選擇權，使得這類操作變得更難以計算，而且周圍還有鯊魚四伏。選擇權交易商希望能把你吃乾抹淨。嘿嘿嘿，這可是場賭局。也就是說，你要向賣方支付正常的權利金（以布雷克—休斯模型計算），*而且如果股票流動性不足，可能要另外支付更多給賣方。

這裡的底線是，除非你經驗老道，否則別買入買權或賣權，這種勝率不是站在大多數人這邊。另一方面，除非你機關算盡它們會帶來的所有風險，否則永遠不要賣出這些選擇權。

那麼，我們前面詳加探討過的波動率指數又如何呢？它有助於投資者在這類市場中自保嗎？波動率指數產品的買方，在波動率急劇上升時會獲利，

---

* 風險溢酬（權利金）既不正確，也幫不了你。

波動率邊降時會賠錢。這是一場新式終極市場賭局。波動率指數的數值，由芝加哥選擇權交易所根據即時標普500指數選擇權買進賣出的報價來推算。這項統計數據數值即使已被廣泛傳布，仍無法購得。

但你毋須害怕，芝加哥市場的荷官針對波動率指數瞬息萬變的特性，為你設計了許多對賭的方法。畢竟，交易所想賺錢還是要花點腦筋。許多波動率指數衍生性商品允許交易商在手上沒有這個指數的期貨、選擇權部位的情況下，建立頭寸，包括波動率指數選擇權、標準波動率指數期貨合約，還有最近新增的迷你波動率指數期貨以及其他更新奇的種類。

如果波動率上升，買家就賺錢；下降的話則賣家獲利。這是種有趣的投機工具，但是一樣是給交易所裡的鯊魚用的。我認為下列例子足以說明原因。2009年1月30日，有一檔新的指數股票型基金，標普500波動率指數短期期貨（VXX ETN）上市，用以投資波動率指數選擇權。從上市以來截至今日（2011年6月），這檔基金已下跌了94.9%。波動率指數校準後數值下跌了63.2%。校準（calibration）會消失是由於有合約過期的成本、佣金以及買入新合約的高額加成。結果算下來，這檔基金又損失了31.7%。波動率指數選擇權不會被放進保守型投資組合中，想也知道，理智清醒的人應該不會把它放進投資帳戶裡。

防護措施2：指數股票型基金

指數股票型基金的手續費一向比絕大多數共同基金來得低。它通常是固定的投資組合，因此交易成本通常也較低。指數股票型基金與共同基金的差別在於，它不用贖回，且可在公開市場上交易。實際上，指數股票型基金有數百種商品，從賣空30年期美國國債、*買賣黃金，到投資特定產業，包山

---

* 如果你想虧錢虧得更快些，也可以加倍放空美國國債，這就是幾年前我辦公室的一些年輕分析師堅信債券價格會迅速下滑時所做的事。

包海。如果你仔細檢查這些商品的投資組合，指數股票型基金可以讓你分散投資於波動性較大但具發展潛力的產業，從而達成投資目標。分散投資在目前這種動盪不安的市場中格外重要，因為任何產業都會有超出預期的風險，而擁有某個產業內的單一股票風險太大。你不僅要承擔相當程度的產業風險，而且若將所有雞蛋都放在同一個籃子裡，風險又更高了。

這裡有兩個例子：其一，若你在2008年直接買入金融股，會有重大虧損；若是買了錯誤的股票，那就玩完了。然而，假使你買入像金融類股指數股票型基金（交易代碼XLF）這樣的指數股票型基金，它追蹤標普500指數所有金融股的加權平均值，那麼儘管你會遭受到毀滅性的損失（從2007年高峰到2009年初低谷一共下跌83%），這是1929至1932年大蕭條時期以來最嚴重的跌幅，但之後你的投資會反彈。從2009年3月低點到2011年6月回漲幅度超過158%看來，我相信金融產業將會強勁復甦。

另一個例子是SPDR標普油氣開採與生產指數股票型基金（SPDR S&P Oil & Gas Exploration & Production ETF，交易代碼XOP），該基金擁有廣泛投資組合，主要包含油氣勘探與開採公司。在2008年6月下旬創下71.38美元的歷史新高後，開始直線下墜，11月20日還跌到23.01美元的低點，等於不到5個月就下跌了近70%。之後隨著油價上漲迅速恢復元氣，到了2011年6月，上漲達161%。這兩檔指數股票型基金是好例子，說明你可以針對喜好的產業分散投資。請注意，在我們剛剛經歷過，也可能再次陷入的動盪不定市場中，這些指數股票型基金還會有更大的波動，只能祈求它不會像2008至2009年初，或是2011年8、9月那麼猛烈罷了。

另外還有一項警告：許多指數股票型基金規模小、成交量低，最好別碰。請確保每天它都有足夠交易量，你的訂單會顯得相對較小，容易出手。你還應該每天檢查它的資產價值，留意市價是否能及時反映資產價值。

防護措施3：產業資金

產業基金與指數股票型基金的差別在於，前者由基金經理人選股。因此，不管怎樣費用都會更高，而且費率是由基金經理人的績效來決定。不過，其中還是有些投資良機。我建議你先查看經理人至少10年的績效，要是能跑贏所屬產業，便值得一看。另外，也要看看基金的費用。長期表現不佳是高收費的主要原因之一。

防護措施4：打敗市場的共同基金

正如我們所見，自從採用績效衡量法，只有10%的基金經理人在10年期內能擊敗市場。成功的機率看似不大。然而，若你不想親自操作，共同基金確實可以幫你分散投資，只是我們都會希望它能有傑出的績效。所幸，有兩個不錯的方法。第一是在考慮收費和成本的前提下，買入長期績效優於市場的共同基金；我建議至少要看10年的交易紀錄，而且要確保該檔基金仍由當時締造這些績效的基金經理人來管理。因為，很多時候不是這樣。

資本有限，最好的方法是買入具有廣泛投資組合的共同基金。這裡有很多資源能幫助你做選擇，包括理柏、晨星、價值線共同基金服務、《富比士》和《霸榮週刊》。*它們能提供基金的季度績效以及發行以來的紀錄。你所選的基金最好是採用與你合拍的策略，並且能在長時間跑贏大盤。光是這樣，你就能把基金的選擇範圍縮小很多。表13-1是一些有價值的大型共同基金在過去10年，歷經牛熊市的考驗所得到的報酬率。裡頭的數據來自理柏。

---

*《富比士》的熊市基金排名是根據至少兩次熊市的績效得出。最佳基金就是所有股票基金中排名前5%的基金；最遜則是末5%的基金。

表13-1　表現最好的大型價值基金10年期報酬排名

截至2011年6月30日

公司	資產總額（百萬美元）	10年期報酬率
瓦薩奇大型價值基金	1,812.8	7.2%
ING公司領袖信託系列基金B	580.9	7.1%
美國獨立股票基金	158.5	6.4%
先鋒庫倫價值基金A	5,354.5	6.4%
富吉谷基金	27.1	6.0%
聯邦三葉草價值基金A	945.5	5.9%
福雷斯特價值基金N	12.2	5.6%

資料來源：大衛・卓曼，2011年。數據來源：Lipper Inc. and Factset Research Systems Inc.

防護措施5：指數型基金

　　除非你選擇的共同基金有長期穩定跑贏大盤的紀錄，否則我建議你買入複製標普500指數且費用低廉的指數型基金。給一般投資人使用的先鋒500指數型基金*（Vanguard 500 Index Fund Investor Shares，資產總值1,126億美元）就是這樣的基金，每年的費用僅0.17%。它是複製標普500指數的低成本指數型共同基金。另一種選擇是標普500指數股票型基金（S&P 500 ETF），其中最大的一檔是SPDR標普500指數股票型基金（SPDR S&P 500 ETF），資產達942億美元，費用比率為0.15%。[†]如果你喜好大型價值股指數基金，最大的一檔是安碩羅素1000指數基金（iShares Russell 1000 Index Fund），資產達120億美元，費率為0.15%。羅素1000[‡]是目前最受歡迎的國內價值型指數。

　　或許有人偏好小型股指數。這裡有兩檔供你參考：安碩羅素2000指數

---

[*]　如需更多資訊，請電洽先鋒集團：1-800-860-8394，或瀏覽www.vanguard.com.

[†]　如需更多資訊，請電洽道富環球顧問公司（State Street Global Advisors）：1-866-787-2257，或瀏覽www.spdrs.com.

[‡]　如需更多資訊，請電洽安碩公司（iShares）：1-800-474-2737，或瀏覽www.ishares.com.

基金（iShares Russell 2000 Index Fund），資產共156億美元，費率為0.2%；先鋒小型股指數基金（Vanguard Small-Cap Index Fund）則有226億美元資產，費率也僅0.26%。這兩檔都涵蓋了價值型和成長型股票。

下面還有一種有趣的投資策略，它可說是新逆向策略的變型。

買入─清理策略

我們探討過長抱策略的成功之處，它的變化型是買入反向型股票投資組合，不論是上漲、跑贏市場，或者在一段時間後跑輸市場，都要定期做清理，以新的反向型股票替補被出清的股票。打個比方，如果在你的低本益比投資組合中有40支股票，每支持有約2.5%，當你賣出了10%的時候，就要回補4支新進低本益比股票，讓投資組合中的股票權重維持在2.5%。綜觀大部分的研究都顯示，長抱（5至6年或更久）的話報酬會遞減。這類方法應能拉高整體報酬，勝過單純長抱的策略。

清理過程可讓反向型股票投資組合的收益維持在平均水準之上。不管怎樣，無論你選用哪種策略，都能在風險水準低於市場平均的情況下，以最少的時間成本、最大的機會致勝。

逆向操作策略的其他選擇

外國基金和國家型基金

近來美國國內經濟疲軟，國外市場反倒是一片榮景。數十億美元流入中國、環太平洋地區、拉丁美洲、巴西和阿根廷，保守型投資人則押寶歐洲和日本市場。你應該也參一腳嗎？應該，但謹慎為上策。

首先，國外市場已經發生巨變。再者，雖然悲觀主義在2008至2009年期間走向自經濟大蕭條以降的最高點之後稍有緩解，但現在又四處擴散。毫無疑問的是，投資大眾非常恐懼，縱使美國經濟應該能在幾年之內走出困境。若果真如此，那麼我們國內將迎接一波強勁的牛市，特別是如果通貨膨脹率在未來幾年迅速上升的話，很顯然會有這種可能。

國外市場成長潛力之所以如此旺盛，是因為經濟成長、財務實力以及更能擔責的投資法規。請記住，國外的投資指導原則在國內一樣適用。首先，不要僅僅因為概念很炫就一頭熱地投入。才不久前，在中國、香港、俄羅斯和墨西哥等地都出現了讓投資人損失了數十億美元的投機活動。因此，這裡要教你的第一課，就是國外投資不是萬靈丹。你必須採用與美國市場相同的逆向操作原則。1997年環太平洋市場的金融風暴，便是投資人違反這項原則的前車之鑑。請小心防範這些地區裡的投機歪風，它們可經常居於主導地位。

另一個考量要件是，當你買入外國公司股票時所涉及的匯差風險，可能大幅影響你的總報酬。在海外市場超越美國市場的那些年裡，收益往往是美元轉弱的結果，而不是海外市場有多強勁。因此，近年來美元走貶時，外國投資組合看似美好的投資報酬當中（像很多基金廣告高唱的那樣），其實有很大一部分不是來自市場本身，而是因為美元貶值導致這些股票價值變高，類似狀況今天又再次重演。換作是美元走強的話，情勢可能會大為反轉。

表13-2是美國國內外股票的股票報酬率比較，這些股票分別來自標普500指數和摩根士丹利國際資本公司歐澳遠東指數（MSCI EAFE）。MSCI是歐洲、澳洲和遠東的縮寫，這項指數用來衡量美國、加拿大以外的已開發國家之股票市場表現。

請看代表績效的那六欄，其中外國股票績效是以摩根士丹利國際資本公司歐澳遠東指數來衡量，國內股票則是以標普500指數作為對照，兩者長短互見。這兩大指數在六段衡量期間裡，有四段是互相贏來贏去的情況。顯見這兩項指數就像在賽馬一樣，勝利的一方可能只能算險勝。

但是，還有更難選的。正如我們所知，股票生性喜怒無常，它們在不同

表13-2　摩根士丹利國際資本公司歐澳遠東指數與標普500指數的股票總報酬率

2010年12月31日

	3年	5年	10年	15年	20年	25年	平均本益比	平均市場資本*
摩根士丹利國際資本公司歐澳遠東指數	−6.5%	2.9%	3.9%	5.1%	6.2%	8.5%	14	50.2
標普500指數	−2.9%	2.3%	1.4%	6.8%	9.1%	9.9%	15	88.2

＊單位：10億美元。

資料來源：大衛・卓曼，2011年。數據來源：FactSet Research Systems and Bloomberg LP.

時期的行為難以預測。你在投資時還應考慮其他因素。持有國內股票可讓你免於擔心匯率波動、走避交易清淡的投機市場，以及不受地緣政治因素的影響。

　　兩者相比之下的結果是無人勝出。毫無疑問的是，國外市場除了歐盟以外，目前都還算健康，但我們該就此依靠它們嗎？如圖所示，這些外國股票的本益比不低，但市場資本卻比較小。

　　還請牢記，並非所有國家都一樣安全。我覺得投資西歐、加拿大，或者在本益比降低的情況下投資日本，我會感到比較放心。而對於中國、環太平洋地區、南美或俄羅斯等國，我的態度會更謹慎。銀行和外國投資人因為當地銀行壞帳和重組，在巴西、阿根廷和俄羅斯吃了不少苦頭，投資有一半都打水漂。外國證券的承銷商一再向我們保證，現在的情況已大為改觀。也許是這樣，但是誰能保證一個曾經發生債務違約的政府，不會重蹈覆轍呢？

　　在談完海外投資可能涉及的危險之後，平心而論，投資海外股票大有機會。散戶的最佳策略之一，是買入在美國市場交易且符合逆向操作策略的外國證券。我經常在自己管理的投資組合上這麼做，所以總是成功在望。＊

＊ 我們公司有一檔低本益比的美國存託憑證國際基金，正是以這種方式執行精準投資。該基金自成立以來，在理柏的百分位排名一直是第13位。

　　這種做法可免掉為海外券商付出的較高成本、保管費，以及換匯的價差。美國存託憑證（American Depository Receipts, ADR）代表在美國交易一定數量的外國股票，其中有不少是大型企業股票，例如荷蘭皇家殼牌（Royal Dutch/Shell）、Sony和荷蘭皇家飛利浦公司（Koninklijke Philips Electronics）已在紐約證券交易所掛牌上市，並且大多數都有提供詳盡的英文版財務資訊。

　　既然已有大量的外國股票、基金和其他金融工具活躍於美國股市，操作機制不會太複雜。投資外國股票是有道理的，因為若使用逆向投資指標來衡量的話，它們的交易價格有時比起國內同產業的公司股票要來得低。例如，荷蘭跨國消費品企業聯合利華（Unilever）的規模有寶鹼（Procter & Gamble）的一半大，市值高達900億美元。相較於美國消費品公司，該公司有著較低本益比和較高殖利率，而且根據分析師預測，其未來幾年內的成長性與美國公司相去不遠。還有一些國外公司也比美國同業更有投資價值，你可以借助價值線投資調查和晨星的網站找到它們，專業人士的話可以使用彭博、FactSet或其他系統。

　　你也許能像我一樣，在特定產業中找到比美國企業更有投資價值的公司，或者按國家和產業來建立分散性投資組合。你可以藉由美國存託憑證構建分散性國外投資組合。碰巧許多穩健的大型美國存託憑證，都能輕易通過逆向操作指標的篩選。但請記住，匯率風險仍然存在。如果美元兌股票發行的外國貨幣走升，價格將會下跌；反之若美元走貶，價格則會上漲。

　　想要進軍海外市場還有許多的保守策略。一則買入指數型基金或近似的替代商品，它要能代表美國以外的股票的加權價值。如果我要購買外國基金，我會優先選擇在國外市場具有良好紀錄的指數型或反向型基金。[17]

　　第二種選擇是投資前景佳且政治穩定的主要國家，買入封閉式基金。這個方式有時很有賺頭，最好是在它們還很冷門的時候入手。

　　海外投資的首要規則與在國內投資完全一樣：在價格低廉時買入，不要在人人追捧、媒體吹捧時跟風買入。就像國內那些熱門的首次公開發行股和概念股一樣，我們都知道，價格過度狂飆之後的後遺症，無可避免就像徹夜狂歡的宿醉一樣折騰。

最後，我們要用逆向策略來解決一個最棘手的問題，這問題對於其他策略來說同樣棘手：你何時該出脫持股？

何時該賣？

無論你使用哪種策略，最困難的決定之一就是何時賣出。投資人面對這個問題，各有各的答案，但即使在專業人士中，也很少有人奉行自己的賣出規則。大多數的賣出決策會受到心理力量的誤導，其結果往往是奇慘無比。我見過許多基金經理人設定極為嚴格的目標價格，而我自己在早年也是這樣。但是當股票迅速向這個預設價格移動時，利多消息通常就會紛至杳來，把價格拉高。

假設股票最初是在20美元的價格買入，賣出目標價為40美元，當它一路衝到40美元，經理人常常會依此調高賣出價位。40美元會變成50美元；50美元再變成60美元。如此一來，經理人常會陷入周而復始的迴圈：搭上名為股價的雲霄飛車，一路向上爬，再一路向下衝。

正因為我們知道會這樣，最安全的方法似乎還是機械式的指導原則，這些原則能大量濾除決策過程中的情緒成分。我通常會使用的規則就是以下這道投資心法。

操作心理導航27：在本益比（或其他逆向投資指標）接近整體市場的水準時賣出股票，不管它多有前景，都要換成另一支反向式股票。

舉例來說，假定我們使用低本益比策略，而市場平均本益比是16倍。我們手上有支股票〔比方是雪佛龍（Chevron）〕買入時的本益比是10倍，現在已經漲到了 16 倍，我們會賣掉，而且換成另一支低本益比股票。*

第一個準則很簡單：在買入股票時就選好賣出的時機。在時機到來時，請咬緊牙關、集中精神以及果斷切割。你可能會捶胸頓足，因為股價通常會升得更高。但是，人心不足蛇吞象。你已經賺了不少，而這就是這場賭局的目的。（唯一的例外是，你有十拿九穩的把握。）

然而，所謂賣出的時機點並不一定代表股價上漲就要賣出。如果你玩的是低股價淨值比策略，你可能會發現，即使在股價猛漲後，它仍然會以低於市場的股價淨值比賣出，這是因為股票淨值也在持續增加。一支股票的股價淨值比經常是多年保持在低點，就算股價翻了 2 到 3 倍，股價淨值比仍處於低位。這種情形在低本益比、低股價現金流量比以及高殖利等逆向策略上亦然。

另一道問題是，沒用的股票應該放多久。投資人常常愛上他們手中的持股。我還見過有些投資組合的幾十家公司從報紙上看上去都好棒，但早在市場上被打成了落水狗，報酬率低得很。

同樣地，這個問題的答案眾說紛紜，但我認為 2 年半到 3 年是合適的等待期。（如果是收益下降的週期性股票，可延長到 3 年半。）如果這支股票過了等待期仍然令人失望，就必須當機立斷賣出。已故的價值型投資大師坦伯頓爵士採用的等待期是 6 年。你是判官，但請堅守自己設定的時限，不要固執己見地拖泥帶水。

另一項重要規則是，如果股票長期基本面明顯惡化，則立即賣出。研究報告再怎麼鑽之彌深，總會有壞事發生，從而讓公司或產業的前景蒙塵翻黑。我指的不是糟糕的季度表現或暫時性突發事件，而是那些會削弱公司前景的重大變化，就像金融海嘯對許多金融類股的影響那樣。在這種情況下，

---

* 價格隨時間變動，投資組合中的股票權重自然會有所不同。當股票賣出時，應著手回補新股票，讓投資組合的持股權重回復平衡。

我發現立即放下羈絆、向前邁步，方為減損上策。

　　總結就是：不固執、不貪婪，也不害怕承擔小損失。最重要的是，當你買入股票時，對於你未來的賣出價，心裡要先有定見，而且要堅守這個決定。你可能會在高點失掉幾分，但從長遠來看，獲得遠大於損失。

　　賣出策略若採用折衷法可能會引發另一個問題。假設你的投資組合中有30至40支股票，而你也找到另一支更優秀的新股，也就是說以我們的反向式指標來看，其逆向投資比率比我們現有的股票還低。那麼，換股是可行的，但要記住投資組合中的股票要保持固定數量的原則：每買入一支，就要賣出一支。由於你在換股時會納入更多主觀判斷，出錯的機會也會更高，因此要盡量減少這類調整，以免過度交易。抑或者，就像賭馬人士喜歡說的那樣：「離閘門遠一點。」

　　我多年來一直遵循的補充原則是，股票若一直保持高本益比倍數，絕不因為盈餘一時下降就賣出，因為這種下降可能是因為一次性費用支出，或者商業環境臨時有變所致。自2007至2008年市場崩盤以來，我一直在推敲這項原則，也修正了我的想法。除非你確定這是一次性支出，也不會再發生，否則立即賣出是較明智的做法。這場崩盤給我們的警惕是，一次性支出往往變本加厲，帶出一連串的支出。「一次性支出」壓垮金融業，並傷害許多價值型基金管理人的客戶，這也包括了我的客戶。如果你真的很愛這支股票，請在公司恢復其盈利能力時再買回。這些反思讓我想起，在選擇低本益比投資組合時，我們的電腦模擬結果總是會拋下那些在某個季度無盈餘的股票。一如我們現在正說的重新評估。

　　在檢視完新一系列的重大風險和機會點之後，我們現在要轉而討論一個迫切需要關注的主題：以一種更好的風險理論，代替當今被廣泛使用卻已經破產的理論。

第 14 章

邁向更好的風險理論

　　風險既可以是狐媚，也可以化作野蠻之神，召喚我們進場去賭博，為我們的冒險拼博帶來驚人的回報。我們在贏錢的時候，往往不會就此離場，反倒會繼續奮戰，結果總是把贏的全輸了回去，以至輸得更多。

　　歷史上不乏偉大的將軍，他們屢屢能險中求勝、立下戰功：想想拿破崙（Napoleon）、羅伯特‧李（Robert E. Lee）和艾爾溫‧隆美爾（Erwin Rommel）等將領。但若集軍隊力量、戰士意志以及一國之工業硬實力孤注一擲的話，這算盤似乎打得不精，光是一次戰敗，其後座力之大也可能成為致命的一擊。我們把場景拉回民間，財經媒體會採訪那些在 3 個月、1 年甚至 3 年裡都表現績優的基金經理人、分析師和投資經理人。他們的一字一句無論何其荒謬，都會被捧成新的投資福音，直到機率的規律出現，打敗他們為止，一如雜耍表演中，長長的鉤子從黑幕伸了出來，將他們拉下舞台。當觀眾們叫好連連之際，投資新星們隨即以短期投機成效取而代之躍上了舞台，而這場換湯不換藥的抗風險大秀仍繼續上演。

　　我們大多數人對於風險多少有些矛盾，愛看屈居下風者在我們的加油打氣下反敗為勝、一舉扳倒奪冠熱門，假使我們喜愛或押注的隊伍正好是反轉局勢的英雄，奪勝之後的慷慨激昂更不在話下。但若是在市場上就另當別論了。我們想站在可能會贏的這邊，越有把握的越好，而唯一的目標就是要贏。然而，今日問題真正棘手的地方在於，局勢詭譎，勝率難辨。

　　這一切若以效率市場來解釋，看似簡單。風險先生，也就是波動性先生，真是個正人君子。他會表明他是誰、做了什麼，所以我們幾十年來一直仰望著他，根據他所指示的風險程度調整投資組合，一切就好像小提琴演奏家上台調弦那般可調可控。這讓我們以為自人類有歷史以來就四處橫行的風險魔鬼已被關進了籠子裡。

　　但後來情況不同了。我們在這個日益艱困的新投資世界中漸漸發現，波動性先生並非像他聲稱的那麼正直又善良。實際上，他開始看起來更像一名對投資人指手畫腳的聰明胖子，在投資建議陷入績效落後的窘境時，又開啟了一言堂，對質疑者施予威脅。

　　讓我們用點專業術語來解釋。正如我們提過的，貝他係數和其他波動率指標被視為是客觀的風險評估法，揚言要排除混亂而不準確的人為臆測，其中貝他係數更成為效率市場理論中計算風險的試金石。一切看起來天衣無縫，不過從股市的長期績效數據來看，有個小問題再也藏不住：更大（或更小）的波動性與實際報酬率並無相關性。波動先生的數字失靈了。唉呀，他舌燦蓮花提出了一套優雅而易懂的理論，讓大多數投資人樂於按這套理論來建立投資組合策略。但是，他所面對的爭議，就像是湯瑪士・赫胥黎（Thomas Huxley）在150多年前，擁護查理斯・達爾文（Charles Darwin）的進化論而槓上狂熱的創造論者那般熾熱。當時，赫胥黎曾以創造論者的思維反將一軍：「用醜陋的事實扼殺美麗的假設，〔是〕科學的大悲劇。」

　　這些數據如果還不夠看，我們在第2章還看到，未經檢驗的風險經濟學理論和風險行為的情感研究發生了火車對撞。有許多關於情感研究的實驗發現，風險和利益呈負相關。承擔較高風險所帶來的知覺利益較低（而非較高）；反之，承擔較低風險的知覺報酬較高。這些發現與效率市場假說最核心的風險觀背道而馳。

　　最後，投資人在一波波的狂熱裡一頭栽進積極型股票，這些股票被歸為低風險但實際上卻有大幅波動，至少有部分證明了近期情感研究的真實性。

這種關於風險的假說起初看起來就不合乎現實，時間一久，問題自然會越滾越大。這再次說明，現代風險理論從源頭就啟人疑竇。

然而，正如先前討論的，當沒人可以證明波動性是最佳風險評估指標時，它的提倡者不是放棄這個概念，而是改變波動性的算法，以期重新在風險和利益之間找到相關性。他們不斷提出新的風險模型，但如我們所見，它們無一是可靠的，而這套科學方法最後還是有問題。同時，它留給當今投資界最明顯的問題是：大多數投資人所依賴的風險分析是似是而非的。

推倒史達林的雕像

大多數人還記得1989年蘇聯解體後數十個約瑟夫‧史達林（Joseph Stalin）雕像在東歐各地被推倒的情景。體型小一點的雕像被工人用鎖鏈拉倒，大的則是用拖拉機或其他重型建築機具撞倒。俄羅斯前途未卜，但也沒有回頭路可退。就像共產主義垮台一樣，我們必須要問：如果波動性被推翻，誰將取而代之？本章要旨便在於，提出適用於各種不同情況的風險指標。

讓我們從舊式風險典範忽略的一些關鍵要素開始談起，逐一了解其長達數百年（甚至更久）以來所造成的損害。更重要的是，我們將了解到，對投資人和經濟而言，有許多損害是煞得住的。

是的，除了貝他係數還有別條路可走，而我們也開始整理出一些更加適用於今日投資人的投資守則。首先來看看風險因素，正如我們所見，它在最近數十年對投資組合策略造成重大損害，但整體看來投資人到目前為止仍未正視。

金融末世錄之騎士一號：流動性

首先來看當代投資人首當其衝的大風險：誤解流動性，並且應對失據。我們曾於第5章檢視過，流動性對於過去三次大崩跌來說扮演重要角色，其在市場幾乎完全缺乏流動性的情況下，導致流動性不佳的股票、期貨急遽下跌，並引發市場恐慌。

流動性不足並非是新風險，可能早自市場誕生以來就已經存在了。單單是19世紀，英格蘭和其他國家只要有一丁點流動性不足的耳語，便足使存戶爭先恐後擠兌銀行，從而讓銀行破產。當然，我們都讀過1933年銀行休業整頓，大批存戶大排長龍等著把錢領出來。

流動性不足當然不只對銀行造成損害。最近的例子是近幾年對住宅和不動產公司提供的貸款。由於銀行或其他商業貸款機構提供給建商和其他房地產公司的大部分是信用貸款，若大幅削減貸款額度或不續貸，往往會讓借方陷入困境，要麼拋售價格處置存貨，當價格跌得太低時甚至會落到破產（進入美國破產法第11章破產保護），或是讓利給銀行。有一些商用不動產貸款去年也發生了這類情況。

從2007至2009年間，這個問題一直糾纏著美國公司，特別是那些員工不到100人的中小企業。它們支撐大半的就業市場，但因為銀行不支持而無法加聘人員擴展業務，在借不到錢的情況下，營運規模也被迫縮減。儘管次貸危機影響的層面極為廣大，但流動性不足遠比次貸問題還嚴重；即使是體質比較健全的公司也有這個問題。

本節主要考慮的是，發生在貨幣供應充足的時期的損害。銀行和其他金融機構在這種時期會大幅放寬貸款標準。如我們所知，次級房貸的借貸標準低得可以。避險基金和其他貸款機構拿到大量槓桿貸款都是垃圾等級，原始貸款機構充其量只粗略審核抵押貸款的有毒資產。

我們在商用不動產房價飛漲時期也看到這種亂象，例如1980年代末期和1990年代初期，當時銀行家未能從經濟面充分審查主要大型計畫。由於銀行在發放貸款時競爭激烈，建商拿到的貸款是該計畫成本的105%。自1960年代以來，這類房地產泡沫幾乎每10年就來一次。

它們的下場都極為類似：銀行和其他金融機構恍若大夢初醒，發現這些計畫獲利不及原本預期的那麼樂觀。更糟的是，它們的流動性極差，除非大幅折價，否則沒人想碰，而且貸款機構通常手頭完全沒有流動現金，例如1992年川普聲請破產案；1980年代末期至1990年代初期金融機構深陷銀行業危機；時任美國總統老布希（George H. W. Bush）政府成立資產再生公司（Resolution Trust Corp.），接管破產銀行和儲蓄機構，從而解決一些問題貸款機構的資產。銀行股當時下跌幅度高達50%至60%，而不動產市場就此崩潰。

爾後，《格拉斯—斯蒂格爾法案》（Glass-Steagall Act）在1999年11月廢除了，銀行借貸業務變得更加自由，但流動性不足的問題也益形嚴重。然而，絕大多數銀行和其他專業投資者卻無視於這種風險所帶來的嚴重威脅。

流動性不會產生流動性

如前所述，流動性在1987年股災中舉足輕重。有個很嚴重但很少被意識到的問題是，流動性會隨著市場條件改變而產生極大變化。效率市場假說假設「流動性會產生流動性」，指的是價格下跌，買方會大量湧現。但是，並無證據顯示這個假設是正確的，反而有大量證據顯示，在市場嚴重緊縮時期，價格若急遽下跌，流動性會枯竭。回想一下，在1987年股災期間標普500指數期貨市場也曾有過類似情景。儘管如此，效率市場假說裡未經檢驗的假設在歷經幾次市場大崩跌之後，仍被視作是市場的基本原則。而2010年的閃崩、2011年8、9月的股市恐慌以及其他崩跌事件也清楚地說明，流動性產生不了流動性。恰恰相反的是：股票或指數期貨快速下跌，會讓流動性急速下降,甚至流動性幾乎完全枯竭,因而如上例所示,助推崩跌之勢。行文至此,有一道投資心法應該對你有所幫助。

操作心理導航28(a):隨著股價陡落,流動性不會增加;反之,市場若迅速崩跌,流動性可能會明顯下降;股票或其他金融工具的流動性越差,對其價格的負面影響就越大。

操作心理導航28(b):在急遽上升的市場裡,當股票或其他金融工具飆漲時,流動性通常會增加。

金融末世錄之騎士二號:槓桿

槓桿可能造成的損害與流動性不相上下,高額保證金本身就是導致崩跌的主因。槓桿還會與情感和其他心理力量交互作用,所以也像流動性一樣難以掌控。如我們所見,當槓桿和流動性齊頭並進時〔如1987年、2007至2008年的市場崩盤,以及長期資本管理公司(Long-Term Capital Management)瀕於倒閉案〕,會帶來多大的災難。一如操作心理導航29所警告的,保守型投資人應該迴避槓桿所帶來的風險。

關於槓桿,還有一點必須重申:買入標普500指數和其他金融期貨所需的自有資金部位比買入股票本身要低得多〔買入標普500期貨部位進行對沖的話,原始保證金(initial margin,譯注:即初始自有資金部位)須達7%,而買入標普指數股票則要達到50%〕。這比美國國會在1929年經濟崩潰時所允許的10%要來得低。當時美國國會把崩跌原因歸究於此,並在1934年,同意由聯準會設定投資人以自有資金買入股票的部分。從那時起聯準會就已經設定了自有資金部位需達50%至100%。至於芝加哥商業交易所和其他交易所的期貨,自有資金部位最低須達7%(1987年崩跌之前為5%),這項規定既鼓勵投機性的交易,也加劇市場波動,在1987年大崩盤和之後的閃崩事件中可見一斑。

流動性和槓桿：致命的組合

我們不太可能很快就把2007至2008年的金融恐慌拋諸腦後，流動性和槓桿作用在這個近代史上最嚴重的信貸危機中幾乎毀掉了金融市場。高槓桿和流動性嚴重不足同步發威，幾乎消滅了金融體系。從1929至1987年各波市場崩跌中，槓桿作用和流動性不足強強聯手形成一股關鍵的力量。

面對流動性問題，你要如何自保？

不幸的是，流動性不足的形式不一而足，沒有解答可一藥治萬病。在市場崩跌期間，你除了撐過去別無他法。通常，當市場意識到崩跌是由流動性驅動時，股價很快就會恢復。1987年的崩盤便是如此，當時股票幾乎在一年多一點的時間裡就彌補了所有由流動性所造成的損失，而去年的閃崩事件則是在當天就收復大部分的失地，其餘則在幾個月內就補足了。**在流動性造成的市場崩跌中，切勿急著把股票脫手。**

你該如何應對流動性和槓桿？

在市場上升時，流動性和槓桿都極具誘惑，令人難以抗拒，尤其是信貸好過的情況下。我們越是喜歡流動性不足的股票、債券或這兩者的組合，投資回報就越高，連帶著加碼買進的誘惑就越大，也越想使用更多槓桿來推動價格上漲。過度使用槓桿和流動性太差似乎是因為正向的強烈情感而萌生的副產品。這對成千上萬的投資人（包括避險基金、銀行和投資銀行）來說，幾乎就像是成癮的心理現象。

要抗衡流動性和槓桿問題的唯一方法，是嚴格限制你的槓桿率，以及控管流動性不佳的證券持有量，尤其是這些證券落在相同的市場類別。對於大多數人來說，馬上戒掉壞習慣（go cold turkey，譯注：一開始是指戒毒癮者，因其在戒斷初期常會有全身發冷與起雞皮疙瘩的現象）便是一大良策。下面有一道不論是今天還是1920年代一樣適用的投資心法：

> 操作心理導航29：審慎的投資人應遠離槓桿或恣意操縱自有資金部位，同時流動性不足的證券占整體投資組合之比重應該要很小。

以下列出一些要小心防範的邪惡陷阱。

1. 如果你打算使用期貨，請確保別讓它超出你可應付的範圍。首先決定你要買進賣出多少股票。假設是2萬美元好了，若市場上最小合約規模是20萬美元，請趕緊放下走人，否則你會買到爆量，即原本預算的10倍之多。你如果知道有多少人因為不遵循這個簡單規則而毀了自己，會驚訝得說不出話來。

2. 慎防那些包裝精美的概念性產品繁複的抵押貸款，以及由避險基金、投資銀行或銀行精心設計的投資商品。他們通常會在這些合夥制的結構化交易中牟取暴利，而且在大多數情況下，流動性奇差，績效紀錄也不甚良好。不妨問問這位銀行家或券商，他們公司長遠來看打算投資多少。如果回答得避重就輕，倒也不必太訝異。

   這些商品具有一些共同特徵。他們幾乎都是有趣的概念，訴求能帶來較高報酬率。我敬謝不敏，因為其費用遠遠高於股票交易的佣金，有些產品若加上高額的年收費用，等於吃掉獲利的20%。更重要的是，我對這些產品沒有絲毫會嘗到甜頭的感覺。除非你喜歡沒有歷史績效、沒有流動性和高費用的金融產品，否則我建議你保持距離以策安全。奇怪的很，許多擁有相當高淨值資產的投資人都在追這類商品，真希望你不會也好此道。

3. 無論是你自行買入或由他人轉讓，要小心這些交易量很小的商品。你可能會一次捲入流動性問題，而這往往要付出很大代價。請確保買入時市場上至少有一些造市商，而且你所建立的頭寸不要超過每日交易量的幾個百分點。

4. 遠離外國衍生商品，例如歐式買權與賣權，它們通常是由美國券商發售，但比在美國交易所的衍生商品要貴得多，而且在你打算賣出的時候並不好脫手。

5. 如果你不了解債券、避險基金或任何其他證券，就別買。無論它多麼誘人，都請忘了收益這件事，護好你的本金；一定還會有更好的機會，並且可能會來得比你想的還要快。請記住，買入AAA和AA次級債券的人，每1美元損失高達0.7美元。當市況佳的時候，每年也只能多2%至3%的收益，這真的虧很大。

其他風險因素

當效率市場的風險理論只著重在波動性時，等於是排除了數百年來風險分析所遵循的重要準則。大部分關於風險的證券分析理論，都是由葛拉漢、陶德和其他金融理論先驅編纂而成，不是被擱在一旁就是沒人研究，因為按效率市場假說信徒的說法，這些沒那麼重要，又何必多此一舉呢？不管怎樣，一切全由波動性決定了。

現在，我們必須讓這些既定風險評估法則大復活，它們可以用來確定風險類型，而當中有不少類型完全不涉及波動性，包括有：

1. 缺乏流動性。

2. 過度使用槓桿。

3. 債券風險控制技術。

4. 股票風險控制技術。

　　本書不會一一介紹股票和債券風險控制方法,這超出了本書的討論範疇。很多方法可以從葛拉漢和陶德所著《證券分析》(2008年第6版)以及其他幾本關於這個主題的好書中查到,它們將助你建立基礎知識。這些風險評估法則十分重要,並且在最近幾十年中沒有太大的變化。

　　接下來,我們要探討未來幾年應特別注意的新風險因素。

金融末世錄之騎士三號:通貨膨脹

　　首先,讓我們快速回顧一下其中一些風險的歷史以及它們如何摧毀毫無戒心者。法蘭克·奈特(Frank H. Knight)是芝加哥大學經濟學派的共同創始人之一,他曾在其最具影響力的著作《風險、不確定性和利潤》(*Risk, Uncertainty, and Profit*, 1921)中指出,[1]風險與不確定性之間存在重大差異。根據他的說法,風險是「易受評估指標影響的量」,而不確定性是不可測的。

　　按照他的定義,風險適用於許多類型的賭博遊戲,賽馬、棒球和足球投注以及其他許多可以計算風險的活動。不確定性適用於獲利或虧損都無法確定漲跌的情況,例如革命動亂時期的股票價值、賣空期貨或衍生商品頭寸,以及借助槓桿投資不動產等許多類似情況。

　　過去60年來最危險的新風險是通貨膨脹,它可以從許多方面侵吞我們的儲蓄。我們過去一直不關注通貨膨脹,因為幾個世紀以來,物價上漲幾乎沒怎麼發生,只有在美國獨立戰爭和南北戰期間,以及別的國家的內戰期間才少量爆發。從1802至1870年,通貨膨脹僅為0.1%,而從1871至1925年也只有0.6%。[2]

　　當所有主要國家都採用金本位制度,大多數政府和許多公司債券可由持有人選擇以本國貨幣或到期日黃金贖回。鑑於通貨膨脹幾近於零,時任麻薩諸塞州最高法院法官山繆·普特南(Samuel Putnam)在1830年提出的「謹

慎投資人」規則，150年來一直是投資管理界奉行的重要綱領。普特南說，
一個謹慎投資人不投機，他指導信託人觀察「審慎、有判斷力和聰明的人如
何管理自己的事務」，並且照章行事。因此，投資債券最明智的選擇，是持
有大量優先股和績優股。[3]

　　但風險是猛禽狡獸，而通貨膨脹是對我們的資本發動戰爭的主力武器，
一次次偷偷潛入我們的防線。在第二次世界大戰後，通貨膨脹讓那些遵循
普特南法官的謹慎投資人陷入了束手無策的境地。任何人在戰爭結束時投入
10萬美元於債券中，換算為今天的購買力，相當於1946年的28萬美元。[4]但
這是稅前收入，所得稅率在1946至2010年平均是60%。在通膨和所得稅這
兩號金融末世錄的騎士踐踏之後，那些被課了最高稅率的債券、投資人或不
動產，到2010年只剩1946年當初購買力的27%。

　　法律往往落後於經濟和金融變革數十年之久，許多投資人及其管理人仍
繼續依循普特南那個年代適用的規則，而它們早就嚴重過時了。事情的真相
是，遵循長期以來運作良好的謹慎投資人規則，在二戰之後毀了數百萬美國
人的積蓄。當時，風險以價格飛漲的形式，從普特南法官精心擘畫的資本保
護法核心一躍而出，直至今日已成為投資人在21世紀要持續對抗的大型猛
獸之一。

　　接下來看看，我們如何妥善處置股票和債券市場中的風險。

凌駕謹慎投資人規則

　　二戰之後，通貨膨脹首次長駐在投資環境裡。病毒面前人人平等，沒有
什麼能躲得過，但是那些市場公認最安全投資卻是最大的犧牲者，即儲蓄
帳戶、短期國庫券（T-bills，譯注：此為期限1年內的國庫券，故簡稱短期
國庫券）、國庫券、公司債券和其他類固定收益證券。即使相對於我們來回

討論的金融海嘯期間,在正常時期陷入財務困境的公司數量較少,*但事實證明,大多數投資人長期下來因通膨風險所遭遇的損失,要比信用風險來得大。二戰後的漲價潮從根本上徹底改變了股票、債券和短期國庫券的報酬分配方式。

股票的風險更高嗎?

從普特南法官的謹慎投資人規則可以看出,古老的智慧一直認為,債券長期下來面臨的風險要低於股票。比起股東,公司債券持有人的財務風險畢竟小得多。如果一家公司遇到財務問題,它可以向股東削減股利,但它仍須支付利息,並在債券到期時償還本金。否則,公司一陷入違約,債權人會從公司拿走一切,而股東一分錢也分不到。在二戰前期,投資人不得不面對的主要風險,是債券或公司可能破產的財務風險。通膨風險在當時還無關緊要。

戰後通膨加速,使所有風險計算被搞得七葷八素。儘管股票長期報酬率始終高於短期國庫券或債券,但這三類金融投資之間的差距在1945年之後逐漸拉大。如果投資者在1946年投入10萬美元在短期國庫券上,那麼到了2010年扣除通膨之後只增值到13.3萬美元,每年報酬率只有0.4%。以如此龜速大約要耗160年才能讓資本翻倍。債券也沒好到哪裡:1946年投入10萬美元,在2010年底變成28萬美元,年報酬率為1.6%。†相比之下,1946年投入10萬美元在股票上,就像中了大獎,它會變成602.5萬美元,是短期國庫券的45倍和債券的21倍(稅前數字)。由於債券和短期國庫券這兩類的收益會隨時間明顯下降,相對之下股票的稅後報酬較高,而且差距會大幅拉大。

---

* 當前的金融海嘯或大蕭條等災難性事件不在此列。
† 如前面所說的,這邊指的是此兩類投資的稅前報酬。

因此，我們看到自二戰以來，短期國庫券、債券、儲蓄帳戶和企業債務為了通膨和賦稅付出了大筆代價。但即使在承平時期，也少有投資者將股票優於債務證券此一重要表現納入風險計算中。即便股票的報酬率在過去65年表現如何出奇優異，但在我撰寫本文時（2011年9月），大量資本仍從股票和共同基金中流出，轉向了短期收益僅有0.05%的美國國債，以及報酬率分別為1.9%、2.9%的10年期國債、30年期國債。在最後一章中，我們將探討為什麼這些資金流入債券和短期國庫券可能會變成大災難。

將風險化為勝率

表14-1是1946年以來，1至30年期股票、債券和國庫券通膨調整後的實質報酬率。如表所示，持有期間越長，股票組和債券、短期國庫券組之間的報酬差異越大。股票組（第一欄）從1946至2010年算進通膨的平均年報酬率為6.5%。投入股票的資本5年期滿平均成長了37.1%，10年期滿平

表14-1　通膨調整後的複合報酬率，1946至2010年

持有投資組合年期	報酬率			股票勝出的百比分	
	股票	債券	短期國庫券	債券	短期國庫券
1年	6.5%	1.6%	0.4%	63%	68%
2年	13.4%	3.2%	0.9%	67%	73%
3年	20.8%	4.9%	1.3%	71%	79%
4年	28.7%	6.6%	1.8%	73%	77%
5年	37.1%	8.3%	2.2%	74%	75%
10年	87.9%	17.2%	4.5%	84%	82%
15年	157.5%	26.9%	6.8%	94%	88%
20年	252.9%	37.3%	9.2%	98%	100%
25年	383.7%	48.7%	11.6%	98%	100%
30年	563.0%	61.0%	14.1%	100%	100%

資料來源：大衛・卓曼，2011年。數據來源：Ibbotson® SBBI® Classic Yearbook 2011.

均成長87.9%，而30年期滿則翻了6倍多。至於債券和短期國庫券，成長速度有如蝸牛一樣。債券組（第二欄）10年期滿算進通膨的初始資本增加了17.2%，而30年後僅增加61%。短期國庫券的成長率更低（第三欄），10年期滿通膨調整後的資本增加了4.5%，而20年後為9.2%。

你可能會說：「那還不錯啊，畢竟股票會上下波動。在不同持有期間內，股票表現優於債券或短期國庫券的機率各是多少？」好問題！看到股票長期下來跑贏市場是一回事，但正如英國經濟學家約翰‧梅納德‧凱恩斯（John Maynard Keynes）曾說過的：「長遠來看，我們都會死。」那麼，在我們仍能活著享受這些投資收益之際，它們在相對短期之內表現如何呢？

第五、六欄是股票在為期1至30年不等的情況下，分別跑贏債券、短期國庫券的百分比。如你所見，股票平均在4年之後簡直大滿貫。持有股票48個月之後，通膨調整後的表現優於債券的機率平均達73%，優於短期國庫券的機率則有77%，並且在15年後，分別逐步增加到94%、88%。持有超過15年的話，股票贏過債券和短期國庫券的機率衝到幾近100%。從長遠來看，股票顯然是這三類投資中風險最小者。

讓我們看一下過去其他時期裡股票和債券的表現。表14-2顯示1802至2010年的不同時期內，股票通膨調整後的表現優於債券和短期國庫券的機率，一共分作三個時期來分析：即1802至1870年、1871至1945年，以及1946至2010年。這項研究測量了股票表現優於債券、股票跑贏短期國庫券，以及債券勝過短期國庫券在1至30年期的各別機率。該表顯示，股票表現優於債券或短期國庫券的機率會隨時間增加。更重要的是，在二戰後1至20年內任何時期裡，股票表現優於債券和短期國庫券的機率，比之前145年還要更高。

拿5年期來說，股票擊敗債券的機率在二戰前兩個時期是65%，二戰後則增加到74%。在1946至2010年期間，20年期股票表現優於短期國庫券的機率達100%。在1802至1870年間，20年期股票有87%的機率能跑贏短期

表14-2　通膨調整後股票表現優於債券和短期國庫券、債券表現優於短期國庫券
的發生頻率，1802至2010年

持有投資組合年期		股票表現優於債券	股票表現優於 短期國庫券	債券表現優於 短期國庫券
1年	1802-1870年	63.8%	59.4%	44.9%
	1871-1945年	57.3%	61.3%	58.7%
	1946-2010年	63.1%	67.7%	49.2%
2年	1802-1870年	63.8%	59.4%	42.0%
	1871-1945年	60.0%	62.7%	65.3%
	1946-2010年	67.2%	73.4%	57.8%
5年	1802-1870年	65.2%	69.6%	40.6%
	1871-1945年	65.3%	69.3%	69.3%
	1946-2010年	73.8%	75.4%	60.7%
10年	1802-1870年	78.3%	75.4%	40.6%
	1871-1945年	80.0%	85.3%	76.0%
	1946-2010年	83.9%	82.1%	48.2%
20年	1802-1870年	87.0%	87.0%	30.4%
	1871-1945年	92.0%	98.7%	74.7%
	1946-2010年	97.8%	100.0%	50.0%
30年	1802-1870年	98.6%	92.8%	17.4%
	1871-1945年	97.3%	100.0%	76.0%
	1946-2010年	100.0%	100.0%	50.0%

資料來源：大衛・卓曼，2011年。數據來源：Jeremy Siegel and Ibbotson® SBBI® Classic Yearbook 2011.

國庫券。而這個機率在1871至1945年間更增加到99%。

　　但是等一下，股票贏的還不止這些。

金融末世錄之騎士四號：稅負

　　現在輪到金融末世錄的第四號騎士了：稅負，它凌駕在債券、短期國庫券以及其他固定收益證券的持有者之一。表14-3與表14-1形式上相同，

但顯示了戰後1至30年期間股票、債券和短期國庫券通膨調整後的稅後報酬率，其採用1946至2010年間平均最高的聯邦所得稅稅率60%，[*]算進通膨和所得稅後，年複合報酬率為4.4%。10年後投資人的資本將增加逾53%，20年後將增加135%。如表14-3所示，固定收入證券的稅後報酬率下降幅度更大，其最大的魅力在於，買入長期政府公債安全又有利可圖的程度，和在1929年10月24日之前全買入股票並駕齊驅。如果以60%稅階計算，投資人在二戰之後將10萬美元全投入長期國債，到2010年只能換成相當於27,000美元的購買力。是的，通膨和稅吞噬了73%的資本。[5]

研究結果顯示，短期國庫券的績效一樣差，而且就算稅階較低，對於持有者而言也沒差。最後，如果投資人投入10萬美元在績優股上，即市場公認「風險最大」的投資，算進通膨和60%稅率，這項股票投資組合的價值

表14-3　通膨調整後的稅後複合報酬率，1946至2010年

持有投資組合 年期	報酬率			股票勝出的百分比	
	股票	債券	短期國庫券	債券	短期國庫券
1年	4.4%	−2.0%	−2.2%	65%	71%
2年	8.9%	−4.0%	−4.4%	77%	77%
3年	13.7%	−5.9%	−6.5%	78%	81%
4年	18.7%	−7.8%	−8.6%	81%	82%
5年	23.8%	−9.7%	−10.6%	80%	79%
10年	53.4%	−18.5%	−20.2%	91%	88%
15年	90.0%	−26.4%	−28.6%	100%	98%
20年	135.3%	−33.5%	−36.2%	100%	100%
25年	191.4%	−40.0%	−43.0%	100%	100%
30年	260.9%	−45.8%	−49.1%	100%	100%

資料來源：大衛‧卓曼，2011年。數據來源：Ibbotson® SBBI® Classic Yearbook 2011.

---

[*] 平均最高稅階在1946至2010年間為62%，我保守採用60%此一數值，這還不含州政府和地方政府徵收的所得稅。有關這段時期完整稅率明細，請見注釋5。

在65年間將增加至160萬美元，是投資債券的57倍。

對於債券或國庫券，這是在大奏哀樂。越是長抱，樂聲越是哀凄。10年後通膨和稅負會吞掉你大約20%的資本；20年後則是35%；以此類推。最後兩欄再次說明，1至30年期股票表現優於債券和短期國庫券的機率，4年後會高出80%，而且時間越長機率越高。15年期滿股票有近乎100%的機率跑贏政府公債，98%的機率超越短期國庫券。因此，大多數人認為幾乎是「無風險」的政府證券，其實是輸家的遊戲。

如表14-1和14-3所示，普通股雖然在短期間波動較大，但是把時間拉長的話，其所提供的報酬遠高於短期國庫券和債券。

大家來找碴，這張圖有問題嗎？

如我們所見，現代投資組合理論的出發點，是投資人從「無風險」資產（通常是短期國庫券）獲得的報酬。所以，投資人會按波動性開心選出由無風險和高風險資產組成的最佳投資組合。問題在於，學術理論中的「無風險資產」，即短期國庫券，長期來說是一種風險最大的資產。

顯見，這種學術上的投資理論之假設與現實相去甚遠。理性投資人應關切的是儲蓄保值、增值的可能性，讓這筆儲蓄按照通膨和稅制來調整，並可因應退休或其他未來的需求。這才是其所面臨的最大風險之一。大多數投資人要著眼的時間範圍不是幾個月、幾季或一兩年而已，而是許許多多年，因為未來會需要資金來滿足諸如退休、大學學費之類的費用需求。說到底，這就是為什麼政府要設立延後課稅的退休金計畫、個人退休帳戶和類似計畫，並且讓成千上萬的投資人參與其中。大多數人的投資目標是，在盡量保本的情況下把錢放到未來要用到的時候，並藉此增值財富。

你已看到這項風險測量指標似是而非的一面，主要風險不在於短期股價的波動性，而在於你無法透過基金的實際成長來達到長期投資目標。對於投資時間範圍跨30年、20年、10年，甚至5年的投資人而言，過於關注短期波動將適得其反。短期波動率測量指標提供了一種安全假象，它會阻撓你透過長抱股票或股票等價產品（不動產、房屋、高評級私募股權投資等）獲得較高報酬率。由此我們得出了另一道重要投資心法。

　　操作心理導航30(a)：長期投資要成功，應採用股票、債券、短期國庫券和其他投資的長期報酬率作為風險測量指標。投資績效判定基準則要考量預期持有期間的長短。

　　操作心理導航30(b)：採用短期風險測量指標作為長期投資績效的判定基準，很可能會讓投資報酬產生巨大差額。這是今日投資人所面對最嚴重的風險之一。

危機四伏的短期國庫券

　　時間一久高下立判，股票可能贏過短期國庫券和債券，但正如我們所見，大多數投資人、受託人和法院仍然把重點放在短期金融風險上，而通膨和稅所帶來的更巨大更普遍的潛在風險，最多只是次要的考量。學術風險理論也接受了短期國庫券是無風險投資的慣性智慧。但就像大多數市場參與者一樣，金融學者還未將當前最大風險因素是通膨導致投資購買力下降的事實納入其理論架構中。

　　當我們根據通膨調整投資回報時，股票這類市場公認的風險資產顯得更加安全了。長抱股票的資本在通膨調整後有可能每10年翻1倍、每20年翻4倍，再加上他們在20年後超越短期國庫券和債券的機率分別達100%、98%，根本稱不上是「有風險」。*反觀所謂的「無風險」資產，長期下來則顯見越來越「有風險」了。因此，我們必須將近幾年來高通膨對於投資人以

---

* 在第二次世界大戰之後的時期。

至當代市場的影響,以及這些投資隱含的其他風險類型,都納入風險的新定義中。

更好的風險測量方式

那麼,有什麼更棒的風險測量方式呢?儘管商界和投資界有很多種定義,建議你從保存和提升你的實際購買力著手。投資的目的在於,基於通膨調整、扣除稅收(如適用)讓你的投資組合保本又增值。

至於現實版的風險定義,應認清資本會因通膨和稅負產生損失,所以至少要包括以下兩項因素:

1. 你選擇的投資在你打算投資的期間內保本的可能性。
2. 你選擇的投資在此期間勝過其他投資的可能性。

這些風險測量指標與學術型波動性指標不同,它們放眼的是未來會對這些基金有需求的一段時間(5、10、15、20或30年)。市場風險可能在幾個月甚至幾年內都十分巨大,但正如我們所看到的,時間一拉長就會迅速縮小。

表14-1、14-2和14-3說明,在通膨和稅負調整後,股票如何比過債券、短期國庫券,以及股票在任何時期都優於前兩者的可能性。細心如你,可能會對此提出另一個問題:「好吧,我知道股票擊敗債券和短期國庫券的機率會日益增加,但股票通常風光一陣子之後,在接下來幾年會死氣沉沉。這段期間,我有什麼機會獲得優於於債券或短期國庫券的報酬率?」

答案請見表14-4和14-5。表14-4顯示,戰後時期股票在通膨調整後平均報酬率最低為市場平均值的50%(第二欄)和最高為市場平均值的150%(第六欄)的機率,並按1至30年期列出報酬率高出這些水準的機率。

表14-4第一欄顯示,從1至30年期每段期間總投資組合的價值,這在

表14-4　股票達到各級報酬率的機率，1946至2010年

1.0＝起始投資，通膨調整後的數值

持有投資組合年期	市場平均報酬的50%		市場平均報酬的100%		市場平均報酬的150%		(7)	(8)
	(1)	(2)	(3)	(4)	(5)	(6)	(7)	(8)
	股票投資組合的平均價值	機率*	股票投資組合的平均價值	機率*	股票投資組合的平均價值	機率*	債券投資組合的平均價值	短期國庫券投資組合的平均價值
1年	103	(62%)	107	(55%)	110	(52%)	102	100
5年	117	(70%)	137	(59%)	159	(43%)	108	102
10年	138	(73%)	188	(63%)	254	(43%)	117	104
15年	162	(75%)	257	(59%)	404	(37%)	127	107
20年	190	(74%)	353	(52%)	644	(26%)	137	109
25年	223	(93%)	484	(51%)	1026	(12%)	149	112
30年	261	(100%)	663	(42%)	1635	(0%)	161	114

100＝起始投資價值

＊代表投資組合的價值期滿高於左列價值的機率。

資料來源：大衛‧卓曼，2011年。數據來源：Ibbotson® SBBI® Classic Yearbook 2011.

學術上的說法是相對財富。在1946至2010年任何研究期間內，通膨調整後平均報酬率僅有市場平均值的50%。這是很糟的情況，我稍後會解釋原委。第二欄顯示，1946至2010年任何研究期間內的報酬率超過市場平均值50%的機率會隨時間增加（只有極少數例外）。因此，持有1年初始價值為100的投資組合，會有62%或更高的機率在1年期滿增值3%以上（第一欄顯示103）。而10年期滿有73%的機率（第二欄）增值38%以上（第一欄顯示138）；25年期滿則有93%的機率增值23%以上（第一欄顯示223）。從過往歷史來看，市場報酬率直接砍半的情況只在大蕭條期間發生過幾次，而長期下來仍然帶來可觀的股票報酬率。

　　接下來看第七、八欄，它們顯示債券和短期國庫券的累計報酬。你可看

表14-5　股票達到各級報酬率的機率，1946至2010年

1.0 ＝起始投資，通膨加計稅負調整後的數值

持有投資組合年期	市場平均報酬的 50%		市場平均報酬的 100%		市場平均報酬的 150%			
	(1)	(2)	(3)	(4)	(5)	(6)	(7)	(8)
	股票投資組合的平均價值	機率*	股票投資組合的平均價值	機率*	股票投資組合的平均價值	機率*	債券投資組合的平均價值	短期國庫券投資組合的平均價值
1年	102	(58%)	104	(57%)	107	(54%)	98	98
5年	111	(64%)	124	(59%)	137	(52%)	90	89
10年	124	(73%)	153	(64%)	189	(50%)	82	80
15年	138	(71%)	190	(61%)	259	(51%)	74	71
20年	154	(63%)	235	(52%)	356	(48%)	66	64
25年	172	(66%)	291	(44%)	489	(29%)	60	57
30年	191	(89%)	361	(42%)	672	(6%)	54	51

100 ＝起始投資價值

＊代表投資組合的價值期滿高於左列價值的機率。

資料來源：大衛‧卓曼，2011年。數據來源：Ibbotson® SBBI® Classic Yearbook 2011.

到，即使只達到市場平均報酬率的50%，在任何研究期間裡，股票的表現仍然要比債券或短期國庫券好得多。再次說明，這是末日情境，因為投資長達25年僅賺到正常市場報酬50%的機率近乎零。你有93%（第二欄）的機會能表現得更好。即便是最壞的情況下，股票表現仍優於債券或短期國庫券。

　　當你拉長股票的持有年期，其與債務證券的高下立判。如前所示，如果你長期下來都能做到市場平均值，你的收益會很高；15年後，你的投資組合將升值157%，是債券的6倍、短期國庫券的22倍。25年後，你的投資淨值會是債券的3倍、短期國庫券的4倍，依此類推。剛剛看到的報酬類型並非一夜致富的捷徑，但的確是讓你的報酬高於市場平均值的合理可能性。如果你的報酬能達到市場平均值的150%（如第五欄所示），債券和短期國庫

券就全軍覆沒了。在我們最樂見的情況下，投資人賺取的報酬在15年後幾乎是債券的11倍，20年後更高達15倍。

　　無獨有偶的，股票即使在惡劣的情況下，長期下來的報酬仍比債券或短期國庫券來得高，而在較好的情況下更是表現優異。顯見該把錢投資在哪並非難以決擇。

　　在表14-5中計入稅負（按表14-4的方式）當然會降低股票的絕對報酬，但對於債券和短期國庫券來說，影響更大。同樣地，股票長期下來在任何情況下都能大幅領先債券和短期國債庫。[6]

　　首先來看報酬率達市場平均值100%（第三欄）的情況下，股票10年期滿有64%的機率升值53%以上，這個升值幅度高出（第七欄）債券71%。實際上，通膨和負稅收調整損及債券的報酬。

　　短期國庫券的同期表現甚至更糟。把時間拉長來看，投入10萬美元買股票，這筆投資10年期滿的價值，會比投入債券要高出近90%，25年期滿更幾乎是債券的4倍之多，明顯較為優異。相形之下，債券和短期國庫券同期則喪失了40%以上的購買力。

　　最後，讓我們簡單看一下如果股票10年期長期報酬率跑贏了市場，會是什麼情況。大多數投資人認為，這種情形在今日不太可能會發生，但包括我在內的少數投資人，基於一些理由（最末章會提到）認為有可能會發生。如果這個看似不可能的夢想成真了，那麼你的資本將在10年後增加89%，15年後增加159%。

邁向更好的風險分析

　　有證據顯示，債券和短期國庫券在二戰後的通膨環境下，長期來說不是股票投資的對手。於此，我用以下兩點來回答長抱股票會有多大的風險，而不是拿債券和短期國庫券來說明。首先，我查了戰後1至30年不等期間內，股票經過通膨（表14-1）、通膨加計稅負調整（表14-3）後，其表現優於短期國庫券或政府公債的頻率。我們看到股票在這兩種情況下都輕鬆勝出。時間越長，贏得越多。而短期國庫券或債券報酬低於股票的可能性則是在持有3至5年後呈現越來越高的趨勢。

　　再者，我檢視了持有報酬率遠低於市場標準的股票會產生的風險（表14-4和14-5）。它再一次說明，即使是這類情況（例如，股票長期報酬率只有市場正常水準的50%），它們在5年後仍然表現得比債務工具要好得多，而5年以內也不比它們差。

　　現在讓我們回到前述應該納入良好風險定義中的兩項指標：

1. 你選擇的投資在預計投資時間內保本的可能性。
2. 你選擇的投資在此期間勝過其他投資的可能性。

　　結論不言自明：股票同時符合這兩大要件。如果我們在戰後時期先應用了這套風險標準，股票長期來說會是風險最小的投資。打個比方，假設你現在30多歲，目標65歲退休，那麼你就應該買入績優股，因為你的資本有100%的機率增值，並且表現得比債券和短期國庫券還優異，同時有很高的機率贏過債務證券好幾倍。雖然沒那麼高，但以15年來說成功的機率還是很高，4或5年也相當不錯。從風險的角度來看，債券和短期國庫券跑輸的風險只有短短幾年看起來還可以，若想把未來寄望在這類投資的話，將難以見到回收效益，這在過去近65年一直是如此。

　　所以，我們看到了一種新的風險分析方法正在形成，該方法讓投資人在投入資金之前，能更實際地評估各類投資的風險。它不僅可以讓你確定報酬率優於或落後於其他投資類型的可能性，還可以判定機率有多大。若你能掌握較長期歷史績效的話，這套風險測量架構還可以適用於評估房地產、貴金屬或其他投資的價值。舉例來說，如果你想評估印象派藝術、其他藝術或收藏品相對於股票的投資效益，那麼蘇富比（Sotheby's）有一個可追溯至

1960年代的指數，《霸榮週刊》每期都會刊。

當然，這種方法還有調整的空間，可以讓你在這個迥異於過去的戰後投資世界裡，更精確地評估風險暴露的程度。

我們可以清楚從上列圖表中看到，自1945年以來，我們進入了一個投資新世界。通膨和更高的稅負對於固定收入證券*持有者造成直接而持續的影響。這種情況在戰後未減損股票報酬率，實際上更由於股價和股利飛漲而大增。從1949年中至1961年底，道瓊工業指數就漲了355%。

總而言之，關於風險，你可以從這些事件中學到的教訓，彙整於下列投資心法：

操作心理導航31：由於高通膨和稅負對於股票投資、不動產、住宅以及能從中受益的其他投資有大利多，風險結構已發生永久性的變化，恐不利債券和其他固定收入證券的長期發展。

如前所述，這種變化已經持續了60多年，但從心理上來說，我們關注的時期遠比60年短得多，所以很難對此風險動態有什麼反應。

其次，由於股票表現會上下波動，即使我們當中許多人都知道通膨長期下來肯定會對股價產生影響，也無法從心理上全面了解風險的變化程度。結果是，很多人看不清結論，讓我們以此為鑑：

操作心理導航32：已改變的經濟環境清楚地說明，我們越能長抱跑贏通膨的股票或其他投資，長期來說我們的財務狀況會越好。

本章圖表幾乎直接道出這些研究結果。

下面還有一則投資心法：

---

* 固定收入證券是指所有附息證券，包括公債、公司債券、無擔保債券和儲蓄帳戶。

　　操作心理導航33(a)：試著忽略近期的市場波動；如果你打算投資5年或者更久，真正的風險在於，手上沒有升值速度快過通膨的股票或類似投資。

　　操作心理導航33(b)：除非收益很高，否則勿長期投資債券、儲蓄帳戶或其他低息固定收入證券。它們是高風險金融工具，成功的機率很低。長抱越久，風險就越大。把它們當作滿足短期或中期需求的現金庫即可。

儘管這些圖表一清二楚，但是傳統思維扭轉得太慢。

於此，奈特教授如何區隔風險與不確定性對我們來說是極為重要的一課。股票和債券市場的表現在短期內都是不確定的，但不確定性會隨著時間轉化成風險。如果風險伴隨的勝率與股票一樣高，那麼風險就是我們的朋友。我們必須銘記，以股票和類似投資來說，風險轉化成勝率的可能性會隨時間增加。＊

不放眼在預計持有投資的時間而只著眼於短期，會讓報酬低於標準或預期。投資人最好是關注股票投資組合在持有期間的變化，別太在意短期的波動。

下列投資心法總結了這些發現：

　　操作心理導航34(a)：通貨膨脹和稅負會大為降低長時間持有股票的風險。

　　操作心理導航34(b)：通貨膨脹和稅負會大幅提高長期持有國庫券、其他債券和儲蓄帳戶的風險。

＊ 在過去的65年裡，股價僅在1969至1982年這15年間沒有上漲。儘管是在那個令人失望的時期，由於股利的關係，每年總報酬率還是有5%。到2000年，股價上漲逾12倍之多。相比之下，債券的表現實在慘淡。

　　塞勒是芝加哥大學行為財務學的研究先驅之一，他曾對我說希望股價不會日日都公布。原因在於，股價過度曝光，尤其在時機不好的時候，會引爆投資人倉促而愚蠢的決策。如果投資人將股票視為不動產，在無法天天都拿到報價的情況下，情況會好得多。塞勒說的沒錯，如果能明確專注在長期機率上，不要因按月逐年關注短期事件而有躁進或輕率之舉，大家都可能會表現得更好。

　　這些結果值得你細思量，特別是我們將在最後幾章試著預測未來，並合理推測投資人未來可能面臨的景象。請注意，我說的是「合理」。這仍然是一個充滿驚喜的世界，而我最不樂見的是，投資人認為未來已成定局。

第五部分

未來的挑戰與機會

第 15 章

他們用你的錢在賭

　　歡迎來到享譽國際的金融巨擘高盛。我們很榮幸能在這座世界上最壯觀的賭場接待你。我們有衣冠楚楚、謙恭有禮的員工，他們可是當今商界裡最有才華又頂尖聰明的佼佼者，幾乎每一位都具備高學歷以至博士學位。他們訓練有素，可以在投資這場賭局裡，從各方面協助你。這座精緻投資賭場還有數以百計的傲人遊戲、專業服務任君差遣。從令人血脈賁張的「合成式」（synthetics）到全新的「異型」（exotics）投資組合等極為特殊的玩家機會，只有我們獨家提供。這些優秀的人才已準備就緒，迫不及待要讓你知道，你所選的遊戲勝率有多高，已是勝券在握。

　　我看到你走進這座華麗的賭場，一到大廳，眼前是琳瑯滿目的誘人遊戲，有些甚至是你從未見過的。玩家們興奮不已，桌上堆滿籌碼。你明智地選了一個你知道的遊戲，接著走向一張漂亮的紅木輪盤桌，下了一些籌碼，一身帥氣華麗的荷官拋下小銀球，接著轉動了輪盤，最後滾球落定綠槽裡。你知道綠色通常代表37分之一的機會，因此你選了紅色，應該能有一半的機會把錢翻倍。荷官又拋了一下球、轉動輪盤，球再次落入綠槽。你知道落在這區的機率相當小，所以還是選了紅色。然而，大出意料的是，這顆球前10次竟然有8次都落在綠槽。

　　你簡直不敢相信眼前的一切，決定賭上所有運氣，把籌碼全押在綠色。荷官推開你的籌碼，重新切到你面前。你抬頭問為什麼這樣做，他客氣地說：「對不起，先生，我們的輪盤賭限綠（譯注：此處是賭場用語，直譯則為綠色是禁止與賭場對賭的顏色）。」

　　一位老前輩站在你身後旁觀這一切，說道：「孩子，這真是該死的輪盤。賭場為了改造它可花了好幾年。」他還說，要有多厲害的金融工程師才能做到今天這樣。最初每回拋球只有幾次會落進綠槽，但在鬼才工程師的努力之下，球落入綠槽的次數不斷增加。現在，每拋10次有8次會落在綠槽，這正中賭場的下懷。

　　「因為你只有35分之一的機率會贏，賭場很賺，而且他們還有其他搖錢樹。如果你沿著賭城大道走，會發現摩根士丹利、瑞士信貸（Credit Suisse）、花旗集團和其他十幾家場子也不賴。雷曼兄弟和貝爾斯登都曾風光過，只可惜他們垮了。」

　　他這麼說完後，你心有定見走為上策，但仍想知道賭場優勢從何而來。在拉斯維加斯，這種賭場不到一個小時就會被迫停業。在舊西部（Old West），賭場老闆硬是要出老千的話會被絞死，但在華爾街卻佳評如潮。不僅如此，你還投訴無門，因為心知肚明監管機構和這些賭場是同一掛的。

　　這個故事當然是純屬虛構。我們都知道投資銀行和銀行旗下沒有賭場，至少不是直接經營賭場。故事裡的細節也非真實。所以再往下讀，如有雷同的話，純屬巧合。

　　那麼，這次還是他們嗎？

唱出紓困的藍調

　　「地表最強國家美國怎會陷入如此可怕的境地？」在國會2008年底通過了7,000億美元的問題資產紓困計畫後，我在《富比士》上這樣寫道。「這筆7,000億美元的救助專款讓我不由得皺起了眉頭，這是必要之惡，但我身為投資人，感覺一點也不好。」這篇文章接下來的內容，就是這場史上最慘烈的金融海嘯之所以會爆發的前因後果。[1]

社會大眾仍然十分擔憂金融紓困以及金融海嘯帶來的高失業率。由於數百萬人被趕出自己的家，不滿的情緒持續發酵。讓很多美國人忿忿不平的是，這場金融海嘯的作惡之徒沒人被判處監獄服刑，最高被罰1億美元就輕鬆脫身了。最後也可能最為嚴峻的打擊是，那些使美國經濟幾近崩潰的金融高官還有7位數和8位數的獎勵。茶黨（Tea Party）崛起（譯注：茶黨是2009年由小型地方團體組成的組織，以1773年波士頓反抗英國課徵茶葉稅的理念凝聚而成的草根性政治運動），以及美國共和黨在2010年11月期中選舉橫掃了眾議院，顯見選民對於建設性改革和創造就業機會之拖沓有多麼不滿。然而，大眾輿論的意見是否接近事實真相，還是背離了事實？

二個兩黨國會委員會（說來怪哉，都是跨黨派的）從數十萬封電子郵件取證並獲得大量證詞。聯準會和美國財政部則在聽證會之前，對於接受紓困的銀行和投資銀行家並未多作解釋。我們今天是因為國會委員會全面徹底調查，才得以窺知一二。

我們知道的實情有時真的讓人瞠目結舌。銀行家們把投資大眾騙得團團轉，他們的貪婪可謂空前絕後、無人能敵。是的，國會已採取措施防杜某些蠢事再發生，但病灶未除問題仍在。為了防微杜漸糾出成因，讓我們快速了解一下實情。

首先來看看聯準會在現任與前任主席任職期間的角色，以及前兩任和現任政府高官的角色，然後再檢視銀行、投資銀行和其他主要參與者。沒有哪一方可以在這場金融海嘯或大衰退中單獨卸責。如我們大多數人所知，這場風暴是許多因素匯聚而成，幾近無懈可擊。許多人並不知道無能失職、錯誤的意識型態、鮮為人知的特殊利益集團居間扮演的角色，以及集體貪婪的力量有多巨大，而這些無一不是這場風暴的關鍵因素。

這些沉痾該怎麼解決當然不在本書的討論範圍之內，但了解其所造成的隱患，將有助於投資人了解這些無可迴避的問題。

主席先生

　　容我向你介紹一位美國歷史上左右經濟大權的大人物。他不是富蘭克林‧羅斯福（Franklin Delano Roosevelt）或隆納‧雷根（Ronald Reagan）等政治人物，但由於成千上萬的人認為了不起的經濟舉措全出自他的手，因此尊稱他為「德菲爾神諭」（the Oracle）（譯注：希臘神話中阿波羅神的神諭，被認為能夠預見未來）。世人認為他做的事不僅挽救了美國經濟，還拯救了全球企業。我說的當然是葛林斯潘博士。他擁有經濟學博士學位，且於1987至2006年間擔任聯準會主席。對華爾街而言，他的發言是投資人眼中的德菲爾神諭。

　　在葛林斯潘擔任聯準會主席期間，似乎有股強大的意識型態驅使著他。眾所周知，葛林斯潘師事艾茵‧蘭德（Ayn Rand），即《阿特拉斯聳聳肩》（*Atlas Shrugged*）的作者，很多自由主義者思想的啟蒙者。葛林斯潘曾在20多歲時參加了由蘭德主導的客觀主義（Objectivist movement）運動，因此熱衷自由市場，反對美國大政府的控制，同時也為蘭德名著《資本主義：未知的理想》（*Capitalism: The Unknown Ideal*）撰文數篇。他早年還是金本位（gold standard）的堅決擁護者，極力反對聯準會被賦予增減貨幣供應量的權力。他多年來一直與蘭德保持密切聯繫，強烈信奉解除管制。美國前總統雷根在1987年夏季任命葛林斯潘就職聯準會主席時，蘭德和他的母親還一起參加了他的就職儀式。

　　葛林斯潘在從政之前信仰的哲學相對簡單：管制是不好的，自由企業才是正道。他甚至在NBC節目《會晤新聞界》（*Meet the Press*）上宣稱應該廢除反托拉斯法。他不僅想全面取消新政（New Deal），還想撤消共和黨總統老羅斯福（Theodore Roosevelt）在20世紀初期解散托拉斯的工作。他曾於1996年對美國銀行家協會（American Bankers Association）演講闡述他的觀點：「如果不管制銀行，它們將承受自己願意承擔的風險，市場也將自行對債務評等，並據此反應價格。」[2]是的，就這麼簡單和天真，而且還很成功。實際上，正因為如此成功，以至於鬆綁銀行管制在10多年後成為銀行和經濟風暴的關鍵因素。這位領導聯準會20年的人從未考慮到現代銀行的複雜性、規模和相互依賴的程度。

葛林斯潘似乎倡導的是更早期的自由企業形式，即1830至1840年代的自由放任主義。在他眼中，過去那些基本理念在現今世界依然能運行無礙。他心中幾近狂熱的理想主義似乎忽略了，那並非完美的時代。大多數人的生活極度貧困，50%至60%的英國人口營養不良；童工現象甚為普遍；大多數人每週工作7天。「別在星期天來，也別在星期一過來」是英國工業家常在工廠大門上張貼的字條。英國各地監獄人滿為患，關的都是債務人。在一些工業城市和倫敦都發生了大暴動，抗議各種惡劣的情況，而贏得滑鐵盧戰役（Battle of Waterloo）、人稱「鐵公爵」（the Iron Duke）的威靈頓（Wellington）則擔任首相。很諷刺的是，如果葛林斯潘生活在那個美好的時代，他成功的機會應該幾近於零，因為上層階級霸占了主要職位。從本質上來說，他還活在19世紀初期。

葛林斯潘很幸運的是，出生得晚，所以能這麼成功。葛林斯潘在其職涯顛峰時期被公認為是有史以來最能幹的央行行長。他是金融界的救世主，暱稱「先知」或「神諭」，對於不斷演進的金融和經濟問題，大多數人都以為，他好像全知全能，會為世界帶來和平與繁榮。

他發布的聲明或演講每每是新聞事件，會立即傳遍全球金融市場。沒他講話或到場的經濟論壇，只能靠邊站。他的畫像以15.04萬美元的高價出售，[3]想與他共進晚餐則要花上25萬美元。[4]自其就任聯準會主席以來，美國歷任總統從雷根到小布希、參眾兩院大多數議員，無論是民主黨還是共和黨人，大多對他言聽計從。

葛林斯潘每次在國會露面之前，華爾街都會先行猜測他的談話內容。他的演講經常是電視現場直播，而演講內容會提前發給媒體。儘管他說的每句話都會有成千上萬的人拿去分析研究，但是其演講和聲明總是拐彎抹角、令人費解。

對我而言，他的聲明不僅難以解讀，而且似乎常與他先前的論述相矛盾。我向其他基金管理人提過這點，或在《富比士》專欄也提過他的發言不夠清楚，然而，我得到的回應是，那是聯準會主席特有的表達方式，還有人說這就是先知說話的方式。葛林斯潘告訴著名的記者暨政治作家鮑伯‧伍德沃德（Bob Woodward），他想藉此讓金融界不知所措，讓他們永遠無法完全理解他的做法，他稱之為「建設性的語意模糊」（constructive ambiguity）。[5]

如果他說的話模稜兩可，對照之下，其擔任聯準會主席近20年的種種做法就不是這樣了。他的一舉一動在這場史上最嚴重的金融海嘯中有極其重要之作用。驚人的是，儘管他在關鍵問題上的決策是一致、可預測的，而且一再重複，但在那些密切關注聯準會的人當中，少有人掌握得了他的決策模式。

葛林斯潘不希望任何層級的政府機關實施外部監管，他也不希望聯準會對銀行和其他金融機構執行監督者角色，或依職權保護消費者。他堅信，無論公司規模、產業或客觀環境如何，它們會根據自己的利益自我規範。在葛林斯潘擔任主席的近20年裡，其大多數重大行動有著濃厚的自律監管色彩。

葛林斯潘與財政部長羅伯特‧魯賓（Robert Rubin）和哈佛經濟學家桑默斯一起推動撤銷前總統柯林頓政府制定的《格拉斯—斯蒂格爾法案》，桑默斯的政治色彩濃厚，後來也成為財政部長。該法案限制商業銀行與投資銀行競爭的權力，從而大幅降低其可能承擔的風險，在當時大體上也運作良好，是葛林斯潘帶領的聯準會發起撤銷，他從1980年代後期便陸續開始重新解釋《格拉斯—斯蒂格爾法案》，並逐漸提高銀行擴展其他業務的能力。[6]

聯準會和財政部的決策基於個人意識型態所做重大決策，左右著大多數美國人的福利和生計，而這些意識型態往往與選民的想法相左。

事情就這麼簡單嗎？

葛林斯潘同時也是「解除衍生性金融商品管制的主要支持者」。[7]在柯林頓政府最後1年任期裡，很多有見識的人擔心，去管制化會讓使用安全性嚴重下降。時任美國商品期貨交易委員會主席布魯克絲莉‧伯恩（Brooksley Born）便是反對者之一。她試圖納管包括信用違約交換在內的衍生性金融商品，這些極其複雜致命的商品正是日後摧毀美國國際集團的凶手，而一大票金融機構和避險基金也差點栽在它手上。伯恩當時會見了時任財政部長的魯賓、桑默斯，噢，還有葛林斯潘，他們幾位抵制勢力在1998年4月21日輪流說服她解職。[8]據報導，桑默斯的立場（說得厚道）是非常堅定。伯恩因為反對去管制化被迫退出柯林頓政府。[9]

魯賓和桑默斯在葛林斯潘的鼎力支持下，推動《2000年商品期貨現代法》（Commodity Futures Modernization Act of 2000），該法案在柯林頓任期的最後1個月簽署，正式成為法律。這些有毒衍生金融商品去管制化對於市場的影響十分巨大。柯林頓總統在2009年4月告訴ABC News，他接受魯賓部長及其親自挑選的繼任者桑默斯的建議：「關於衍生性金融產品，我認為他們確實是錯了，而我接受了錯誤的建議。」[10]

在金融海嘯發生的前幾年，就有人對衍生性金融商品的破壞力提出許多警告，這些人都非常了解金融。精明如避險基金經理人喬治‧索羅斯（George Soros）憑藉放空貨幣交易被稱之為「打敗英格蘭銀行的男人」，也避免使用這類合約（譯注：索羅斯曾在1992年大量放空英鎊使得英鎊大跌，結果最後硬撐英磅價值的英國被迫退出歐洲匯率體系），「因為我們真的不了解它們是怎麼運作的。」[11]菲利克斯‧羅哈丁（Felix Rohatyn）在1970年代曾拯救紐約市免於破產，他將衍生性金融商品描述為潛在「氫彈」。巴菲特在2007至2008年市場崩潰的前5年就有先見之明，他觀察到衍生性金融商品是：「大規模毀滅性金融工具，有潛在危險性，還可能會帶來致命的威脅。」[12]這些警告一如既往沒人重視。

　　從1990年開始，聯準會連續4年大幅降息。信貸更好過，而金融科技快速發展也引發店頭衍生性金融商品市場爆炸性成長，衍生性金融商品的名目金額在1995年達到25兆美元，到了2005年又成長了10倍。

　　葛林斯潘在鬆綁衍生性金融商品管制方面厥功甚偉，也從未看出什麼警訊，因為這完全合乎他的信念，即衍生性金融商品市場無須監管也能運作良好。甚至在1990年代中期衍生性金融商品醜聞衝擊市場，使得投資人損失了數十億美元時，葛林斯潘的政策也未有動搖。他在2003年向參議院銀行委員會作證時說：「我們認為更嚴格管制這些合約是不對的。」[13]葛林斯潘在2008年市場崩潰期間曾於喬治城大學（Georgetown University）發表演講時說，問題不出在衍生性金融商品市場身上，而在於那些起了貪婪之心者。美國聖地牙哥大學（University of San Diego）法學院教授暨衍生性金融商品與金融管制專家法蘭克・帕特諾伊（Frank Partnoy）直言不諱地反駁：「衍生性金融商品才是這場危機的真正禍源。」[14]

　　葛林斯潘在其政策陸續失敗後，很明顯仍繼續頑固地推行去管制化。因此，當我們快速回顧一連串促成這場大規模金融海嘯的重大決策時，應該提出的關鍵問題是，聯準會對經濟造成嚴重破壞之後，是否應被削權。

　　一如葛林斯潘主席對衍生性金融商品固執己見，他在不採取任何行動抑制不動產泡沫化所造成的供給過剩上，更是有過之而無不及。

　　次貸問題並非從2004至2005年才開始，而應該再往前追溯約莫10年到1986年的《稅制改革法案》（Tax Reform Act），該法案允許主要住宅和第二住宅的房貸利息可以扣除。[15]由於消費性貸款無法扣除利息，這使得次貸成本比消費性貸款還要低。該法案如同為那些因信用評等低而無法獲得普通抵押貸款的人打開了新市場。現在要拿到信用貸款不再是問題了，只是利率高了些，因此這個看似有利可圖的新業務，吸引大批金融公司（也就是放高利貸的人）蜂擁而至。

1997年，可疑的會計問題、欠款和違約率都高出預期，再再說明金融業明顯低估貸款風險而開始自亂陣腳。1996年承作這項新貸款的前十大創始機構中，到2000年只剩下一家。信用評等機構、聯準會、監管機構和銀行是否還記取這個慘痛的教訓？眾所周知的是，他們並沒有。才過了1年，次貸需求再次激增，房價急飆飛漲。房地產泡沫化於焉開展。

次貸雪球

在1996至2000年高科技泡沫崩潰之後，葛林斯潘主席領導的聯準會大幅調降利率，制定了非常寬鬆的貨幣政策，緩解估計超過7兆美元的巨大市場損失。在2000至2002年市場崩潰後，聯準會擔心這些損失可能會造成消費市場嚴重緊縮，影響企業減少支出，從而使美國經濟陷入衰退。所以，為了防止這種情況發生，隨著高科技泡沫的破裂，聯邦資金利率連降13次，從2000年中的6.5%降至2003年中的1%。長期國庫券利率則從7%降至4.5%。[16]

高科技泡沫在2000至2002年破滅後，人們意識到，儘管許多人在市場上損失慘重，反觀住宅，雖然在資產淨值中占了最大比重，不但完好無損，而且還在穩步上升。從2002年開始，房地產市場掀起一陣熱潮，正如我們所見，供給過剩成為禍首，幾乎摧毀了全球金融體系，也讓整體經濟氣候陷入1930年代以來最糟糕的處境。

2002至2007年間，新購置住宅的房貸放款創始金額（originations）達12.5兆美元。高風險的次貸放款創始金額，遠遠超過一般抵押貸款，從2002年僅占整體房貸比重的6.6%，到2006年已高達21.7%。[17]次貸市場拿下了大滿貫！

但就像金融產業常會有的事，真相不存於漂亮年報或季報誇誇其談的字裡行間，而是隱祕在厚厚的後頁注腳中，暗禱永不被發現。

金融賭場全新開發的遊戲

眼下房貸只提供給收入和財務資源最有限的買家，房價飛漲，而購屋者排隊等著入列。抵押貸款公司、不動產投資信託（real estate investment trust, REIT）連同承作次貸的機構，也就是銀行和投資銀行家們，都意識到這是他們一輩子可能僅有一次的機會，一定得好好抓住。

次貸業務員因為大筆的獎勵廣發貸款。許多抵押貸款銀行家（這其實是無良房貸業務員的漂亮頭銜，比起他們的道德水準，大多數二手車業務員要顯得有原則多了）每年能賺到百萬美元以上，還外加豐厚的福利津貼。他們賣的商品比桌上擺了幾天的腐魚還臭。

房貸放款機構的目的，是讓那些收入極低甚至沒有收入或工作的民眾，藉著次級房貸和次優級房貸戶（Alt-A）的承銷標準放寬*更容易獲得房貸，這樣一來人人都買得起房子。很少人質疑貸款的品質，以致於所有購入商品會和其他類似抵押貸款商品綁在一起，推銷給這些急著買房的客戶。

噢，是的，花旗銀行、美國銀行、美聯銀行、高盛、摩根士丹利、雷曼兄弟和貝爾斯登的銀行家，都參與了這場賭局。他們不僅從抵押貸款銀行家那裡認購抵押貸款債權，而且還大肆收購這些銀行。這種垂直整合代表這裡頭有更大的利潤。†

然後，這些抵押債券由穆迪、標準普爾或惠譽等信用評等公司來評核。正如我們所見，房貸組合（mortgage pool）評級結果往往高過真正的品質。銀行從評等機構獲得的評級越高，抵押貸款商品就越好賣。沒人想查看底下真正的抵押品究竟為何。這種商品需要快進快出，而事實證明，它的確衝出數千億美元的交易量。

---

* Alt-A 是次優級房貸戶，包括無法提供足夠的所得證明以及融資比率較高的借款人。
† 大多數房貸撥款給貸款人後，銀行將債款轉賣給房貸抵押證券發行機構，由發行機構進行擔保，包裝成債券賣給機構型客戶、避險基金和其他買家。這過程即是房貸抵押證券化。

等你壯足了膽子，我們立刻掀開看看這裡頭的內幕。裡頭有各式各樣保證會讓買家虧成大魯蛇的商品。再速速瞄一下抵押貸款仲介或承作貸款機構的辦公室，那裡有各種好東西，等著想接手的債權人（譯注：又稱抵押權人）上門。

　　他可能會這麼說：「我們這裡有忍者，產品跑得超快。」「什麼是忍者？」有人這麼問。「嗯，實際上，這是業務們用來稱呼此類抵押貸款的縮寫代號。它代表購屋者沒收入、沒工作、也沒資產的抵押貸款。但請不必擔心，房市炒得可熱的，房價還會漲，一切都穩穩當當。」貸款仲介可能會這樣告訴你。

　　另一位推銷員會接著說：「看看那邊，我們正有專人負責負攤提房貸（negative amortization mortgages）。忍者買家真的很喜歡這種產品。」請問這又是什麼？其實很簡單！買方在2、3年內無須支付房貸利息，就可以立即搬進去住。3年後，由於未償還利息滾入本金，他欠下的債務變成原本的140%，但沒有銀行或抵押銀行家會在乎。他們將這些抵押貸款的債權，像燙手山芋般丟給了機構型買家。這一切對他們來說都會變成利潤，有些是馬上落袋為安的巨額佣金以至數百萬美元的年終獎金。

　　有誰會貸20萬美元給口袋空空的買家，還巴望他3年後還得了28萬美元？回想起來，答案再簡單不過了，那就是我們納稅人，是我們紓困了銀行。

　　接下來，我們進入次貸拍賣場裡最大的區塊：指數型房貸（adjustable-rate mortgage, ARM），它通常會以很低的誘騙式優惠利率來吸引顧客。有兩種非常受歡迎指數型房貸分別為2-28和3-27。2-28指數型房貸指的是，房屋貸款固定利率為2年，其後的28年浮動利率為11%或12%。3-27指數型房貸則是房屋貸款固定利率為3年，接下來的27年浮動利率為10%至12%。指數型房貸非常搶手，占2005年所有次貸放款創始金額的80%，即超過170萬筆交易，在整個2000至2007年房地產輝煌時期則占了70%。[18]

　　葛林斯潘主席等於是代表聯準會批準了次貸，他曾說，次貸通常比固定利率抵押貸款還便宜。這是因為一般固定利率抵押貸款的間接管理費用和隱含費用比次貸低得多，前者貸款契約到期給付成本可能是6%，而次貸要10%或更高。其實我不太理解他是怎麼算的。

　　再說一次，我們只是大致說明一下次貸和次優級房貸，但我希望你現在更了解實際情況了。次貸買家很多只是一般老百姓，而這些花言巧語的業務就專攻這些少數族群、老年人，以及那些對於自己簽下什麼冗長而複雜的房貸文件一無所知的人。聯邦調查局（FBI）、地方當局以及法院已受理的這類受害案件已達數千起。安杰洛・墨茲羅（Angelo Mozilo）是全國金融公司（Countrywide Financial）的前執行長，總是蓄著時髦俐落的髮型，一身布里奧尼（Brioni）名品西裝，帶著古銅色膚色。他是美國最大咖的次貸貸款人，在2010年10月美國證券交易委員會達成了協議，同意支付6,750萬美元和解金。[19]

　　當然，當初認購這些抵押權的人當中有投機者，也有熱切的推銷員，但是如果有人有機會在上升市場中以小博大，這就近似以便宜保證金買入股票。賣方如果願意的話，會有很多繁複手段來追查買方的信用，以及其是否有能力到期償還本息，但很少人這麼做。次貸產業打從一開始就存在致命的問題。許多人甚至負擔不起2%或3%的初期優惠利率，更別說在24或36個月後爆增為4至5倍的利率了。這是個註定失敗的構想，也的確失敗了。

聯準會和監管機構在哪？

　　一個像葛林斯潘這樣的人，能在20年來發揮如此之大的影響力，著實令人不安。

　　這位先知在擔任聯準會主席期間留下了非凡的紀錄，在此期間發生了美

國歷史上兩次最嚴重的金融崩潰，分別是1987年，和2000至2002年。*他
還在2002至2006年的房地產泡沫中擔當大任。接著他在1929年以來史上最
嚴重的市場崩跌，以及西方歷史上最慘烈的金融海嘯爆發前不久就下台了。
翻開聯準會的歷史，沒有其他主席在任職期間遭受過一次以上的市場崩潰，
絕大多數根本連一次都沒有經歷過。

　　為什麼全國性和各地方媒體從2006年開始卻一再報導房貸問題，但這
位先知或他的繼任者柏南奇以及其他聯準會高官們卻什麼也沒發現呢？他們
為什麼一直等到住宅市場重挫幾個月後才意識到問題的嚴重性？

　　諾貝爾獎得主克魯曼和普利茲獎得主摩根森從2006年起，都曾多次從
各面向探討次貸問題。而或許《紐約時報》對他而言太自由了，畢竟，他自
稱是自由主義者。《華爾街日報》也談到了這些問題，全國各地的州政府都
在採取措施，禁止部分承作房貸機構的糟糕做法。葛林斯潘早在2007年秋
天就承認，他未察覺次貸危機會爆發，這已是危機發生後10個月之後了。[20]
聯準會似乎暗中鼓勵監管不足的做法，甚至在葛林斯潘終於看到了危機將臨
之時，聯準會也沒有採取任何因應措施制止一些公然胡搞的借貸做法。實際
上，聯準會還在那段時間出手阻止北卡羅萊納州和其他州對抗特許銀行的不
良作為。

　　早在2000年，葛林斯潘就回拒聯準會理事愛德華·葛雷林奇（Edward
Gramlich）的提議，葛雷林奇要求聯準會不僅要審查銀行，也要檢視承作
次貸機構的貸款做法，並多次提到次貸機構的銷售行為極具危險性。這位
次貸領域的專家意識到次貸市場將要爆炸，他竭力要求加強監管，並向葛
林斯潘提出這樣做的必要性。但是天有不測風雲，葛雷林奇在2007年出版
一本名為《次級抵押貸款：美國近日的繁榮與蕭條》（*Subprime Mortgages:*

---

* 平心而論，他是在1987年市場崩盤前幾個月才上任的。但是他身為效率市場的堅定信徒，很
　有可能會支持那些造成1987年大股災的政策。他在股災爆發後的言論支持了這個說法。

America's Latest Boom and Bust）的書，針對次貸的危險性吹了哨，然而沒多久就因白血病過世了。他是當時的真正英雄之一。葛林斯潘在2008年被問及他是否意識到這些危險時，他只是說：「原來我錯了，這讓我既驚訝又懊惱。」[21]這個反省對於那些當時受到重創，以及危機後仍在受苦的數百萬美國人來說，又有什麼用呢。

　　葛林斯潘有權根據國會1994年通過的法律《屋主權益保護法》（Home Ownership and Equity Protection Act, HOEPA）來控制房貸業者的行為，但是他的反監管信念如此之強烈，以至於他堅決反對這樣做。

　　先是他在2005年擔任聯準會主席時固執己見，再來是他的繼任者柏南奇，在2006年完全錯過讓聯準會採取必要措施用力刺破泡沫的機會。[22]更糟糕的是，聯準會的拒絕行動鼓勵了這些做法，從而導致數十萬次貸借款人和大批房貸機構深受其害。聯準會在幾乎整個房市崩潰過程中都是消極被動的，毫無主動作為。

　　當聯準會意識到問題有多嚴重時，為時已晚。2007年，即使泡沫已經破裂，葛林斯潘和柏南奇仍繼續發表聲明粉飾太平。柏南奇在2007年3月下旬說：「此時……次貸市場問題對整個經濟和金融市場的影響似乎控制住了。」[23]他在雷曼兄弟倒閉前3個月竟然還在說：「經濟陷入『大跌』的危險走勢似乎已經趨緩。」[24]

　　葛林斯潘和情節較輕的柏南奇，是怎麼鑄成大錯的？根據諾貝爾經濟學獎得主康納曼的說法，在美國國會2009年針對2007至2008年經濟崩潰所舉辦的一場聽證會上，葛林斯潘承認他的世界觀是錯誤的，這相當發人深省。他原本期望並相信，金融機構會維護自身的利益，因為它們是理性，而市場也是理性的，不可能會鋌而走險威脅到自身的生存。康納曼的論點是，葛林斯潘錯在，金融機構與其經理人（代理人）的利益目標存在巨大的鴻溝。前者看的是長期獲利能力，而後者短視近利，他們的決策是基於晉升機會、高薪和獎金。如我們所見，這些高層就算利字當頭甘冒大險，最後也能毫髮無傷輕鬆脫身。元氣大傷或一蹶不振的是，他們管理的公司。

納西姆‧塔雷伯（Nassim Taleb）是康納曼的密友，同時也是財經暢銷書《黑天鵝效應》（*The Black Swan*）的作者，他這樣說道：「人們根本不願意接受他們實際上承擔著巨大風險的事實……聯準會前主席艾倫‧葛林斯潘……在他上班時閉著眼睛駕駛一輛載滿孩童的校車。」[25]

不只是聯準會舉措完全無從應對危機，把經濟脈動交給聯準會掌控，再加上嚴重的流動性危機，已經深深切斷這個國家的金融動脈近18個月，事發至此，聯準會看來還未意識到2008年9月即將降臨的大崩潰。

聯準會是否權力過大是一個爭議性的話題。但顯然地，它在流動性危機和大蕭條期間並未妥善運用它的權力。根據這些學識淵博的央行銀行家，包括主席柏南奇在內的說法，聯準會在大蕭條期間並未行使職權，但在2007至2008年金融海嘯爆發前幾年，聯準會在傑克森‧霍爾（Jackson Hole）央行年會中暗示，聯準會採用的方法太過複雜，經不起毀滅性的金融海嘯再次發生。

諷刺的是，國會和歐巴馬政府在2010年《金融改革法案》（Financial Reform Act）中賦予聯準會更大的監管權。

此情此景還會再現嗎？有可能。柏南奇過去一直延續葛林斯潘的政策，直到大勢已去。儘管他在2010年底說過我們需要更多監管，但他在2007年初的確不是這樣說。我認為柏南奇不是另一個葛林斯潘的另一任，否則他會繼續奉行葛林斯潘的政策。但是，當見風轉舵者成了聯準會主席之後，能有什麼作為呢？無論他是極端了點的自由放任主義者，還是社會主義的信徒，我們還是無法阻止他對貨幣政策的影響。

我們接下來要簡短地探討，聯準會以及前兩任政府支持破壞性的非交易所內交易之衍生性金融商品（non-exchange-traded derivatives）所帶來的後果，以及在後格拉斯—斯蒂格爾法案環境之下，銀行監管政策若過分寬鬆，將如何讓銀行和投資銀行家占盡金融體系的便宜，直到他們把自己和金融體系推向崩潰邊緣。

與金融體系對賭

在本章開始時，我們簡短瀏覽了信用評等機構（credit-rating agency, CRA）、標準普爾、穆迪和惠譽，並指出它們對不動產抵押證券（mortgage-backed security）的信用評等過高。信用評等機構安然度過了1929年大崩盤和經濟大蕭條，而他們的評核在經歷過那段艱難時期後更是堅若磐石，長期下來越來越受到尊崇。投資人仰賴他們的評等，從而準確評估公司證券的債信風險程度，其評等結果可說是普世認可。

那麼，為什麼他們要毀掉100多年的聲譽呢？答案正如惡名昭著的銀行搶匪威利‧薩頓（Willy Sutton）在1930年代所說的：「因為錢就放在那裡啊，笨蛋。」這是當時記者問他為何搶銀行時所得到的回答。[26]

三家頂尖的信用評等機構風光賺大錢，和本章前面討論的信貸業者如出一轍。他們的收入從2002至2007年爆增1倍以上，由不到30億美元大幅成長到超過60億美元，而主要都來自對複雜的金融工具所提供的評核服務。

銀行和投資銀行家銷售的所有證券都需要高評等才賣得動。穆迪和標準普爾在次貸泡沫高峰期，曾分別將數千支次貸產品評為AAA最高評等。正如參議員安吉利代斯，同時也是專責調查信用評等機構的金融海嘯調查委員會（Financial Crisis Inquiry Commission）主席所言：「穆迪做得很好，但仰賴穆迪評等的投資人就不太妙了。從2000至2007年，穆迪將大家垂涎的AAA評等，發給了42,625筆不動產抵押證券。穆迪簡直成了AAA評等工廠，光是2006年就有9,029筆不動產抵押貸款拿到了穆迪發出的AAA評等。」[27]

標準普爾也不遑多讓。相比之下，實力最強的美國公司或外國政府能拿到AAA評等者並不多，但他們的債信程度和次貸商品根本有如雲泥之別。

對於信用評等機構來說，評核服務是很賺錢的業務，服務費用及範圍小到5萬美元的單純投資產品，大至100萬美元以上超複雜的多層抵押債務債券都在其列。*

評等機構靠這些服務就能錢滾錢。穆迪光是住宅房貸擔保證券和抵押債務債券評等，2002年就進帳6,100萬美元，2006年則成長到2.08億美元以上。從1998至2007年，穆迪靠著複雜金融工具評等，收益成長523%。[28] 標準普爾在評核服務的收入則從2002年的5.17億美元，翻倍成長到2007年的11.6億美元。在2002至2007年間，標準普爾的結構融資收入成長達3倍之多，從2002年的1.84億美元成長到2007年5.61億美元，其中有很大一部分來自抵押債務債券。

耐人尋味的是，這場自大蕭條以來最嚴重的金融海嘯，是幾千支擁有AAA評等的次貸商品所形成的骨牌效應，在市場崩潰之後，標準普爾在2011年8月30日竟然還發出AAA評等給另一家次貸業者。而幾個月前，它才剛調降美國國庫券評等。

信用評等機構在2000至2007年間的股價平均上漲了3倍或4倍，其中穆迪股價爆漲6倍多。但這一切是有代價的，就像浮士德（Faustus）一樣，評級機構也把自己的靈魂賣給了魔鬼。

銀行和投資銀行家坐擁了住宅房貸擔保證券這個欣欣向榮的龐大市場，他知道如果能好好分割成不同的商品，便能從客戶那獲取巨額的承銷利潤，這裡頭有著無抵押債券或其他證券產品上所沒有的高收益、高評等，任客戶也求之不得。所以，銀行家們在前幾年找到解決方法：壓低AAA、AA和A評等產品的品質，但維持高投資評等。這對買方來說很重要，因為當中有很多人按照法規只能購買投資等級證券。

這套解決方法和問題酒吧所用伎倆沒什麼兩樣，酒吧把格蘭菲迪

---

* 抵押債務債券是一種高槓桿且複雜的房貸擔保證券，由各式資產證券化商品所組成，包括商業不動產抵押債券、信用卡債務、無抵押債券、銀行貸款，以及複雜的房貸資產衍生性金融商品（mortgage derivatives）等，由受監管的授權金融機構承作。

（Glenfiddich）單一麥芽或其他好牌子的威士忌兌水裝回原來的酒瓶，或是像藥頭摻東西稀釋毒品那樣。關鍵點在於信用評等機構也要配合作戲。眾多承銷商和信用評級機構在住宅房貸擔保證券方面，具體來說是次貸，已有多年合作的經驗，這裡頭還不乏一些華爾街最大的投資銀行家，包括美林證券、花旗集團、瑞銀投信、美國銀行、美聯銀行、高盛集團、瑞士信貸、蘇格蘭皇家銀行（Royal Bank of Scotland, RBS）、雷曼兄弟和貝爾斯登。在他們軟硬兼施、威脅要把生意轉走的情況下，信用評級機構乖乖就範。從那時候開始，這一切就變成獵火雞的遊戲，或更準確地說，是在獵殺客戶。

銀行家仗著錢所能買到的最佳信用等級，將有毒的黑心房貸賣給了毫無戒心的客戶。這種產品給了銀行家世上最美好的東西：高收益加上高評等的垃圾商品。銷售金額飆上了數千億美元，而銀行家用這種勾當拿到的利潤也同步飛漲。

這場好戲才剛上場。銀行家一拿到高評等，各式各樣複雜的證券就賣得動了，例如抵押債務債券和結構性投資工具（structured investment vehicle, SIV）。從2003至2006年甚至是供不應求。還有哪裡能讓保險公司、銀行、避險基金或抵押債務債券，拿到如此高的收益和評等呢？正如我們在第5章所見，抵押債務債券、結構性投資工具和避險基金等商品，透過銷售債券和其他信用工具，所獲得的槓桿倍數是原始資本的30至35倍之多，而客戶每年可獲得15%以上的穩定報酬。

然而，這些銀行家賺進數十億美元還不滿足，想憑著小聰明和內幕消息讓這些有毒資產賣得更好。他們設計了更多更複雜、美其名為「異型」和「合成」的衍生性金融商品。這還要感謝魯賓、桑默斯和葛林斯潘主席努力推動《2000年商品期貨現代法》。

異型衍生性金融商品極其複雜，通常是由想賣空某種有毒資產的銀行家所創，他們知道，這些商品只會曇花一現，自己勝算大得很。合成衍生性金融商品則是單純複製這些可怕的房貸產品組合，讓銀行家可以賣空他眼中的劣質資產，其複製規模是劣質組合的數倍，不是1倍而已。複製方法很簡單，因為無規則可循，其所需要的只是財務細節、房貸投資組合的組成，及其每月的報酬。這些人為了做空有毒垃圾資產而疊起來的籌碼，不下於我們之前虛構的賭場。更驚人的是，他們這場豪賭，動輒數十億美元，不是一般賭場玩家口袋裡的幾千美元。

　　根據參眾議院的金融海嘯調查委員會所揭露之調查結果和電子郵件，參加這場豪賭的人為數不少，而高盛是超級大玩家。高盛對於市場上最劣質次貸或次優級房貸，研究十分透徹。他們在價格看跌時賣空給客戶或其他買家，從中大撈一筆，同時為了撐大獲利空間，不僅找出最差的垃圾房貸承作機構（這可是有一大把），而且還撈出了最劣質的次貸商品。

　　高盛分析師為了達到這個目的，細查了每個不良承作機構的高評等房貸產品。總體而言，他們詳實的研究涵蓋數千種不同系列的產品，舉例來說，每個不良承作機構的房貸產品中最差的忍者系列、利率較高的負攤提房貸，或其他較差的選擇權等。他們先不管這些商品的評等有多高，只想找到有高違約可能性的商品。高盛這套高度複雜且耗資數百萬美元的研究團隊，還大量使用別種工具。所有這些都為了套住老客戶或任何高興簽下衍生性金融商品的潛在受害者。不只是高盛，上面提到的許多銀行都在玩相同的遊戲，但高盛無疑是玩得最凶的。

　　其中最大的贏家是美國國際集團。高盛和一個銀行聯盟買入信用違約交換產品，實際上這導致他們賣空了大部分AAA評級的劣質次貸產品，而苦主就是美國國際集團。這個保險業巨人損失慘重，以致瀕臨破產。時任紐約聯邦準備銀行（New York Fed）總裁蒂莫西・蓋特納（Timothy Geithner）介入金援全數買單，總共付了620億美元給該銀行聯盟。*問題資產紓困計畫

---

* 紐約聯邦準備銀行支付了271億美元，並允許該銀行聯盟保留交易前收到的350億美元的擔保品。

的監察長尼爾・巴洛夫斯基（Neil Barofsky）對此聲討，聯準會使用納稅人的錢，多付了數百億美元給高盛和其他集團，但是這又另一則故事了。*

高盛看跌次貸市場，並眼看著它在2006年秋天開始崩塌，打算迅速出清庫存。因為次貸市場的流動性越來越差，出清庫存會變得非常困難，而且折價空間會變大。那麼，該怎麼辦？很簡單：把它全賣給客戶。如表15-1所示，高盛把自己手上6款證券商品、總計65億美元的存貨全倒給了客戶。這6支次貸新產品組合在2006年底和2007年初迅速拋到市場上，其中有5款是AAA評等，比重達70%至80%。

高盛心知肚明，這些商品有多差，評級終究會掉下來，畢竟從評等機構那裡拿到高評等只是權宜之策，同時做了全面性的研究。其中規模大的是哈德遜中層（Hudson Mezzanine），雖然是次貸商品，但有AAA評等的占了72%的比重。在不到1年的時間裡下跌幅度超過50%，高盛靠著賣它賺了大錢，而客戶虧掉了大半的投資。

2007年初，隨著次貸市場崩潰，高盛手腳加快，向客戶出清有毒商品。排在哈德遜中層後面的，是安德森中層2007-1（Anderson Mezzanine

表15-1　高盛的利益輸送帶

	長灘抵押信託證券 2006-A	GSAMP 2007-FMI	哈德遜中層 2006-1	安德森中層 2007-1	森林之狼1	珠算 2007-AC1
資產規模（億美元）	4.95	7.07	20	3.07	10	20
獲得AAA評等的百分比*	71.0%	77.5%	72.0%	70.2%	80.8%	19.2%
目前最高評級	Ca	Baa2	已撤回	Caa3	已撤回	Ca

*代表所有評等皆根據穆迪評等。

資料來源：U.S. Senate Subcommittee on Investigations, April 2010.

---

* 在申請破產程序中，無擔保債權人有可能在未來幾年只能獲得很小一部分金額。

2007-1）和森林之狼1（Timberwolf 1）。這兩者承銷金額共達13億美元。客戶從這包「合成」產品中買到了什麼？當然是高盛想脫手的致命庫存資產。根據李文小組委員會（Levin subcommittee）的資料，時任高盛全球證券業務部門共同主管湯瑪士・蒙塔哥（Thomas Montag）就曾寫道：「夥伴們，森林之狼真是有夠爛。」[29]高盛抵押部門主管丹尼爾・史巴克斯（Daniel Sparks）還曾群發過一封電子郵件，答應銷售人員若配合出售這些廢物證券將獲得「超大包獎勵」。

　　雖然哈德遜中層2006-1主要組成是次貸，交易評等還是有AAA，這是穆迪的最高信用評級。如表15-1所示，次貸商品很快就被調降，以致投資人損失了大部分的資本。第三行顯示，高盛在2010年4月上旬出售給客戶之前，這些產品曾經都具備最高評等。雖然這6款商品都含一定比例的AAA評等項目，但穆迪卻撤回其中2款產品的評等，分別是哈德遜中層2006-1和森林之狼1。另外三款分別是長灘抵押信託證券2006-A（Long Beach Mortgage Trust 2006-A）、安德森中層和珠算2007-AC1（Abacus 2007-AC1），全被調降到了垃圾評等，而穆迪將GSAMP 2007-FMI雖然降到Baa2，也比垃圾評等好不到哪去。總而言之，信用評等機構很快就把這些承銷商品調降了，其評等平均只維持了6個月。

　　顯而易見的是，高盛過去紀錄實在太好，我們大家很難不去相信高盛集團執行長勞爾德・貝蘭克梵（Lloyd Blankfein）在國會各委員會聽證會上的陳述。他聲稱，高盛並未利用其強大的研究和行銷實力，損害客戶的利益。但其實更令人捶胸頓足的是，高盛在2009年初發放110億的2008年度獎金中，有很大一部分並不來自次貸商品。貝蘭克梵在委員會的證辭是，公司在次貸上虧了錢。*至於這筆獎金是從哪裡來，他並未交待清楚。

---

* 這並不太對。貝蘭克梵在另一封內部電子郵件中寫道：「我們虧了錢，但因為做空把損失的賺了回來。」據推測，他們承銷的證券有相當可觀的數量是賣給了客戶。

　　隨後，在2011年中，美國參議院常設調查小組委員會（Senate's Permanent Subcommittee on Investigations）展開調查時，貝蘭克梵和其他官員聘請了刑事律師。小組委員會的報告指責高盛誤導客戶進行與抵押型的複雜投資。小組委員會主席暨參議員李文也指控貝蘭克梵誤導了國會。[30]至於高盛在此期間為了出清庫存，是惡意賣空還是賣出大量高評等債券給客戶，目前也還有其他訴訟在進行中。高盛成功賣空給自己客戶的機率，似乎比本章開頭所假想的賭場還來得高。

　　眾議院小組委員會在2010年舉辦的聽證會中點名的投資銀行，不只高盛一家。在撰寫本文時，摩根士丹利和花旗集團也還在調查中。高盛與美國證券交易委員會則達成了一項大型和解協議，除了繳交3億美元的罰款外，高盛將向相關機構投資人賠償2.5億美元。

　　不只高盛，還可能有許多銀行都沒跟客戶分享這些投資訊息，這本來就是他們的信託責任，但是正如我們所見，他們實際上把這些證券賣給了客戶。儘管這樣做未必違法，但顯然違反金融倫理，這是大多數人都無法原諒的。一樣爛的是，該公司和許多其他公司在眼見次貸市場瀕臨崩潰邊緣之際，還以新的承銷方式向客戶銷出價值數百億美元的劣質不動產抵押證券。承銷商負有信託義務要提供客戶其對市場狀況的看法，同時只將他信賴的證券賣給客戶。高盛和其他許多公司都不及格。

　　諷刺的是，2008年9月金融恐慌發作時，投資人紛紛從高盛和摩根士丹利撤出資產。而這些機構因為聯準會出手將它們轉變為銀行，並提供了大筆金援才生存下來，就像迫於無奈拯救花旗那樣。紓困計畫也為許多處於水深火熱之中的美國主要銀行提供了更多資本。其中大多數銀行在這場金融海嘯中雖然難辭其咎卻也安然度過了，反倒是數不清的美國投資大眾損失慘重。

　　你作為投資人，有從這裡得到什麼教訓嗎？我想有以下幾個。首先，儘管這些金融之狼對市場造成傷害擺在眼前，還有紓困計畫的前車之鑑，但銀行還是處處阻撓金融改革。金融改革會有所幫助，不過如上所述，還不夠完美。美國證券交易委員會也沒有在利益衝突問題上採取更積極的做法，專挑小型投資公司的技術性違規大作文章，這點似乎挺出人意料的。

　　你應該遠離投資公司和銀行提供的複雜產品。如果好好堅持遵循逆向型策略，長期下來你會看到績效蒸蒸日上。至於那些不受證券交易委員會監管的產品，無論你買的是什麼，對於承銷商的道德一定要秉持懷疑的態度，尤其在面對銀行和投資銀行的承銷商時更是如此。

第16章

不是那麼看不見的手

　　自由市場經濟學之父亞當‧斯密（Adam Smith）在他的名著中〔1776年出版的名著《國富論》（*The Wealth of Nations*）〕提出「看不見的手」理論。這隻無形的手將資源和資本導向了最有生產力的地方，這是經濟學文獻中最廣為人知的比喻之一。用亞當‧斯密的話來說，人「既不打算促進公共利益，也不知道自己能貢獻多少……他只是為了一己之利……在一隻看不見的手驅策之下追求自己的利益，這將帶來超越個人意圖的社會發展。」[1]

　　當然，亞當‧斯密是自由放任經濟學，即最純粹的自由企業形式發展的主要代表人物。他強烈反壟斷、反卡特爾（譯注：多家公司為控制價格和限制競爭聯合組成的同業聯盟），並一再警告針對大眾的「共謀」，抑制「拉高價格將買方擠出市場」的問題。[2]亞當‧斯密還警告說，真正的自由放任經濟將很快變成工商業勾結對抗消費者以至影響政治和法律的情況。而現在的情況似乎已如亞當‧斯密所預見的那樣。

　　20世紀末到21世紀初期這幾十年間是美國經濟實驗的時期，不是大政府指揮或大眾大聲疾呼要求變革的結果，而是美國相信自由市場的力量。許多頂尖經濟學家和金融專家都在強化這個信念，並且至少是從雷根時代起，共和黨和民主黨政府都大力支持。

　　這種對於市場的信念，在本質上是信任「看不見的手」可以指引買賣雙方達成最佳結果。無論是住宅、汽車、建築設備、沃爾瑪（Wal-Mart）的商品，還是網路零售產品，市場機制都會調整供需關係達到公平的價格、公正的分配，以及對社會有利的結果。至少這是基本理論。

只是，這隻看不見的手現在還是看不見的嗎？

簡而言之，一些市場參與者很想「幫助」看不見的手達到對個人利益和錢包有利的結果。幾代人以來，這種反競爭行為和市場壟斷一直被排拒在外，在美國經濟中少見成功者。

亞當‧斯密明瞭壟斷的危險性，以及管制壟斷的必要性，與我們在上一章見到的葛林斯潘不同的是，儘管葛林斯潘景仰這位大師，但他似乎更受蘭德提倡之絕對經濟自由學派的影響。諷刺的是，這位自由放任理論的開山始祖在解決這些問題方面，更可能傾向於支持老羅斯福的解散托拉斯政策。我們也看到葛林斯潘的立場為何了。

儘管自由放任式去管制化時代似乎已經過去，但只要用點心就會發現，看不見的手和想幫忙的手之間，仍存在激辯論戰。那就是「自由貿易」的問題。這個由來以久的議題，現在已擴大為全球經濟界關切的焦點，它在未來幾年如何發展，將左右著海內外每一位投資人的資產走向擴張或是亂局。談及投資，現在無疑是全球化的時代，主要經濟體之間連結的程度可說是空前緊密。

考慮到我們必須面對的世界，所有投資人若要保全跨國性質的投資，應特別關注兩個主題，即我們對於自由貿易（和公平交易的相關難題）的展望，以及未來可能發生的不正常通膨，對於投資會產生什麼影響。貨幣這隻巨龍可是永遠都殺不死的。

自由貿易

亞當‧斯密當然信奉自由貿易。他堅決反對我們第一任財政部長亞歷山大‧漢密爾頓（Alexander Hamilton）1790年代初期為保護美國幼稚產業

（infant industries）力圖設置障礙，因為他堅信，美國農產品具備競爭優勢，開放廉價農產品出口將對美國有利。[3]

在近200年來，比較利益法則（comparative advantage）一直是自由貿易的核心理論，是由英國經濟學家大衛‧李嘉圖（David Ricardo）1817年率先提出的。[4]李嘉圖以英國和葡萄牙為例來說明他的論點：葡萄牙生產的葡萄酒和布料比英國更便宜。但是在英國，葡萄酒的生產成本很高，而布料價格也貴了一點。儘管在葡萄牙生產布料比英國來得便宜，但對葡萄牙來說，生產更多葡萄酒來換取英國的布料，葡萄牙就能兩者兼得，而英國也能從這種貿易中受益，因為其生產布料的成本仍保持不變，但現在可以用較低的價格拿到葡萄酒，算是筆更好的交易。因此，每個國家都可以透過專事生產有競爭優勢的產品並賣給其他國家而獲益。[5]

在過去的200年中，基於經濟、道德和社會政治種種理由，自由貿易一直是經濟學中最具爭議的話題之一。美國最近有項調查顯示，多達65%的受訪者反對自由貿易。令人驚訝的是，高收入族群反對的比例更高。[6]

在近幾十年裡出現了許多支持或反對自由貿易的新理論，比較利益法則也開始受到挑戰，其中甚至有不少是來自支持自由貿易的新假設。克魯曼就寫道：「自由貿易並不過時，但它早已失去初衷，再也回不去了⋯⋯在現實的政治世界中，自由貿易仍然被當作良好政策和有效目標，但再也不能妄稱經濟理論告訴我們的政策永遠是對的。」[7]

我們正處於自由貿易的新時代嗎？

在美國仍然有個領域對於這隻看不見的手越來越放鬆，即便這隻手時不時會失靈。這個領域就是自由貿易。李嘉圖的思想在當時是對的，遠東地區和其他未發展偏遠地區的人民永遠不會成為國際勞動力的一份子。即使有可能，將原材料運送過去，再把成品運回歐洲的成本最後也會導致價格過高。

然而，在過去的60年裡，這些國家的科技和技術勞工已讓19世紀初期那種情況大大翻轉了。運輸便利，工人的技術臻於熟練且受了良好訓練，機具也能輕易運往任何國家地區，再再降低了亞洲及其他地區的生產成本。

結果是，美國這類高薪國家相對於低薪國家，處於極大的劣勢。2008年，美國平均時薪為18.00美元，若計入6.2%的社會安全稅（Social Security tax），即每小時3.60美元的福利，雇主要支付的平均時薪約為22.90美元。相比之下，2008年中國平均時薪2.00美元，印尼0.65美元，印度0.41美元，泰國則是1.67美元。[8]

中國員工1小時的勞動成本不到美國員工的9%。實際上，光是美國平均每小時徵收的社會安全稅，就幾乎是中國工人平均薪資的三分之二，印度工人平均薪資的3倍多。進一步言之，在一個完全競爭的世界中，如果在美國有1.5億工人，而中國、印度、印尼和其他低薪亞洲國家有20億工人，美國工人製造相同產品的平均薪資，勢必從22.90美元大砍才能有競爭力。

這是最壞的情況，因為許多工作顯然無法外移。但不幸的是，這裡的水很深。這就是為什麼我們把幾百萬名最好的工作外包給外國，而且未來還會繼續這樣做。李嘉圖無法預見未來，而且大多數當代經濟學家也還未重視這個牽連甚廣的棘手問題。

首先，美國消費者和幾乎所有國家的消費者一樣，都希望價廉物美的商品。這種需求推動了沃爾瑪從45年前的新創企業，發展至今成為美國最大的連鎖零售業者，而沃爾瑪的革命現在已經大幅擴散到其他產業中，帶動數千家企業生產或銷售低成本產品。

其次，低成本的外國勞動力能讓許多企業保持本國競爭優勢。美國汽車零件製造商多年來一直處於劣勢，因為國外競爭對手供應的產品價格較低。美國汽車業三巨頭不得不迫使大量供應商要在亞洲設廠，若不這麼做，就會被排除在供應鏈之外。在國外設廠已成為工業界上百家公司的生存之道。

以其他產業來說，成本壓力日益加大，又想兼顧利潤成長空間，致使美國企業使用成本較低的海外服務。在印度，英語是第二語言，而且也常是第一語言，自然能成為這類服務的供應商。從聯合航空（United Airlines）預訂、起飛和落地訊息，到美國運通的信用卡資訊，再到其他數百家公司的客戶專線，印度為大量美國公司提供客戶服務，從而迫使這些美國職位的薪資水準降低了。不只客服，其所影響的服務範圍其實更廣泛、更複雜：美國有企業用10,000美元年薪就可以把軟體工程師的工作外包出去，而美國工程師1年的聘僱成本為80,000至90,000美元。券商可以在收盤後將某些部門的日常處理工作送出去，第二天早上就能收到結果。例行性會計工作也有很多是以電子郵件傳給印度，不僅勞動成本低很多，還能迅速交件。

儘管美國有些州對從墨西哥邊境過來的偷渡客搶走低薪工作很是惱火，但聯邦政府似乎不太擔心我們將高薪的技術工作轉給亞洲和其他低收入國家。

顯見，不受限制的自由貿易對消費者和企業都有好處，因為它可以降低成本，還可以減輕許多工業成品的通膨壓力。但這對國家有好處嗎？不必然，如果最終因為嚴重薪資差距以致我們失去數百萬個工作崗位，這就不好說了。如果工作流失過多，國家購買力下降，我們的生活水準也會降低。無論物價多低，我們能買到的商品還是很少。

美國2011年9月的失業率為9.1%。非官方數據則顯示，如果包括那些非自願自僱者、兼職員工，以及因找不到工作受挫退出勞動力市場的人，估計失業率為16.5%，並不比大蕭條時期低多少。

對於美國來說，這可能會造成極大危害。高薪工作外移，我們正深陷前所未有的困境當中。我們為高失業率所付出的成本，連帶社會動盪、工業基礎持續被侵蝕，遠遠抵消了低成本進口商品帶來的好處。與此同時，較低的進口成本一邊威脅我國生活水準，一邊會提高中國、印度、亞洲四小龍（台灣、香港、新加坡和韓國），以及其他低收入國的生活水準。

我們可以自由選擇刻意降低生活水準，而我們也正在考慮（見獨立委員會在2010年末向總統提交的建議書），減少社會安全保障及其他福利，並逐步提高退休年齡，以及因財政困難解聘全國各地的教師和警察。其實，我們或許可以採取平權行動來維持我們的生活水準。

關於自由貿易最後也最重要的事實是，用李嘉圖的定義來看，幾乎沒有一個國家，甚至是美國，是真正的自由貿易者。自由貿易實際上是則經濟神話。大多數國家或多或少都是公平交易者。公平交易是一種貿易夥伴或聯盟關係，通常立基於透明的對話或談判，目的在於讓國際貿易更加平等，向合作國家提供更好的交易條款和條件，保障被邊緣化的生產者和勞工的權益。公平交易者在一定程度上開放市場，但要確保其勞工不會受到嚴重的影響。許多國家，包括我們在亞洲的主要貿易夥伴，如中國、印度和亞洲四小龍，連是不是公平貿易者都是個問號。

就像25年前的日本一樣，今日的中國就是不公平貿易行為（unfair trade practices）的經典例子。中國正像1980年代的日本一樣，奉行以出口為導向的成長策略，限制國內消費、鼓勵儲蓄，並把投資導向策略性產業。它建起許多貿易壁壘和實行貨幣貶值政策，並且還透過精心構建的貿易壁壘，保護一些在成本競爭上劣於美國的主要市場。最典型的例子是金融業，美國在這方面具有明顯的成本優勢。但囿於外資擁有金融企業所有權的限制，以及其他無數的貿易壁壘，美國根本無力施展。許多其他國家地區也使用相同的保護措施來限制美國進入其金融產業。

美國或其他高度開發國家有很多具有競爭優勢的產業都面臨這種限制，特別是在服務型產業和科技業。當這種情況一再發生時，我們有了一個名為「自由貿易」的新式桌遊，為的就是機械地複誦「自由貿易」一詞，以便獲得最大的貿易優勢。從贏者全拿的意義來看，這就像大富翁遊戲，但在這個版本裡，賺到了最多外匯的最大貿易順差國家成為大贏家。

亞當‧斯密將當前的貿易狀況稱為新重商主義（neomercantilism），從他的著作和他寫給漢密爾頓的信中，我們知道他一定會堅決反對現行的自由貿易。《國富論》約四分之一篇幅是在反駁重商主義，即保護主義政策在刺激出口的同時也限制進口。只有在所有貿易夥伴都贊同的情況下，才存在自由貿易，而這在當今世界幾乎是不可能的。亞當‧斯密會希望任何一個國家在一個非自由貿易的世界裡採取自由貿易政策嗎？我相當懷疑，因為他的理論涉及跨國關係，而不是只針對單一國家。

美國並非不知這種遊戲或戰術，但我們的主要玩家會隨政權輪替而改變，而我們最狡猾的競爭對手數十年來派出的是明星級貿易談判高手來為國效力。我們必須密切關注美國怎麼玩這場遊戲。美國在近期與韓國的貿易談判中，歐巴馬總統提供了大好機會，由美國幫助韓國，在韓國工廠裡建造韓國自己的噴射引擎。如果這是真的，我們將讓出一個仍具強大競爭優勢以及最新技術的產業。此舉可能使韓國成為低成本出口國，有可能進一步增加我們的貿易逆差，讓我們失去更多的技術工作。

2011年1月下旬，航太工業最大的飛機技術和噴射引擎供應商奇異（General Electric），與中國一家國營企業達成一項商用飛機聯營協議（joint venture），2家公司將共享奇異最先進的飛機電子設備，波音公司最先進的787夢想客機（787 Dreamliner）所採用的技術也在其中。中國正在世界最先進產業尋求技術支援，以期和波音與空中巴士（Airbus）一較長短。已開發國家的尖端技術產業正在拿自己的技術專長，換取他們在中國的市占率。[9] 越多技術先進公司加入這個遊戲，中國就越能在超精密技術產品開發上飛躍領先，這可能會增加其出口量，同時拉低先進國家的出口量。更有甚者，亞洲四小龍以及其他新重商主義國家也擅長於這種新型「自由貿易」，進而讓這個問題更形惡化。

中國經常不履行保護智慧財產權的承諾。更糟糕的是，中國人完全剽竊和複製美國知識財產權，從電腦軟體到音樂娛樂公司的影音光碟，再到電玩遊戲和頂級時尚，每年海削數百億美元。根據彭博社2010年報導指出，從2005至2009年，盜版軟體市值翻了1倍，估計達到75.8億美元。微軟執行長史蒂夫‧巴默（Steve Ballmer）就表示：「對我們來說，中國市場的吸引力還不及印尼。」[10]一位消息人士估計，中國有成千上萬微軟Windows作業系統用戶，只有約20%是購買正版，其餘都是非法盜版的。[11]

隨著數以百萬計的中國人晉升中產階級，山寨版普拉達（Prada）、路易威登（Louis Vuitton）、巴寶莉（Burberry）和勞力士（Rolex）隨處可見。時代華納等傳媒巨頭出品的電影和其他智慧財產，以及音樂、電腦遊戲，也不斷出現盜版。[12]中國更扯的是，用嚴格的電影審查制度，禁止幾十部美國電影在中國電影院放映，而美國則特許他們以明顯較低的電影版權費在美國放映。

不幸的是，問題還不止這些。我們不只是把工作機會外移到中國和其他低薪國家。美國有成千上萬的其他類工作機會因為盜版猖獗而讓給了中國。中國公然忽視我們的專利，而中國工人在中國輕易地製造美國和其他工業國家的產品，完全無視於專利和版權的存在。盜版產業的規模巨大。據估計，中國每年盜版的商品價值約達4,800億美元，其中大部分來自美國。這個金額比美國對中國的貿易逆差總額（2010年為2,730億美元）還高出75%。[13]雖然金額龐大，但媒體很少曝光。參議員李文在國會及行政部門中國問題委員會（Congressional Executive China Commission）聽證會上說：「中國政府本身估計，仿冒品占中國生產的所有產品約15%至20%，約占中國每年國內生產毛額的8%。」[14]美國國會研究處（Congressional Research Service）亞洲貿易和金融專家韋恩‧莫瑞森（Wayne Morrison）在2011年1月提交的報告中一再重申這點。[15]

因此，中國以非法手段從美國和其他工業化國家中奪走了許多高階工作機會，在無視專利和許可的情況下，以極低成本提供給自己的工人製造仿冒品。結果，仿冒品占中國經濟的比重再也不可小覷，事實也證明，美國勞工和工業為此付出的代價有多高。

儘管柯林頓、小布希和歐巴馬政府都曾試圖制止這些和其他不公平貿易行為，甚至還鬧到了國際法院（International Court of Justice），但幾乎沒有任何進展。這裡頭還摻雜伊朗、北韓和全球暖化等政治考慮因素，使得美國的態度不再那麼強硬。

我們和中國還有其他重大爭端。例如，我們要求人民幣適當升值，中國完全當作耳邊風，因為這將有助於我們增加出口、減少進口。美國與數十個對美大量貿易順差的國家正在進行類似的談判。

我們應該如何處理這些問題？或者，處理得了嗎？最嚴重的是，我們的高失業率，以及這個問題是否會長期存在。在過去的10年中，美國國內沒有創造任何新的淨就業（net jobs）機會，光是中美貿易就減少或取代280萬筆就業機會，還有一些流向亞洲四小龍和其他低薪國家，而這些國家都不是自由貿易者。如前所述，歐巴馬政府公布的數據顯示，在2007至2008年經濟衰退期間流失掉的工作，有25%是回不來了。此外，將美國工作外包到國外的趨勢還在加快，絲毫沒有減弱的跡象，這可能代表，我們的失業率還會高居不下。

美國就業短缺問題數十年以來積重甚深。從經濟衰退開始的前4年中，美國勞動人口成長了約3%。在健康的經濟體中，工作機會應該同步增加。但今天，美國的就業機會比衰退開始前要少了5%。[16]

我們當然還有機會扭轉形勢。美國仍然是一個自然資源充足且切合需求的國家，除了石油，[*]本身具備的製造工業和技術基礎也很強大。我們可以向歐盟國家在內大多數國家看齊，好好認真地玩貿易的遊戲，擴大並改善我們的談判能力，迫使對美大量貿易順差國家逐步開放一些重要市場。中國或亞洲四小龍能製造的東西，沒什麼是我們製造不出來的。

美國要採取更強有力的公平貿易政策，還可以對那些拒絕開放重要市場

---

[*] 我們的天然氣儲量龐大，並且透過壓裂（fracking）工法開採的數量近年來已迅速增加。如果我們把貨車運輸使用的能源轉換為天然氣，就能大幅減少石油進口量，同時還可創造數千個新就業機會。

或沉迷於大規模盜版的國家設置臨時貿易壁壘。若他們剽竊我們的智慧財產或其他產品，也應該嚴格祭出罰款或其他損害賠償。這些國家若不支付罰款，美國也許可以實施報復性關稅制裁，直到他們付清為止。當然，這是撇開政治考量的做法。

同樣地，對於中國和其他低薪國家，如果我們要求其在諸如環境、勞工保障、員工醫療和福利等方面符合最低標準，就會提高其勞動力成本，將有助於大幅減少對我們的出口順差。這是危險的敏感地帶，所以聯邦政府最好不要採取環境標準以外的其他措施。我們過去涉險過，在1980年代黑人獲得投票權之前，就曾透過禁運措施強而有效地限制南非企業、工會及個人僱用童工。

我們還可以依各公司國內、國外就業機會增加的狀況分別給予減免稅額、降低租稅優惠，或者對其匯回美國的海外盈餘提高課稅，除非這些資金用在創造國內就業機會。迄今為止，前兩任政府或任何經濟學家都未真正面對或承認問題的嚴重性。

歷任政府的許多政策成為摧毀美國汽車工業的幫兇。近30年來，美國每輛汽車的生產成本比國外競爭對手高出1,500至2,000美元。外國公司因沒有工會制衡而使用廉價勞工，但美國本國公司卻不被允許這樣做。各州還向這些外國公司提供租稅優惠，期能吸引他們過來投資。直到通用汽車（General Motors, GM）和克萊斯勒（Chrysler）破產後，才終於有了公平競爭的環境。至少目前是這樣的。諷刺的是，就我所知沒有哪個大型工業製造國，會在國內重要市場上替國外公司創造競爭優勢。我們對國內生產者實行了數十年的工會政策，同時又允許國外製造業者不設立工會，這使我們的國內汽車公司飽受威脅。

如果我們沒有正視這些嚴重後果，就不會知道美國是唯一鼓吹極端自由放任的公平貿易政策的國家。如果美國繼續目前的公平交易路線，將會看到大筆財富從老百姓的口袋轉移到中國和其他第三世界國家，在此其間也很可能繼續陷入長期失業的問題。我們當然不樂見這種景況，但是若不正視這個問題，情況就會變得越來越嚴重。

目前看來，這些做法不太可能會實現，但是時代在變，如果失業率仍然高居不下，而這個問題在未來也解決不了，那麼其所帶來的負面影響會讓越來越多選民擔心害怕。我們從華爾街附近和許多歐美城市裡越來越多群眾示威和露宿中可見一斑。要求實現充分就業的內部政治壓力來勢洶洶，改變貿易政策的呼聲勢不可擋。任何一個政黨都不可能躲得了。無論是2年還是5年，美國政府終須推動更加積極的公平貿易政策。

亞當·斯密和李嘉圖都曾著墨於自由貿易的優點。他們會認為，這個國家目前面臨的問題僅僅是貿易國之間的分歧嗎？我相當懷疑，尤其是當國家財富、勞動力正在有系統地流失，或是薪資被迫降低時。我們正在用高生活水準去換取更沒價值的東西，對於我們的後代來說尤為如此。

未來的通貨膨脹

投資人在大蕭條下劫後餘生驚慌受挫，就算沒一蹶不振也信心潰散了。要不然呢？我們經歷的不只是衰退，而是美國史上第二嚴重的衰退。不管經濟下滑有多嚴重，經濟學家目前都沒有使用「蕭條」（depression）一詞，而且不管跌了多少，自1945年以來就沒再用過。這個以D開頭的字自從1930年代以來就沒出現過，這對經濟學家來說，恰是能套用情感理論的好例子，但要是知道這個以D開頭的字如果再度啟用，會對他們造成什麼打擊的話，你就不難理解不用這個字是有多麼情非得已了。

不過，不管投資人的痛苦經歷被套上什麼官方說法，我們希望有了這些心理學新工具，你能比一般投資人更知道如何應對未來的處境。我們知道預測本身就存在風險，沒什麼人做得到精準預測。我們也要銘記第14章提到的，股票、不動產以及其他類似的投資績效會與日俱進。

我們大多數人其實知道（但並不想記住）的是，我們政府正創下有史以來最高的赤字紀錄。這不僅是赤字金額本身，而且從百分比來看也是如此：2009年（截至9月30日的財政年度）赤字為1.4兆美元，2010及2011年1.3兆美元，另外還有聯準會和財政部超過2兆美元的紓困金及貨幣刺激資金。財政部持續大量加印美元，以上列赤字為標準換算，整個問題資產紓困計畫救助銀行體系的總金額達7,000億美元，約占美國財政部用在應付財政赤字、紓困、貨幣刺激的印鈔量的12%。

如果國會繼續分裂，不削減開支或是提高課稅補足每年7,000億美元以上的缺口，赤字還會繼續上升。隨著大衰退帶來的首波恐慌逐漸退散，投資人不單單只顧生存，也開始展望未來。

即使就業率繼續緩步上升，但通膨還是可能會出現，就算頭幾年溫和上升，之後還是會加速攀升。不僅美國要救經濟，世界大部分地區也得救。中國為刺激經濟投入資金總計2.1兆美元，歐盟5,000億美元，韓國1,170億美元，俄羅斯1,110億美元，巴西800億美元，加拿大580億美元。[17]世界各國都在印鈔救市。

值得注意的是，實際通膨的先行指標是黃金價格走勢。從2008年10月下旬到2011年8月底，黃金價格上漲了1,117美元，漲幅達156%。石油和大宗商品同期價格也突然上升，漲幅分別是：石油42%，銅149%，小麥54%。全世界都充斥熱錢，印鈔機全天候地持續運轉，而這種情況可能少說也要持續幾個月。

精明如你，該何去何從呢？首先，**不要像那些被嚇壞的投資人一樣：把股票脫手或把賺的錢存進國庫券或銀行帳戶**。實際上，那是有點見識的投資人現在最不該做的事。我們已經看到，債券和國庫券在1945年之後是如何落敗的。現在的利率是自大蕭條以來的最低點，而這種情況無疑會再出現，並且傷害大批投資人。正像從熱鍋跳進火坑般，在2007至2008年之後，會有大量資金轉投國庫券或其他債券，而這將加劇投資組合虧損的程度。

經濟大蕭條期間，通貨緊縮環境保全了債券價格上升之勢，一直到二戰為止。但今日不同於以往。隨著通膨再次起飛，國庫券的利率低到近乎零，如第14章所示，國庫券和其他固定收入證券急遽虧損的可能性很高；至於會有多高，我們很快就會看到。

我認為，我們很可能會進入一個通膨高峰期，甚至可能和1978至1982年的情況一樣糟，這是由於2008年以來我們的貨幣供應量爆增。印鈔票不太可能刺激經濟，因為利率在短期內已趨近於零。聯準會的決策看來又出了問題，而我們在近幾十年早已司空見慣。聯準會回購國庫債又再借更多的錢，引起大多數主要貿易夥伴強烈批評，不僅是中國和俄羅斯反對，歐盟特別是德國和英國也在其列。巴西和其他新興經濟體也擔心，聯準會授信原則鬆動之後，會引發另一波資產泡沫現象。[18]

國際上擔心的是，這是聯準會在公然削弱美元，意圖增加出口、減少進口。這會讓美國通膨更加嚴重，而且如果其他國家也跟著印鈔，會產生全球性通膨的連環效應。[19]在這種情況下，如果我們只有中國這個貿易夥伴，這可能會是降低貿易逆差的工具，但實際上我們有100多個貿易夥伴，這種策略不僅是玩火，也不太可能成功，只會帶來更致命的通膨。

1978至1982年間，價格上漲速度每年達9%，可說是史無前例。從壞的方面來說，美國長、短期國庫券收益分別高達15%、17%。讓我設想最糟的情況，假設通膨率和1978至1982年一樣，而債券收益率是當時的2倍。投資人今天如果持有30年期美國國庫券，將看到利率從2.9%（2011年9月的水準）升至15%，國庫券就算計入利息，暴跌幅度也有63%。但通膨將吞噬另外53%，因此投資人的債券5年期滿，將僅剩下原來購買力的17%左右，這還只是稅前。你會看到，長期債券在這種情況下，只是另一場災難。請記住，到期日越短的債券在通膨加劇時，虧損會越少。

如果你同意我的分析，請遵循第14章的建議。研究顯示，股票在惡性通膨（hyperinflation）之下也能一如既往地表現優異。《散戶投資正典》（*Stocks for the Long Run*）這本好書的作者傑諾米‧席格爾（Jeremy Siegel），應我要求在幾年前寄給我一些圖表，讓我用來說明股票在惡性通膨期間的表現。這份資料涵蓋1920年代德國威瑪共和時期（Weimar Republic）以及巴西、阿根廷二戰後的通膨期。這些國家的貨幣購買力貶值到之前的10億分之一。這三個案例不可思議的地方在於，這些指數一開始降了幾個月，但是經過通膨調整之後，明顯表現得更好，跟上了道瓊工業平均指數和其他主要工業指數。

在低迷的市場中，就像今天這種市況，我們不必每次都打出全壘打。投資市場指數型基金，就能得到很好的投資報酬。如果你相信逆向策略長期下來會有效，那麼大量買入反向型股票所組成的分散投資組合可得到更高的報酬，如第11、12章所述，它們幾十年來的報酬率都跑贏市場。我也認為，在即將到來的時期，不動產和藝術品會是不錯的避險工具，但你必須知道自己在做什麼。黃金將讓你免於通膨的影響，但不會帶來像股票那麼高的報酬。

我們花了不少時間進入第16章。的確，這是個非比尋常的投資世界，而且在未來幾年內，環境仍然會很艱難，但是，這個世界並不缺少大好的機遇。葛拉漢在1934年出版的《證券分析》一書曾引用下面一段話來形容大蕭條的谷底：「許多應該復原的現在倒下了，而應該倒下的竟然屹立不搖。」〔古羅馬詩人賀拉斯（Horace），《詩藝》（*Ars Poetica*），西元前18年。〕[20]過去如此，未來也必定如此。

我們經歷了一段恐怖時期，我們的系統雖然緊急關閉，但依舊完好無缺，同時它也將恢復正常。金融損失巨大，但我們的機構和民主制度仍然井然有序。

回顧距今已近80年的1930年代大蕭條時期，那是個社會結構嚴重撕裂的時期。美國的體制遭到無政府主義者、共產主義者和大批老百姓的嚴厲批評，其中包括成千上萬的一戰老兵，他們全豁了出去，在1932年前往華盛頓請願，只因為他們認為美國已放棄了他們，未來只有貧困潦倒的份。小約瑟夫‧甘迺迪（Joseph Kennedy）擔心當時的危險情緒失控，以及國家體制會發生重大變化，據說曾表示要放棄自己的一半財產，以換取家人可以平安享有剩餘的財富。[21] 我們今日也正處於風雨之中，但歷史上還有過更糟的時期。

我們在本書中討論的工具幾乎都基於現代心理學，這些工具一直是有效的，並且除非人性大變，否則在未來仍將有效。也請記住，這是一套全新工具，嘗試過的人並不多，有些是因為不知道它們存在，有些則是因為現行學術理論對它們頗有微詞，但主要還是因為它們是基於心理學。要堅持特立獨行實屬不易，更難的是要避免來自情感、神經心理學、過度自信以及許多其他類似力量的拉扯，而使我們倒向了另一邊。這些力量會一次又一次襲來。儘管我研究了這麼多，這些力量影響我的程度，仍超乎我的想像。

但是，如果我們能徹底了解這些力量的本質，我們不僅可以避免其可能帶來的重大損害，還能操縱自如。這就是本書所介紹的策略之真正目標。同時，這也是我們基於一切證據、研究、分析、投資經驗，日復一日在市場上辛苦細膩操作這種新方法從而獲致之結果。合理地選擇並善加管理穩固的反向型投資計畫，將使我們在市場上脫穎而出、一馬當先。

預祝願意嘗試這套新投資心法的讀者好運連連。

致謝

　　本書緣起於交戰已逾一世紀的兩大陣營。每個陣營都各自有大批傑出學者、其他專家支持，並倍受諾貝爾獎肯定，以致於其自然堅信我方理論定義明確且具科學證據，同時也是唯一能正確解釋經濟和金融行為的理論。我指的第一個陣營是由經濟學家和金融專家組成，他們堅信人們的投資決策是完全理性的。其次則是行為主義者陣營，其主張儘管人們的行為多半是合理的，但也很常偏離理性行為。而我，有幸從早年就開始涉足這兩大陣營。

　　我父親是一位大宗商品交易員，也是投資人，從我3歲起就拎著我逛交易所。儘管他是金融背景出身，但也認為心理學對於制定決策舉足輕重，所以總是會向我說明箇中原因。耳濡目染之下，這種思維一直影響著我以至從大學時代直至今日都受益良多。

　　幾十年來，我很榮幸能與許多優秀的金融思想家思想交流，包括《富比士》已故編輯吉姆·麥克斯（Jim Michaels），《霸榮週刊》專欄作家艾博森，以及美國投資界的佼佼者。我也十分榮幸能常與平賭投資（Martingale Investments）董事長阿尼·伍德（Arnie Wood），以及希爾克雷斯特資產管理（Hillcrest Asset Management）董事長布萊恩·布魯斯（Brian Bruce），長時間探討金融和行為財務學。這兩位先進都是很熱血的行為學者，同時也是造詣高深的投資思想家，其中後者還身兼《行為財務學期刊》（*Journal of Behavioral Finance*）編輯。

　　在行為學陣營這邊，我萬分榮幸認識了許多鑽研市場心理學的標竿人物。我從史洛維奇身上吸收大量行為心理學知識，30多年來多所交流。我真的很榮幸能與特沃斯基共同撰寫多篇學術論文。特沃斯基英年早逝，他可說是行為經濟學領域的先驅。

在寫這本書時，我很高興能與2位精通投資和行為財務學的頂尖研究人員共事。首先，我要對傑森·奧特曼（Jason Altman）說聲謝謝，他是傑出特許金融分析師、資深基金經理人以及分析師，這本著作有很多關鍵內容要歸功於他優秀的研究工作。我還要感謝行為財務學博士伊列娃，因為有她嚴謹的統計研究，以及在行為財務學領域的豐富學識，讓本書的研究成果更形豐富。最後，米哈爾·史匹哲（Mihal Spitzer）和莎拉·喬伊斯（Sarah Joyce）在圖表呈現上也表現得可圈可點。我在此向這4位表達由衷的感謝。

我和西蒙與舒斯特合作融洽，同時還要感謝我的編輯艾米莉·露斯（Emily Loose）為本書貢獻的心力與時間。

當然，本書若有任何錯誤，或者被讀者認為是錯誤的思想，請將責任全歸咎於作者。

大衛·卓曼

2011年9月30日

注釋

引言

1. Bradley Keoun and Phil Kuntz, "Wall Street Aristocracy Got $1.2 Trillion in Secret Loans," *Businessweek*, August 22, 2011.
2. J. C. Bogle, *The Little Book of Common Sense Investing: The Only Way to Guarantee Your Fair Share of Stock Market Returns* (Hoboken, N.J.: Wiley, 2007), p. 81.

第1章：泡沫星球

1. Charles Mackay, *Extraordinary Popular Delusions and the Madness of Crowds* (New York: Noonday, 1974), p. 55. Originally published in London in 1841 by Richard Bentley.
2. Alan Greenspan, "Economic Volatility," remarks at a symposium sponsored by the Federal Reserve Bank of Kansas City, Jackson Hole, Wy., August 30, 2002.
3. Virginia Cowles, *The Great Swindle: The Story of the South Sea Bubble* (London: Crowley Feature, 1960).
4. Mackay, *Extraordinary Popular Delusions*, pp. 19-20.
5. Ibid.
6. Gustave Le Bon, *The Crowd* (New York: Macmillan, 1896), p. 2.
7. Ibid., pp. 23-57.

第2章：情感的危害

1. M. L. Finucane, A. Alhakami, P. Slovic, and S. M. Johnson, "The Affect Heuristic in Judgements of Risks and Benefits," *Journal of Behavioral Decision Making* 13 (2000): 1-17.
2. Ibid.
3. Paul Slovic, Melissa L. Finucane, Ellen Peters, and Donald G. MacGregor, "Rational Actors or Rational Fools? Implications of the Affect Heuristic for Behavioral Economics," in *Behavioral Economics and Neoclassical Economics: Continuity or Discontinuity?* Sponsored by the American Institute for Economic Research, Great Barrington, Mass., July 19-21, 2002. This paper is a revised

version of Paul Slovic, Melissa Finucane, Ellen Peters, and Donald G. MacGregor, "The Affect Heuristic," in *Heuristics and Biases: The Psychology of Intuitive Judgment*, ed. T. Gilovich, D. Griffin, and D. Kahneman (New York: Cambridge University Press, 2002), pp. 397-420. An earlier version of this paper was published in *Journal of Socio-Economics* 31, No. 5 (2002): 329-342.

4. S. Epstein, "Integration of the Cognitive and Psychodynamic Unconscious," *American Psychologist* 49 (1994): 710.

5. Slovic et al., "Rational Actors or Rational Fools?" p. 17.

6. Ibid., p. 13.

7. G. F. Loewenstein, E. U. Weber, C. K. Hsee, and E. S. Welch, "Risk as Feelings," *Psychological Bulletin* 127 (2001): 267-286.

8. Robert J. Shiller, "Initial Public Offerings: Investor Behavior and Underpricing," Yale University, September 24, 1989. Photocopied.

9. Y. Rottenstreich and C. K. Hsee, "Money, Kisses and Electric Shocks: On the Affective Psychology of Risk," *Psychological Science* 12 (2001): 185-190.

10. B. Fischhoff, P. Slovic, S. Lichtenstein, and B. Coombs, "How Safe Is Safe Enough? A Psychometric Study of Attitudes Towards Technological Risks and Benefits," *Policy Sciences* 9 (1978): 127-152.

11. P. Slovic, D. G. MacGregor, T. Malmfors, and I. F. H. Purchase, *Influence of Affective Processes on Toxicologists' Judgements of Risk.* Report No. 99-2 (Eugene, Ore.: Decision Research, 1999).

12. Slovic et al., "Rational Actors or Rational Fools?" p. 17.

13. A. S. Alhakami and P. Slovic, "A Psychological Study of the Inverse Relationship Between Perceived Risk and Perceived Benefit," *Risk Analysis* 14, No. 6 (1994): 1085-1096.

14. Y. Ganzach, "Judging Risk and Return of Financial Assets," *Organizational Behavior and Human Decision Processes* 83 (2001): 353-370.

15. D. T. Gilbert, E. C. Pinel, T. D. Wilson, S. J. Blumberg, and T. P. Wheatley, "Immune Neglect: A Source of Durability Bias in Affective Forecasting," *Journal of Personality and Social Psychology* 75 (1998): 617-638.

16. Y. Trope and N. Liberman, "Temporal Construal and Time-Dependent Changes in Preference," *Journal of Personality and Social Psychology* 79 (2000): 876-889. Y. Trope and N. Liberman, *Temporal Construal* (New York: New York University, Department of Psychology, 2001).

17. D. Dreman, S. Johnson, D. MacGregor, and P. Slovic, "A Report on the March 2001 Investor Sentiment Survey," *Journal of Psychology and Financial Markets* 2 (2001): 126-134.

18. Slovic et al., "The Affect Heuristic."

19. Sidney Cottle, Roger F. Murray, and Frank E. Block, *Graham and Dodd's Security Analysis*, 5th ed. (New York: McGraw-Hill, 1988).

第3章：決策中的危險捷徑

1. Scott Plous, *Psychology of Judgment and Decision Making* (New York: McGraw-Hill, 1993).
2. "Death Odds," *Newsweek*, September 24, 1990, p. 10.
3. *Jaws*. Zanuck/Brown Productions Universal Pictures, 1975.
4. Amos Tversky and Daniel Kahneman, "Judgments Under Uncertainty: Heuristics and Biases," *Science* 185 (1974): 1124-1130.
5. Baruch Fischhoff, "Debiasing," in *Judgment Under Uncertainty: Heuristics and Biases*, ed. D. Kahneman, P. Slovic, and A. Tversky (New York: Cambridge University Press, 1982).
6. A. Tversky, P. Slovic, and D. Kahneman (eds.), *Judgment Under Uncertainty: Heuristics and Biases* (New York: Cambridge University Press, 1982).
7. Amos Tversky and Daniel Kahneman, "Availability: A Heuristic for Judging Frequency and Probability," *Cognitive Psychology* 5 (1973): 207-232.
8. Amos Tversky and Daniel Kahneman, "Intuitive Predictions: Biases and Corrective Procedures," *Management Science*, Spring 1981; Amos Tversky and Daniel Kahneman, "Causal Schemata in Judgments Under Uncertainty," in *Progress in Social Psychology*, ed. M. Fishbein (Hillsdale, N.J.: Lawrence Erlbaum Associates, 1973); Don Lyon and Paul Slovic, "Dominance of Accuracy Information and Neglect of Base Rates in Probability Estimation," *Acta Psychologica* 40, No. 4 (August 1976): 287-298.
9. Amos Tversky and Daniel Kahneman, "Belief in the Law of Small Numbers," *Psychological Bulletin* 76 (1971): 105-110.
10. 價值線新發行股投資調查。
11. T. Loughran and J. Ritter, "The New Issues Puzzle," *Journal of Finance* 50, No. 1 (1995): 23-51.
12. J. R. Ritter, "The Long-Run Performance of Initial Public Offerings," *Journal of Finance* 46, No. 1 (1991): 3-27.
13. David Dreman and Vladimira Ilieva, "The Performance of IPO's during the Great Bubble 1996-2002," working paper, The Dreman Foundation, 2011.
14. H. Nejat Seyhun, "Information Asymmetry and Price Performance of IPOs," working paper, University of Michigan, 1992.
15. M. Levis, "The Long-Run Performance of Initial Public Offerings: The UK Experience 1980-88," *Financial Management* 22 (1993): 28-41.
16. Bharat Jain and Omesh Kini, "The Post-Issue Operating Performance of IPO Firms," *Journal of Finance* 49 (1994): 1699-1726.
17. Loughran and Ritter, "The New Issues Puzzle," 46.
18. Tversky, Slovic, and Kahneman, *Judgment Under Uncertainty.*

19. David Dreman, "Let's Hoard Crude Oil," *Forbes*, June 8, 2009, p. 104.

20. Tversky and Kahneman, "Belief in the Law of Small Numbers."

21. Tversky and Kahneman, "Judgment Under Uncertainty: Heuristics and Biases," pp. 1125-1126; Tversky and Kahneman, "Intuitive Predictions," pp. 313-327.

22. 略回顧對照第44頁的「險益負相關的判斷」，就能發現這個重要的心理現象在市場上再次展露無遺。投資人相信，股票若在泡沫時期表現亮眼不僅報酬率較高，而且其風險比起標普500指數中那些安全穩健股要來得小。第2章所提心理學家的研究結果也完全言中，即投資人的兩種假設均不符下列事實：高績效股與標普500指數安全股相比之下，前者的風險不僅沒有較低，反而還更高。同樣地，標普500指數在市場重挫後跌幅也遠不及「炙手」股。長期下來，標普500指數股的獲利比炙手股要出色得多。

23. Reed Abelson, "From Bulls to Bears and Back Again," *The New York Times*, July 28, 1996, p. D1.

24. Robert McGough and Patrick McGeehan, "Garzarelli Proves She Can Still Roil the Market," *The Wall Street Journal*, July 24, 1996, p. C1.

25. James Cramer, The Street, December 29, 1999.

26. Tversky and Kahneman, "Causal Schemata in Judgments Under Uncertainty"; Daniel Kahneman and Amos Tversky, "On the Psychology of Prediction," *Psychological Review* 80 (1973): 237-251.

27. Paul Slovic, Baruch Fischhoff, and Sarah Lichtenstein, "Behavioral Decision Theory," *Annual Review of Psychology* 28 (1977): 1-39.

28. Kahneman and Tversky, "On the Psychology of Prediction."

29. 讀者也許有注意到，這與第8章所提「局內觀點」與「局外觀點」預測法的行動方針相同。

30. Tversky and Kahneman, "Judgment Under Uncertainty"; Tversky and Kahneman, "Intuitive Predictions."

31. Kahneman and Tversky, "On the Psychology of Prediction."

32. Roger G. Ibbotson and Rex A. Sinquefield, *Market Results for Stocks, Bonds, Bills and Inflation for 1926-2010, 2011 Classic Yearbook* (Chicago: Morningstar, 2011); Roger G. Ibbotson and Rex A. Sinquefield, *Stocks, Bonds, Bills, and Inflation: The Past (1926-1976) and the Future (1977-2000)* (Charlottesville, Va.: Financial Analysts Research Foundation, 1977).

33. "The Death of Equities," *BusinessWeek*, August 13, 1979.

34. Tversky and Kahneman, "Intuitive Predictions."

35. Herbert Simon, "Theories of Decision Making in Economics and Behavioral Sciences," *American Economic Review* 49 (1959): 273.

36. Ibid., pp. 306-307.

37. B. Shiv and A. Fedorikhin, "Heart and Mind in Conflict: Interplay of Affect and Cognition in Consumer Decision Making," *Journal of Consumer Research* 26 (1999): 278-282.

38. Nelson Cowan, "The Magical Number 4 in Short-Term Memory: A Reconsideration of Mental

Storage Capacity," *Behavioral and Brain Sciences* 24 (2000): 87-185.

39. Kahneman and Tversky, "On the Psychology of Prediction."

40. Tversky and Kahneman, "Judgment Under Uncertainty."

41. Benjamin Graham, David Dodd, Sidney Cottle, and Charles Tatham, *Security Analysis*, 4th ed. (New York: McGraw-Hill, 1962), p. 424.

42. See, e.g., George Katona, *Psychological Economics* (New York: American Elsevier, 1975).

43. S. C. Lichtenstein and Paul Slovic, "Reversals of Preference Between Bids and Choices in Gambling Decisions," *Journal of Experimental Psychology* 89 (1971): 46-55; S. C. Lichtenstein, B. Fischhoff, and L. Phillips, "Calibration of Probabilities: The State of the Art," in *Decision Making and Change in Human Affairs*, ed. H. Jungermann and G. de Zeeuw (Amsterdam: D. Reidel, 1977).

44. Baruch Fischhoff, "Hindsight Does Not Equal Foresight: The Effect of Outcome Knowledge on Judgment Under Uncertainty," *Journal of Experimental Psychology: Human Perception and Performance* 1 (August 1975): 288-299; Baruch Fischhoff, "Hindsight: Thinking Backward?" *Psychology Today,* April 1975, p. 8; Baruch Fischhoff, "Perceived Informativeness of Facts," *Journal of Experimental Psychology: Human Perception and Performance* 3 (1977): 349-358; Baruch Fischhoff and Ruth Beyth, "I Knew It Would Happen: Remembered Probabilities of Once-Future Things," *Organizational Behavior and Human Performance* 13, No. 1 (1975): 1-16; Paul Slovic and Baruch Fischhoff, "On the Psychology of Experimental Surprises," *Journal of Experimental Psychology: Human Perception and Performance* 3 (1977): 511-551.

45. John F. Lyons, "Can the Bond Market Survive?" *Institutional Investor* 3 (May 1969): 34.

第4章：外表斯文的征服者

1. Winston Churchill, radio speech, 1939.

2. Edward Gibbon, *The History of the Decline and Fall of the Roman Empire*, Vol. 6, chap. 37, para. 619.

3. Louis Bachelier, "Théorie de la Speculation," trans. A. James Boness, in *The Random Character of Stock Market Prices*, ed. Paul H. Cootner (Cambridge, Mass.: MIT Press, 1964), pp. 17-78.

4. Harry V. Roberts, "Stock Market Patterns and Financial Analysis: Methodological Suggestions," *Journal of Finance* 14 (March 1959): 1-10.

5. M. F. M. Osborne, "Brownian Motion in the Stock Market," *Operations Research* 7, No. 2 (March-April 1959): 145-173.

6. Fischer Black, "Implications of the Random Walk Hypothesis for Portfolio Management," *Financial Analyst Journal* 27, No. 2 (March-April 1971): 16-22.

7. Arnold B. Moore, "Some Characteristics of Changes in Common Stock Prices," in *The Random*

Character of Stock Market Prices, ed. Paul H. Cootner (Cambridge, Mass.: MIT Press, 1964), pp. 139-161.

8. Clive W. J. Granger and Oskar Morgenstern, "Spectral Analysis of New York Stock Market Prices," *Kyklos* 16 (1963): 1-27.

9. Eugene F. Fama, "The Behavior of Stock Market Prices," *Journal of Business* 38 (January 1965): 34-105.

10. Eugene F. Fama, "Efficient Capital Markets: A Review of Theory and Empirical Work," *Journal of Finance* 25 (May 1970): 383-417.

11. Fama, "The Behavior of Stock Market Prices."

12. Black, "Implications of the Random Walk Hypothesis."

13. Burton G. Malkiel, *A Random Walk Down Wall Street* (New York: Norton, 1973), p. 126.

14. Black, "Implications of the Random Walk Hypothesis."

15. Fama, "Efficient Capital Markets."

16. Benjamin Graham and David Le Fevre Dodd, *Security Analysis* (New York: McGraw-Hill, 1951).

17. Alfred Cowles III, "Can Stock Market Forecasters Forecast?" *Econometrica* 1, Issue B (1933): 309-324; Alfred Cowles, "Stock Market Forecasting," *Econometrica* (1944): 206-214.

18. Irwin Friend, Marshall Blume, and Jean Crockett, *Mutual Funds and Other Institutional Investors: A New Perspective, Twentieth Century Fund Study* (New York: McGraw-Hill, 1971).

19. 例如,詹森評估1945至1964年間共155檔共同基金的紀錄,按學界定義的風險調整後發現,155檔基金中只有43檔扣除佣金後表現優於市場。1970年,華頓商學院的佛蘭德、布魯姆和克羅克特針對共同基金展開最全面的研究,其評估了1960年1月1日至1968年6月30日之間共136檔基金,發現這些基金每年平均報酬率為10.7%,而在紐約證券交易所掛牌者為12.4%。該研究依每家公司流通在外的股票數量計算價值加權指數(股票市值大的公司,對指數影響較大),其所得出的成長率為9.9%。請見:Michael C. Jensen, "The Performance of Mutual Funds in the Period 1945-1964," *Journal of Finance* 23 (May 1968): 389-416; and Friend, Blume, and Crockett, *Mutual Funds and Other Institutional Investors.*

20. 無銷售費用的基金與低銷售費用的基金績效稍高。

21. Eugene F. Fama, Lawrence Fisher, Michael Jensen, and Richard Roll, "The Adjustment of Stock Prices to New Information," *International Economic Review* 10 (February 1969): 1-21; James H. Lorie and Mary T. Hamilton, *The Stock Market: Theories and Evidence* (Homewood, Ill.: Dow Jones-Irwin, 1973), pp. 171ff.

22. Ray Ball and Phillip Brown, "An Empirical Evaluation of Accounting Income Numbers," *Journal of Accounting Research* 6 (Fall 1968): 159-178.

23. 此處是效率市場理論上的悖論。市場效率大多靠基本分析維持,若相信市場效率的市場人士夠多,不再分析,市場可能變得不效率。

24. Daniel Seligman, "Can You Beat the Stock Market?" *Fortune,* December 26, 1983, p. 84.

25. James H. Lorie and Victor Niederhoffer, "Predictive and Statistical Properties of Insider Trading," *Journal of Law and Economics* 11 (April 1968): 35-53.

26. Fama, "Efficient Capital Markets."

27. Eugene F. Fama, "Efficient Markets: II," *Journal of Finance* 46 (December 1991): 1575-1617.

28. Eugene F. Fama, "Market Efficiency, Long-Term Returns, and Behavioral Finance," *Journal of Financial Economics* 49 (1998): 283-306.

29. Fama, "Efficient Markets: II."

30. Ibid.

31. Seligman, "Can You Beat the Stock Market?"

32. Paul H. Cootner, "Stock Prices: Random Versus Systematic Changes," *Industrial Management Review* (Spring 1962): 25.

第5章：不過是皮肉傷

1. Bob Tamarkin, *The New Gatsbys: Fortunes and Misfortunes of Commodities Traders* (New York: Morrow, 1985).

2. William Glaberson, "How Risk Rattled the Street," *The New York Times*, November 1, 1987.

3. Tamarkin, *The New Gatsbys.*

4. Ibid.

5. Hayne E. Leland, "Who Should Buy Portfolio Insurance?" *Journal of Finance* 35, No. 2 (May 1980): 581-594.

6. Barbara Donnelly, "Is Portfolio Insurance All It's Cracked Up to Be?" *Institutional Investor* II (November 1986): 124-139. Quote is on p. 126.

7. Roger Lowenstein, *When Genius Failed: The Rise and Fall of Long-Term Capital Management* (New York: Random House, 2000).

8. Ibid.

9. Ibid.

10. Ibid., p. 78.

11. Ibid., p. 159.

12. Paul Krugman, "How Did Economists Get It So Wrong?" *The New York Times*, September 6, 2009.

13. John Cassidy, "Rational Irrationality: Interview with Eugene Fama," *The New Yorker*, January 13, 2010. Online at www.newyorker.com.

第6章：效率市場和托勒密的本輪

1. Maurice A. Finocchiaro, *Retrying Galileo, 1633-1992* (London: University of California Press,

2007).

2. J. Michael Murphy, "Efficient Markets, Index Funds, Illusion, and Reality," *Journal of Portfolio Management* 4, No. 1 (1977): 5-20.

3. Ibid. See also Shannon Pratt, "Relationship Between Variability of Past Returns and Levels of Future Returns for Common Stocks, 1926-60," *Business Valuation Review* 27, No. 2 (Summer 2008); Fischer Black, Michael Jensen, and Myron Scholes, "The Capital Asset Pricing Model: Some Empirical Tests," in *Studies in the Theory of Capital Markets,* ed. M. Jensen (New York: Praeger, 1972); R. Richardson Pettit and Randolph Westerfield, "Using the Capital Asset Pricing Model and the Market Model to Predict Securities Returns," *Journal of Financial and Quantitative Analysis* 9, No. 4 (September 1974): 579-605 (published by the University of Washington School of Business Administration); Merton Miller and Myron Scholes, "Rates of Return in Relation to Risk: A Re-Examination of Some Recent Findings," in *Studies in the Theory of Capital Markets,* ed. M. Jensen (New York: Praeger, 1972); Nancy Jacob, "The Measurement of Systematic Risk for Securities and Portfolios: Some Empirical Results," *Journal of Financial and Quantitiative Analysis* 6 (March 1971), pp. 815-833 (published by Cambridge University Press).

4. Dale F. Max, "An Empirical Examination of Risk-Premium Curves for Long-Term Securities, 1910-1969," unpublished Ph.D. thesis, University of Iowa, 1972, microfilm Order No. 73-13575.

5. Marshall Blume and Irwin Friend, "A New Look at the Capital Asset Pricing Model," in *Methodology in Finance-Investments*, ed. James L. Bicksler (Lexington, Mass.: Heath-Lexington, 1972), pp. 97-114.

6. Albert Russell and Basil Taylor, "Investment Uncertainty and British Equities," *Investment Analyst* (December 1968): 13-22.

7. 引述高科技股分析師墨菲撰文中有關「效率市場」之段落（上述三段引文出自墨菲在該段落提出的內容）。

8. Robert A. Haugen and James A. Heins, "Risk and the Rate of Return on Financial Assets: Some Old Wine in New Bottles," *Journal of Financial and Quantitative Analysis* (December 1975): 775-784.

9. Paul Krugman, "How Did Economists Get It So Wrong?" *The New York Times*, September 6, 2009.

10. Eugene Fama and James MacBeth, "Risk, Return, and Equilibrium: Empirical Tests," *Journal of Political Economy* 81 (1973): 607-636; see also Eugene Fama, "Efficient Capital Markets: A Review of Theory and Empirical Works," *Journal of Finance* 25 (1970): 383-417.

11. See Eugene Fama and Kenneth French, "The Cross Section of Expected Stock Returns," *Journal of Finance* 67 (1992): 427-465.

12. See Eric N. Berg, "Market Place: A Study Shakes Confidence in the Volatile-Stock Theory," *The New York Times*, February 18, 1992, p. D1.

13. Bill Barnhart, "Professors Say Beta Too Iffy to Trust: A Substitute-Stock Scorecard Is Proposed," *Chicago Tribune*, July 27, 1992, p. 3.

14. Terence P. Pare, "The Solomon of Stocks Finds a Better Way to Pick Them," *Fortune*, June 1, 1992, p. 23.

15. Bill Barnhart, "Professors Say Beta Too Iffy."

16. Mary Beth Grover, "Slow Growth," *Forbes*, October 12, 1992, p. 163.

17. David Dreman, "Bye-Bye to Beta," *Forbes*, March 30, 1992, p. 148.

18. Barnhart, "Professors Say Beta Too Iffy."

19. Eugene F. Fama and Kenneth R. French, "The CAPM Is Wanted Dead or Alive," *Journal of Finance* 5, Issue 5 (December 1996): 1947-1958.

20. Ibid.

21. Eugene F. Fama, "Market Efficiency, Long-Term Returns, and Behavioral Finance," *Journal of Financial Economics* 49 (1998): 208-306.

22. George M. Frankfurter, "The End of Modern Finance," *Journal of Investing* 3, No. 3 (Fall 1994).

23. 貝他係數的影響遠遠超出了市場。企業經理人長期以來使用資本資產訂價模型找出新創公司的魅力。他們的既定觀點,是高貝他企業要能帶來高報酬率,因而高貝他企業的財務長除非覺得能賺到額外報酬,否則可能不願投資新廠。正如一位企業顧問所說的:「推翻資本資產訂價模型對美國企業來說也許再好不過」(拋棄「股票界的所羅門王」),因為這模型似乎是美國企業做出爛決策的始作俑者。(譯注:根據歷史記載,古代以色列所羅門王原本擁有極大智慧,但即位後大肆充實後宮導致國庫枯竭而埋下國家分裂雙雙覆亡的隱憂,其所帶給後人啟示是,任何個人智慧無論有多大,都不足恃。)

24. Jonathan Burton, "Revisiting the Capital Asset Pricing Model," interview with William Sharpe, *Dow Jones Asset Manager* (May-June 1998): 20-28. Cited with permission.

25. Milton Friedman, "The Methodology of Positive Economics," in *Essays on Positive Economics* (Chicago: University of Chicago Press, 1953), p. 15.

26. Fama, "Market Efficiency."

27. Fama, "Efficient Capital Markets."

28. 效率市場假說則引出一則悖論,因為按其觀點,若專業人員承擔操作效率市場的重責大任(即確實有助於讓價格完全反應價值),他們就必須不能達到主要專業目標,也就是說不能幫助客戶跑贏市場才行。

29. J. Michael Murphy, "Efficient Markets, Index Funds, Illusion, and Reality."

30. Ibid., p. 10.

31. Michael C. Jensen, "The Performance of Mutual Funds in the Period 1945-1964," *Journal of Finance* 23 (May 1968): 389-416.

32. J. Michael Murphy, "Efficient Markets, Index Funds, Illusion, and Reality."

33. 如前所述，這不包括少部分挪大量資源、圖一己之利的傑出專業人員。

34. Tim Loughran and Jay Ritter, "The New Issues Puzzle," *Journal of Finance* 50, No. 1 (1995): 23-51.

35. Fama and French, "The Cross-Section of Expected Stock Returns."

36. Burton G. Malkiel, *A Random Walk Down Wall Street* (New York: Norton, 1973).

37. R. Ball and P. Brown, "An Empirical Evaluation of Accounting Income Numbers," *Journal of Accounting Research* 6 (1968): 159-178.

38. V. Bernard and J. Thomas, "Evidence That Stock Prices Do Not Fully Reflect the Implications of Current Earnings for Future Earnings," *Journal of Accounting and Economics* 13 (1990): 205.

39. Fama, "Market Efficiency."

40. Eugene Fama, Lawrence Fisher, Michael Jensen, and Richard Roll, "The Adjustment of Stock Prices to New Information," *International Economic Review* 10 (1969): 1-21.

41. 詳細內容和圖表檢視請見《逆向投資策略：下一代》（*Contrarian Investment Strategies: The Next Generation*）第17章。

42. David L. Ikenberry, Graeme Rankine, and Earl K. Stice, "What Do Stock Splits Signal?" *Journal of Financial and Quantitative Analysis* 31, No. 3 (September 1996): 357-375.

43. Hemang Desai and Prem C. Jain, "Long-Run Common Stock Returns Following Stock Splits and Reverse-Splits," *Journal of Business* 70 (1997): 409-433.

44. Ray Ball and Philip Brown, "An Empirical Evaluation of Accounting Income Numbers."

45. Myron S. Scholes, "The Market for Securities: Substitution Versus Price Pressure and the Effects of Information on Share Prices," *Journal of Business* 45 (1972): 179-211.

46. Eugene Fama, "Efficient Capital Markets: II," *Journal of Finance* 46 (1991): 1601.

47. Gregor Andrade, Mark Mitchell, and Erik Stafford, "New Evidence and Perspectives on Mergers," *Journal of Economic Perspectives* 15, No. 2 (2001): 103-120; Michael C. Jensen and Richard S. Ruback, "The Market for Corporate Control: The Scientific Evidence," *Journal of Financial Economics* 11 (1983): 5-50; Gregg A. Jarrell, James A. Brickley, and Jeffry M. Netter, "The Market for Corporate Control: The Empirical Evidence Since 1980," *Journal of Economic Perspectives* 2, No. 1 (1998): 49-68.

48. Roni Michaely, Richard H. Thaler, and Kent Womack, "Price Reactions to Dividend Initiations and Omissions: Overreaction or Drift?" NBER working paper series no. 4778 (Cambridge: National Bureau of Economic Research, 1994).

49. Victor Bernard and Jacob Thomas, "Evidence That Stock Prices Do Not Fully Reflect the Implications of Current Earnings for Future Earnings," *Journal of Accounting and Economics* 13 (1990): 305-340; Victor Bernard and Jacob Thomas, "Post-Earnings-Announcement Drift: Delayed Price Response or Risk Premium?" *Journal of Accounting Research* 27(S) (1989): 1-36;

George Foster, Chris Olsen, and Terry Shevlin, "Earnings Releases, Anomalies, and the Behavior of Security Returns," *Accounting Review* 59 (1984): 574-603; Ray Ball and Philip Brown, "An Empirical Evaluation of Accounting Income Numbers."

50. Jeffery Abarbanell and Victor Bernard, "Tests of Analysts' Overreaction/Underreaction to Earnings Information as an Explanation for Anomalous Stock Price Behavior," *Journal of Finance* 47 (1992): 1181-1206.

51. See, e.g., Tables 11-1 and 12-1.

52. Robert J. Shiller, "Do Stock Prices Move Too Much to Be Justified by Subsequent Changes in Dividends?" *American Economic Review* 71 (1981): 421-436.

53. Ibid., pp. 432-433.

54. Edward M. Saunders, Jr., "Testing the Efficient Market Hypothesis Without Assumptions," *Journal of Portfolio Management* (Summer 1994): 28.

55. Karl R. Popper, *The Logic of Scientific Discovery* (New York: Basic Books, 1959).

56. David N. Dreman, *Psychology and the Stock Market* (New York: AMACOM, 1977), p. 221.

57. Alfred W. Stonier and Douglas C. Hague, *A Textbook of Economic Theory* (London: Longmans, Green, 1953), p. 2.

58. Krugman, "How Did Economists Get It So Wrong?"

59. Joseph Stiglitz, "Information and the Change in the Paradigm in Economics," Nobel Prize lecture, December 8, 2001, pp. 519-520.

60. Tim Icano, "How Did Economists Fail Us So Badly?" *The Wall Street Journal*, November 30, 2010.

61. John Cassidy, "The Decline of Economics," *The New Yorker*, December 2, 1996, pp. 50-60.

62. Ibid.

63. Ibid.

64. Thomas S. Kuhn, *The Structure of Scientific Revolutions* (Chicago: University of Chicago Press, 1970).

65. Ibid., p. 23.

66. Ibid., p. 52.

第7章：投資圈預測成癮

1. Woody Guthrie, "Pretty Boy Floyd," *Dust Bowl Ballads,* 1939, RCA.

2. P. J. Hoffman, P. Slovic, and L. G. Rorer, "An Analysis of Variance Model for the Assessment of Configural Cue Utilization in Clinical Judgment," *Psychological Bulletin* 69 (1968): 338-349.

3. 共有15種可能的雙向交互作用組合，20種可能的三方交互作用，15種可能的四方交互作用，6種可能的五方交互作用，和1種六方交互作用。

4. L. G. Rorer, P. J. Hoffman, B. D. Dickman, and P. Slovic, "Configural Judgments Revealed," in *Proceedings of the 75th Annual Convention of the American Psychological Association* 2 (Washington, D.C.: American Psychological Association, 1967), pp. 195-196.

5. Lewis Goldberg, "Simple Models or Simple Processes? Some Research on Clinical Judgments," *American Psychologist* 23 (1968): 338-349.

6. Paul Slovic, "Analyzing the Expert Judge: A Descriptive Study of a Stockbroker's Decision Processes," *Journal of Applied Psychology* 53 (August 1969): 225-263; P. Slovic, Fleissner, and W. S. Bauman, "Analyzing the Use of Information in Investment Decision Making: A Methodological Proposal," *Journal of Business* 45, No. 2 (1972): 283-301.

7. Goldberg, "Simple Models or Simple Processes?"

8. Paul Slovic, "Behavioral Problems Adhering to a Decision Policy," IGRF Speech, May 1973.

9. Dale Griffin and Amos Tversky, "The Weighing of Evidence and the Determinants of Confidence," *Cognitive Psychology* 24 (1992): 411-435; S. Lichtenstein and Fischhoff, "Do Those Who Know More Also Know More About How Much They Know? The Calibration of Probability Judgments," *Organizational Behavior and Human Performance* 20 (1977): 159-183.

10. W. Wagenaar and G. Keren, "Does the Expert Know? The Reliability of Predictions and Confidence Ratings of Experts," in *Intelligent Decision Support in Process Environments*, ed. E. Hollnagel, G. Maneini, and D. Woods (Berlin: Springer, 1986), pp. 87-107.

11. Stewart Oskamp, "Overconfidence in Case Study Judgments," *Journal of Consulting Psychology* 29 (1965): 261, 265.

12. L. B. Lusted, *A Study of the Efficacy of Diagnostic Radiology Procedures: Final Report on Diagnostic Efficacy* (Chicago: Efficacy Study Committee of the American College of Radiology, 1977).

13. J. B. Kidd, "The Utilization of Subjective Probabilities in Production Planning," *Acta Psychologica* 34 (1970): 338-347.

14. M. Neal and M. Bazerman, *Cognition and Rationality in Negotiation* (New York: Free Press, 1990).

15. C. A. S. Stael von Holstein, "Probabilistic Forecasting: An Experiment Related to the Stock Market," *Organizational Behavior and Human Performance* 8 (1972): 139-158.

16. S. Lichtenstein, B. Fischhoff, and L. Phillips, "Calibration of Probabilities: The State of the Art to 1980," in *Judgment Under Uncertainty: Heuristics and Biases*, ed. D. Kahneman, P. Slovic, and A. Tversky (Cambridge, England: Cambridge University Press, 1982).

17. G. Keren, "Facing Uncertainty in the Game of Bridge: A Calibration Study," *Organizational Behavior and Human Decision Processes* 39 (1987): 98-114; D. Hausch, W. Ziemba, and M. Rubenstein, "Efficiency of the Market for Racetrack Betting," *Management Sciences* 27 (1981):

1435-1452.

18. J. Frank Yates, *Judgment and Decision Making* (Englewood Cliffs, N.J.: Prentice-Hall, 1990).

19. *Wall Street Transcript* 45, No. 13 (September 23, 1974).

20. Herbert Simon, *Models of Man: Social and Rational* (New York: Wiley, 1970).

21. 所有妄想症狀患者都會在畫作中特別強調某些特徵，算是心理學家的愚見。

22. L. Chapman and J. P. Chapman, "Genesis of Popular but Erroneous Psychodiagnostic Observations," *Journal of Abnormal Psychology* (1967): 193-204; L. Chapman and J. P. Chapman, "Illusory Correlations as an Obstacle to the Use of Valid Psychodiagnostic Signs," *Journal of Abnormal Psychology* (1974): 271-280.

23. Amos Tversky, "The Psychology of Decision Making," in *Behavioral Finance and Decision Theory in Investment Management*, ed. A. Wood, ICFA Continuing Education Series (Stanford, Calif.: Stanford University Press, 1995), pp. 2-6.

24. Ibid.

25. Ibid., p. 6.

26. Ibid.

27. Jennifer Francis and Donna Philbrick, "Analysts' Decisions as Products of a Multi-Task Environment," *Journal of Accounting Research* 31 (Autumn 1993): 216-230.

28. 任職卓曼基金會的天體物理學博士。

29. 詳情請參閱David N. Dreman, *The New Contrarian Investment Strategy* (New York: Random House, 1982), app. I, pp. 303-307.

30. "Vanderheiden Choices Top Other Pickers," *The Wall Street Journal*, January 3, 1994, p. R34; John R. Dorfman, "'Value' Still Has Value, Says This Quartet of Stock Pickers," *The Wall Street Journal*, January 4, 1993, p. R8; John R. Dorfman, "Cyclicals Could Be the Right Way to Ride to New Highs in 1992," *The Wall Street Journal*, January 2, 1992, p. R24; John R. Dorfman, "New Year's Stock Advice in an Icy Economy: Insulate," *The Wall Street Journal*, January 2, 1991, p. R22; John R. Dorfman, "The Sweet Smell of Success Might Be One of Caution," *The Wall Street Journal*, January 2, 1990, p. R6; John R. Dorfman, "Champion Stock-Picker Is Facing 3 Challengers for Title," *The Wall Street Journal*, January 3, 1989, p. R6; John R. Dorfman, "Four Investment Advisors Share Their Favorite Stock Picks for 1988," *The Wall Street Journal*, January 4, 1988, p. 6B; John R. Dorfman, "Stock Pickers Nominate Big Gainers for 1987," *The Wall Street Journal*, January 2, 1987, p. 4B; Rhonda L. Rundle, "Stock Pickers Make Their Picks Public, Betting on Low Inflation, Falling Rates," *The Wall Street Journal*, January 2, 1986, p. R4.

31. 正如該理論一面主張即便是專業人員也無法長期超越市場，一面說他們的表現不會差到哪去。畢竟一開始就是靠他們的決策讓價格保持在適當水準。不過這調查讓我們有不同於理論假定的看法，大規模落後市場的績效表示基本假設與眾多證據不符，這假說不足採信。

第8章：你敢下多大的賭注？

1. Ben White, "On Wall Street, Stock Doublespeak; Public, Private Talk at Odds, Papers Show," *The Washington Post*, April 30, 2003, p. E01.

2. Gretchen Morgenson, "Bullish Analyst of Tech Stocks Quits Salomon," *The New York Times*, August 16, 2002.

3. "The Superstar Analysts," *Financial World*, November 1980, p. 16.

4. Ibid.

5. Ibid.

6. David Dreman, "Cloudy Crystal Balls," *Forbes*, Vol. 154, Issue 8, October 10, 1994, p. 154; David Dreman, "Chronically Cloudy Crystal Balls," *Forbes*, Vol. 152, Issue 8, October 11, 1993, p. 178; David Dreman, "Flawed Forecasts," *Forbes*, Vol. 148, Issue 13, December 9, 1991, p. 342; David Dreman, "Hard to Forecast," *Barron's*, March 3, 1980, p. 9; David Dreman, "Tricky Forecasts," *Barron's*, July 24, 1978, pp. 4-5, 16, 18; David Dreman, "The Value of Financial Forecasting: A Contrarian's Approach," speech at Fortieth Annual Meeting of the American Financial Association, December 29, 1981.我在1996年6月與當時任職於卓曼基金會的拉夫金聯手更新了研究內容。

7. David Dreman and Michael Berry, "Analyst Forecasting Errors and Their Implications for Security Analysis," *Financial Analysts Journal* 51 (May-June 1995): 30-41.

8. 追蹤公司的分析師預測的平均值。研究顯示，這些預估串起來很合理。

9. 1980年代初期以前，該資料庫使用《價值線投資調查》所公布的分析師預測，這些預測通常非常接近共識預測。

10. 我們使用了亞伯諾瑟公司（Abel/Noser Corporation）的資料庫，其中包含幾家業界領先的預測數據：1981年之前的《價值線》、始於1981年的《扎克斯投資研究》（Zacks Investment Research），以及始於1984年的I/B/E/S。該資料庫有50萬筆個別預測值被納入我們的研究當中。當時任職於卓曼基金會的拉夫金，更新了1991至1996年間的調查結果，他使用亞伯諾瑟公司截至1993年第三季的數據，以及I/B/E/S在1993年第三季之後的預測值。Thomson First Call研究收錄從1997至2010年的相關數據。

11. 四種預測誤差指標：
    SURPE＝（實際盈餘—預測盈餘）／∣實際盈餘∣
    SURPF＝（實際盈餘—預測盈餘）／∣預測盈餘∣
    SURP8＝（實際盈餘—預測盈餘）／連續8季實際盈餘的標準差
    SURPC7＝（實際盈餘—預測盈餘）／連續7季實際盈餘標準差的變化
    本書中所有結果均適用SURPE：預測誤差除以實際盈餘。

12. 移去符號，我們共收錄189,158筆擴張期（104,538筆超過，69,411筆低於）、36,901筆衰退期（19,477筆超過，14,941筆低於）的不符預期盈餘。擴張和衰退期的超過預期筆數都比低於預期多。雖非不符預期，因為也用於評估分析師的整體準確性，故計算保留零誤差的筆數。

13. Dov Fried and Dan Givoly, "Financial Analysts' Forecasts of Earnings: A Better Surrogate for Market Expectations," *Journal of Accounting and Economics* 4 (1982): 85-107; Patricia C. O'Brien, "Analysts' Forecasts as Earnings Expectations," *Journal of Accounting and Economics* 10 (1988): 53-83; K. C. Butler and L. H. Lang, "The Forecast Accuracy of Individual Analysts: Evidence of Systematic Optimism and Pessimism," *Journal of Accounting Research* 29 (1991): 150-156; M. R. Clayman and R. A. Schwartz, "Falling in Love Again: Analysts' Estimates and Reality," *Financial Analysts Journal* (September-October 1994): 66–68; A. Ali, A. Klein, and J. Rosenfeld, "Analysts' Use of Information About Permanent and Transitory Earnings Components in Forecasting Annual EPS," *Accounting Review* 87 (1992): 183-198; L. Brown, "Analysts' Forecasting Errors and Their Implications for Security Analysis: An Alternative Perspective," *Financial Analysts Journal* (January-February 1996): 40-47.

14. J. G. Cragg and B. Malkiel, "The Consensus and Accuracy of Some Predictions of the Growth of Corporate Earnings," *Journal of Finance* 23 (March 1968): 67-84.

15. Ibid.你可能還記得米爾（Meehl）關於臨床心理學家的研究，有20項對專業心理學家的個別研究發現，簡單、機械式的診斷技術並不比複雜的分析診斷過程來得差。實際上，有許多領域（主要是心理學）已建議直接用機械式預測公式來歸結問題成因，在接下來的章節中，我們會提出採用這類公式的策略。

16. I. M. D. Little, "Higgledy Piggledy Growth," *Bulletin of the Oxford University Institute of Economics and Statistics* (November 1962): 31.

17. I. M. D. Little and A. C. Rayner, *Higgledy Piggledy Growth Again* (Oxford: Basil Blackwell, 1966).

18. See, e.g., Joseph Murray, Jr., "Relative Growth in Earnings per Share—Past and Future," *Financial Analysts Journal* 22 (November-December 1966): 73-76.

19. Richard A. Brealey, *An Introduction to Risk and Return from Common Stocks* (Cambridge, Mass.: MIT Press, 1968).

20. François Degeorge, Jayendu Patel, and Richard Zeckhauser, "Earnings Management to Exceed Thresholds," *Journal of Business* 72, no. 1 (January 1999): 1-33.

21. John Dorfman, "Analysts Devote More Time to Selling as Firms Keep Scorecard on Performance," *The Wall Street Journal*, October 29, 1991, p. C1.

22. Ibid. See also Amitabh Dugar and Siva Nathan, "Analysts' Research Reports: Caveat Emptor," *Journal of Investing* 5 (Winter 1996): 13-22.

23. Michael Siconolfi, "Incredible Buys: Many Companies Press Analysts to Steer Clear of Negative Ratings," *The Wall Street Journal*, July 19, 1995, p. A1.

24. Ibid., p. 3; Debbie Gallant, "The Hazards of Negative Research Reports," *Institutional Investor* (July 1990): 73-80.

25. Siconolfi, "Incredible Buys."

26. E. S. Browning, "Please Don't Talk to the Bearish Analyst," *The Wall Street Journal*, May 2, 1995, p. C1.

27. Dugar and Nathan, "Analysts' Research Reports."

28. Siconolfi, "Incredible Buys."

29. Ibid.

30. D. Kahneman and A. Tversky, "On the Psychology of Prediction," *Psychological Review* 80 (1973): 237-251.

31. D. Kahneman and D. Lovallo, "Timid Choices and Bold Forecasts: A Cognitive Perspective on Risk Taking," *Management Science* 39 (January 1993): 1-16.

32. E. Merrow, K. Phillips, and C. Myers, *Understanding Cost Growth and Performance Shortfalls in Pioneer Process Plants* (Santa Barbara, Calif.: Rand Corporation, 1981).

33. J. Arnold, "Assessing Capital Risk: You Can't Be Too Conservative," *Harvard Business Review* 64 (1986): 113-121.

第9章：有驚無喜的意外與神經經濟學

1. For greater detail, see David Dreman, "Don't Count on Those Earnings Forecasts," *Forbes*, Vol. 161, Issue 2, January 26, 1998, p. 110; David Dreman and Michael Berry, "Overreaction, Underreaction, and the Low-P/E Effect," *Financial Analysts Journal* 51 (July-August 1995): 21-30; David Dreman, "Nasty Surprises," *Forbes*, July 19, 1993, p. 246.

2. 我們在第一季初期建立投資組合，之後再測量收益誤差。

3. Compustat財金分析資料庫是由標準普爾提供，堪稱現行最大的股票資料庫之一，提供34,000多支股票的價格、報酬率和其他資訊。這份研究以該資料庫裡紐約證券交易所、美國證券交易所和那斯達克交易所上市的前1,500大公司為對象，評估其歷年年初在外流通股票的總市值。（此一樣本在此稱作Compustat 1500。）我們使用的所有價格和會計資訊均取自Compustat資料庫。

4. 我們為了控制負收益所產生的影響，刪除了無收益或負收益的公司。同時，為了控制因季度表現欠佳而產生名目盈餘的股票，還拿掉本益比倍數高於45的公司（1997年之後本益比倍數高於75者）。可惜的是，我們這樣做也剔除了一些最受青睞股。

5. Ibbotson® SBBI®, *2011 Classic Yearbook: Market Results for Stocks, Bonds, Bills and Inflation, 1926–2010.*

6. Jennifer Francis and Donna Philbrick, "Analysts' Decisions as Products of a Multi-Task Environment," *Journal of Accounting Research* 31 (Autumn 1993): 216-230.

7.　T統計量顯示，這些結果發生的機率小於千分之一，而且往往遠低於千分之一。

8.　Jeffery Abarbanell and Victor Bernard, "Tests of Analysts' Overreaction/Underreaction to Earnings Information as an Explanation for Anomalous Stock Price Behavior," *Journal of Finance* 47 (July 1992): 1181-1208; V. Bernard and J. K. Thomas, "Evidence That Stock Prices Do Not Fully Reflect the Implications of Current Earnings for Future Earnings," *Journal of Accounting and Economics* 13 (1990): 305-340.

9.　我和拉夫金的研究結果和阿巴巴內爾、伯納相類似。我們還發現，高、低、中本益比股（在該季度出現預測偏高者）在誤差季度之後的連三季，表現均優於那些預測沒有偏高的同類型股票。（以股價淨值比和股票現金流量比這兩項評估指標來看亦是如此。）在最初預測偏高的情況下，一連三季的優異表現似乎是預測偏高的額外誤差所致，反之亦然。這再次說明分析師的預測不會迅速應變。

10.　Jason Zweig, *Your Money and Your Brain: How the New Science of Neuroeconomics Can Help Make You Rich* (New York: Simon and Schuster, 2007), p. 66.

11.　Ibid., p. 64.

12.　Ibid.

13.　Pammi V. S. Chandrasekhar, C. Monica Capra, Sara Moore, Charles Noussair, and Gregory S. Berns, "Neurobiological Regret and Rejoice Functions for Aversive Out-comes," *NeuroImage* 39 (2008): 1472-1484.

14.　Wolfram Schultz, Paul Apicella, Eugenio Scarnati, and Tomas Ljungberg, "Neuronal Activity in Monkey Ventral Striatum Related to the Expectation of Reward," *Journal of Neuroscience* 12 (1992): 4595-4610.

15.　Jason Zweig, "Your Money and Your Brain."

16.　W. Schultz and A. Dickinson, "Neuronal Coding of Prediction Errors," *Annual Review of Neuroscience* 23 (2000): 473-500.

17.　Chandrasekhar et al., "Neurobiological Regret and Rejoice Functions," p. 1479.

18.　Ibid.儘管功能性磁振造影尚未用在收益誤差預測上，但包括金融在內的許多領域裡，已有數十項調查遺憾和欣喜、失望和興高采烈的神經基礎（neural correlates）測試得出類似結果。

19.　Zweig, "Your Money and Your Brain."

20.　Schultz and Dickinson, "Neuronal Coding of Prediction Errors."

21.　Chandrasekhar et al., "Neurobiological Regret and Rejoice Functions."

第10章：獲利暴增的逆向操作法

1.　Francis Nicholson, "Price-Earnings Ratios in Relation to Investment Results," *Financial Analysts Journal* 24, No. 1 (January-February 1968): 105-109.

2. 尼可森研究1937至1954年間化工產業裡高、低本益比股票的績效，在早先測試中淘汰了有名目盈餘的公司，結果低本益比大勝。詹姆士‧麥克威廉斯（James McWilliams）則以1953至1964年間標普Compustat資料庫中900支股票為樣本，其研究發現也強力佐證低本益比股表現較為優異。麥克威廉斯進一步發現，雖然增值最高的股票無論在哪一年似乎都是隨機分布，但降幅最大的股票總是落在高本益比股。威廉‧布林（William Breen）則研究了Compustat資料庫1953至1966年間共1,400家公司。他淘汰了收益成長低於10%的股票，然後選出相對於市場本益比最低的10支股票作為投資組合，與每年隨機選出的10支股票之投資組合互作評比。See Francis Nicholson, "Price/Earnings Ratios," *Financial Analysts Journal* 16 (July-August 1960): 43-45; James D. McWilliams, "Prices and Price-Earnings Ratios," *Financial Analysts Journal* 22 (May-June 1966): 137-142; William Breen, "Low Price/Earnings Ratios and Industry Relatives," *Financial Analysts Journal* 24 (July-August 1968): 125-127.

3. See Table 7-3, "A Workable Investment Strategy," in David Dreman, *Contrarian Investment Strategies: The Next Generation* (New York: Simon and Schuster, 1998), p. 147.

4. David Dreman, "A Strategy for All Seasons," *Forbes*, July 14, 1986, p. 118.

5. David Dreman, "Getting Ready for the Rebound," *Forbes*, July 23, 1990, p. 376.

6. We used the same methodology in all my studies, as is outlined in chapter 11.

7. David Dreman, "Cashing In," *Forbes*, June 16, 1986, p. 184.

8. 我們根據方法論批判主義者之前的批評調整實驗設計，例如事後之見的偏誤（hindsight bias），像尼可森一樣選擇1962年還倖存的股票，因為1937年的投資人無法預知這些股票能活下來，而且不像先前的研究一樣使用年終收益和價格，因為投資人要到幾個月後才會知道收益結果。我認為這些改動不會大幅改變研究結果，而結果也確實如此。

9. Sanjoy Basu, "Investment Performance of Common Stocks in Relation to Their Price-Earnings Ratios: A Test of the Efficient Markets Hypothesis," *Journal of Finance* 32 (June 1977): 663-682; Sanjoy Basu, "The Effect of Earnings Yield on Assessments of the Association Between Annual Accounting Income Numbers and Security Prices," *Accounting Review* 53 (July 1978): 599-625; Sanjoy Basu, "The Relationship Between Earnings' Yield, Market Value and Return for NYSE Common Stocks: Further Evidence," *Journal of Financial Economics* 12 (June 1983): 129-156.

10. Basu, "Investment Performance of Common Stocks."

11. B. Rosenberg, K. Reid, and R. Lanstein, "Persuasive Evidence of Market Inefficiency," *Journal of Portfolio Management* 13 (1985): 9-17; Dennis Stattman, "Book Values and Stock Returns," *Chicago MBA: A Journal of Selected Papers* 4 (1980): 25-45.

12. Eugene Fama and Kenneth French, "The Cross-Section of Expected Stock Returns," *Journal of Finance* 47 (June 1992): 427-465.

13. Ray Ball, "Anomalies in Relationships Between Securities' Yields and Yield-Surrogates," *Journal of Financial Economics* 6 (1978): 103-126.

14. Fama and French, "The Cross-Section of Expected Stock Returns."

15. Terence Pare, "The Solomon of Stocks Finds a Better Way to Pick Them," *Fortune*, June 1, 1992, p. 23.

16. J. Lakonishok, A. Shleifer, and R. Vishny, "Contrarian Investment, Extrapolation, and Risk," *Journal of Finance* 49 (December 1994): 1541-1578.

17. D. G. MacGregor, P. Slovic, D. Dreman, and M. Berry, "Imagery, Affect and Financial Judgment," Decision Research Report 97-11 (Eugene, Ore., 1997).

第11章：從投資人的過度反應中獲利

1. "Investors Lack Exposure to Contrarian Value Investing Strategies," presentation given to David Dreman of Dreman Value Management, LLC, by DWS Scudder Deutsche Bank Group. Sources: Deutsche Asset Management, Inc., and Morningstar, Inc., 2006.

2. Sanjoy Basu, "Investment Performance of Common Stocks in Relation to Their Price-Earnings Ratios," *Journal of Finance* 32, No. 3 (June 1977): 663-682.

3. Werner F. M. De Bondt and Richard Thaler, "Does the Stock Market Overreact?" *Journal of Finance* (July 1985): 793-805.

4. 原本的投資人過度反應假說經修正發表於David Dreman and Michael Berry, "Overreaction, Underreaction and the Low P/E Effect," *Financial Analysts Journal* (July-August 1995): 21-30.

5. David N. Dreman and Eric A. Lufkin. "Investor Overreaction: Evidence That Its Basis Is Psychological," *Journal of Psychology and Financial Markets* 1, No. 1 (2000): 61-75.

6. For an overview of standard risk-return models, see Zvi Bodie, Alex Kane, and Alan Marcus, *Investments*, 9th ed. (New York: McGraw-Hill/Irwin, 2010).

7. Compustat資料庫包括在美國國內主要上市公司，以及數百種由外國公司發行的美國存託憑證。

8. 這套方法和第9章描述的研究方法相同。

9. 在葛拉漢的年代，投資人使用實際淨值，而今天大多數當代投資人使用的是相對淨值，即該公司相對於其所在產業或市場的淨值。原因在於，二戰後發生通貨膨脹，導致價格翻漲幾倍，土地、廠房和設備的重置成本明顯高於大多數公司資產負債表上刊載的數值。目前標普500指數公司的平均交易價格為其淨值的1.9倍。

10. 儘管未顯示在圖表中，這三種策略長達10年一直表現優異。對於那些在統計方面有天賦的人來說，其t檢定值也很高。例如，低本益比、低股價現金流量比股票只有200分之一的機率是隨機發生的，而低股價淨值比股票則有百分之一的機率。依價值評估指標選出的最佳股票，隨機發生機率為20分之一。在高本益比群方面，t檢定通常較無顯著差異，但20分之一（在95%的信賴水準之下）是顯著門檻。

11. 一些金融研究指出，高度分散投資組合就算只包含16支股票，也極有可能複現其所屬股票群85%至90%的報酬水準，即便是從整體市場挑股也一樣。

12. 然而，大公司法則也並非萬年不變。如同《逆向投資策略：下一代》第15章（1998年出版）所示，反向型小公司的報酬率在某種程度上比同型大公司要來得高。但迥異於大型股的是，小型股的操作策略需要挹注大量資源才能運作良好。正常來說，它應該只占你股票投資組合的一小部分。

13. Andrew Ross Sorkin and Landon Thomas, Jr., "J.P. Morgan Acts to Buy Bear Stearns at Huge Discount," *The New York Times*, March 16, 2008.

14. Robin Sidel, David Enrich, and Dan Fitzpatrick, "WaMu Is Seized, Sold Off to J.P. Morgan, in Largest Failure in U.S. Banking History," *The Wall Street Journal*, September 26, 2008.

15. David Ellis and Jeanne Sahadi, "JPMorgan to Buy WaMu," CNN Money, September 26, 2008.

16. 請參見第10章包括熊市在內的逆向操作表現。在《新逆向投資策略》中，我提供了1976至1982年間類似的績效紀錄，在這一段市場溫和下跌的時期，其表現也明顯優於標普500指數。

17. 這些結果取自我與拉夫金1970至1996年一共長達27年的共同研究，這份研究已更新至2010年。

18. 60年來的其他研究也得出了相似結果。

19. 這是1季。若是1年，會抽25次，然後放回牌卡。

20. 這數字令人吃驚，但確實如此。我們接下來還進行了10萬次蒙地卡羅模擬實驗。低本益比股贏了99,891次。

第12章：產業內的逆向策略

1. 這部分是我和巴蘇之間思想交流而得出的結論。初步研究結果是出自巴蘇之手，但不幸的是，他在1983年過世了，而這個研究當時也無疾而終。

2. William Breen, "Low Price-Earnings Ratios and Industry Relatives," *Financial Analysts Journal* (July-August, 1968): 125-127.有關逆向策略是否有效的舊文獻還包括威廉・布林對於1953至1966年間低本益比股的分析研究。他發現，絕對低本益比股票的績效只比同產業中本益比最低的股票稍微好一點。但這項測試只用了10支股票，樣本極小。R. Fuller, L. Huberts, and M. Levinson, "Returns to E/P Strategies, Higgledy-Piggledy Growth, Analysts' Forecast Errors, and Omitted Risk Factors," *Journal of Portfolio Management* (Winter 1993): 13-24；這項研究發現，同一產業內的低本益股表現優於市場。

3. 我和拉夫金的原始研究期間為1973至1996年。我們當時使用的政府行業分類標準在1990年代後期停用了。標準普爾和摩根士丹利資本國際公司共同開發的行業分類法，稱為「全球行業分類標準」，主要是一套適用於金融業與投資界的分類準則。按這套標準分類的可靠歷史數據始於1995年。

4. 擁有最多絕對低價股的產業表現僅略優於市場平均值，其報酬率遠低於產業選股策略。

5. Benjamin Graham, David Dodd, Sidney Cottle, and Charles Tatham, *Security Analysis*, 4th ed. (New York: McGraw-Hill, 1962), p. 179.

6. 由於我在這種策略中使用大型公司，讀者避開了瘋狂小型概念股和首次公開發行股的影響。我們的研究沒涉及這個部分，而我懷疑後者是否能有相似表現。

第13章：新世界的投資法則

1. Rob Iati, "The Real Story of Trading Software Espionage," *Advanced Trading*, July 10, 2009. Online at http://www.advancedtrading.com/algorithms/218401501.

2. Kambiz Foroohar, "Trading Pennies into $7 Billion Drives High-Frequency's Cow-boys," *Bloomberg*, October 6, 2010.

3. Jim McTague, "The Real Flash-Crash Culprits," *Barron's*, October 9, 2010. Online at http://online.barrons.com/article/58500042405.html.

4. "Preliminary Findings Regarding the Market Events of May 6, 2010—Report of the Staffs of the CFTC and SEC to the Joint Advisory Committee on Emerging Regulatory Issues—May 18, 2010," p. 65.

5. Ibid.

6. Foroohar, "Trading Pennies into $7 Billion."

7. Whitney Kisling, "Fund Outflows Top Lehman at $75 Billion," *Bloomberg*, September 19, 2011.

8. Tom Lauricella, "Pivot Point: Investors Lose Faith in Stocks," *The Wall Street Journal*, September 26, 2011.

9. Jenny Strasburg, "A Wild Ride to Profits," *The Wall Street Journal*, August 16, 2011.

10. Nina Mehta, "High-Frequency Firms Tripled Trades Amid Rout, Wedbush Says," *Bloomberg*, August 12, 2011.

11. CNBC, *Fast Money*, August 8, 2011.

12. Kevin Drawbaugh, "SEC Head Eyes Fast Traders on Crash Anniversary," *Reuters*, May 6, 2011.

13. Jenny Strasburg and Jean Eaglesham, "Subpoenas Go Out to High-Speed Trade Firms," *The Wall Street Journal*, August 8, 2011.

14. Mehta, "High-Frequency Firms Tripled Trades Amid Rout, Wedbush Says."

15. Tim Cave, "European Regulator Moves to Limit High-Speed Trading," *Financial News*, July 21, 2011.

16. Jacob Bunge and Brendan Conway, "Regulators Hone Circuit-Breaker Proposals," *The Wall Street Journal*, September 28, 2011.

17. 你可以在《富比士2010年共同基金指南》（*Forbes 2010 Mutual Fund Guide*）中找到這些共同基金的紀錄。至於免銷售手續費的共同基金，也可在理柏、晨星或《霸榮週刊》上找到類似資訊。

第14章：邁向更好的風險理論

1. Frank H. Knight, *Risk, Uncertainty, and Profit*, Hart, Schaffner, and Marx Prize Essays, No. 31 (Boston and New York: Houghton Mifflin, 1921):
    不確定性必須從某種意義上與眾所周知的風險概念區隔開來。在日常談話和經濟討論中隨口提到的「風險」一詞，實際上涵蓋了兩件事，至少在功能上，它們與經濟組織的現象所涉及之因果關係全然不同……關鍵事實是，「風險」在某些情況下是易受評估指標影響的量，而在某些時候則顯然不具備此特徵；而且該現象影響所及的關鍵差異，取決於這兩種情況中哪一種確實存在並且正在運作……我們口中可測的不確定性或「風險」一詞，看來與不可測的不確定性相去甚遠，以致它實際上根本就不是不確定性。我們……應該據此將「不確定性」一詞侷限在非量化的情況之下。

2. Jeremy J. Siegel, *Stocks for the Long Term* (New York: Irwin), 1994.

3. FDIC, *Trust Examination Manual*, section 3, "Asset Management," Part 1, "Investment, Principles, Policies and Products."

4. Ibbotson® SBBT®, *2011 Classic Yearbook: Market Results for Stocks, Bonds, Bills and Inflation for 1926-2010.* 1946至2010年間，10萬美元的長期政府公債經通膨調整後之增值。

5. Tax Foundation, "Federal Individual Income Tax Rates History," www.taxfoundation.org/files/fed_individual_rate_history-20110323.pdf.

6. 這張圖表的更早版本可見：David Dreman, *Contrarian Investment Strategies: The Next Generation* (New York: Simon and Schuster, 1998), p. 314.

第15章：他們用你的錢在賭

1. David Dreman, "Bailout Blues," *Forbes*, Vol. 182, Issue 10, November 17, 2008, p. 136.

2. Frank Partnoy, "The Case Against Alan Greenspan," *Euromoney Institutional Investor*, September 1, 2005, p. 2.

3. Lucette Lagnado, "After the Bubble, Beauty Is But Fleeting for Greenspan Portraits," *The Wall Street Journal*, February 19, 2010.

4. Alex MacCallum, "Want Alan Greenspan to Come to Dinner? That'll Be $250,000," Huffington Post, March 28, 2008.

5. Partnoy, "The Case Against Alan Greenspan."

6. "The Tragedy of Robert Rubin, the Fall of Citigroup, and the Financial Crisis—Continued," The Strange Death of Liberal America, November 30, 2008, http://thestrangedeathofliberalamerica.com/the-tragedy-of-robert-rubin-the-fall-of-citigroup-and-the-financial-crisis-continued.html.

7. Peter S. Goodman, "Taking a Hard Look at a Greenspan Legacy," *The New York Times*, October 9, 2008.

8. Marshall Auerback, "Robert Rubin Is Back: Noooooo!!!" Business Insider, January 5, 2010.

9. Robert Scheer, "The Rubin Con Goes On," *The Nation*, August 11, 2010.

10. Ibid.

11. Goodman, "Taking a Hard New Look at a Greenspan Legacy."

12. Ibid.

13. Ibid.

14. Ibid.

15. Souphala Chomsisengphet and Anthony Pennington-Cross, "The Evolution of the Subprime Mortgage Market," *Federal Reserve Bank of St. Louis Review* (January-February 2006): 38.

16. Board of Governors of the Federal Reserve System, "20-Year Treasury Constant Maturity Rate," May 31, 2011, www.federalreserve.gov/releases/h15/current/h15.pdf.

17. "Residential MBS Insurance," *Inside MBS and ABS, LoanPerformance, Amherst Securities*, 2010.

18. "Characteristics and Performance of Nonprime Mortgages" (Washington, D.C.: United States Government Accountability Office, July 28, 2009).

19. SEC Press Release, "Former Countrywide CEO Angelo Mozilo to Pay SEC's Largest-Ever Financial Penalty Against a Public Company's Senior Executive," October 15, 2010, www.sec.gov/news/press/2010/2010-197.htm.

20. Peter Ryan and Kym Landers, "I Didn't See the Subprime Crisis Coming: Greenspan," ABC News, September 17, 2007.

21. I. P. Greg, James R. Hagert, and Jonathan Karp, "Housing Bust Fuels Blame Game," *The Wall Street Journal*, February 27, 2008.

22. Jeremy W. Peters, "Fed Chief Addresses Foreclosures," *The New York Times*, May 18, 2007.

23. "The Economic Outlook," testimony by chairman Ben S. Bernanke before the Joint Economic Committee, U.S. Congress, March 28, 2009.

24. Ibid.

25. Guy Rolnik, interview with Nobel laureate Daniel Kahneman, "Irrational Everything," *Haaretz*, April 10, 2009.

26. Maurice Marwood, "That's Where the Money Is," Nassau Institute, January 18, 2004.

27. "Opening Remarks of Chairman Phil Angelides at the Financial Crisis Inquiry Commission Hearing on the Credibility of Credit Ratings," June 2, 2010.

28. Zeke Faux and Jody Shenn, "Subprime Mortgage Bonds Getting AAA Rating S&P Denies to U.S. Treasuries," *Bloomberg Businessweek*, August 31, 2011.

29. United States Senate Permanent Subcommittee on Investigations, Committee on Homeland Security and Government Affairs, "Exhibits: Hearing on Wall Street and the Financial Crisis—The Role of Investment Banks," Exhibit 105, e-mail from Tom Montag to Daniel L. Sparks,

Washington, D.C., April 27, 2010.

30. Christine Harper and David Voreacos, "Goldman Sachs Chief Blankfein Hires Attorney Weingarten for Probe by U.S.," *Bloomberg Businessweek*, August 22, 2011.

第16章：不是那麼看不見的手

1. Adam Smith, *An Inquiry into the Nature and Causes of the Wealth of Nations* (London: W. Strahan and T. Cadell, 1776), Vol. 1, p. 349.

2. Ibid., p. 43.

3. T. G. Buchholz, *New Ideas from Dead Economists: An Introduction to Modern Economic Thought* (London: Penguin, 1999), p. 17.

4. David Ricardo, *On the Principles of Political Economy and Taxation* (London: John Murray, 1817).

5. Ibid.

6. John Harwood, "53% in US Say Free Trade Hurts Nation: NBC/WSJ Poll," CNBC, September 28, 2010.

7. Paul R. Krugman, "Is Free Trade Passé?" *Journal of Economic Perspectives* 1, No. 2 (1987): 131-144.

8. Ministry of Labour and State Statistical Bureau, "(DA) Labour-Related Establishment Survey." Survey. *Laborsta Internet.* ILO Department of Statistics. <http://laborsta.ilo.org> Midyear exchange rate was used to derive figures.

9. David Barboza, Christopher Drew, and Steve Lohr, "G.E. to Share Jet Technology with China in New Joint Venture," *The New York Times*, January 17, 2011.

10. Mark Lee and Bruce Einhorn, "Microsoft's Ballmer Says China Piracy Makes India a Better Bet," Bloomberg, May 25, 2010.

11. Ibid.

12. Shaun Rein, "Piracy from China: How Microsoft, Ralph Lauren, Nike and Others Can Cope," *Seeking Alpha*, April 9, 2007.

13. "Trade in Goods with China," U.S. Census Bureau: Foreign Trade, revised June 2009, 2011. Online at http://www.census.gov/foreign-trade/balance/c5700.html.

14. Senator Carl Levin at Congressional Executive China Commission Hearing, "Will China Protect Intellectual Property? New Developments in Counterfeiting, Piracy and Forced Technology Transfer," September 22, 2010.

15. Wayne M. Morrison, "China-U.S. Trade Issues," Congressional Research Service, CRS Report for Congress, January 7, 2011, p. 2.

16. Catherine Rampell, "Second Recession in U.S. Could be Worst Than First," *The New York Times*,

August 7, 2011.

17. Grail Research, "Global Financial Crisis: Bailout/Stimulus Tracker," September 12, 2009. Stimulus announced by respective governments.

18. Jeannine Aversa, "Bernanke Hits Back at Critics of Bond-Buying Plan," Washington Associated Press, November 19, 2010.

19. Ibid.

20. Benjamin Graham and David L. Dodd, *Security Analysis: Principles and Technique* (New York: McGraw-Hill, 2005).

21. Richard J. Whalen, "Joseph P. Kennedy: A Portrait of the Founder," *Fortune*, April 10, 2011.

參考文獻

第 2 章：情感的危害

Aspara, Jaakko, and Henrikki Tikkanen. "The Role of Company Affect in Stock Investments: Towards Blind, Undemanding, Noncomparative and Committed Love." *Journal of Behavioral Finance* 11, No. 2 (2010): 103-113.

Bateman, I. J., S. Dent, E. Peters, P. Slovic, and C. Starmer. "The Affect Heuristic and the Attractiveness of Simple Gambles." *Journal of Behavioral Decision Making* 20, No. 4 (2007): 365-380.

Berns, Gregory S., C. Monica Capra, Jonathan Chappelow, Sara Moore, and Charles Noussair. "Nonlinear Neurobiological Probability Weighting Functions for Aversive Outcomes." *NeuroImage* 39 (2008): 2047-2057.

——, C. Monica Capra, Sara Moore, and Charles Noussair. "A Shocking Experiment: New Evidence on Probability Weighting and Common Ratio Violations." *Judgment and Decision Making* 2 (2007): 234-242.

Damasio, A. R. *Descartes' Error: Emotion, Reason, and the Human Brain.* New York: Penguin, 2005.

Davidson, Richard J., Klaus R. Scherer, and H. Hill Goldsmith, eds. *Handbook of Affective Sciences* (Series in Affective Science). New York: Oxford University Press, 2002.

Dreman, David N. "Analysts' Conflicts-of-Interest: Some Behavioral Aspects." *Journal of Behavioral Finance* 3, No. 3 (2002): 138-140.

——. "Bubbles and the Role of Analysts' Forecasts." *Journal of Behavioral Finance* 3, No. 1 (2002): 4-14.

——. "The Influence of Affect on Investor Decision-Making." *Journal of Behavioral Finance* 5, No. 2 (2004): 70-74.

——. "The Role of Psychology in Analysts' Estimates." *Journal of Behavioral Finance* 2, No. 2 (2001): 66-68.

——, and Michael A. Berry. "Analyst Forecasting Errors and Their Implications for Security Analysis." *Financial Analysts Journal* 51, No. 3 (1995): 30-41.

——, and Michael A. Berry. "Overreaction, Underreaction and the Low P/E Effect." *Financial Analysts Journal* 51, No. 4 (1995): 21-30.

——, and Eric A. Lufkin. "Do Contrarian Strategies Work Within Industries?" *Journal of Investing* 6, No. 3 (1997): 7-29.

——, and Eric A. Lufkin. "Investor Overreaction: Evidence That Its Basis Is Psychological." *Journal of Behavioral Finance* 1, No. 1 (2000): 61-75.

Engelmann, J. B., C. M. Capra, C. Noussair, and G. S. Berns. "Expert Financial Advice Neurobiologically "Offloads" Financial Decision-Making Under Risk." *PLoS One* 4, No. 3 (2009): e4957.

Fischhoff, B., S. Lichtenstein, P. Slovic, S. Derby, and R. Keeney. *Acceptable Risk.* New York: Cambridge University Press, 1981.

Hirshleifer, David, and Tyler Shumway. "Good Day Sunshine, Stock Returns and the Weather." *Journal of Finance* 58, No. 3 (2003): 1009-1032.

Hsee, C. K., and J. Zhang. "General Evaluability Theory: An Analysis of When What We Care About Matters." *Perspectives on Psychological Science* 5, No. 4 (2010): 343-355.

Johnson, E. J., and A. Tversky. "Affect, Generalization, and the Perception of Risk." *Journal of Personality and Social Psychology* 45 (1983): 20-31.

Kahneman, D., and A. Tversky. "Choices, Values, and Frames." *American Psychologist* 4 (1984): 341-350.

——. "Prospect Theory: An Analysis of Decision Under Risk." *Econometrica* 47 (1979): 263-291.

Knutson, B., A. Westdorp, E. Kaiser, and D. Hommer. "FMRI Visualization of Brain Activity During a Monetary Incentive Delay Task." *NeuroImage* 12, No. 1 (2000): 20-27.

Laibson, David, and Richard Zeckhauser. "Amos Tversky and the Ascent of Behavioral Economics." *Journal of Risk and Uncertainty* 16 (1998): 7-47.

Larsen, Jeff T., A. Peter McGraw, Barbara A. Mellers, and John T. Cacioppo. "The Agony of Victory and Thrill of Defeat: Mixed Emotional Reactions to Disappointing Wins and Relieving Losses." *Psychological Science* 15, No. 5 (2004): 325-330.

Levy, Adam. "Mapping the Trader's Brain." Bloomberg Markets, February 1, 2006, pp. 34–45.

Lowenstein, G., ed. *Exotic Preferences: Behavioral Economics and Human Motivation.* New York: Oxford University Press, 2007.

———. "Out of Control: Visceral Influences on Behavior." *Organizational Behavior and Human Decision Processes* 65, No. 3 (1996): 272-292.

———, Rick Scott, and Jonathan D. Cohen. "Neuroeconomics." *Annual Review of Psychology* 59 (2008): 647-672.

MacGregor, D. G. "Imagery and Financial Judgment." *Journal of Psychology and Financial Markets* 3 (2002): 15-22.

———, P. Slovic, D. Dreman, and M. Berry. "Imagery, Affect, and Financial Judgment." *Journal of Psychology and Financial Markets* 1, No. 2 (2000): 104-110.

Montague, P. Read. "Neuroeconomics: A View from Neuroscience." *Functional Neurology* 22, No. 4 (2007): 219-234.

———, and Gregory S. Berns. "Neural Economics and the Biological Substrates of Valuation." *Neuron* 36 (2002): 265-284.

Olsen, R. A. "Behavioral Finance as Science: Implications from the Research of Paul Slovic." *Journal of Psychology and Financial Markets* 2 (2001): 157-159.

Rangel, Antonio, Colin Camerer, and P. Read Montague. "A Framework for Studying the Neurobiology of Value-Based Decision Making." *Nature Reviews Neuroscience* 9 (2008): 545-556.

Shiv, B., and A. Fedorikhin. "Heart and Mind in Conflict: Interplay of Affect and Cognition in Consumer Decision Making." *Journal of Consumer Research* 26 (December 1999): 278-282.

Sloman, S. A. "The Empirical Case for Two Systems of Reasoning." *Psychological Bulletin* 119, No. 1 (1996): 3-22.

Slovic, Paul. "The Construction of Preference." *American Psychologist* 50 (1995): 364-371.

———. "Rational Actors and Rational Fools: The Influence of Affect on Judgment and Decision Making." *Roger Williams University Law Review* 6, No. 1 (2000): 163-212.

———. "What's Fear Got to Do with It? It's Affect We Need to Worry About." *Missouri Law Review* 69 (2004): 971-990.

———. "Risk as Analysis and Risk as Feelings: Some Thoughts About Affect, Reason, Risk, and Rationality." *Risk Analysis* 24, No. 2 (2004): 1-12.

———, and S. Lichtenstein. "Relative Importance of Probabilities and Payoffs in Risk Taking." *Journal of Experimental Psychology Monograph* 78, No. 3 (1968): 1-18.

———, and E. Peters. "Risk Perception and Affect." *Current Directions in Psychological Science* 15, No. 6 (2006): 322-325.

Starr, Chauncey. "Social Benefit Versus Technological Risk." *Science* 165, No. 3899 (1969): 1232–1238.

Statman, Meir. "Characteristics, Affect, and Stock Returns." Santa Clara University Leavey School of Business Research Paper No. 10-06.

第3章：決策中的危險捷徑

Fischhoff, Baruch, Paul Slovic, and Sarah Lichtenstein. "Knowing with Certainty: The Appropriateness of Extreme Confidence." *Journal of Experimental Psychology: Human Perception and Performance* 3 (1977): 552-564.

Kahneman, Daniel, and Amos Tversky. "Subjective Probability: A Judgment of Representativeness." *Cognitive Psychology* 3, No. 3 (July 1972): 430-454.

Lichtenstein, S., Paul Slovic, B. Fischhoff, M. Layman, and B. Combs. "Judged Frequency of Lethal Events," *Journal of Experimental Psychology: Human Learning and Memory* 4 (1978): 551-578.

Nisbett, Richard E., and Timothy DeCamp Wilson. "Telling More Than We Can Know: Verbal Reports on Mental Processes." *Psychological Review* 84, No. 3 (1977): 231-259.

第4章：外表斯文的征服者

Dieckmann, N. F. "Numeracy: A Review of the Literature." Report No. 08-2. Eugene, Ore.: Decision Research, 2008.

Faro, David, and Yuval Rottenstreich. "Affect, Empathy, and Regressive Mispredictions of Others' Preferences Under Risk." *Management Science* 52, No. 4 (2006): 529-541.

Gilovich, Thomas, Dale Griffin, and Daniel Kahneman, eds. *Heuristics and Biases: The Psychology of Intuitive Judgment.* New York: Cambridge University Press, 2002.

Kahneman, Daniel, and Jonathan Renshon. "Why Hawks Win." *Foreign Policy* (January-February 2007): 34-38.

Kahneman, D., and A. Tversky. "Subjective Probability: A Judgment of Representativeness." *Cognitive Psychology* 3 (July 1972): 430-454.

Peters, E., and P. Slovic. "The Springs of Action: Affective and Analytical Information Processing in Choice." *Personality and Social Psychology Bulletin* 26 (2000): 1465-1475.

——, Daniel Västfjäll, Paul Slovic, C. K. Mertz, Ketti Mazzocco, and Stephan Dickert. "Numeracy and Decision Making," *Psychological Science* 17, No. 5 (2006): 407-413.

Slovic, Paul. "Psychological Study of Human Judgment: Implications for Investment Decision

Making." *Journal of Psychology and Financial Markets* 2 (2001): 160-172.

第5章：不過是皮肉傷

Denes-Raj, V., and S. Epstein. "Conflict Between Intuitive and Rational Processing: When People Behave Against Their Better Judgment." *Journal of Personality and Social Psychology* 66 (1994): 819-829.

第6章：效率市場和托勒密的本輪

Cassidy, John. "After the Blowup." *The New Yorker*, January 11, 2010.

Dunbar, Nicholas. *Inventing Money: The Story of Long-Term Capital Management and the Legends Behind It* (New York: Wiley, 2001).

Nocera, Joe. "Poking Holes in a Theory on Markets." *The New York Times*, June 5, 2009.

第7章：投資圈預測成癮

Dreman, David N. "Bubble Jr." *Journal of Behavioral Finance* 4, No. 4 (2003): 188-190.

Fox, Justin. *The Myth of the Rational Market: A History of Risk, Reward, and Delusion on Wall Street.* New York: Harper Paperbacks, 2011.

Michel-Kerjan, Erwann, and Paul Slovic, eds. *The Irrational Economist: Decision Making in a Dangerous World.* New York: Public Affairs Press, 2010.

Simon, H. A. "Rational Choice and the Structure of the Environment." *Psychological Review* 63 (1956): 129-138.

第8章：你敢下多大的賭注？

Cummins, L. F., M. R. Nadorff, and A. E. Kelly. "Winning and Positive Affect Can Lead to Reckless Gambling." *Psychology of Addictive Behavior* 23, No. 2 (2009): 287-294.

Kuo, W. J., T. Sjöström, Y. P. Chen, Y. H. Wang, and C. Y. Huang. "Intuition and Delibration: Two Systems for Strategizing in the Brain." *Science* 324, No. 5926 (2009): 519-522.

Van Dillen, L. F., D. J. Heslenfeld, and S. L. Koole, "Tuning Down the Emotional Brain: An fMRI Study of the Effects of Cognitive Load on the Processing of Affective Images." *NeuroImage* 45, No. 4 (2009): 1212-1219.

第9章：有驚無喜的意外與神經經濟學

Bayer, H. M., and P. W. Glimcher. "Midbrain Dopamine Neurons Encode a Quantitative

Reward Prediction Error Signal." *Neuron* 47 (2005): 129-141.

Berns, Gregory S., Samuel M. McClure, Giuseppe Pagnoni, and P. Read Montague. "Predictability Modulates Human Brain Response to Reward." *Journal of Neuroscience* 21, No. 8 (2001): 2793-2798.

Chua, H. F., R. Gonzalez, S. F. Taylor, R. C. Welsh, and I. Liberzon. "Decision-Related Loss: Regret and Disappointment," *NeuroImage* 47, No. 4 (2009): 2031-2040.

Cowen, T. "Enter the Neuro-Economists: Why Do Investors Do What They Do?" *The New York Times*, April 20, 2006, p. C3.

Cromwell, H. C., and W. Schultz. "Effects of Expectations for Different Reward Magnitudes on Neuronal Activity in Primate Striatum." *Journal of Neurophysiology* 89 (2003): 2823-2838.

Daw, N. D., and K. Doya. "The Computational Neurobiology of Learning and Reward." *Current Opinion in Neurobiology* 16 (2006): 199-204.

Doya, K. "Modulators of Decision Making." *Nature Neuroscience* 11, No. 4 (2008): 410-416.

Dunn, B. D., T. Dalgleish, and A. D. Lawrence. "The Somatic Marker Hypothesis: A Critical Evaluation." *Neuroscience and Biobehavioral Reviews* 30, No. 2 (2006): 239-271.

Elliott, R., K. J. Friston, and R. J. Dolan. "Dissociable Neural Responses in Human Reward Systems." *Journal of Neuroscience* 20, No. 16 (2000): 6159-6165.

Fiorillo, C. D., P. N. Tobler, and W. Schultz. "Discrete Coding of Reward Probability and Uncertainty by Dopamine Neurons." *Science* 299 (2003): 1898-1902.

Hollerman, J. R., and W. Schultz. "Dopamine Neurons Report an Error in the Temporal Prediction of Reward During Learning." *Nature Neuroscience* 1 (1998): 304-309.

Kobayashi, S., and W. Schultz. "Influence of Reward Delays on Responses of Dopamine Neurons." *Journal of Neuroscience* 28 (2008): 7837-7846.

Lee, D. "Neural Basis of Quasi-Rational Decision Making." *Current Opinion in Neurobiology* 16, No. 2 (2006): 191-198.

Liu, X., D. K. Powell, H. Wang, B. T. Gold, C. R. Corbly, and J. E. Joseph. "Functional Dissociation in Frontal and Striatal Areas for Processing of Positive and Negative Reward Information." *Journal of Neuroscience* 27, No. 17 (2007): 4587-4597.

Livet, P. "Rational Choice, Neuroeconomy and Mixed Emotions." *Philosophical Transactions of the Royal Society, London (B: Biological Sciences)* 365, No. 1538 (2010): 259-269.

Loewenstein, George, Scott Rick, and Jonathan D. Cohen, "Neuroeconomics." *Annual Review of Psychology* 59 (2008): 647-672.

Martin, L. E., G. F. Potts, P. C. Burton, and P. R. Montague. "Electrophysiological and Hemodynamic Responses to Reward Prediction Violation." *Neuroreport* 20, No. 13 (2009): 1140-1143.

Mirenowicz, J., and W. Schultz. "Importance of Unpredictability for Reward Responses in Primate Dopamine Neurons." *Journal of Neurophysiology* 72 (1994): 1024-1027.

——. "Preferential Activation of Midbrain Dopamine Neurons by Appetitive Rather Than Aversive Stimuli." *Nature* 379 (1996): 449-451.

Montague, P. R. "Neuroeconomics: A View from Neuroscience." *Functional Neurology* 22, No. 4 (2007): 219-234.

——, P. Dayan, and T. Sejnowski. "A Framework for Mesencephalic Dopamine Systems Based on Predictive Hebbian Learning." *Journal of Neuroscience* 16, No. 5 (1996): 1936-1947.

Sanfey, A. G., G. Loewenstein, S. M. McClure, and J. D. Cohen. "Neuroeconomics: Cross-Currents in Research on Decision-Making." *Trends in Cognitive Sciences* 10, No. 3 (2006): 108-116.

Schultz, W. "Behavioral Theories and the Neurophysiology of Reward." *Annual Review of Psychology* 57 (2006): 87-115.

——. "Introduction. Neuroeconomics: The Promise and the Profit." *Philosophical Transactions of the Royal Society, London (B: Biological Sciences)* 363, No. 1511 (2008): 3767-3769.

——. "Predictive Reward Signal of Dopamine Neurons." *Journal of Neurophysiology* 80 (1998): 1-27.

——, P. Dayan, and P. R. Montague. "A Neural Substrate of Prediction and Reward." *Science* 275 (1997): 1593-1599.

Shiv, B., G. Loewenstein, and A. Bechara. "The Dark Side of Emotion in Decision-Making: When Individuals with Decreased Emotional Reactions Make More Advantageous Decisions." *Brain Research. Cognitive Brain Research* 23, No. 1 (2005): 85-92.

Tobler, P. N., C. D. Fiorillo, and W. Schultz. "Adaptive Coding of Reward Value by Dopamine Neurons." *Science* 307 (2005): 1642-1645.

Werner, N. S., S. Duschek, and R. Schandry. "Relationships Between Affective States and Decision-Making." *International Journal of Psychophysiology* 74, No. 3 (2009): 259-265.

Wu, C. C., P. Bossaerts, and B. Knutson. "The Affective Impact of Financial Skewness on Neural Activity and Choice." *PLoS One* 6, No. 2 (2011): e16838.

第10章：獲利暴增的逆向操作法

Basu, Sanjoy. "The Effect of Earnings Yield on Assessments of the Association Between Annual Accounting Income Numbers and Security Prices." *Accounting Review* 53 (1978): 599-625.

──. "Investment Performance of Common Stocks in Relation to Their Price-Earnings Ratios: A Test of the Efficient Markets Hypothesis." *Journal of Finance* 32 (1977): 663-682.

──. "The Relationship Between Earnings' Yield, Market Value and Return for NYSE Common Stocks: Further Evidence." *Journal of Financial Economics* 12 (1983): 129-156.

Dreman, David. *Contrarian Investment Strategies: The Next Generation.* New York: Simon and Schuster, 1998.

──. *Contrarian Investment Strategy.* New York: Random House, 1979.

──. *The New Contrarian Investment Strategy.* New York: Random House, 1982.

──, and Michael Berry. "Overreaction, Underreaction and the Low P/E Effect." *Financial Analysts Journal* (1995): 21-30.

──, and Eric Lufkin. "Investor Overreaction: Evidence That Its Basis Is Psychological." *Journal of Psychology and Financial Markets* 1, No. 1 (2000): 61-75.

第11章：從投資人的過度反應中獲利

Abarbanell, J. S., and V. L. Bernard. "Tests of Analysts' Overreaction/Underreaction to Earnings Information as an Explanation for Anomalous Stock Price Behavior." *Journal of Finance* 47 (1992): 1181-1207.

Amir, Eli, and Yoav Ganzach. "Overreaction and Underreaction in Analysts' Forecasts." *Journal of Economic Behavior and Organization* 37 (1998): 333-347.

Daniel, K. D., D. Hirshleifer, and A. Subrahmanyam. "Investor Psychology and Security Market Under- and Overreactions." *Journal of Finance* 53, No. 6 (1998): 1839-1886.

De Bondt, Werner F. M., and Richard Thaler. "Does the Stock Market Overreact?" *Journal of Finance* 40, No. 3 (1985): 793-805.

──. "Do Security Analysts Overreact?" *American Economic Review* 80, No. 2 (1990): 52-57.

──. "Further Evidence on Investor Overreaction and Stock Market Seasonality." *Journal of Finance* 42, No. 3 (1987): 557-581.

Drehmann, Mathias, Jörg Oechssler, and Andreas Roider. "Herding and Contrarian Behavior in Financial Markets: An Internet Experiment." *American Economic Review* 95, No. 5 (2005): 1403-1426.

Dreman, David N., and Michael A. Berry. "Overreaction, Underreaction, and the Low-P/E Effect." *Financial Analysts Journal* 51, No. 4 (1995): 21-30.

———, and Eric A. Lufkin. "Do Contrarian Strategies Work Within Industries?" *Journal of Investing* 6, No. 3 (1997): 7-29.

Jegadeesh, N., and S. Titman. "Overreaction, Delayed Reaction, and Contrarian Profits." *Review of Financial Studies* 8 (1995): 973-993.

Lakonishok, J., A. Shleifer, and R. Vishny. "Contrarian Investment, Extrapolation, and Risk." *Journal of Finance* 49, No. 5 (1994): 1541-1578.

第12章：產業內的逆向策略

Bali, Turan G., K. Ozgur Demirtas, Armen Hovakimian, and John J. Merrick, Jr. "Peer Pressure: Industry Group Impacts on Stock Valuation Precision and Contrarian Strategy Performance." *Journal of Portfolio Management* 32, No. 3 (2006): 80-92.

Dreman, David N., and Eric A. Lufkin. "Do Contrarian Strategies Work Within Industries?" *Journal of Investing* 6, No. 3 (1997): 7-29.

第14章：邁向更好的風險理論

Coleman, William Oliver. *The Causes, Costs, and Compensations of Inflation: An Investigation of Three Problems in Monetary Theory.* Northampton, Mass.: Edward Elgar Publishing, 2007.

第15章：新世界的投資法則

Acharya, Viral V., Thomas F. Cooley, Matthew P. Richardson, Richard Sylla, and Ingo Walter. *Regulating Wall Street: The Dodd-Frank Act and the New Architecture of Global Finance.* New York: Wiley Finance, 2010.

Tatom, John A. *Financial Market Regulation: Legislation and Implications.* New York, Dordrecht, Heidelberg, London: Springer, 2011.

第16章：不是那麼看不見的手

Fletcher, Ian. *Free Trade Doesn't Work: What Should Replace It and Why,* 2011 Edition. Washington, D.C.: U.S. Business and Industry Council.

新商業周刊叢書 BW0767

逆向投資策略
90% 機率勝過大盤的投資新典範

原 文 書 名／Contrarian Investment Strategies: The Psychological Edge	
作　　　者／大衛・卓曼（David Dreman）	
譯　　　者／陳鴻旻、柯文敏	
編 輯 協 力／林嘉瑛	
責 任 編 輯／鄭凱達	
企 畫 選 書／黃鈺雯	
版　　　權／黃淑敏	
行 銷 業 務／周佑潔、黃崇華、林秀津、賴晏汝、劉治良	

總　編　輯／陳美靜
總　經　理／彭之琬
事業群總經理／黃淑貞
發　行　人／何飛鵬
法 律 顧 問／台英國際商務法律事務所　羅明通律師
出　　　版／商周出版
　　　　　　臺北市 104 民生東路二段 141 號 9 樓
　　　　　　電話：(02) 2500-7008　傳真：(02) 2500-7759
　　　　　　E-mail: bwp.service @ cite.com.tw
發　　　行／英屬蓋曼群島商家庭傳媒股份有限公司　城邦分公司
　　　　　　臺北市 104 民生東路二段 141 號 2 樓
　　　　　　讀者服務專線：0800-020-299　24 小時傳真服務：(02) 2517-0999
　　　　　　讀者服務信箱 E-mail: cs@cite.com.tw
　　　　　　劃撥帳號：19833503　戶名：英屬蓋曼群島商家庭傳媒股份有限公司城邦分公司
訂 購 服 務／書虫股份有限公司客服專線：(02) 2500-7718；2500-7719
　　　　　　服務時間：週一至週五上午 09:30-12:00；下午 13:30-17:00
　　　　　　24 小時傳真專線：(02) 2500-1990；2500-1991
　　　　　　劃撥帳號：19863813　戶名：書虫股份有限公司
　　　　　　E-mail: service@readingclub.com.tw
香港發行所／城邦（香港）出版集團有限公司
　　　　　　香港灣仔駱克道 193 號東超商業中心 1 樓
　　　　　　電話：(852) 2508-6231　傳真：(852) 2578-9337
馬新發行所／城邦（馬新）出版集團
　　　　　　Cite (M) Sdn. Bhd.
　　　　　　41, Jalan Radin Anum, Bandar Baru Sri Petaling, 57000 Kuala Lumpur, Malaysia.
　　　　　　電話：(603) 9057-8822　傳真：(603) 9057-6622　E-mail: cite@cite.com.my

封 面 設 計／萬勝安
印　　　刷／鴻霖印刷傳媒股份有限公司
經　銷　商／聯合發行股份有限公司　電話：(02) 2917-8022　傳真：(02) 2911-0053
　　　　　　地址：新北市新店區寶橋路 235 巷 6 弄 6 號 2 樓

■ 2021 年 5 月 4 日初版 1 刷　　　　　　　　　　　　　　Printed in Taiwan
■ 2022 年 1 月 20 日初版 3.4 刷

國家圖書館出版品預行編目（CIP）資料

逆向投資策略：90% 機率勝過大盤的投資新典範／
大衛・卓曼（David Dreman）著；陳鴻旻、柯文敏
譯 . -- 初版 . -- 臺北市：商周出版：英屬蓋曼群島商
家庭傳媒股份有限公司城邦分公司發行, 2021.05
　　面；　公分
譯自：Contrarian investment strategies : the psychological
edge.
ISBN 978-986-5482-63-3（平裝）

1. 投資技術　2. 投資分析　3. 投資學

563.5　　　　　　　　　　　　　　　　110004106